Study on the Trust Industry Law of China

中国信托业法研究

席月民 ◎ 著

中国社会科学出版社

图书在版编目(CIP)数据

中国信托业法研究/席月民著.—北京:中国社会科学出版社,2016.10
ISBN 978-7-5161-7255-1

Ⅰ.①中… Ⅱ.①席… Ⅲ.①信托法-研究-中国 Ⅳ.①D922.282.4

中国版本图书馆 CIP 数据核字(2015)第 282033 号

出 版 人	赵剑英
责任编辑	任 明
特约编辑	乔继堂
责任校对	张依婧
责任印制	李寡寡

出　　版	中国社会科学出版社
社　　址	北京鼓楼西大街甲 158 号
邮　　编	100720
网　　址	http://www.csspw.cn
发 行 部	010-84083685
门 市 部	010-84029450
经　　销	新华书店及其他书店
印刷装订	北京市兴怀印刷厂
版　　次	2016 年 10 月第 1 版
印　　次	2016 年 10 月第 1 次印刷
开　　本	710×1000　1/16
印　　张	28
插　　页	2
字　　数	457 千字
定　　价	108.00 元

凡购买中国社会科学出版社图书,如有质量问题请与本社营销中心联系调换
电话:010-84083683
版权所有　侵权必究

序　一

信托，信而托之。信用作为市场交易关系的粘结剂，在信托活动中表现得尤为重要，尤为明显。在一定程度上可以说，市场经济体系中信托业的运行态势与发展趋向如何，不仅是市场机制配置资源效能的体现，也是市场主体信用、素质、效果的体现。社会主义市场经济不仅是追求效率、效益的经济，也是讲究诚信、伦理的经济，将此两者有机联系起来的有效机制，就是社会主义市场经济法律。因此，当信托在市场经济运行中的工具性价值和产业性价值得到充分认识，当信托业发展得到大力推进以致成为优质、高速的新金融增长点，规范信托关系和规制信托业活动的市场经济法治机制也应当成为如影随形的在场者。

促进信托业发展并鼓励信托交易活动，健全了我国金融市场的结构与功能。从投资理财工具到资产管理行业，信托业的结构也在不断完备化，信托业的功能也在不断得到强化。同样，在体现金融市场的特点与优势的同时，信托及信托业也蕴含金融市场共有的风险因子和监管需求，并且由于信托及信托业的结构特性和流程特点，有针对性的制度建设成为信托市场建设的重要方面。我国虽然拥有一部《信托法》，却是按照民事信托模式建构的规范体系，而真正构成并快速发展进而使之融入市场体系、浸入主体观念的却是商事信托。因此，在现行《信托法》的适配性与应用性上，与信托业的运行实态与发展需求有格格不入之感。除此之外，我国的信托及信托业还面临着一些独特的问题。诸如，信托业务快速通过信托专营业态而到信托兼营业态，缺乏民事信托经验而直达商事信托阶段，信托规则观念及信托文化建设缺乏必要的时间沉淀；再如，市场监管的体制资源也被瓜分完毕，在中国人民银行、银监会、证监会、保监会所构成的"一行三会"监管体制中，信托及信托业实际上是被分散监管的，其运行机制特性和监管规制要点难以得到充分兼顾。这也许会迎来借助野蛮生长而铺就的市场繁荣，但也会遭到监管反弹而致的市场滞行。正因如此，信托法律体系建设面临着比其他商法、经济法领域更为迫切的法治建设任务：如何妥善保护、培育和配置信托中的信任资源，使其在信托业务活动的交互传感中深植于信托观念、溶解成信托文化、提炼为信托规则；如何把自由、安全、效率、公平、秩序等各种重要的市场理念和法律价值，有效纳入中国当前金融监管体制的建构体系和运行机制；如何展开国际视野、参照国际规则、利用国际经验，机制性地分析和制度化地解决中国信托业发展中的中国问题。信托法的研究者和应用者应当关注这些问题，并投身于分析解决这些问题的法治实践中。

目前，与信托及信托业的发展并不相称的是，我国信托法的制度建设与理论研究均有滞后之态，需要两者之间相辅相成地共同促进、协同发展。就我的阅读范围而言，在当前国内有关信托业法的著述中，眼前这本《中国信托业法研究》内容厚实、份量颇重，作者深入系统地研究了信托业监管改革中的基本法律问题，对信托机构、信托经营权、商业信托产品、信托监管改革设计、《信托业法》等重要内容，进行了规范分析、历史分析、比较分析和实证分析，把概念法学的方法与社科法学的方法充分结合，以全新的理念和独特的视角，以务实的语言和合理的架构，对中国信托业监管改革的立法定位和制度设计进行了全景式的描述和分析，使信托业法在理论和实践的双层分析中得到了科学阐释和精准刻画，并富有建设性地提出如何制定一部适合我国国情的《信托业法》的制度构想。在我看来，这本书立意高远，观点新颖，结构合理，资料翔实，说理充分，阐释透彻，字里行间透露出作者对我国信托制度、信托业发展以及信托监管改革的学术热情与责任担当。可以说，这本书以其学术上的创新性和对策上的有效性，为扎实推进我国信托监管的法治化提供了理论支持和措施储备。

本书作者席月民博士现任中国社会科学院法学研究所经济法室主任，长期潜心于信托法研究且颇有心得，曾经出版过《国有资产信托法研究》等信托法著述，得到信托法理论界和实务界的高度认可。除了专注信托法研究之外，他还积极参与《证券投资基金法》、《信托公司管理办法》等法律和规章的修改和调研活动，多次参与国家信托监管政策研究。这本书是他近年来长期思考和专注研究的重要成果，在其出版之际，特作此序，予以推荐。

陈 甦

2016 年 9 月 30 日

序 二

改革开放以来,信托在我国金融业发展中的地位日益显赫,广受投资者青睐。信托业及其法律地位在学术争议和市场选择中,逐渐获得各界认可并形成了一定的共识。尤其是2001年《信托法》颁行后,我国信托观念和信托文化的传播明显加速,信托制度的功能及其优势被信托公司不断挖掘并利用起来。2003年《证券投资基金法》出台后,大批基金公司的出现进一步加速了信托金融化进程。时至今日,从英美法系移植进来的信托制度,已经植根于我国社会主义市场经济体系,在财富管理和金融投融资领域扮演起越来越重要的角色,在助力实体经济发展方面发挥着独特的作用。

信托业法是规范和保护我国信托业健康持续发展的重要保障。制定我国《信托业法》是健全信托法律制度,加强信托法治的重大举措。从理论上研究信托业立法是我们信托法学工作者当下的一项紧迫任务。这本《中国信托业法研究》立足于全面深化改革和全面推进依法治国的大背景,以全球金融监管改革的宏大视角,深入研究了我国当前信托业发展及其监管中的突出问题和法律困境,解析了商业信托产品的权义结构,并重点就信托业监管改革的立法定位和立法设计进行了集中而深入的研究。这本信托业法专著还从信托业法的性质、地位入手,详细阐述了信托业法与信托法、公司法、银行业监督管理法、证券投资基金法、证券法、保险法等法律之间的关系,厘清了有关信托业法研究的诸多理论问题,提出了许多颇有价值的创新观点。这里略举两例。

一是在谈到信托专营权和信托兼营权时,作者提出互联网信托的出现,在很大程度上破解了信托产品流动难的问题。互联网信托并不只表现为信托专营权,同样也会表现为信托兼营权。建立互联网信托平台是信托公司和互联网企业开展互联网信托业务的基本条件,对互联网信托平台的人格界定需要注意区分三种模式，即"信托公司＋互联网"模式、"互联网企业＋信托"模式以及"互联网企业＋信托公司"模式。无论是自建平台，还是借助第三方平台，都必须接受信托业监管机构的牌照管理。未取得信托经营许可的互联网信托平台，不得专营或兼营信托业务。从未来发展趋势看，中国信托业协会在互联网信托发展中应该有所作为，一方面强化对行业自律规范的系统完善，另一方面打造互联网信托产品的全国集中交易平台。互联网信托是我国推出"互联网＋"行动计划后发展互联网金融的重要表现形式，这本著作对互联网信托的研究体现了鲜明的前沿性特征，诸多观点在我国信托业法研究领域具有明显的创新性。

二是在谈到当前我国信托业监管制度存在的主要问题以及监管改革时，作者明确指出《信托业法》的长期缺位使分业监管中监管目标不够明晰统一，同时过分依赖机构监管方法导致了部门立法严重，多头立法浪费了有限的立法资源，降低了监管效率，制造了不公平竞争。从世界范围看，目前国际金融监管体系仍处于分业管理状态，而且国际信托业远不及银行业、证券业和保险业发达，信托业的监管标准尚未实现统一。在复杂系统的视角下梳理金融业态，探索金融制度设计、组织治理、风险控制和服务创新等领域更有价值的行动路径，是当前我们要紧紧关注的问题。作者就国务院正在制定的《信托公司管理条例》指出，专门针对信托公司制定管理条例，无法从根本上解决大信托时代的信托业监管问题。从长远看，信托业监管改革需要依靠《信托业法》，从根本上全面系统地解决信托业务划分及其创新问题。为此，作者建议在保持一行三会的基础上新设专门的信托业监管机构，以此作为未来我国金融监管体制改革的"探路者"。这在表面上看是建立一种双峰型监管体制，但从实质上看，则完全是从现行机构型监管体制转向功能型监管体制，从分业监管转向混业监管的现实选择，表明监管重心要从事前审批转向事中和事后监管转移，进而在"多头监管"中逐步走向"单一监管"。在这一改革过程中，必须关注信托监管权力的分配与组织化能否达成利益的平衡，能否堵塞监管漏洞，能否确保信托业的可持续发展。

当然，这部著作的创新之处并不局限于上述两个方面，其在论证信托业监管改革的立法定位和立法设计等问题中还提出了诸多制度创新方面的建议。

作者席月民是我指导的法学硕士和法学博士。作为一名脱颖而出的金融法科研工作者，他长期专注于我国信托业发展与信托法研究，发表了一系列学术论文，出版了多部学术著作、教材和研究报告，并参与了多卷中国信托业年度发展报告以及中国信托业协会组织的信托业从业人员培训教材的编写。近年来，他积极呼吁制定我国的《信托业法》，在接受媒体采访时他特别指出，规模繁荣只是表象，信托业高速增长的背后潜藏着巨大的信托兑付危机。与国际信托市场相比，信托业法的缺位已经危及我国信托行业的稳定与可持续发展，市场竞争的无序化、政出多门、多头监管成为当前制约信托业稳健发展的突出问题，进而形成与金融分业监管体制之间难以克服的深层次矛盾，如何兼顾效率与安全，需要信托业监管改革与立法同步推进。放眼国际金融市场，有关金融理论、金融组织、金融产品和金融制度的创新长期以来层出不穷，创新是各国金融业发展永恒的主题。在我国信托业已经大面积试水混业经营的大趋势下，我把这本著作推荐给大家，希望能够引起信托理论界和实务界的关注，也希望书中的观点和建议能够对我国信托立法和金融修法活动有所裨益。

2016 年 10 月 2 日

前　言

全面深化改革和全面推进依法治国，加快建设社会主义法治国家，是党的十八大以来推进国家治理体系和治理能力现代化的重大战略部署。金融是现代经济的核心，这些年来我国金融业的改革、开放和发展，全面围绕构建组织多元、服务高效、监管审慎、风险可控的金融体系而展开，鼓励金融创新，发展普惠金融，通过不断增强金融市场的功能，努力提高金融服务实体经济的水平，支持国家科技创新和经济结构调整。

这些年来，以信托公司为代表的信托业表现十分抢眼。2014年，我国信托业的13万亿元资产中，有9万多亿元投向了实体经济，既支持了实体经济发展，也增加了受益人收入，在抵御住了风险冲击的同时，实现了资本实力的增强和信托资产规模的平稳增长。[①] 随着互联网金融概念的提出，我国信托业的转型已经迫在眉睫。以信托机构为中心的业务模式至今并未改变，委托人主动发起设立的信托尚少之又少，绝大部分信托产品系由受托人主动出击寻找投资者而设立，信托观念的普及和信托文化的培育仍不尽人意。这和银行业、证券业、保险业的经营形成了明显反差，投资者对信托业的认知和接受能力远不及金融其他三大行业，究其原因，《信托业法》的长期缺位应是其中的关键。如何在"产业＋互联网＋信托"发展模式中推动信托业务创新和信托业的转型，信托业法能否有所作为值得期待。

信托在英美法系各国早已流行，其营业信托亦早已处于发达状态，其中尤以英、美两国为最。信托由英美法系国家传入大陆法系国家也已一个

[①] 参见《杨家才在2014年中国信托业年会上的讲话》（2014年12月19日），中国银监会网站，http://www.cbrc.gov.cn/chinese/home/docView/4EC5066C876A4AFB822DB16FF2564D52.html，2015年10月22日访问。

多世纪，日本和韩国是其中的典型，其信托业发展和信托法制的完善程度均高于同法系的其他国家和地区。在我国，从1979年10月第一家信托投资公司——中国国际信托投资公司成立至今，信托业先后于1982年、1985年、1988年、1993年、1999年进行了五次大规模的治理整顿。其间，虽然在1983年初由中国人民银行颁布了《关于办理信托业务的若干规定》，1986年又颁布了《金融信托投资机构管理暂行规定》等一系列信托法规，但肇始于1998年广东国投破产案的第五次整顿，被普遍认为是信托业的一次根本性变革。有研究指出，信托机构在中国恢复出现，是政府主导的供给引导型而非市场经济自发演进过程中需求尾随型的金融发展，是强制性制度变迁而非诱致性制度变迁的产物。[①] 在这次清理整顿中，《信托法》（2001）以及《信托投资公司管理办法》（2002）和《信托投资公司资金信托管理暂行办法》（2002）相继出台，使我国信托法律体系的框架基本形成，信托业法初见依归。相关制度安排清晰地体现了改革初期对信托业的工具性政策倾向，即把信托机构作为一个投融资工具来看待，并未把它作为一个区别于银行的资产管理机构来看待，未把信托业作为一个独立的金融产业来发展。2007年，在信托业监管权由中国人民银行转交于中国银监会四年之后，上述两个办法得到了修订，并分别更名为《信托公司管理办法》和《信托公司集合资金信托计划管理办法》。此后，中国银监会单独或联合其他部门发布的规章有《信托公司治理指引》（2007）、《信托公司受托境外理财业务管理暂行办法》（2007）、《银行与信托公司业务合作指引》（2008）、《信托公司集合资金信托计划管理办法》（2009修订）、《信托公司净资本管理办法》（2010）、《信托公司参与股指期货交易业务指引》（2011）、《信托业保障基金管理办法》（2014）等。从整个过程可以看出，监管机构逐渐认识到了信托业的功能错位问题，并通过一系列法律法规重新构建信托业的整体价值功能，以实现信托功能的回归。

在现代市场经济中，信托业与银行业、证券业和保险业并称为金融业的四大支柱，其重要性不容小觑。信托作为英国衡平法之特产，在实践中形成了定型化的法理。从国内外现有研究成果看，英、美、日、韩等国对

[①] 陈赤：《中国信托创新研究——基于信托功能视角的分析》，西南财经大学出版社2008年版，第62页。

信托业法律监管十分重视，有关研究比较深入，研究成果相当丰富，研究面广泛，研究方法多样，也制定了比较完善的信托业法。[①] 但相比之下，由于我国信托业的起步较晚，发展历史较短，加上大规模的行业整顿频繁，因此与信托法相比，有关信托业法的研究还不够深入，不够系统。现有的研究成果中，行业发展报告偏多，理论著作偏少；产品剖析稍多，原理阐发稍少；政策解读较多，法律研究较少。尤其是加入世界贸易组织后，在金融混业经营的大背景下对信托业监管与其他金融业监管的协调处理研究不够，由于立法级次低，尚停留在银监会的部门规章层次，因此对许多重要问题缺少研究，从而使整个研究体系性不强，研究的理论性、科学性和前瞻性均有待深化和加强。

改革开放以来，我国法学研究经历了恢复、重建、更新与繁荣等不同发展阶段。信托法学作为中国法学体系的重要一支，也不例外。在《信托法》颁行前，我国有关信托制度的研究成果不仅数量少，而且多数表现为经济学研究成果。《信托法》颁行后，有关信托法制的法学理论研究进入繁荣发展阶段，信托法的基础理论和专业理论研究日渐深入，理论水平和创新能力迅速提高，专业研究机构和研究人员不断增加，越来越多的法律议题进入了信托法学者的研究视野，研究视角和研究方法不断丰富，一批重要的法学研究成果相继问世，信托法的知识体系、价值体系、方法体系以及学科体系等均获得了长足发展。

在针对信托业的研究方面，从2005年起，周小明主编的《中国信托业发展报告》和邢成主编的《中国信托公司经营蓝皮书》作为年度研究报告开始每年出版发行。[②] 其中《中国信托业发展报告》涵盖了上一年度信托业发展的全部热点和难点问题，从宏观环境、信托公司、信托产品、信托市场、法律与政策、当年焦点问题等几个方面，对上一年度的中国信

[①] 需要说明的是，为了促进资本市场的金融创新并提升竞争力，使韩国资本市场跃升为东北亚的金融中心，进而为本土的投资银行提供制度上的支持，进一步提升对投资者的保护水平并增强资本市场的可信度，韩国于2007年将之前规制资本市场的《证券交易法》、《期货交易法》、《间接投资资产运用业法》、《信托业法》、《综合金融公司法》、《韩国证券期货交易所法》等共6部法律大胆地予以整合，制定了统一的、具有重要影响意义的《资本市场法》，该法于2009年起实施。

[②] 需要说明的是，这两个报告之后改由中国人民大学信托与基金研究所编著。

托业进行了全景式的回顾、总结和解析。① 《中国信托公司经营蓝皮书》则根据全部披露年报和信托公司所披露的各项数据，分别就信托公司上一年度概貌、经营状况、主流业务模式、信托公司分化、主要财务指标、外部环境、风险控制、资产质量、投资结构、运用方式、关联交易、政策建议等诸多内容进行了概括、分类和分析。② 陈玉鹏主编的《中国信托业年鉴（2005）》分设信托专论、信托发展、中华信托万里行、行业培训等栏目，客观地反映中国信托业的发展成果。③ 这些成果着眼于采用实证研究方法考察信托业的发展现实，翔实、系统地分析和总结信托业的发展和监管状况，而有效监管始终是信托业稳健发展的重要保证。周树立著的《中国信托业的选择》一书，全面系统地介绍了我国信托业发展状况，并对国际信托业发展经验进行了考察和比较，对未来中国信托业经营模式的选择、推进中国信托业发展所需的政策支持以及若干信托理论的核心问题进行了阐释。④ 王新权著的《中国信托业走向探索》分析了信托的产生和发展，信托业的本质结构，信托业与市场经济发展，中国信托业发展方向选择，资产信托业务及其运作方式等。⑤ 盖永光编著的《信托业比较研究：历史演进、定位与发展》以全球金融一体化为背景，从信托理论分析入手，进行了信托业的国际比较，并解析了中国信托业的历史与现状以及再造等问题。⑥ 王忠民、王少华编著的《中国信托业发展与产品创新》围绕中国信托业发展与产品创新问题进行了全面、深入的研究，涵盖了信托业国际比较、信托公司发展战略，风险管理、产品创新等内容。该书在理论研究和指导实践方面都具有较高的参考价值。⑦ 周明著的《中国信托市场运行机制——基于合约视角的分析》，从信托合约的性质入手，分析了信托合约的运行机制，并专门针对中国信托合约的特殊性质、不完性、

---

① 例如，中国人民大学信托与基金研究所著《中国信托业发展报告（2014）》，中国经济出版社2014年版等。

② 例如，中国人民大学信托与基金研究所编著《2014年中国信托公司经营蓝皮书》，中国经济出版社2014年版等。

③ 参见陈玉鹏主编《中国信托业年鉴（2005）》，国际文化出版公司2006年版。

④ 参见周树立《中国信托业的选择》，中国金融出版社1999年版。

⑤ 参见王新权《中国信托业走向探索》，辽宁人民出版社2001年版。

⑥ 参见盖永光编著《信托业比较研究：历史演进、定位与发展》，山东人民出版社2004年版。

⑦ 参见王忠民、王少华编著《中国信托业发展与产品创新》，中国金融出版社2007年版。

执行机制以及效率增进等问题进行了探讨和分析。① 吴世亮和黄冬萍合著的《中国信托业与信托市场》，把信托业和信托市场的理论与实务结合起来，详细分析了信托市场的历史、现状和存在的问题，并提出了改革思路。② 在法学研究领域，陈开崎主编的《信托业的理论与实践及其法律保障》围绕信托制度的几个重要问题，如信托的制度功能、法律内涵、信托行为、信托法律关系和信托业等进行了详尽的阐述。③ 贾林青主编的《中国信托市场运行规制研究》，分上、下两编分别探讨了中国信托市场的法律构造和中国信托市场运行的法律规制。④ 康锐著的《信托业发展困境的法律对策研究（2001—2007）》，分三个部分分别研究了我国信托业发展的现状及困境、困境成因以及改善困境的法律对策。⑤ 罗志华著的《信托在我国金融分业体制下的定位研究》对信托在我国金融分业体制下的定位错误及其原因进行了分析，并从我国信托公司面临的发展困境和代客理财市场的突出法律问题两个方面，分析了信托定位错误对我国金融业发展的影响，同时提出了修正建议。⑥ 与本书关联度最高的著作当数李勇著的《信托业监管法律问题研究》，该书对信托原理和国家经济调节理论进行了研究，并结合信托法和国家经济调节法，对信托监管及其制度建设进行了阐述和论证。⑦

2001 年"入世"后，有关信托业监管的法律问题开始受到我国学界重视。刘定华、邹双卫认为，安全与效率是信托监管的两大价值取向，信托机构应该坚持适度监管、动态监管与静态监管相结合以及平衡信托风险防范和信托创新等原则。⑧ 李勇认为，发展与规范、信托分业监管与混业经营、监管目标之间的矛盾困扰着信托业监管，而这些困惑的产生源于经

---

① 参见周明《中国信托市场运行机制——基于合约视角的分析》，中国经济出版社 2007 年版。
② 参见吴世亮、黄冬萍《中国信托业与信托市场》，首都经济贸易大学出版社 2013 年版。
③ 参见陈开崎主编《信托业的理论与实践及其法律保障》，四川大学出版社 2001 年版。
④ 参见贾林青主编《中国信托市场运行规制研究》，中国人民公安大学出版社 2010 年版。
⑤ 参见康锐《信托业发展困境的法律对策研究（2001—2007）》，厦门大学出版社 2010 年版。
⑥ 参见罗志华《信托在我国金融分业体制下的定位研究》，西南财经大学出版社 2012 年版。
⑦ 参见李勇《信托业监管法律问题研究》，中国财政经济出版社 2008 年版。
⑧ 刘定华、邹双卫：《我国信托监管体制建构刍议》，载《湖南社会科学》2002 年第 3 期。

济法理念的缺失,因此,应当引进现代经济法理念对信托监管的定位、模式和目标加以明确。①刘少军认为,考虑到我国金融业的发展趋势,在我国现行金融法律框架下,以"委托理财"之名打破现有法律体系对其他金融业经营信托业务的限制,打破非金融业经营信托业务的限制,作为一种逐步实现混业经营的尝试是具有积极意义的。如果按照这条道路继续走下去,则必将完全打破信托业对信托业务的专营权,使社会上任何金融机构都有权经营信托业务,甚至是非金融机构也有权经营信托业务。②笔者提出,信托业监管改革如果仅限定在狭义的信托公司及其业务范围内则显然不能克服目前面临的挑战,相反,必须统一立法、重新定位信托业并采用更有效的监管工具。③尽快制定《信托业法》,既有利于有效限制市场过度竞争,促进信托业合法、稳健运行,也有利于保护投资者,维护公众对信托业的信心。以开放的心态,准确清晰地定位《信托业法》,是当前深化我国信托业监管改革的关键所在。④单就我国国有资产信托监管而言,笔者认为,围绕着其监管体制、监管主体的体系架构以及监管重心的转移,建立以政府监管、行业自律与市场约束为特征的三位一体的监管主体体系,是实现市场风险识别和风险承担责任的合理分散和匹配,促进国有资产信托市场健康稳步发展的重要保障。⑤互联网信托这一新业态的出现,更是对监管新政的具体实施充满着期待。

本书立足于中国信托业发展实践,从信托经营权入手,系统研究了信托业监管改革中的基本法律问题。在结构上,全书分为六章,分别是:第一章"我国当前信托业监管的法律困境",第二章"信托业监管改革的国际视野",第三章"商业信托产品的法律结构分析",第四章"信托业监管改革的立法定位",第五章"我国信托业法的立法设计",第六章"信托业法与相关法律的关系"。在内容上,主要围绕信托业监管目标、监管主体、监管原则、监管方式、监管程序、监管协调以及监管责任等展开,

---

① 李勇:《论经济法理念在信托业监管中的引入》,载《中南大学学报》(社会科学版) 2005年第4期。
② 刘少军:《信托业经营的法律定位及其公平竞争》,载《河南政法管理干部学院学报》 2011年第1期。
③ 席月民:《我国信托业监管改革的重要问题》,载《上海财经大学学报》2011年第1期。
④ 席月民:《我国〈信托业法〉的制定》,载《广东社会科学》2012年第5期。
⑤ 席月民:《我国国有资产信托监管制度研究》,载《法学杂志》2006年第2期。

通过中外信托监管制度的比较研究，重点阐明信托业监管的基本法律原理，澄清诸多监管认识误区，科学设计我国信托监管的基本法律制度，为国家制定专门的《信托业法》提供参考。在价值取向上，坚持针对性、系统性和前瞻性的统一，既致力于加强信托机构和信托市场的监管和行业风险控制，也注重深化和丰富信托法学与金融法学的制度研究和方法研究。

法学研究旨在追求和扩大共识，信托与信托业法制的发展与完善，需要以一定的学术共识作为基础。学术分歧所带来的学术争鸣，在客观上拓展了信托业法研究人员的学术视野，促进了信托法学研究的深化。国外的信托实践及理论研究已比较成熟，相比之下，我国尚存在很大差距。及时将国外重要的理论成果引入我国，无疑将极大地促进我国信托业法的研究工作。但是，这并非简单的拿来主义，而是要立足国情，充分吸收先进成果。在信托业法研究中，常规的诠释法学与新兴的社会科学法学各有侧重，信托业法研究的自足性与开放性的协调问题，已成为重要的学术发展战略问题。对于信托业法而言，"西学东渐"的特征在改革开放以来的法学研究中表现得更为明显，无论是法律文化解释，还是本土资源的实证研究，几乎无一例外地来自西方的知识传统，信托法学研究的本土化努力有待进一步提高，"重理论、轻经验"的研究倾向仍在一定范围存在。只有科学把握基础性研究与应用性研究的关系，在探寻法律现象背后的规律性、构建和解答信托法的元命题的同时，注重解决信托法治实践中的具体问题，加强对策性研究，才能有效利用有限的学术资源，不断促进信托法学研究的深入和信托法制的完善。

目　录

第一章　我国当前信托业监管的法律困境 …………………（1）
　第一节　信托公司与信托专营权 ………………………………（1）
　　一、我国信托业的发展历程 …………………………………（1）
　　二、从信托投资公司到信托公司 ……………………………（9）
　　三、信托专营权 ………………………………………………（14）
　第二节　非信托金融机构与信托兼营权 ………………………（18）
　　一、金融机构的分类 …………………………………………（18）
　　二、非信托金融机构的发展历史和现状 ……………………（23）
　　三、信托兼营权 ………………………………………………（28）
　第三节　分业监管体制下的监管竞争及其危害 ………………（32）
　　一、我国金融体制改革的法治化进程 ………………………（32）
　　二、分业监管体制的确立与监管权的分割 …………………（42）
　　三、机构监管与信托业的监管竞争 …………………………（54）
　　四、当前我国信托业监管制度存在的主要问题 ……………（58）

第二章　信托业监管改革的国际视野 …………………………（63）
　第一节　全球金融监管改革实践与发展趋势 …………………（63）
　　一、金融监管的基本架构选择 ………………………………（63）
　　二、当前国际金融监管改革理论与实践 ……………………（65）
　　三、未来全球金融监管改革的主要趋势 ……………………（67）
　第二节　英国信托业监管及其立法 ……………………………（71）
　　一、英国信托业的特点 ………………………………………（71）
　　二、英国信托业监管体制 ……………………………………（75）
　　三、英国信托业立法及其评析 ………………………………（77）
　第三节　美国信托业监管及其立法 ……………………………（81）

一、美国信托业的特点……………………………………………（81）
　　二、美国信托业监管体制…………………………………………（85）
　　三、美国信托业立法及其评析……………………………………（87）
　第四节　日本信托业监管及其立法……………………………………（89）
　　一、日本信托业的特点……………………………………………（89）
　　二、日本信托业监管体制…………………………………………（92）
　　三、日本信托业立法及其评析……………………………………（96）
　第五节　我国台湾地区信托业监管及其立法…………………………（99）
　　一、我国台湾地区信托业的特点…………………………………（99）
　　二、我国台湾地区信托业监管体制………………………………（104）
　　三、我国台湾地区信托业立法及其评析…………………………（106）

第三章　商业信托产品的法律结构分析……………………………（110）
　第一节　商业信托的发展及其主要类型………………………………（110）
　　一、商业信托的发展………………………………………………（110）
　　二、商业信托的主要类型…………………………………………（112）
　　三、我国当前主流营业信托产品…………………………………（115）
　第二节　商业信托产品的权利结构……………………………………（123）
　　一、"权利"一词的界定……………………………………………（123）
　　二、商业信托权利的本质属性和基本特征………………………（125）
　　三、我国《信托法》的信托权利谱系……………………………（128）
　第三节　商业信托产品的义务结构……………………………………（141）
　　一、从"义务"到"商业信托义务"………………………………（141）
　　二、我国《信托法》义务结构的检视……………………………（148）
　　三、信息披露：信托公司的强制性义务…………………………（156）
　　四、商业信托产品的责任承担……………………………………（159）
　　五、以阳光私募证券投资信托产品为例…………………………（162）
　第四节　商业信托的性质认定及其误区………………………………（165）
　　一、商业信托的信托合同属性……………………………………（165）
　　二、商业信托的性质认定误区……………………………………（170）

第四章　信托业监管改革的立法定位………………………………（178）
　第一节　信托业监管改革的价值目标…………………………………（178）
　　一、信托业监管改革的价值定位…………………………………（178）

二、信托业监管改革的法律目标 …………………………（187）
　第二节　信托业监管改革的立法原则 ………………………（191）
　　一、何谓"立法原则" ………………………………………（191）
　　二、监管权集中行使原则 …………………………………（193）
　　三、维护公平竞争原则 ……………………………………（195）
　　四、有效控制风险原则 ……………………………………（197）
　　五、适度有限监管原则 ……………………………………（200）
　第三节　从监管模式到监管方法的转换 ……………………（201）
　　一、从分业监管到统一监管 ………………………………（201）
　　二、从机构监管到功能监管 ………………………………（209）
　第四节　信托业监管改革的法律路径 ………………………（217）
　　一、现行《信托公司管理办法》的基本内容 ………………（217）
　　二、我国金融业监管立法的形式选择 ……………………（221）
　　三、《信托业法》的功能定位分析 …………………………（223）

第五章　我国信托业法的立法设计 ……………………………（228）
　第一节　《信托业法》的体例结构 ……………………………（228）
　　一、《信托业法》的总分结构 ………………………………（228）
　　二、《信托业法》的总则规定 ………………………………（231）
　　三、《信托业法》的分则安排 ………………………………（235）
　　四、《信托业法》的附则条款 ………………………………（241）
　第二节　信托业的经营资格与法定许可 ……………………（241）
　　一、专营信托业务的信托机构资格与市场准入退出许可 ……（242）
　　二、兼营信托业务的信托机构资格及其许可 ……………（254）
　第三节　信托业的业务范围与经营规则 ……………………（265）
　　一、信托公司经营范围及其业务划分 ……………………（265）
　　二、信托公司新型业务准入监管 …………………………（270）
　　三、兼营信托业务的准入监管 ……………………………（278）
　　四、信托业经营基本法律规则与主要法律制度的厘清 …（282）
　第四节　信托业监管机构及其职权 …………………………（288）
　　一、信托业监管机构的重塑 ………………………………（288）
　　二、信托业监管机构的职权限定 …………………………（296）
　　三、信托业监管机构的法律责任 …………………………（303）

第五节　问题信托机构的救助与市场退出 …………………… (308)
　　　　一、问题信托机构的界定及其法律规则体系 …………… (308)
　　　　二、问题信托机构的救助处置模式与救助方式 ………… (316)
　　　　三、问题信托机构的市场退出 …………………………… (323)
　　第六节　《海牙信托公约》与我国信托冲突法律规则 ……… (326)
　　　　一、《海牙信托公约》：历史地位及其影响 ……………… (326)
　　　　二、《海牙信托公约》：从结构、内容到主要特征 ……… (330)
　　　　三、我国信托冲突法：法律规则的确立及其评析 ……… (337)

第六章　信托业法与相关法律的关系 ……………………………… (345)
　　第一节　信托业法的性质与地位 ……………………………… (345)
　　　　一、信托业法应当属于公法与私法调整机制的耦合法 … (345)
　　　　二、信托业法包含有商法成分 …………………………… (348)
　　　　三、信托业法应当属于金融法 …………………………… (350)
　　　　四、信托业法应当属于实体法与程序法的有机结合 …… (353)
　　第二节　信托业法与信托法的关系 …………………………… (355)
　　　　一、信托业法与信托法的联系 …………………………… (355)
　　　　二、信托业法与信托法的区别 …………………………… (362)
　　　　三、信托业法与信托法的立法协调 ……………………… (371)
　　第三节　信托业法与相关法的关系 …………………………… (376)
　　　　一、信托业法与公司法 …………………………………… (376)
　　　　二、信托业法与银行业监督管理法 ……………………… (381)
　　　　三、信托业法与证券投资基金法 ………………………… (384)
　　　　四、信托业法与证券法 …………………………………… (389)
　　　　五、信托业法与保险法 …………………………………… (394)

结语 …………………………………………………………………… (401)

参考书目 ……………………………………………………………… (405)

后记 …………………………………………………………………… (425)

第一章

我国当前信托业监管的法律困境

本章紧紧围绕信托经营权这一问题，对我国信托业发展至今的监管法律规则体系进行梳理，旨在析出其中存在的重要法律问题，探讨在信托专营权与信托兼营权的双重商业信托模式下，分业监管体制所导致的监管竞争及其危害，提出需要研究的法律问题。本章共分为三节，分别从信托公司与信托专营权、非信托金融机构与信托兼营权，以及分业监管体制下的监管竞争及其危害这三个方面展开分析，在整个研究体系中属于逻辑前提。

第一节 信托公司与信托专营权

一、我国信托业的发展历程

20世纪的中国是变动频仍、变化巨大的。在西学东渐、除旧布新中，中国像日本一样引进了英美的信托制度。1917年上海商业储蓄银行开办信托业务后，信托依托银行开始与中国人亲密接触，在金融领域改变和影响着中国人的行为方式与观念形态。1949年新中国成立后，中国的政治经济社会生活翻开了崭新一页。从计划迈向市场，从传统走进现代，从探索图存到变革强盛，在艰难曲折的发展中，中国信托业立足于对旧中国信托业的改造和创新，现如今在资产管理和投融资领域已经扮演起日益重要的角色，信托资产规模和信托资本规模均在持续增长。[①]

[①] 根据2015年中国信托业协会对外公布的行业报告数据，截至2014年底，我国注册的信托公司共有68家，广泛分布在国内28个省、自治区和直辖市，信托公司管理的信托资产规模已经达到13.98万亿元，同比增长了28.14%。

(一) 旧中国信托业的产生和发展①

旧中国信托业创始于20世纪初商品经济比较发达的上海,当时以银行兼办信托业务的形式出现。1917年上海商业储蓄银行首家设立了"保管部",开办代保管业务,1921年更名为信托部,增办个人信托业务以及公益信托业务等。浙江兴业银行和聚兴城银行上海分行也相继设立了信托部或开办信托业务。当时专业信托机构和交易所的设立同时兴起,并很快形成争设狂潮。1921年5月至7月间,先后开设了中国商业、上海运驳、大中华、中央、中华、中外、中易、通商、通易、神州、上海、华盛等12家信托公司,总资本达8100万元法币。各类交易所则发展到136家。由于当时的信托公司大多以证券投机为主要业务,同时交易所的业务与信托公司的业务交织在一起,互为利用,信托公司以发行的股票作为交易所的对象,交易所又以自己发行的股票向信托公司抵押借款,从而导致旧中国金融史上有名的"民十信交风潮",除中央和通易两家外,其余的信托公司纷纷倒闭,旧中国的民营信托业第一次进入低潮。1928年开始,以上海为中心的信托业又重新恢复发展,至1937年全国共有信托公司12家,银行兼营信托业务的有42家,并在许多大中城市设立了许多分支机构。1933年起,当时的国民党政府开始相继建立官办信托机构,如上海市兴业信托社和中央信托局,分支机构遍布全国,同时一些官僚资本金融机构,如交通银行和中国银行等也先后设立信托部,这一时期,旧中国的信托业在机构和业务方面都有较大发展。抗日战争时期,全国又新设信托公司40多家,银行信托部10余家。抗战胜利后,国民党政府对战时在沪新设金融机构进行了整顿,一些信托公司纷纷停业,全国保留信托公司共15家,资本总额91500万元法币,大银行仍继续兼营信托业务。当时调整信托业的法律主要是1937年颁布的《新银行法》,主管部门为当时的财政部。

旧中国信托业的发展呈现出下列特点:第一,发展迅速但不稳定。其原因是,一方面由于缺乏必要的经济和社会基础,发展过程中受到政治动荡、战乱以及经济危机的直接影响;另一方面,在业务经营上带有明显的投机性,证券和房地产等风险大的业务开展比重偏大,致使信托机构两次

---

① 本部分内容参见席月民《信托及其立法发展史略》,载徐孟洲主编《信托法学》,中国金融出版社2004年版,第40—41页。

骤减，对信托业影响不利。第二，发展区域不平衡。当时的信托机构和业务主要集中于上海，其他地区不发达，如1947年的15家信托公司中上海占13家，资本总额为86000万元法币，占全国的94.5%。第三，信托业和银行业相互兼营。大部分银行设置信托部办理信托业务；同时信托公司附设银行部和储蓄部，兼办存、放、汇和储蓄业务，甚至一些信托公司把银行业务作为主业。第四，民营信托业受到官办信托业的控制和排斥。国民党政府通过各种金融管制条例的限制和中央信托局的种种特权，对实力较弱的民营信托业进行排斥和打击。

(二) 对旧中国信托业的社会主义改造和新中国社会主义信托业的创立

中国社会主义信托业始于新中国成立初期，是在我国实行银行社会主义国有化过程中，对旧中国信托业进行改造的基础上建立起来的。新中国成立后，为迅速彻底地摧毁垄断金融资本的统治，对国民党政府经营的信托机构，包括中央信托局以及中国农民银行、中央合作金库和各省市地方银行附设的信托部，采取了坚决没收的政策，由人民政府接管和清理，对附设于旧中国银行和交通银行的信托部进行了改组和改造，使其成为社会主义信托业的组成部分。同时对民营信托业采取赎买政策，通过严格管理、公私合营等步骤，实现了旧中国民营信托业的社会主义改造和国有化，信托业成为公私合营银行的组成部分。在接管和改造旧中国信托业的同时，我国部分城市试办了社会主义的信托业。一类是银行的信托部，如在接管中国银行信托部和交通银行信托部的基础上于1949年11月1日成立的中国人民银行上海市分行信托部，主要经营房地产、运输、仓储、保管箱及其他代理业务。另一类为投资公司，如天津市投资公司、广东省华侨投资公司等专业信托机构，主要办理发行投资信托证券、仓储、实业投资，发放长期贷款、证券买卖等业务。新中国成立初期，北京成立过北京兴业信托投资股份有限公司，武汉等城市也曾成立过信托机构开办信托业务。上述两类信托机构分别于20世纪五六十年代陆续停办。[①]

全国解放初期，人民政府公布了银钱业管理办法，严格监督并限制私营银行、钱庄信托业的业务活动范围，实行严格管理，从而限制了资本主义信托业的投机活动。同时，在中国人民银行的领导下，组织疏导信托业

---

① 参见席月民《信托及其立法发展史略》，载徐孟洲主编《信托法学》，中国金融出版社2004年版，第41—42页。

的资金，使其用于正当业务，以利于国民经济的恢复和发展。应该说，信托机构的停办，主要和当时的客观经济条件有关。新中国成立初期，我国财政经济状况处于十分困难之中。当时实行的是政治上进行社会主义改造、经济上高度集中统一的政策，于是在财政、经济、物资、资金等方面实行了一系列的统一，建立了高度集中统一的计划经济管理体制。这种经济体制使信用形式也必然高度集中统一，因而客观经济形势下不具备信托生存的条件，也不容许信托这种灵活多样、适应性强的金融业务存在。[①]当然，新中国成立初期的经济基础并不稳固，当时信托业是在旧中国中、交、农等几家银行信托部的基础上建立，加之所开展的业务中投机成分过多，因而国家停办信托机构也就在情理之中了，但这一结果却使得在中国金融业的发展过程中信托业的发展史被生生切断，从而成为计划经济时期中国金融业发展的一大显著特征。

（三）改革开放以来我国社会主义信托业的恢复和发展

十一届三中全会以后，我国实行了国民经济调整和经济体制改革，出现了多层次经济结构、多种经济成分和多种流通渠道共同存在的局面。原有的单一银行信用手段无法满足社会对融资方式和资金需求的多样化，迫切需要新型机构来提供与此相适应的更为灵活的融资服务方式。1979年，一些地区和部门为适应社会对融资方式、资金需求多样化的需要，开始设立和筹建信托机构。同年10月，中国银行成立信托咨询部；同年10月4日，中国第一家信托投资公司——中国国际信托投资公司经国务院批准成立。1980年初，中国人民银行在上海、浙江嘉兴等地试办了信托业务。同年6月，国务院颁布了《关于推动经济联合的暂行规定》（国发〔1980〕172号文），明确规定"银行要试办各种信托业务"。同年9月，中国人民银行根据国务院文件精神下发了《关于积极开办信托业务的通知》，除西藏外，全国各省、市、自治区陆续开办了信托业务，业务种类在最先的委托贷款、委托投资的基础上，后又增加了信托贷款、财产信托和代理等。至此，在我国停办了20多年的信托业开始恢复起来。[②] 截止到1982年年底，全国各地的信托机构已累计发展到620多家，其中人民银行的信托部186家，建设银行的266家，农业银行的20多家，中国银

[①] 参见尚明主编《新中国金融50年》，中国财政经济出版社2000年版，第173—174页。
[②] 同上书，第174—175页。

行的96家,地方设立的信托投资公司50多家。

信托业的恢复,打破了此前完全由政府垄断金融的旧体制,在国有银行之外重新成长出一批非银行金融机构,并发挥出信托固有的经营灵活、服务多样化的制度优势。但是,信托机构在短期内的迅速发展产生了分散资金、拉长基建战线以及与银行争业务等弊端,国家对信托业的管理既无统一规定,也未纳入国家信贷计划,从而助长了固定资产投资的膨胀。为此,信托业的第一次清理整顿顺势拉开。1982年4月,国务院发布《关于整顿国内信托投资业务和加强更新改造资金管理的通知》,提出地方的信托投资公司一律停办,今后信托业务由银行办理,并需纳入银行信贷计划。这次整顿的重点是机构整顿,旨在清理非金融机构设立的信托投资公司,以改变信托机构过多、过乱的局面。

1983年初,中国人民银行颁布了《关于办理信托业务的若干规定》,首次明确了信托业务的发展方向、业务培训和计划管理等问题,并将信托业务的重点放在"委托、代理、租赁、咨询"上,暂停投资性业务。上述规定促进了信托业的稳定发展,各地信托机构在发展地方经济、搞活流通和促进对外开放等方面发挥了积极作用。1984年6月和7月,中国人民银行召开"全国支持技术改造信贷信托会议"和"全国银行改造座谈会",对信托业务的作用给予了积极肯定,并提出"凡是有利于引进外资、引进先进技术,有利于发展生产、搞活经济的各种信托业务都可以办理。"当年,我国国民经济持续、稳定发展,工农业生产增长幅度较大,但由于经济过热、固定资产投资和消费基金增长过猛,导致出现货币投资和信贷失控的局面。为此,信托业的第二次清理整顿开始。1985年,国务院要求银行停止办理信托贷款和信托业务,已办业务应加以清理。国务院和中国人民银行相继发出紧急通知,要求各地进行贷款检查,同时对信托业务进行整顿,严格控制信托贷款,并抓紧收回不合理贷款。这次整顿主要是业务整顿,虽在1985年暂停了信托贷款和投资业务,但其他业务未受影响,信托业总体上还在逐步发展。[1]

1986年,中国人民银行根据国务院发布的《中华人民共和国银行管理暂行条例》,颁布了《金融信托投资机构管理暂行规定》等一系列信托

---

[1] 参见席月民《信托及其立法发展史略》,载徐孟洲主编《信托法学》,中国金融出版社2004年版,第42页。

法规，明确了中国人民银行对我国信托业的领导和管理地位。对信托机构的业务经营范围、机构设置和审批程序等作了具体规定，使我国信托业初步纳入法制管理的轨道，对保证信托业的合法经营、推动信托业的健康发展发挥了重要作用。1986年以后，我国独立的信托投资公司大量涌现，信托业务再次迅速得到发展。至1988年9月，经中国人民银行批准设立的信托投资公司达745家，资产总额近700亿元人民币，其中各类贷款总额为500多亿元。信托机构开办了信托、委托、代理、租赁、投资、担保、房地产、证券、咨询等多种业务，并初步形成网络，在用好用活预算外资金、引进外资、支持能源、交通、原材料、出口创汇和人民生活必需品生产以及促进企业技术、设备的更新改造等方面发挥了重要作用。从历史上看，这一阶段是我国信托业在机构和业务上发展最快的时期。但在这一年，我国国民经济出现膨胀势头，经济秩序混乱，国家为此全面清理各类公司。就信托机构而言，不同程度地存在着乱设机构、超范围经营、擅自提高利率、乱拉存款以及内部管理制度不健全等问题，严重制约了信托业的健康发展。为此，中国人民银行根据1988年《中共中央、国务院关于清理整顿公司的决定》和1989年国务院《关于进一步清理整顿金融性公司的通知》，对信托机构开始进行第三次清理和整顿，提出了信托业与银行业分业管理的方针。这次清理整顿，既有机构的撤并，也有业务的规范。经过整顿，到1991年底，全国具有法人资格的信托投资公司共计376家，其中中央各部委办的10家，专业银行办的163家，地方各部门办的203家；单独经营人民币投资业务的251家，经营人民币和外币业务的125家。各类信托公司共有实收资本284亿元，信托存款余额227亿元，信托贷款余额388.6亿元，信托投资余额93亿元。[①]

1991年至1993年上半年，中国经济在社会主义市场经济转型过程中出现了一种过分追求高速发展的倾向。信托投资公司在较快发展的同时，也出现了大量拆借资金，超规模发放贷款以及投资炒房地产和股票的现象。1993年7月，国务院决定全面整顿金融秩序，加大了对信托业的监管力度。自此，信托业进入周期性的第四次清理整顿。这次清理整顿，叫停了所有银行向各类非银行金融机构的资金拆借，从资金来源上限制了信

---

① 参见席月民《信托及其立法发展史略》，载徐孟洲主编《信托法学》，中国金融出版社2004年版，第43页。

托投资公司扩大贷款的能力,并对各级分行越权批设的信托投资公司进行了清理。① 1993年7月9日,中国人民银行发出通知,要求包括信托投资公司在内的金融机构的筹备和设立,均需由中国人民银行批准和核发《经营金融业务许可证》。1995年5月25日,国务院批准《中国人民银行关于中国工商银行等四家银行与所属信托投资公司脱钩的意见》,脱钩工作于1996年结束。1995年10月,中国人民银行对违规操作、资不抵债的中银信托投资公司宣布接管,一年后,由广东发展银行收购。1997年1月4日,中国农村发展信托投资公司被中国人民银行依法关闭。1998年6月22日,中国新技术创业投资公司被中国人民银行关闭。1998年10月6日,中国人民银行决定关闭广东国际信托投资公司。在这一轮的清理整顿中,我国金融业明确提出了"分业经营、分业管理"的原则,对信托投资公司的经营范围、与银行及其证券业的关系有了明确意见。经过这次清理整顿,信托投资公司的数量和资产均大幅度减少,150家银行所属的信托投资公司被撤销。

然而,信托业的清理整顿并未就此画上句号。1999年初,国务院办公厅以国办发［1999］12号文转发了中国人民银行《整顿信托投资公司方案》,从而启动了对信托业的第五次清理整顿。此次整顿的原则是坚持以信托业务为本,信托业与证券业分业经营、分别设立、分别管理,规模经营,分类处置。② 经过整顿,对符合设立条件的信托投资公司予以保留;对出现严重支付风险、资不抵债的公司予以关闭或破产;对资本规模较小,财务状况一般,信托主营业务较少的信托投资公司,在核销自身呆账(坏账)和投资损失的基础上,予以合并、撤销或重组。1999年4月27日,财政部发布关于《信托投资公司清产核资资产评估和损失冲销的规定》。2000年8月7日,中国人民银行发布公告,宣布撤销中国教育科技信托投资有限公司。在这次跨世纪的整顿中,中国非银行金融业的格局被重新改写。2000年港澳信托、中国教育科技信托公司被撤销;2001年

---

① 参见尚明主编《新中国金融50年》,中国财政经济出版社2000年版,第178页。
② 这次清理整顿,坚持把信托公司真正办成"受人之托、代人理财",以手续费和佣金为收入的中介服务组织,严禁其办理银行存款、贷款业务。对信托投资公司现有的股票经营业务,要通过单独设立或联合组建证券公司、证券经纪公司等方式实行分业经营、分业管理。按照防范风险和规模经营的要求,对信托投资公司重新规定严格的设立条件,限期整顿,不符合条件者,一律不予重新登记。

中国光大国际信托被关闭，海南赛格、海南华银、海南汇通、三亚中亚等信托投资公司被停业整顿，12月福建国际信托被撤销；2002年中经开被撤销。这些信托投资公司被处理，在国内甚至国际资本市场都激起了巨大反响。在这次清理整顿中，中国人民银行于2001年1月10日颁行了《信托投资公司管理办法》[1]。该办法明确规定，信托投资公司可以申请如下业务：受托经营资金信托业务、受托经营动产和不动产及其他财产的信托业务、受托经营国家有关法规允许从事的投资基金业务、经营中介业务等。同时规定，信托投资公司不得办理存款业务，不得发行债券，不得举借外债。2001年4月《信托法》出台后，上述《信托投资公司管理办法》在2002年被修改[2]，从而使其与《信托法》的有关内容的表述相一致，这最终标志着1999年开始的第五次信托投资公司整顿改革工作取得了阶段性成果，获准保留的信托投资公司会按照规定进一步规范地开办信托业务和其他有关业务。从机构数量上看，经过整顿，全国239家信托投资公司中，彻底退出信托市场、摘去信托机构牌子的有160家左右，剩下的合并保留了大约60家，截止到2003年4月底，其中已有51家进行了重新登记。2004年年末，全国获得重新登记、领取金融许可证的信托公司共有59家。金信信托、爱建信托、伊斯兰信托、庆泰信托等事件爆发后，2006年年底，尚保留非银行金融机构经营牌照的信托投资公司只剩下54家。

  对信托业的多次清理整顿，是在建立和完善分业经营、分业监管的金融体制过程中渐次完成的。令人遗憾的是，在很长一段时间内，中国的信托公司一直被当作银行类金融机构来管理，关于信托的本质、如何办出信托业的特色等根本性问题一直未能得到彻底解决。信托业所扮演的金融角色只限于对银行的"拾遗补阙"，相关业务距离信托的本来意义其实相去

---

[1] 该办法共8章72条，分别对信托投资公司的设立、变更与终止、经营范围、经营规则、监督管理与自律、原有业务的清理与规范等作了明确规定。在该办法实施前设立的信托投资公司，应当依照国家有关规定进行清理整顿，整顿后确定保留的，中国人民银行对其予以重新登记。未经中国人民银行批准，擅自设立信托投资公司或者擅自经营信托业务的，按照《非法金融业务活动取缔办法》予以取缔，并予以处罚。

[2] 该办法修改后共7章69条，分别对信托投资公司的设立、变更与终止、经营范围、经营规则、监督管理与自律等作了明确规定。该办法将"原有业务的清理与规范"章节的内容删去，并调整了信托公司自有资金运用方式中的有关内容以及对信托公司运用信托资金的有关管理规定。中国人民银行不再规定实行年检制度。

甚远。信托投资公司与其他金融机构无论是在其营业范围、经营手段、功能作用、风险承担、收益获取等各个方面都有着诸多的联系，但同时也存在明显的差异。2007年新《信托公司管理办法》施行后，信托公司在经营模式、盈利模式转型中不断求新、求变、求生、求胜，到2009年，机构数量止跌反弹，新设机构正式开闸，华澳信托、中粮信托、金谷信托、江南信托等相继开业。① 伴随着异地展业的放开效应、增资扩股的倍放效应以及政策导向的广调效应，各地信托公司竞相更名，市场上出现了一批面目全新的信托公司。2015全国增至68家信托公司。

通过分析中国信托业恢复发展背景、动因和历次清理整顿情况，笔者想强调的是，在缺乏信托传统的约束下，正确合理的制度塑造和政策引导，让制度环境与制度安排相容，是信托业稳健规范发展的根本前提。② 现行《信托公司管理办法》划定了信托公司的业务范围，确立了具体的经营规则，从而为其长远发展提供了一定的制度保证。在目前分业经营、分业监管的金融体制下，信托公司不但牌照稀缺，而且制度优势独特，是我国唯一能够横跨实业、货币与资本三大市场进行直接投资和融资的金融机构，其业务手段的多样性和灵活性备受推崇。

二、从信托投资公司到信托公司

（一）信托公司的正名文件

随着2007年2月1日中国银监会主持修订的《信托公司管理办法》与《信托公司集合资金信托计划管理办法》（即信托"新两规"）的正式出台，信托公司被重新塑造为从事"受人之托、代人理财"业务的专业理财公司，其固有业务特别是负债业务被明显压缩，监管部门转而提倡并鼓励信托公司从事更多、更新的信托业务。在这次被称为"主业回归"的新规调整中，开宗明义地将原"两规"中的"信托投资公司"一律改为"信托公司"，以强化信托公司的信托功能，限制信托公司以自有资金大量从事投资业务。修订后的《信托公司管理办法》重整信托监管理念，从信托公司的名称、注册资本管理制度、业务定位、公司治理、制度建

---

① 参见中国人民大学信托与基金研究所著《中国信托业发展报告（2010）》，中国经济出版社2010年版，第73—75页。

② 汪戎、熊俊：《中国信托业发展30年评述》，载《云南财经大学学报》2010年第1期。

设、关联关系与关联交易、合格投资者等诸多方面作出全面调整与规定，以贯彻科学监管、民主监管以及依法监管的监管理念和原则。

（二）信托公司的正名原因

从信托投资公司到信托公司，名称的变化突出体现了监管部门对信托业务活动本质的深刻认识。对信托公司的正名与我国信托业发展史上的反复清理整顿不无关系。细究起来，信托业之所以被反复清理整顿，除缺乏有效的市场经济环境之外，主要基于以下两方面原因：

一是外部原因，即社会缺乏对信托的有效需求。信托在生存发展中，一方面要求社会财产的分散所有，而且社会财富积累程度要高；另一方面要求财产所有人对自己财产的保值、增值需求强烈，而且信任专业的财产管理机构。20世纪80年代，我国不具备这两个条件，即便到了2000年11月底，按照中国人民银行统计数据，居民储蓄存款已达6.349万亿元，但其分流方向主要集中在住房、消费、国债、股市等方面，基本没有对信托产生需求。当然这与国家没有提供相应的信托供给有关，信托恢复和发展之初，主要目的是从事银行不能开展的贷款业务，以弥补银行信贷的不足，其结果是用管理银行的办法管理信托，使得信托具有强烈的银行特色，信托业的独立地位无从体现，信托本质业务不明显，与我国分业经营的改革方向相悖逆。

二是内部原因，即信托公司缺乏完善的内部治理结构。由于没有对信托的内部结构做更深层次的理解，决策缺乏民主化及相应的制约，从而导致权力过分集中，个别领导"一言堂"管理色彩严重，决策失误比较频繁。我国信托公司绝大多数由国家各部委、地方政府设立，股权过于集中，内部管理行政化色彩严重，因此，与公司应该以利润最大化为经营目标相冲突。还有的信托公司因规模小，违法违规经营、高息揽存、超范围经营严重，或者对房地产等实业投资比例过大，致使资产质量差，社会信誉不高。

事实上，在2001年之前，信托公司的批设一度处在失控状态，而且业务范围也没有得到明确而清晰的界定，放贷、证券、实业投资、房地产等无不涉及，成为名副其实的"金融百货公司"，所以每次清理整顿后都会使一大批信托公司陷入困境。只有深刻把握信托业清理整顿的上述两重原因，才能真正理解信托公司的本质特征，进而理解信托公司正名的真正用意，使信托公司的业务经营回归到信托本业。

(三) 信托公司的正名意义

对信托公司的正名，使这一类金融机构的业务特征更为突出。其重要意义体现在：

第一，有利于信托公司的含义界定。信托公司是和营业信托相联系的企业组织形态，在业务特征方面区别于不以营业为目的的民事信托，因此具有连续性、经营性、营利性、规模性等重要特征。信托公司与信托投资公司的不同在于，后者更突出了信托投资的功能，而事实上信托的功能并不局限于投资，还包括财产管理、融通资金、协调经济关系以及发展公益事业等诸多功能。信托在本质上是一种财产管理制度，"受人之托、代人理财"是信托最原始也是最重要的功能。信托公司的正名，意味着信托公司的含义界定不再强调信托的投资功能，相反开始回归其本源业务，使我国分业经营中的信托业显著区别于银行业、证券业和保险业。修改的《信托公司管理办法》第2条明确规定，"本办法所称信托公司，是指依照《中华人民共和国公司法》和本办法设立的主要经营信托业务的金融机构。本办法所称信托业务，是指信托公司以营业和收取报酬为目的，以受托人身份承诺信托和处理信托事务的经营行为。"① 这里不难看出，在立法技术上，修改后的办法主要作了一些简化，不但合并了法律条文，而且删去了"投资"二字。虽然在信托公司和信托业务两个概念的解释内容方面变化不大，但却体现了明显的进步，即概念的使用需要慎重，对信托公司含义和信托业务内涵的准确把握重在对这类公司名称的科学界定，正名本身是监管机构对信托业在形式和内涵方面的根本性修正，是一种观念认识上的显著提升。

第二，有利于信托公司的业务定位及其转型。信托公司的正名，目的在于准确定位信托公司的业务类型。修改后的《信托公司管理办法》第16条明确规定，"信托公司可以申请经营下列部分或者全部本外币业务：(1) 资金信托；(2) 动产信托；(3) 不动产信托；(4) 有价证券信托；(5) 其他财产或财产权信托；(6) 作为投资基金或者基金管理公司的发起人从事投资基金业务；(7) 经营企业资产的重组、购并及项目融资、

---

① 修改前的《信托投资公司管理办法》用了两个条文对信托投资公司和信托业务作了规定。其中第2条规定，"本办法所称信托投资公司，是指依照《中华人民共和国公司法》和本办法设立的主要经营信托业务的金融机构。"第四条规定，"本办法所称信托业务，是指信托投资公司以营业和收取报酬为目的，以受托人身份承诺信托和处理信托事务的经营行为。"

公司理财、财务顾问等业务；（8）受托经营国务院有关部门批准的证券承销业务；（9）办理居间、咨询、资信调查等业务；（10）代保管及保管箱业务；（11）法律法规规定或中国银行业监督管理委员会批准的其他业务。"[1] 这里的修改更加突出了不同类型的信托业务分类，对信托公司的业务转型作了比较系统的引导，从而促使信托公司把正名落到实处，体现到具体的业务经营活动上。

第三，有利于信托公司的内部治理和外部监管。信托公司好比一个人，其全体股东投资所成立的公司在形式上属于企业法人，股东会或股东大会与董事会、总经理、监事会的关系如何，直接关系到该公司的成长性和安全性。这些内部组织的设置，如同人的"大脑"、"心脏"、"五脏六腑及肢体器官"以及"免疫力系统"一样，能够有效工作是信托公司内部治理的关键所在。股东会或股东大会作为公司价值聚焦的"顶点"，在维护和争取公司实现最佳经营业绩时，会把公司价值具体投射向公司的董事会、总经理和监事会三个利益的"角位点"，这三个利益的"角位点"勾连制衡形成平面"三角形"，而"顶点"和该平面"三角形"勾连后又会构造成立体的"锥形体"，这应该是公司治理结构的标准模型。而在公司治理中经营理念的统一至为关键，信托公司的正名有助于公司各个内部组织统一认识，形成合力，增进效率，同时也有助于外部监管机构按照分业经营进行有效监管，对控股股东和信托公司的经营行为展开监管调查。

（四）信托公司正名后的净资本管理

2010年，为了对信托公司实施以净资本为核心的风险控制指标体系，中国银监会颁布了《信托公司净资本管理办法》。该办法的颁行，标志着我国信托公司的规范化发展又进入了新的历史阶段。

---

[1] 修改前的《信托投资公司管理办法》在第20条中规定，"信托投资公司可以申请经营下列部分或者全部本外币业务：（1）受托经营资金信托业务，即委托人将自己合法拥有的资金，委托信托投资公司按照约定的条件和目的，进行管理、运用和处分；（2）受托经营动产、不动产及其他财产的信托业务，即委托人将自己的动产、不动产以及知识产权等财产、财产权，委托信托投资公司按照约定的条件和目的，进行管理、运用和处分；（3）受托经营法律、行政法规允许从事的投资基金业务，作为投资基金或者基金管理公司的发起人从事投资基金业务；（4）经营企业资产的重组、购并及项目融资、公司理财、财务顾问等中介业务；（5）受托经营国务院有关部门批准的国债、政策性银行债券、企业债券等债券的承销业务；（6）代理财产的管理、运用和处分；（7）代保管业务；（8）信用见证、资信调查及经济咨询业务；（9）以固有财产为他人提供担保；（10）中国人民银行批准的其他业务。"

对信托公司而言，实行净资本管理的意义主要体现在以下四个方面：[①]

第一，建立了符合国际惯例的资本监管体系。从20世纪90年代中期以来，境外成熟市场监管当局深刻认识到以净资本为核心的风险监管对投行类金融机构风险控制的重要性，目前包括美国、英国、欧盟、新加坡、马来西亚等国均已建立起以净资本为核心的资本监管体系。在我国，继商业银行全面实施了净资本管理办法之后，2006年中国证监会也正式颁布实施《证券公司净资本管理办法》，对所有证券公司实行净资本管理。实践证明，效果良好，收益明显，有效地体现了监管部门的监管思路和监管理念。

第二，净资本管理有利于弥补信托监管工具的不足。随着信托业的快速发展、信托资产规模的不断扩大以及信托公司业务模式的转变和创新业务的频繁开展，使信托业的监管环境已经大为改观。2007年新两规以来，信托资产规模快速扩张，目前信托公司平均管理规模约为400亿元，个别信托公司管理的信托资产规模已经达到净资产的50倍以上，最高的达182倍。信托资产规模快速扩张的同时，多数信托公司的内控和风险管理能力并没有及时跟上，单体信托业务风险时有发生。为此，曾就银信、信政和房地产信托业务下发风险提示，但银信合作业务在年底仍然达到1.32万亿元，创出历史新高。以上事实表明，在当前信托公司风控意识普遍不足、风险管理能力有限的情况下，信托公司的扩张冲动只能通过实施净资本监管进行必要的约束。

第三，有助于重构信托公司风险管理框架，提高监管有效性。该办法的出台对推动信托公司建立并完善内部风险预警和控制机制有着重要意义，通过对净资本等风险控制指标动态监控、定期敏感性分析和压力测试等手段，可以逐步实现信托风险的计量和监控。同时，有利于监管部门对信托公司风险的事前控制，提高对信托公司日常监管的针对性和有效性。在落实监管意图方面，监管部门也可以通过调整不同业务风险系数，有效引导公司根据自身特点进行差异化选择与发展。

第四，对推动分类监管、促进信托公司创新发展意义重大。通过对不同监管级别的信托公司设置差异化风险系数、将业务规模与评级水平挂钩

---

① 参见《银监会就〈信托公司净资本管理办法〉答记者问》，中国政府网，http://www.gov.cn/gzdt/2010-09/10/content_ 1699941.htm，2015年3月20日访问。

等手段，可以进一步落实分类监管、扶优限劣的理念。公司经营是否稳健，治理结构是否完善，经营体系和内控制度与业务发展是否匹配，风险管理能力是否存在不足，是否存在严重的违反法律法规以及监管规定的行为等，都是对信托公司进行综合评级需要考量的重要因素。实行净资本管理，目的在于客观评价信托公司的经营实力，这样可以在限制评级水平较低的公司盲目扩张同时，给信托公司积极创新以及在新产品或新业务的监管规定上预留空间。

三、信托专营权

信托专营权的提出，是与分业经营、分业监管的金融监管体制要求相适应的。就专营权而言，在范围上并不局限于信托业，实践中诸如机场专营权、邮政专营权、电业专营权、盐业专营权、煤层气专营权、博彩专营权、旅游线路专营权、景区门票专营权等各种专营权不一而足。信托专营权实际针对的是信托业务的经营资格，而且这种资格一旦取得即具有一定的经济价值，其核心是专门经营信托业务以获取盈利，因此这种专营权作为一种金融经营权，体现的是一种行业准入限制，必须获得监管机构的审查许可。由于《信托法》中没有对营业信托作出特别规定，也没有对信托公司作出特别规定，因此《信托法》在法律性质上被纳入民商法体系之中，信托业专营权在该法中找不出任何依据。对信托公司来说，在现有的信托法律体系中，其业务经营权直接来自《信托公司管理办法》。

按照《信托公司管理办法》规定，信托公司的业务分为固有业务、信托业务和其他业务。在固有业务项下，信托公司可以开展存放同业、拆放同业、贷款、租赁、投资等业务。[①] 其中，投资业务限定为金融类公司股权投资、金融产品投资和自用固定资产投资。[②] 在信托业务方面，信托公司可以开展资金信托[③]、动产信托、不动产信托、有价证券信托、其他

[①] 按照规定，信托公司不得开展除同业拆入业务以外的其他负债业务，且同业拆入余额不得超过其净资产的20%。中国银行业监督管理委员会另有规定的除外。但信托公司可以开展对外担保业务，对外担保余额不得超过其净资产的50%。

[②] 按照规定，信托公司不得以固有财产进行实业投资，但中国银行业监督管理委员会另有规定的除外。

[③] 按照规定，信托公司经营外汇信托业务，应当遵守国家外汇管理的有关规定，并接受外汇主管部门的检查、监督。

财产或财产权信托、公益信托等,这些类型的信托在实践中被信托公司开发成为各种具体的信托产品。各大信托公司根据自身实际情况、监管政策以及市场环境的变化,不断探索产品创新的模式和手段,从而使信托所涉领域不断延伸,使信托产品的标准化设计和个性化安排互为补充。随着我国金融创新的不断深入,信托在资产管理和投融资领域已经扮演起日益重要的角色,信托资产规模和信托资本规模均在持续增长。从 2003 年到 2008 年,信托公司管理的信托资产规模从 1635 亿元快速增长到 1.23 万亿元,信托主业进一步突出。① 而到了 2014 年末,信托行业管理的信托资产规模为 13.98 万亿元,较 2013 年末的 10.91 万亿元,同比增长 28.14%,较 2013 年末 46.05% 的同比增长率明显回落。其中,单一资金信托占比 62.58%;集合资金信托占比 30.70%;财产权信托占比 6.72%。而其固有资产规模也已达到 3586 亿元,同比增长了 24.89%。② 事实证明,信托专营权是信托公司发展主营业务的权利之本,信托业务已经成为信托公司的主营业务。

目前,信托公司资金投向领域已经涉及各个行业。从具体投资方向看,主要集中在金融证券、企业融资、房地产、基础设施等方面,形成了基础设施信托业务、房地产信托业务、证券投资信托业务和银信合作理财业务等四大主流业务。其他投向领域还包括交通运输、农林牧渔、科教文卫等行业。经过这些年的发展,基础设施和公用事业类信托产品几乎涵盖了电力、燃气、热力、水务、公路、铁路、桥梁等所有领域。在创新业务方面,信托公司还积极探索了企业年金、信贷资产证券化、委托境外理财等业务类型,并将创新范围拓展至节能环保、低碳经济、战略性新兴产业等重要领域。

除此之外,信托公司还可以作为投资基金或者基金管理公司的发起人从事投资基金业务,经营企业资产的重组、购并及项目融资、公司理财、财务顾问等业务,受托经营国务院有关部门批准的证券承销业务,办理居间、咨询、资信调查等业务,从事代保管及保管箱业务等。可见,信托公司已被明确定位为专业的资产管理机构和金融理财机构。上述业务中,信

---

① 这里的数据转引自中国人民大学信托与基金研究所《中国信托业发展报告(2010)》,中国经济出版社 2010 年版,第 100 页。

② 翟立宏:《〈2014—2015 中国信托业行业发展报告〉解读》,中国信托业协会官网,http://www.xtxh.net/xtxh/reports/28583.htm,2015 年 10 月 12 日访问。

托公司的同业拆借业务、贷款业务、保管箱业务、证券承销业务、投资基金业务等与商业银行、证券公司、基金公司等其实有所交叉，但与银行、证券公司、基金公司相比，信托公司看起来什么都能做，实际上每个领域都受到了专业金融机构的挑战。

信托专营权典型地体现了信托的基本含义，表现在：信托是建立在委托人对受托人的充分信任的基础之上，并使这种信任贯穿于信托活动的全过程；信托必须存在财产权的移转和分离；信托是为实现委托人意愿而使受益人获利的制度设计；信托是受托人以自己名义而非委托人名义进行的法律行为。[①] 信托公司所管理和处分的信托财产具有各自的独立性，这些信托财产与信托公司的固有财产相区别，是信托业务中信托法律关系的客体。管理信托财产、处理信托事务是信托公司的一项法定义务。信托公司管理运用信托财产、处理信托事务，必须认真履行自己的职责，为受益人的最大利益行事，按照信托文件的规定，对信托财产进行管理和处分，以便使信托财产获得最大的收益。按照我国现行的金融法律框架，金融业实行的是分业经营、分业管理，信托业享有完全独立于银行业、证券业和保险业的信托专营权。但是，这种专营权在这些年激烈的金融市场竞争中已逐渐被各种部门规章以"委托理财"之名所打破，从而使信托业之外的其他金融行业事实上也都享有了经营信托的权利，再加之信托业自身能力的限制，必然出现业务经营的困境，甚至不得不违规经营。[②]

值得一提的是，互联网信托概念的推出使上述信托专营权面临着更大挑战。互联网信托是中国人民银行等十部门在2015年7月所发布的《关于促进互联网金融健康发展的指导意见》[③]（以下简称《指导意见》）中提出的一种互联网金融新业态。以中融金服为代表的互联网信托平台的出现，充分契合了普惠金融的广泛性需求，体现了互联网与金融的深度融合趋势。作为一种新业态，互联网信托对监管新政的具体实施充满着期待。

---

① 参见徐孟洲主编《信托法学》，中国金融出版社2004年版，第2—3页。
② 刘少军：《信托业经营的法律定位与公平竞争》，载《河南省政法管理干部学院学报》2011年第1期。
③ 该指导意见按照"鼓励创新、防范风险、趋利避害、健康发展"的总体要求，提出了一系列鼓励创新、支持互联网金融稳步发展的政策措施，积极鼓励互联网金融平台、产品和服务创新，鼓励从业机构相互合作，拓宽从业机构融资渠道，坚持简政放权和落实、完善财税政策，推动信用基础设施建设和配套服务体系建设。

互联网信托不仅使信托投资的门槛显著降低，而且也明显缩短了信托投资的期限，增强了信托产品的流动性，从而满足了社会公众的投资理财需求，进一步推进了金融监管改革与创新，更好地支持了我国实体经济的发展。同房地产信托、土地信托、资金信托、知识产权信托、家族信托等概念相比，互联网信托并不是新出现的信托产品类型，而是信托机构综合运用互联网思维、互联网架构和互联网技术所推出的新型信托业务经营模式。互联网信托概念的推出，彻底实现了信托业务由线下交易迁移至线上交易的服务升级，在线下与线上服务的深度融合中，推动了信托服务的网络转型，拓宽了信托机构的投融资渠道，激发出了普惠金融的市场活力。一方面，它标志着中国信托业彻底放低"身段"，真正迈入了大众化时代，走进了普通公众的日常生活；另一方面，也标志着整个信托行业开始了新的布局，在互联网金融创新中觅寻更多富有想象力的可能性。

互联网信托的出现，需要归功于国家对互联网金融的支持政策以及信托公司的创新能力。目前的互联网信托主要表现为信托公司通过互联网开展业务，在信托产品的开发、信托业务的拓展、信托组织的平台化和信托服务的公开化等方面产生了深刻影响，有利于信托文化的培育和信托观念的传播。从现有政策取向上看，《指导意见》肯定了互联网信托这种新型金融业务模式，提出了一系列鼓励创新、防范风险、支持互联网信托健康发展的政策措施，同时也明确互联网信托业务由中国银监会负责监管，并确立了分类监管的具体原则。国务院十部门对互联网信托等新型金融业务经营模式的肯认，体现出国家在全面深化经济体制改革和全面推进依法治国中对金融创新的积极支持，这使得信托公司通过互联网开展信托业务有了明确的政策依据和立法期待。当然，互联网信托并未改变信托的本质属性，也未改变信托业务的风险结构，因此要控制好互联网信托风险的隐蔽性、传染性、广泛性和突发性，就必须严格遵循监管规定，加强风险管理，确保交易合法合规。《指导意见》强调，信托公司在开展互联网信托业务中，要遵守合格投资者等监管规定，保守客户信息，制定完善产品文件签署制度，保证交易安全。由此可见，加强监管与鼓励创新对互联网信托的稳健发展同等重要。问题在于，互联网信托与互联网支付、P2P、股权众筹等新兴金融业态一样，除了既有的信托公司利用互联网技术和信息通信技术创新开展信托业务外，一些拥有互联网技术和客户资源优势的互联网企业也在积极筹划"进军"或"试水"这一新兴业务领域。《指导意见》对互联网企业创新开展信托业务并无正面回应，是否需要对该类企业实施"牌照管理"，是否对其适用相关监管规定，如何正确区分互联网信托与P2P、股权众筹等，目前的政策指引都不够明确，这同样构成对信托专营权的重大挑战。

就机构监管而言，信托业事实上指的就是信托公司的集合体。我国信托业恢复后，信托业长期以来一直没有明确的经营定位和稳定的赢利模式，直到2007年银监会实施"信托新政"，信托主业才逐渐清晰。[①] 从监管角度看，信托专营权更多的是指信托公司所专门享有的对信托业务的经营权。这里的信托业务，无论是资金信托，还是动产信托、不动产信托等，在经营财产上指向的均是信托财产，而不是信托公司的固有资产，信托专营权在本质上表现为"受人之托、代人理财"。按照《信托法》第2条的规定，该业务是指信托公司作为受托人，基于委托人的信任，并按委托人的意愿以自己的名义，为受益人的利益或者特定目的，受托经营委托人的财产权，对信托财产进行管理或者处分。依据《银行业监督管理法》和《信托公司管理办法》的规定，信托业务经营资格的取得必须经过中国银监会的许可。但目前来看，信托专营权已经徒有其表，信托业这一概念需要进行重新定义。

第二节 非信托金融机构与信托兼营权

一、金融机构的分类

金融机构是随着商品经济和信用制度的发展而产生、发展起来的。一般说来，凡专门从事各种金融活动的组织均可称为金融机构，既包括在间接融资领域活动的金融机构，也包括在直接融资领域活动的金融机构。但笔者认为，金融机构有狭义和广义之分。狭义的金融机构仅指那些通过参与或服务金融市场交易而获取收益的金融企业；广义的金融机构则指所有从事金融活动的组织，其范围包括金融市场的监管机构，如一国的中央银行等，甚至包括像国际货币基金组织等那样的国际金融机构。全面构建和

[①] 陈岩：《中国信托业的发展趋势》，载《大连海事大学学报》（社会科学版）2010年第6期。

完善金融机构组织法,应在理论上统一金融机构这一概念的内涵,节约立法资源,为此对金融机构的分类研究宜采用广义的金融机构概念。下面,金融机构主要分类如下:①

(一) 金融监管机构和金融被监管机构

按照金融机构在金融监管中的地位不同,可以分为金融监管机构和金融被监管机构。金融业的安全稳健运行与有序竞争,离不开有效的金融监管。金融监管机构有权对金融被监管机构及其经营活动实施规制和约束。通常,金融监管机构都是官方机构,但也存在民间组织根据法律授权履行金融监管职责的情况。如英国的金融监管局(Financial Service Authority,FSA),就是根据该国 2000 年《金融服务与市场法》(Financial Services and Market Act)履行金融监管职责的非官方组织。② 在我国,中国人民银行、中国银行业监督管理委员会、中国证券监督管理委员会、中国保险监督管理委员会以及国家外汇管理局等都属于金融监管机构。金融被监管机构处于受监管的地位,作为金融中介,其通常是金融市场上资金的供给者和需求者,但有时也不排除以自营为特征而进行投资活动,如商业银行、政策性银行、证券公司、保险公司、信托公司、财务公司、金融租赁公司、汽车金融公司等。金融被监管机构在一国金融体系中占据核心地位,既可以发行和创造金融工具,也可以在金融市场上购买各种金融工具;既是金融市场的中介人,也是金融市场的投资者,是货币政策的传递者和承受者。

(二) 法人型金融机构和非法人型金融机构

按照金融机构的法律地位不同,可以分为法人型金融机构和非法人型金融机构。在民法理论上,法人是指在私法上具有权利能力的团体或者组织。私法上的法人是通过私法行为设立的长期存在的人的联合体或者组织体,它本身是与其全体组成人员和管理人员相互分开的实体。③ 也就是说,法人既可以是其成员的变更与其存在没有任何关系的人的联合体,也可以是为一定目的并具有为此目的而筹集的财产而组织起来的组织体。④

---

① 参见席月民《金融机构的分类及其社会责任探析》,载《成人高教学刊》2007 年第 2 期。
② 参见朱崇实主编《金融法教程》,法律出版社 2005 年版,第 38 页。
③ 李永军:《民法总论》,法律出版社 2006 年版,第 296 页。
④ [德] 卡尔·拉伦茨:《德国民法通论》(上),王晓晔等译,法律出版社 2003 年版,第 178 页。

相应的，依据公法设立并以行使国家权力为宗旨而成立的组织则成为公法人。必须看到，公法人和私法人的划分与大陆法系公法和私法的划分传统是分不开的。独立名称、独立意思、独立财产、独立责任是团体独立人格的四大要素。其中独立财产为本，独立名义为表，独立意思为其动力，独立责任为其一切民事活动的最终归宿。从这个意义上也可以说，独立财产与独立责任是法人人格的两根基本支柱，而独立责任是独立财产的最终体现。在我国法人制度实践中，也往往把是否独立承担责任视为一个团体是否具有法人资格的最终标准。① 现代社会中，金融机构的分支机构众多，营业网点遍布全国乃至世界各地，区别法人型金融机构和非法人型金融机构，重在区别总、分公司制下的金融机构本身与其分支机构之间的关系，强化其相应的责任能力。以中国工商银行为例，其本身具有法人资格，但其省级分行以及县级支行则只能属于非法人型金融机构。换言之，在法人型金融机构中，无论是公法人还是私法人，其必须同时满足上述团体独立人格的四大要素。

（三）营业性金融机构和非营业性金融机构

按照金融机构是否具有营业特征，可以分为营业性金融机构和非营业性金融机构。这里的营业性，应直接解释为经营性，而不能解释为营利性。营业性金融机构属于企业范畴，着重强调其经营性质，其民事权利能力和民事行为能力受制于金融法律、法规所规定的核准经营范围。所谓经营性，包括营利性经营和政策性经营两种情况，或者二者兼而有之。② 从世界范围看，商业性金融机构以营利为目的，而政策性金融机构则不以营利为目的，但二者的共同点在于，其都具有经营性和经济性的特征，因而都属于营业性金融机构。如证券登记结算机构，该机构是为证券交易提供集中登记、存管与结算服务，不以营利为目的的法人。③ 因此，虽然其不以营利为目的，但却要开展具体的连续性的经营活动，因此应归属于营业性金融机构。非营业性金融机构不具有经济性，属于非经营性组织，如前述金融监管机构，其职责是对金融业实施监督管理。再如我国《证券法》规定的证券业协会，该协会是证券业的自律性组织，是社会团体法人。④

---

① 江平主编：《法人制度论》，中国政法大学出版社1994年版，第32页。
② 史际春主编：《公司法教程》，中国政法大学出版社1995年版，第5页。
③ 参见《中华人民共和国证券法》第155条。
④ 参见《中华人民共和国证券法》第174条。

由于证券业协会没有从事经营活动，因此属于非营业性金融机构。

(四) 金融企业、金融机关、金融事业单位和金融社会团体

按照金融机构设立的依据以及目的和任务的不同，分为金融企业、金融机关、金融事业单位和金融社会团体。这种分类方法借鉴了我国《民法通则》关于法人的分类方法。我国《民法通则》按照法人的设立依据以及目的和任务的不同，把法人区分为企业法人、机关法人、事业单位法人和社会团体法人。其中，企业法人应当在核准登记的经营范围内从事经营。机关法人属于国家机关，依法行使行政权力。事业单位法人以发展社会公益事业为目的，社会团体法人则强调成员的自愿性和目的事业的共同性，且不得从事营利性活动。尽管有学者对该种分类方法提出了批评[①]，认为其没有充分体现民法的社会功能，带有计划经济的痕迹，并在逻辑体系上不够周延，事业单位法人包含的类型过于宽泛，没有确认财团法人等，但笔者认为，自1986年《民法通则》颁行以来，这种分类方法在我国已经广为人知并被社会普遍接受，因此仍有很强的现实意义。将金融机构分为金融企业、金融机关、金融事业单位和金融社会团体，不仅可以有效区分不同金融机构的性质，而且可以正确适用其设立所依据的法律；不仅可以区别其不同的设立程序，而且可以区别其财产或者经费的具体来源。如中国银行属于金融企业，中国人民银行属于金融机关，中国银行业监督管理委员会属于金融事业单位，中国银行业协会属于金融社会团体。

(五) 商业性金融机构和政策性金融机构

按照金融机构的设立宗旨是否以营利为目的，分为商业性金融机构和政策性金融机构。这种分类只适用于营业性金融机构。其中，商业性金融机构不承担国家的政策性融资任务，其经营活动一般以营利为目的，并且受到市场竞争规律的支配，其投资主体不限于国家，如各国的商业银行、证券公司和保险公司等。政策性金融机构通常由国家投资创办，专门为贯彻和配合国家产业政策、区域发展政策，在特定业务范围内直接或间接地从事政策性融资活动，一般不以营利为目的。如我国的国家开发银行、中国进出口银行和中国农业发展银行，它们的目的均以追求社会整体利益和社会效益为依归，其金融业务的开展，考虑的不是银行本身盈利与否，而

---

① 参见马俊驹《法人制度的基本理论和立法问题之探讨》（上），载《法学评论》2004年第4期。

是看是否能够带来巨大的社会效益,因此它们都属于政策性金融机构。政策性金融机构与商业性金融机构在法律地位上是平等的,在业务上构成互补关系。商业性金融机构是一国金融体系的主体,承办绝大多数的金融业务,而政策性金融机构主要承办商业性金融机构不愿办理或不能办理的金融业务,在商业性金融机构业务活动薄弱或遗漏的领域开展融资活动。

(六) 银行和非银行金融机构

按照金融机构是否经营存款业务,分为银行和非银行金融机构。这一分类同样只适用于营业性金融机构。其中,银行是专门经营存款、贷款、汇兑、结算等业务,充当信用中介和支付中介的金融机构[1]。银行一词源于意大利,是随着商品经济的发展最早产生的金融机构,在现代金融体系中居核心地位。银行包括中央银行、商业银行、专业银行和政策性银行等。非银行金融机构也称为其他金融机构,系指那些名称中未冠以"银行",主要经营证券承销与经纪、各类保险、信托投资以及融资租赁等金融业务的金融机构,如证券公司、保险公司、信托公司和金融租赁公司等。非银行金融机构很难用列举的方法来穷尽,由于各类非银行金融机构的业务经营范围不同,经营侧重点各异,因此,判断的标准主要有两条:一是看该机构是不是经法定程序设立的经营金融业务的金融机构;二是看该机构有没有冠以"银行"名称。[2] 换言之,除银行以外,凡经营金融业务的金融机构都属于非银行金融机构。非银行金融机构虽然与银行一样从事某些融资业务,但其各自在性质、组织形式以及业务范围上与银行有着明显差别,因此在监督管理上也不同于银行。

(七) 直接融资机构和间接融资机构

按照金融机构融资机制的不同,可以分为直接融资机构和间接融资机构。这种划分亦只适用于营业性金融机构。直接融资机构是为资金余缺双方牵线搭桥提供联系服务的机构,主要在直接融资中提供金融服务,包括证券交易所、证券承销商、证券经纪商等;间接融资机构是为资金余缺双方提供场所,充当媒介的信用服务机构,主要在间接融资中提供金融服务,包括商业银行、专业银行和信托机构、投资公司、保险公司、金融租

---

[1] 戴相龙、黄达主编:《中华金融辞库》,中国金融出版社1998年版,第76页。
[2] 参见朱崇实主编《金融法教程》,法律出版社2005年版,第121页。

赁公司等机构。① 这种分类的意义在于，在资金融通过程中，直接融资机构和间接融资机构所建立的金融法律关系在性质上是不同的，其所享有的权利和负担的义务在内容上也不相同。直接融资机构以资本市场为依托，所建立的金融法律关系多涉及证券投资与收益，如证券发行关系、证券交易关系等；而间接融资机构则以货币市场为依托，所建立的金融法律关系有存款关系、贷款关系以及同业资金拆借关系等。

（八）信托公司与非信托金融机构

按照金融机构是否专事信托业务，可以分为信托公司与非信托金融机构。信托公司是专门从事信托业务的金融机构，非信托金融机构不以信托为主业，既可指兼营信托业务的金融机构，也可指未兼营信托业务的金融机构。这种区分对信托专营权和信托兼营权的授予有着重要意义，对信托监管规则的适用对象范围确定有着直接影响。因此，这种分类方法对本课题研究而言，意义重大。

（九）其他分类

对金融机构的分类方法还有很多，如按照所有制的不同分为国有金融机构、集体金融机构和民营金融机构；按照资本额、营业额以及从业人数等的不同分为大型金融机构、中型金融机构和小型金融机构；按照服务地域不同分为城市金融机构和农村金融机构；按照出资人的国别不同，可以分为中资金融机构、外资金融机构和中外合资金融机构；按照注册登记的地点和依据不同，可以分为本国金融机构、外国金融机构和国际金融机构。对金融机构的上述不同分类方法，适应了金融学和金融法学研究的不同需要。在我国，由中国人民银行主管、中国金融学会主办的《中国金融年鉴》，自1986年创刊以来，每年都在统计各种金融数据以及分析金融发展状况时，用到各种有关金融机构的不同分类方法，有时为了统计上的方便，还会适当加以合并或者分解。

二、非信托金融机构的发展历史和现状

我国金融机构的发展历史悠久。从外延上看，非信托金融机构囊括了

---

① 参见强力《金融法》，法律出版社2004年版，第57页。

信托公司以外的其他所有类型金融机构在内。《周礼》记载的"泉府"[①]是向客户办理赊贷业务的金融机构的雏形。新中国成立以来，我国的金融业不断适应经济发展的需要，集中资金支持经济建设，促进经济结构的调整，经历了从复合型的单一银行体制向多样化的现代金融机构组织体系转变的过程，这一过程通常被划分为以下三个阶段。

(一) 新中国金融机构组织体系的初步建立

中华人民共和国成立后，中国人民银行作为国家银行，根据"边接管、边建行"的方针，结合各地情况，一方面接收国民党政府遗留下来的官僚资本银行，取消在华外商银行的特权，整顿和改造旧中国的私营银行和钱庄；另一方面，按照行政区划，建立了中国人民银行总行、区行、分行、支行四级机构。1949年10月20日，中国人民保险公司正式成立，并陆续在全国各地设立分支机构。到1951年，除西藏和台湾外，全国都建立了中国人民银行的机构。同年，还成立了农村合作银行，但其在各地没有设立分支机构。随着合作化运动的开展，又开始设立农村信用社。至此，新中国初创时期的金融机构组织体系初步建立。从而奠定了新中国国家银行组织体系的基础，为支持国民经济的恢复和有计划的经济发挥了重要作用。

(二) "大一统"复合型金融机构组织体系的形成

我国的计划经济体制是当时"大一统"复合型金融机构组织体系形成的基础。为了适应这一体制，1952年，中国银行与中国人民银行的国外业务局合署办公；交通银行划归财政部领导，中国人民保险公司也由财政部领导；精简撤销了农村合作银行，成立了全行业的公私合营银行总管理处。1954年，中央人民政府决定撤销大区一级行政机构，中国人民银行在大区一级的区行也随之撤销，形成了银行部门垂直管理的体制。1954年10月，中国人民建设银行成立，隶属于财政部，成为经营管理固定资产投资的国家专业银行，1958年又被撤销。1955年，全国14个城市的公私合营银行与当地中国人民银行储蓄部合署办公。1956年，公私合营银行总管理处与中国人民银行总行私人业务管理局合署办公。这样，公私合营银行纳入了中国人民银行体系。1955年，国务院批准建立中国农业银

[①] 郑樵《通志》称"铸大泉""大泉五十"等，后世"泉"转音为"钱"。参见石毓符《中国货币金融史略》，天津人民出版社1984年版，第3页。

行。由于当时农村金融业务量不大,客观上缺乏建立专业银行的经济基础,在业务上与中国人民银行业务交叉,增加了资金周转环节,1957年国务院又决定撤销中国农业银行,在中国人民银行设立了农村金融管理局,管理全国的农村金融业务。各类商业银行和其他金融机构相继撤并,金融业务逐渐集中于中国人民银行,中国人民银行成为全国的信贷中心、结算中心和现金出纳中心,几乎垄断了全国所有的金融业务,既行使中央银行的职能,又办理商业银行的各种业务。至此,所谓的"大一统"复合型金融机构组织体系开始形成,商业信用被取消,取而代之的是国家信用。

1958—1960年的"大跃进"时期,受"左"的思想影响,金融部门的工作同样出现瞎指挥、浮夸风,造成信贷失控和大量增发货币,加剧了国民经济比例失调。这期间,国内保险业务被停办,中国人民建设银行被撤销。1962年,为贯彻执行"调整、巩固、充实、提高"的方针,又恢复中国人民建设银行,并进一步明确其职能作用。1963年10月,党中央、国务院决定恢复被撤销的中国农业银行,从上而下建立了中国农业银行的机构。"文化大革命"开始后,金融体系遭到严重破坏。1968年,中国农业银行和中国人民建设银行被分别并入中国人民银行和财政部,金融体系重新回到"大一统"状态。之后,中国人民银行总行的各职能司局被撤并,只保留政工和业务两大组艰难维持工作。1969年中国人民银行总行并入财政部,对外只保留中国人民银行的牌子。其各级分支机构有的与财政合并,成立财政金融局,有的并入财政局,作为财政局的一个业务组。在地区和县一级的人民银行设置更是五花八门。银行的组织机构不能集中统一,指挥系统大大削弱,金融机构成为财政的会计和出纳机构。直到1978年,中国人民银行才从财政部独立出来。这一时期,金融机构体系的最大特点是机构单一,信用集中,政企不分,对外封闭。[①]

(三)现代金融机构组织体系的建立

1978年党的十一届三中全会之后,随着经济体制改革的不断深入,我国的金融机构组织体系也进行了全面改革,多样化的现代金融机构组织体系开始建立和完善。

1. 通过分设的形式,形成国家专业银行体系。改革开放初期,为适

---

① 参见尚明主编《新中国金融50年》,中国财政经济出版社2000年版,第72—73页。

应经济体制改革的需要,1979年3月正式恢复了中国农业银行,属国务院领导,由中国人民银行代管,自上而下建立各级机构,并将农村信用社、农村营业所划归农业银行领导。同年,又相继恢复了中国银行和中国人民建设银行①,同时成立国家外汇管理总局,该局直属国务院领导,从而打破了过去单一的"大一统"金融机构体系。1983年,国务院决定由中国人民银行专门行使中央银行职能,分设中国工商银行,专门办理工商信贷和城镇储蓄业务。1984年1月,中国工商银行作为主要在城市从事金融业务的国家专业银行正式成立。

2. 通过重建和新建,实现政策性金融机构和商业性金融机构的分离。1986年7月,国务院决定重新组建交通银行。1987年4月,交通银行总管理处由北京迁往上海。交通银行成为一家全国性和综合性的股份制银行,既经营本外币业务,也经营保险、证券、信托、投资、租赁等各种非银行金融业务,是当时唯一一家不受业务限制的银行。1986年,招商银行首先获得中国人民银行批准,1987年4月正式对外营业。同月,中信实业银行成立。1987年12月,深圳发展银行正式营业,该行是中国首家公开发行股票并挂牌上市的银行。1988年6月,福建兴业银行和广东发展银行成立。1992年上海浦东发展银行成立。这些股份制银行的成立,作为区域性银行,其经营业务按地域分布,但随着市场经济体制的建立和发展,地域性开始淡化,一些区域性银行逐渐走向全国。在区域性股份制银行纷纷新设的同时,中国人民银行也批准设立若干全国性股份制商业银行。如1992年8月中国光大银行成立;同年12月,华夏银行成立。自1979年河南省驻马店成立了第一家城市信用社后,1984年后大中城市相继成立了许多城市信用社。1995年7月,我国第一家城市商业银行——深圳城市商业银行正式开业。到1998年年末,正式开业的城市商业银行达到88家,总资产3559亿元,各项存款2839亿元,各项贷款1740亿元,城市商业银行逐渐成为我国银行体系的重要组成部分。1994年,为有效推进四大国有专业银行的商业化改革,我国先后组建国家开发银行、中国进出口银行和中国农业发展银行,由这些政策性银行办理原来由四大国有专业银行办理的政策性业务。为了有效处理四大国有专业银行的不良资产,防范和化解金融风险,1999年4月,中国信达资产管理公司正式

---

① 1996年3月更名为中国建设银行。

成立，专门负责处置中国建设银行的不良资产。随后，中国华融资产管理公司、中国长城资产管理公司和中国东方资产管理公司相继成立，分别处置中国工商银行、中国农业银行和中国银行剥离的不良资产。

3. 适应经济发展需要，大力发展非银行金融机构，同时逐渐开放金融市场，使外国金融机构进入中国。为适应改革开放的需要和扩大对外融资的窗口，1979年10月成立了中国国际信托公司，1981年12月成立了专营世界银行等国际金融机构转贷款业务的中国投资银行。1982年2月，中国国际信托投资公司与北京机电设备公司、日本东方租赁公司共同创建了中国东方租赁有限公司，同年又与国家物资部共同组建了中国租赁有限公司，这标志着现代租赁业在我国开始建立。保险方面，1980年中国人民保险公司开始恢复运营，从而标志着中国保险业的新生。1988年之前，我国的保险业一直由中国人民保险公司独家经营。1988年3月，平安保险公司在深圳成立，它是我国第一家国有股份制保险公司。随后，中国太平洋保险公司、新疆建设兵团农牧业保险公司等一批保险公司以及外资保险公司分公司和中外合资保险公司相继成立。在证券方面，随着1990年12月和1991年7月上海和深圳两家证券交易所的建立，证券公司和基金公司纷纷建立，到1992年，全国共有证券公司87家，各金融机构的证券业务部也陆续开业。为促进企业集团的健康发展，1987年我国正式成立了第一家大企业内部的财务公司，即东风汽车财务公司。1991年中国人民银行共批准设立了19家财务公司，到1995年财务公司已达65家，资产规模达800亿元人民币。在金融业的对外开放方面，我国对外资金融机构的引进主要采取三种形式：一是允许其在我国设立代表机构；二是允许其设立业务分支机构；三是允许其和我国金融机构设立中外合资金融机构。1981年，在我国正式设立代表处的有31家外国金融机构。当时，首家在我国试点设立营业性分支机构的外资银行是香港南洋商业银行。1985年开始允许海外金融机构在我国深圳、珠海、厦门、汕头、海南五个经济特区设立营业性分支机构。1990年上海成为除经济特区外首家获准引进营业性外资金融机构的沿海开放城市，1992年又增加了大连、天津、青岛、南京、宁波、福州、广州等7个沿海城市，1994年国务院又批准了北京、沈阳、石家庄、西安、成都、重庆、武汉、合肥、杭州、苏州和昆明等11个内陆中心城市设立营业性外资金融机构。金融监管方面，1993年12月国务院发布了《关于金融体制改革的决定》，随着1995年《商业银行法》的颁行，我国确立了银行业、证券业、保险业和信托业实行分业经营的原则，但对上述四类金融机构的监管却统一于中国人民银行。1998年我国对金融监管体制进行重大改革，将证券机构和保险公司的监管权由中国人民银行移交给中国证监会和中国保监会，从而基本形成分业监管的体系。2003年3月，中国银监会成立，中国人民银行把对银行业和信托业的监管权再次移交出来，它标志着我国金融分业监管体制彻底确立。

总的来看，改革开放以来我国的金融机构组织体系发生了天翻地覆的变化，非信托金融机构取得了长足发展。不但建立了专司金融宏观调控和金融管理职能的中央银行体制，而且完善了独立经营、实行企业化运作的国有商业银行；不但组建了政策性银行，专门承担政策性融资任务，而且组建了众多其他商业银行，显著增加了非国有的经济成分；不但建立了大量包括证券公司、保险公司、财务公司、金融租赁公司等在内的非银行金融机构，完善了金融机构体系，而且引进大批外国金融机构，促进了我国金融市场的国际化。截至目前，我国已经形成了以中央银行为核心，以商业银行和政策性银行为主体，多种金融机构并存，分业经营、分业监管、相互协作的金融机构组织体系格局。

三、信托兼营权

我国金融理财市场的快速发展是营业信托市场化的一面镜子。"受人之托、代人理财"成为营业信托的宣传招牌。理财市场[①]在我国属于新兴市场，虽然起步较晚，但发展速度惊人。近年来，财富管理的巨大需求和市场空间的高速增长，已经引起国内外金融机构的注意，各类金融机构纷纷寻求市场定位，拓展市场份额，以满足个人财富增长后避损、获利、分散风险的需求。目前，推出理财服务的主要是商业银行、证券公司、基金公司、保险公司和信托公司这五类金融机构。

由于信托原理在各种理财产品的设计与推销中得到了尽情发挥，因此，尽管这些理财产品不乏刻意回避"信托"这一字眼，但究其实质，

---

① 很多人认为，理财是一类新兴的业务，或仅仅是一种投资产品，并且这种业务或产品通常对应着的是一种急功近利式的投资策略，如不能在相对较短的期限内获得相对较高的收益回报便没有存在的意义。这其实是一种谬误。后文对理财概念将给出详解。

并未跳出信托这一范畴，营业信托机构范围已从信托公司拓展开来成为不争事实。在金融理财市场，这些机构各显其能，相互之间展开了激烈竞争，信托公司对信托业务的专营权不复存在，理财主体多元化的市场格局已经形成，信托业兼营权与信托业专营权的冲突日益加剧。

所谓信托兼营权，主要是指非信托金融机构对信托业务的经营权。信托兼营权并不改变信托的本质含义，其经营权的客体同样为信托财产。信托兼营权的主体虽为非信托金融机构，但其信托业务经营资格取得的合法性却饱受质疑。证券投资基金公司的基金业务资格来自《证券投资基金法》的规定，该法为其信托兼营权提供了法定依据。但对于其他理财机构而言，其理财业务资格与信托业务资格并不能混为一谈，并不能用理财业务资格取代信托业务资格。

由于现在的理财服务是以机构、市场分割状况来决定的，从而造成理财产品单一化、同质化现象较为严重，在分业监管的密集政策交织下，客户或市场细分的断裂以及全方位理财服务的断裂成为一种顽症。不同的监管政策造成产品营销渠道、宣传手段、流动性安排等方面形成巨大差异。由于理财业务对各类金融机构的风险管理能力、创新能力、绩效考核能力、营销能力等都提出了颇高要求，因此，理财业务的竞争实际成为各类金融机构综合竞争能力的比拼。随着金融混业经营的深入推进，银行、证券、保险、基金、信托等不同行业之间业务交叉的情况日趋普遍，围绕财富管理的业务重组与整合此起彼伏，理财主体多元化的市场格局呈现出"你中有我、我中有你"的相互融合趋势。"委托理财"实质上是一种纯粹的信托关系，是非信托金融机构刻意对现行法律的有意规避，也是造成信托业困境和不公平竞争的主要根源。理财业务的混业性质与金融分业监管之间的矛盾日益显现，市场竞争的无序化、有法不依、政出多门、多头监管成为当前理财市场的突出问题。因此，必须明确信托的认定标准，给信托业经营一个合理的法律定位，实现银行业、信托业、证券业、保险业之间基本公平的竞争。[①]

前述的互联网信托并不只表现为信托专营权，同样也会表现为信托兼营权。建立互联网信托平台是信托公司和互联网企业开展互联网信托业务

[①] 刘少军：《信托业经营的法律定位与公平竞争》，载《河南省政法管理干部学院学报》2011年第1期。

的基本条件。无论是自建平台,还是借助第三方平台,均有助于解决信托产品开发和销售中的信息不对称和资源不对称问题,增强信托产品的流动性和吸引力。这些年来,由于信托产品线下交易和区域经营的局限性,信托受益权转让一直未能形成规模化的全国交易市场。信托公司整体上过分关注于高端客户,信托产品投资门槛高,缺乏应有的流动性,这些制约了信托观念的传播和信托业的发展。一旦投资者在信托存续期内遭遇突发性资金需求,很难及时把信托受益权转让出去获得变现。

互联网信托的出现,在很大程度上破解了信托产品流动难的问题。不同互联网信托平台的建立,客观上为信托产品的销售和流动提供了集中交易的发现机会。以中融金服为例,作为中融信托旗下的互联网金融平台,目前主打两类拳头产品,其一是金融产品增信项目,其二是融粤系列理财计划。该两类产品的年化收益率基本在8%以上,不但投资门槛较低,起投金额大多控制在5000元,而且投资期限较短,大多控制在170—255天。另外,平安信托、中信信托等推出的互联网信托产品也纷纷降低投资门槛,吸引公众投资,有的信托产品甚至降至1元起投。如此一来,通过小额化、分散化的信托投资,更有利于实现不同信托产品的推广和流动,进一步丰富贷款信托、消费信托等具体信托产品类型,更好地服务小微企业和实体经济。当然,互联网企业和信托公司所建立的互联网信托平台更多立足于自身产品,在产品流动性的选择方面仍存在较为明显的局限性。从未来发展趋势看,中国信托业协会在互联网信托发展中应该有所作为,其不但可以强化对行业自律规范的系统完善,而且可以打造互联网信托产品的全国集中交易平台。

目前,理论界对互联网信托平台性质的认识尚未统一。有的认为互联网信托平台属于中介组织,有的则认为属于出租的"柜台",还有的认为平台是独立的经营者,也有认为平台是一个市场管理者,诸如此类的观点不一而足。笔者认为,互联网信托平台是互联网企业或信托公司开展互联网信托创新业务的"替身",平台的"人格"与设立平台的互联网企业或信托公司的"人格"是重合在一起的,投资者和平台进行交易其实就是和互联网企业或信托公司进行交易,除名称外,平台本身的财产、组织机构以及经营场所等都与设立平台的机构保持高度一致,因此应将平台归于经营者范畴,对平台本身也应实施"属人原则"下的"牌照"管理。具体而言,如果平台系信托公司所建,则信托公司已经取得的金融许可牌照只要有效,平台自然而然地同时具备信托业务经营资格,相应产品应该接受银监会的监督和管理;但如果平台系互联网企业所建,则互联网企业在从事信托业务创新之前应申领金融许可牌照,否则其平台并不具备信托业务经营资格,相应的信托产品会涉嫌违法经营而受到调查;如果平台系信托公司和互联网企业合作开发建设,相应的信托产品设计又是依托信托当事人内部结构进行设计和开发,则平台本身的合法性会基于信托公司作为受托人的合法经营资格而取得合法依据,这种类型的互联网信托平台实现了互联网企业和信托公司之间的业务合作与优势互补,同样应受到信托业监管机构的监督管理。

在目前分业经营、分业监管的金融体制下,对互联网信托平台的人格界定需要注意区分三种模式:第一种是"信托公司+互联网"模式,该类模式的显著特点是信托公司设立平台,利用互联网创新信托业务,把线下交易迁至线上完成;第二种是"互联网企业+信托"模式,该类模式中则是由互联网企业设立平台,利用信托方式拓宽其融资渠道,扩大其经营范围;第三种是"互联网企业+信托公司"模式,该类模式中的互联网信托平台直接融合了双方各自优势,相互取长补短,实现了互利共赢。对于第二种模式而言,即互联网企业创新开展信托业务,笔者认为应实施与信托公司同样的金融许可证制度,需接受信托业监管机构的监管。2015年浙江网商银行的挂牌运营,已经开启了"互联网银行"新时代,其对互联网信托而言具有典型的示范意义,未来纯粹的"网络信托"完全可能会在第二种模式下的互联网信托公司中诞生。应该强调的是,由互联网信托公司设立的互联网信托平台需要接受信托业监管机构的牌照管理,未取得信托经营许可的互联网信托平台,不得专营或兼营信托业务。

总的来看,商业银行等非信托金融机构在金融服务中均十分重视新型业务的拓展,如商业银行即在传统的存贷款业务比拼中,开始发力各种类型的中间业务,并对信托服务也给予了高度关注,并纷纷从业务创新的角度积极探讨与信托公司的合作。然而,现有的金融监管立法对于商业银行等非信托金融机构的信托兼营权持比较谨慎的态度,这也是上个世纪商业银行等从事信托投资后带来种种负面效应的教训所致。从发展趋势看,对信托兼营权的承认和规范需要尽快纳入信托业法的视野,进而有效防范金融创新业务中的法律风险。

第三节 分业监管体制下的监管竞争及其危害

一、我国金融体制改革的法治化进程

思想解放开启的改革开放时代，使中国金融业快速步入了法治化发展轨道，为整个经济的市场化之旅提供了重要保障。沿着改革开放前后的计划经济、有计划的商品经济、社会主义市场经济的建立、社会主义市场经济的完善等不同发展阶段的历史轨迹，在渐进式变革方式的推动下，我国不断加强金融法治，先后完成了金融体系市场化和金融机构商业化的蜕变，逐渐形成投资多元化的金融机构组织体系、分工专业化的金融市场运营体系以及目标系统化的金融法律法规体系，建立了分业经营、分业监管的新型金融管理体制，实现了金融业的全面对外开放[①]，在应对这次全球性的金融危机中展现了举世瞩目的实力。

（一）改革开放前的计划经济阶段（1949—1978）

建立高度集中的国家银行体制，中国人民银行成为国家的"信贷中心、结算中心和现金中心"。新中国成立初期，我国金融体系从多元并存进入国有金融机构"大一统"时代，金融业成为走向传统计划经济体制的先行军。在当时的计划经济体制下，建立国家银行体制，一方面集中了根据地和经济恢复时期的银行工作经验，另一方面也参照了苏联实行信用改革和计划经济管理的现成模式。1949年10月1日，中华人民共和国成立后，新中国的金融业遂翻开崭新一页。之前成立的中国人民银行[②]开始着手建立统一的国家银行体系，承担起国家货币发行、经理国家金库、管理全国金融、稳定金融市场、支持经济恢复和国家重建的重任。如前所述，根据"边接管、边建行"的方针，中国人民银行在接收国民党政府遗留下来的官僚资本银行，取消在华外商银行的特权，整顿和改造旧中国

[①] 回顾金融业开放历程，可以看出中国金融业渐进式开放的政策轨迹：（1）在机构类型上，从允许设立代表处扩展到经营性机构；（2）在地域上，从经济特区扩展到沿海开放城市再到内陆中心城市；（3）在业务经营上，从外币业务逐渐扩展到经营人民币业务；（4）在金融业务部门上，从银行业扩展到保险、证券等金融行业。

[②] 1948年12月1日，中国人民银行在河北石家庄成立，1949年2月迁入当时的北平。

的私营银行和钱庄的同时，按照行政区划，建立了中国人民银行总行、区行、分行、支行四级机构。到1952年国民经济恢复时期结束时，中国人民银行作为新中国的国家银行，已经建立了全国垂直领导的组织机构体系，统一了人民币的发行，逐步收回了过去解放区发行的货币，全面清除并限制了国民党政府法币的兑换，不但使人民币统一了全国的货币市场，而且对各类金融机构也实现了统一管理。在这一阶段，中国人民银行奠定了新中国国家银行组织体系的基础，为支持国民经济的恢复和计划经济的建立与发展发挥了重要作用。诚如吴承明先生所言："短短三年，不仅国民经济各部门都恢复或超过了战前最高水平，而且医治好了延续十多年的通货膨胀痼疾，平衡了长达半个世纪以上的国家财政的严重赤字和国际贸易的严重亏损。实际上，它不是一般的经济恢复，而是一场划时代的变革：改变了百余年来半殖民地半封建的经济状态，建立起一种全新的经济制度，即新民主主义经济制度。"[①]

在传统计划经济体制下，我国整个经济呈现出了高度的财政化安排，国家建设资金的积累和分配大部分通过财政进行。与计划经济体制相适应，计划和财政是宏观经济的主要调节手段，各部门创造的国民收入主要以税收、利润和折旧等形式集中到财政手中，再由财政以基本建设和流动资金拨款形式予以分配。1954年时任国务院副总理的李先念对银行是信贷、结算和现金出纳中心，是国家总会计，是国家领导企业实行经济核算的一个杠杆等一系列论述，表达了当时党中央和国务院对银行的观点，基本上成为计划经济时期对银行地位、作用的基本认识。这种认识是计划经济时期实行高度集中统一金融体制的理论基础，银行的许多具体实践基本上是围绕这些观点而展开的。[②] 由于缺乏适宜的法律环境，导致我国金融机构格局在改革开放前的不同发展时期几经变化，整个金融业在分合之中使国家银行体制最终走向了极端，商业信用被取消，国家信用取而代之。金融业务的高度集中使中国人民银行几乎垄断了全国所有的金融业务，自上而下的人民银行体制又使中国人民银行成为国家的"信贷中心、结算中心和现金中心"，中国人民银行既行使中央银行的职能，又办理商业银

[①] 董志凯主编：《1949—1952中国经济分析》中吴承明先生之《序》，中国社会科学出版社1996年版，第1页。

[②] 杨希天等编著：《中国金融通史（第6卷）：中华人民共和国时期》，中国金融出版社2002年版，第82页。

行的各种业务。高度集中的"大一统"国家银行体制，重视银行工作和外汇收支的计划管理，造成了我国金融机构类型的银行化和金融调控功能的弱极化。这一时期，金融机构体系的最大特点是机构单一，信用集中，政企不分，对外封闭。[①]

(二) 改革开放后的计划经济阶段 (1978—1984)

从银行体制改革入手，强调发挥中央银行职能，通过金融业务拓展和经济特区试点开放金融业，为经济发展提供金融支持和服务。从1978年到1984年，我国在社会主义公有制基础上实行传统的计划经济。[②] 党的十一届三中全会之后，党和国家在指导思想上完成了拨乱反正的艰巨任务，工作重点开始转移到社会主义现代化建设上来，实现了历史性的伟大转变。1978年开始的改革开放以市场化为基本线索，并首先从银行体制改革入手对金融体制实施改革。金融体制改革作为整个经济体制改革的一个支撑点，不仅面临着要建成独立于财政的金融体系的任务，而且要使既有金融机构完成商业化和公司化改造，使商业性金融与政策性金融分离开来。从1979年开始，在金融机构方面，通过恢复中国农业银行，适应了当时农村经济体制改革的需要；通过恢复中国银行，适应了对外开放和国际金融业发展的新形势，中国银行被国家指定为外汇专业银行；中国人民保险公司重新恢复，中国人民建设银行（1996年3月更名为中国建设银行）从财政部独立出来，一系列措施表明我国的金融体制改革已经有计划、有步骤地酝酿实施开来。按照改革开放的总设计师邓小平当年的话讲，就是"必须把银行办成真正的银行。"[③] 在金融业务方面，开始突破禁区发放固定资产投资贷款，扩大银行信贷对象；开办各种开发性贷款；改进外汇贷款办法；发展金融信托业务；开放商业信用，开办商业票据承兑和贴现业务；增加各种支票、汇票等多种信用工具；在城市建立票据结算中心，开展票据清算业务等。同时，国家外汇管理体制改革与外贸管理体制改革同步推进，设立国家外汇管理局，实行外汇留成与上缴制度，逐步摒弃了高度集中、统收统支的外汇管理体制。

为了充分发挥银行的经济杠杆作用，改变当时资金管理多头、使用分

[①] 参见尚明主编《新中国金融50年》，中国财政经济出版社2000年版，第72—73页。
[②] 1982年《宪法》第15条明确规定："国家在社会主义公有制基础上实行计划经济。"
[③] 邓小平：《关于经济工作的几点意见》（1979年10月4日），载《邓小平文选》（第2卷），人民出版社1994年版，第200页。

散的状况，1983年9月17日，国务院发布实施《关于中国人民银行专门行使中央银行职能的决定》，对我国银行体制进行重大改革，决定由中国人民银行专门行使中央银行职能[1]，不再兼办工商信贷和储蓄业务，以加强信贷资金的集中管理和综合平衡，更好地为宏观经济决策服务。同时成立中国工商银行，承担原来由中国人民银行办理的工商信贷和储蓄业务。中国工商银行、中国农业银行、中国银行、中国人民建设银行、中国人民保险公司，作为国务院直属局级的经济实体，在国家规定的业务范围内，依照国家法律、法令、政策、计划，独立行使职权，充分发挥各自的作用。在这一改革阶段，计划经济的高度集中型国家银行体制宣布终结，以中央银行为领导、中央银行与国家专业银行科学分工的新型二元银行体制和金融运行机制初步形成。在对外开放方面，我国金融业开始打破以往对外封闭的局面，以日本东京银行北京代表处的设立为开端，外资金融机构陆续在华设立自己的代表处，金融业的对外开放取得了明显成效。随着经济特区的建立，我国开始批准外资金融机构在经济特区试点设立营业性分支机构，允许它们从事各项外汇金融业务。以1985年《经济特区外资银行、中外合资银行管理条例》颁布为标志，外资金融机构在经济特区所设立的营业性分支机构的法律地位得以明确，我国金融业的开放开始向规范化方向发展。

（三）有计划商品经济阶段（1985—1992）

全面实行"拨改贷"，提高资金使用效率，加快建立和完善各类金融市场，促进资金融通。1984年通过的《中共中央关于经济体制改革的决定》标志着我国经济体制改革的全面展开。党的十三大进一步提出，社会主义有计划商品经济的体制，应该是计划与市场内在统一的体制。新的经济运行机制，是"国家调节市场，市场引导企业"的机制。为了克服财政支出采取单一无偿拨款，资金使用不负责任的弊病，1985年以后，预算内基本建设投资全部实行"拨改贷"，同时，国营建筑施工企业的流

---

[1] 其主要职责是：研究和拟订金融工作的方针、政策、法令、基本制度，经批准后组织执行；掌管货币发行，调节市场货币流通；统一管理人民币存贷利率和汇价；编制国家信贷计划，集中管理信贷资金；管理国家外汇、金银和国家外汇储备、黄金储备；代理国家财政金库；审批金融机构的设置或撤并；协调和稽核各金融机构的业务工作；管理金融市场；代表我国政府从事有关的国际金融活动。

动资金也实行"拨改贷"。① 实践证明了这种办法的有效性，贷款使基建单位产生了还本付息的压力，促使它们加强经济核算，采取招标、承包等措施，努力降低成本费用。这项改革措施对于提高资金使用效果起到了显著的促进作用。② 与此同时，国家对银行利率制度进行了较大改革，开始重视利率杠杆作用的发挥，改变过去利率档次少、差别小、长期不变的情况，在增加利率档次的基础上，实行差别利率和浮动利率政策。为了克服信贷资金高度集中管理制度的缺陷，扩大专业银行经营自主权，国家自1979年起对各级银行实行信贷差额控制办法后，1985年在差额控制的基础上，又对专业银行实行了实贷实存的资金管理办法，从而大大调动了各级银行增加存款、用好贷款的积极性，使货币发行和信贷规模的管理权开始掌握在中央银行手里，为我国金融宏观控制提供了保证。③ 在1988年开始的经济治理整顿中，金融业通过收紧银根、保值储蓄等手段全面参与其中，使其在国民经济中的地位和作用开始大幅提升。

在这一阶段，国家十分重视金融体制改革，1987年中国人民银行提出的建立新型金融体制改革要实现的四个目标④，比较系统地反映了当时金融体制改革的具体方向和要求。实践中，各项金融改革措施的出台主要以国家的金融产业发展政策为支撑，金融改革领域扩展到证券、保险、融资租赁等行业，但金融法的创制、实现和耦合机制仍未真正形成。在金融机构改革方面，以交通银行的股份制重组为开端，全国建立一批股份制商业银行，信托投资公司、财务公司、金融租赁公司以及证券公司等非银行

---

① 1979年国家开始在北京、上海、广东三个省市，进行基本建设拨款改为贷款的试点。1980年国务院决定扩大"拨改贷"的应用范围，对那些实行独立核算且有还款能力的项目，其建设资金一律通过贷款提供。

② 参见曹能国《"大财政小金融"与"小财政大金融"——我国财政金融体制改革的回顾与展望》，载《中南财经大学学报》1989年第5期。

③ 到1986年末，我国银行信贷资金总规模已达8000多亿元，比1978年末增长了4.4倍，银行自有资金也相应增长了3.2倍。银行信贷资金来源的扩大，大大增强了金融机构拓宽业务范围的实力。数字参见陈印岐《财政金融体制改革的回顾和展望》，载《宏观经济研究》1988年第3期。

④ 四个目标分别是：（1）建立以间接调控为主要特征的宏观调控有力、灵活自如、分层次的金融控制和调节体系；（2）建立以银行信用为主体，多种渠道、多种方式、多种信用工具筹集和融通资金的信用体系；（3）建立以中央银行为领导，各类银行为主体、多种金融机构并存和分工协作的社会主义金融体系；（4）建立金融机构现代化管理体系。

金融机构也有了较大发展，金融业呈现出金融机构多元化和金融业务多样化的可喜局面。随着金融市场的发展，各地开始出现金融债券、企业股票、商业信用、同业拆借、社会集资等多种融资形式，直接融资活动和间接融资活动都开始活跃起来。1990年12月上海证券交易所建立后，紧接着深圳证券交易所于1991年7月也正式营业，从而标志着我国资本市场正式形成并发展起来。在外汇市场方面，我国培育并发展了外汇调剂市场，形成并不断完善了官方汇率与市场汇率并存的双重汇率制度，并在外汇分配领域引入市场机制，逐步建立健全了计划管理与市场调节相结合的外汇管理模式。

（四）社会主义市场经济建立阶段（1993—2002）

加强金融立法，提高金融法治化水平，建立分业经营、分业监管体制，为成功渡过东南亚金融危机奠定了重要基础。20世纪80年代末，我国出现了股票热、房地产热、开发区热等经济"过热"现象，金融领域内盛行乱拆借、乱集资、乱设金融机构之风，物价上涨和人民币汇率的大幅波动，使国家正常的金融运行秩序受到严重干扰。为适应建立社会主义市场经济体制的需要，1993年12月25日国务院发布《关于金融体制改革的决定》，全面提出了我国金融体制改革的具体目标，即建立在国务院领导下，独立执行货币政策的中央银行宏观调控体系；建立政策性金融与商业性金融分离，以国有商业银行为主体、多种金融机构并存的金融组织体系；建立统一开放、有序竞争、严格管理的金融市场体系。从1993年到2002年，我国金融改革在法制建设方面取得累累硕果，在实施依法治国方略中，以《中国人民银行法》为核心的金融法体系基本建立，金融法律调整机制正式形成并有效运转起来，为中央银行的宏观调控和金融市场的健康发展创造了良好的法律生态环境。在金融法治化进程中，1995年被称为我国的金融立法年，从这一年开始，《中国人民银行法》《商业银行法》《票据法》《保险法》《证券法》《信托法》等一系列金融法律相继出台，我国金融业的改革快速步入了法制化、规范化的发展轨道，从而夯实了金融分业经营、分业监管的法律基础。

在金融体制改革中，为把国家专业银行办成真正的国有商业银行，1994年国家开发银行、中国农业发展银行和中国进出口银行的组建，最终实现了政策性金融和商业性金融的分离，割断了政策性贷款与基础货币的直接联系，在金融市场化方面迈出了更加坚实的一步，确保了中国人民银行调控基础货币的主动权。1997年7月始发于泰国的东南亚金融危机全面爆发后,我国已经进行的金融体制改革和金融法制建设为成功抵御这次危机奠定了良好的根基。在应对危机中,1997年11月国家召开的第一次全国金融工作会议,决定对中国人民银行管理体制进行大手术,原有的省分行被撤销,改成9个大区行,以加强货币政策的独立性。同时决定,中央财政定向发行2700亿元特别国债补充四大国有银行资本金,并将13939亿元银行不良资产剥离给新成立的信达等四家资产管理公司①,取消贷款规模,实行资产负债比例管理等。尤其需要强调的是,1998年我国金融监管体制获得重大改革,中国人民银行将证券公司和保险公司的监管权,分别移交给了中国证监会和中国保监会,从而形成由该三家机构分别对银行、证券和保险行业实施监管,各司其职,分工合作的局面。② 分业经营、分业监管体制的确立,一方面提高了金融业的监管效率和监管水平,另一方面使中央银行的定位更为清晰,其金融调控职能更为突出。在贯彻落实扩大内需的战略方针中,中国人民银行审时度势,制定和执行以稳定币值为目标,以适当增加货币供应量、引导优化信贷结构、优化货币政策执行环境为主要内容的稳健的货币政策,从而有效遏制了通货紧缩的趋势,最终成功抵御了东南亚金融危机,有力支持了国民经济持续、快速、健康发展。

在这一改革阶段,我国金融市场发展渐趋完善,并于2001年顺利加入世界贸易组织,从而在经济全球化和金融国际化方面取得实质性进展。2001年11月,上海黄金交易所挂牌运行,黄金市场全面放开,黄金可以

---

① 1999年,中国先后组建了中国信达资产管理公司、中国东方资产管理公司、中国华融资产管理公司和中国长城资产管理公司,分别购买或托管中国建设银行、中国银行、中国工商银行和中国农业银行的不良贷款。这些均具有独立法人资格的国有独资金融企业,其主要任务是负责接收、管理、处置对口银行划转的不良贷款,最大限度地保全资产,减少损失。应该说,这是国家拯救四大国有银行动作最大也是最关键的一步。

② 需要说明的是,证券业监管改革自1992年就已开始。1992年国务院决定成立国务院证券委员会和证券监督管理委员会,把监管证券市场的业务从人民银行分离出来,并移交给新设立的证监会。证监会是证券委的执行机构,对证券业、证券市场实行全方位的监管。1992年以后,中国人民银行已不再是证券市场的主管部门,但仍负责审批金融机构,其中包括证券交易中心和证券商,还负责管理债券市交易和投资基金。1997年国务院决定将上海和深圳证券交易所划归中国证监会直接管理。1998年撤销了国务院证券委,其职能并入中国证监会,中国人民银行的证券监管职能也移交中国证监会,地方证券监管部门改由中国证监会垂直领导。

自由买卖。另外，我国陆续在保险市场、证券市场以及外资银行人民币业务等领域开始进行改革试点，金融业对外交往和国际金融合作不断扩大。据统计，到1998年年底，外资银行营业性机构已达166家，其中外国银行分行153家，法人类外资银行13家（独资银行6家、中外合资银行7家），外资银行资产为342亿美元。[①] 在外汇领域，国家于1994年对外汇管理体制进行了重大改革，实行银行结售汇制度，取消了外汇上缴和留成，取消了用汇的制定性计划和审批，对境内机构经常项目下的外汇收支实行银行结汇和售汇制度，同时实行以市场供求为基础的单一、有管理的浮动汇率，建立统一、规范的银行间外汇交易市场。1996年下半年将外商投资企业外汇买卖纳入银行结售汇体系，提高个人因私用汇供汇标准，取消尚存的非贸易、非经营汇兑限制，并于同年12月1日正式接受国际货币基金协定第8条款，取消所有经常项目汇兑限制，实现了人民币经常项目完全可兑换，正式确立了"人民币经常项目可兑换，资本项目外汇实行管制"的现行外汇管理框架。

（五）社会主义市场经济完善阶段（2003年至今）

认真践行入世承诺，进一步完善金融法律体系，巩固分业监管金融体制，金融业发展和改革取得长足进步。2003年党的十六届三中全会通过了《中共中央关于完善社会主义市场经济体制若干问题的决定》，进一步明确了完善社会主义市场经济体制的目标和任务，金融体制改革进入了社会主义市场经济完善阶段。此后，我国认真践行入世承诺，落实第二次全国金融工作会议[②]精神，加强金融监管，深化金融改革，防范金融风险，整顿金融秩序，改善金融服务，与时俱进地完善了金融法体系，突出了金融法的政策性、系统性、技术性以及国际性等特征，金融法在维护国家货币政策，平衡优化市场主体利益，实施统一有效监管，实现金融市场安全、流动、效益等方面全面发挥了应有作用。2003年4月，国务院设立银监会，统一监管银行、金融资产管理公司、信托公司等金融机构，强化

---

① 参见中国人民银行《外资银行统计监管月报》1998年第12期。

② 在我国成功加入世界贸易组织并作出开放金融服务业承诺后不久，2002年2月我国召开了第二次全国金融工作会议。这次会议以加强金融监管、深化金融改革、防范金融风险、整顿金融秩序、改善金融服务为主题，重点提出了"必须把银行办成现代金融企业""具备条件的国有独资商业银行可改组为国家控股的股份制商业银行，条件成熟的可以上市"，并将农村信用社改革提到了重要位置，从而为下一阶段改革指明了方向。

和巩固了分业监管金融体制。同年12月，《中国人民银行法》和《商业银行法》的修改以及《银行业监督管理法》的出台，使我国在金融监管立法方面有了新的突破，专门立法的形式体现了立法技术的进步与成熟。另外，2003年《证券投资基金法》的颁行、2005年《证券法》的修改以及2006年《反洗钱法》的颁行，使我国金融法体系更加完善，金融法治化水平进入了新的历史阶段。

为加强对国有金融资产的管理，2003年12月中央汇金投资有限公司成立，其代表国家对国有大型金融企业行使出资人的权利和义务，成为当时我国最大的金融投资公司。汇金公司的定位是，代表国家对国有大型金融企业行使出资人的权利和义务，维护金融稳定，防范和化解金融风险，高效运用外汇储备，对外汇储备保值增值负责。[1] 2006年12月11日，我国加入世贸组织的过渡期结束后，彻底取消了对外资银行经营地域、业务范围、客户对象等多种限制。外资银行不断扩大业务规模，并通过展示其现代化的运作机制和管理方式，促进我国银行业服务水平的提高，推动我国金融体系的改革。据统计，到2007年底，在华外资银行资产总额达到

---

[1] 从汇金公司投资记录看，2003年12月注资中国银行225亿美元；2003年12月注资中国建设银行200亿美元，注资建银投资公司25亿美元；2004年6月注资交通银行30亿元人民币；2005年4月注资中国工商银行150亿美元；同年6月注资银河证券公司100亿元人民币；同年8月注资申银万国证券公司25亿元人民币另提供贷款15亿元人民币，注资国泰君安证券公司10亿元人民币另提供贷款15亿元人民币，注资银河金融控股公司55亿元人民币；同年9月注资光大银行100亿元人民币；2006年12月注资光大银行200亿美元；2008年9月通过上海证券交易所交易系统购入中国工商银行、中国建设银行、中国银行各200万股股票。汇金公司虽然名为公司，但有观点认为它仍是政府机构，由于国资委不负责管理金融类国有资产，所以汇金公司被认为是"金融国资委"。这里的关键问题是，动用国家外汇储备用于国有企业因制度和机制的原因所产生的亏损，并通过人为方式降低国有银行比例以提高整体银行效率是一种逻辑误导，其合理性和合法性遭到部分学者的质疑。如著名经济学家吴敬琏在中央财经大学2004年举办的"第二届中国财经法律论坛"上表示，注资金融机构应纳入法制轨道，由全国人大用法律手段进行控制。相关争论参见凡一《注资与国有商业银行改革》，载《中国社会科学院院报》2004年4月20日第2版；常健《外汇储备注资国有商业银行的法律分析——兼谈政府参与经济活动之法观念》，载《法律科学》2004年第4期；张杰《注资与国有银行改革：一个金融政治经济学的视角》，载《经济研究》2004年第6期；赵勇《试论外汇储备注资国有商业银行的合理性与合法性》，载《经济与社会发展》2004年第8期；蔡金中《对外汇储备注资国有商业银行的冷思考》，载《财务与会计》2004年第5期；陈晔《450亿美元注资与国有商业银行上市的法律思考》，载《浙江金融》2004年第9期；郑安楚、黄璇《政府注资与国有商业银行改革》，载《江西社会科学》2007年第7期；等等。

1714.63亿美元，有193家银行在华设立了242家代表处，同时有5家中资银行控股、参股9家外资金融机构，有7家中资银行在海外设立60家分支机构，海外总资产达2674亿美元。① 2007年9月中国投资有限责任公司成立后，汇金公司变更为中投公司的全资子公司。在国有商业银行改革方面，中国建设银行、中国银行分别于2005年10月27日、2006年6月1日在香港挂牌上市，中国工商银行于2006年10月27日在香港和上海两地同时踏进资本市场。为支持农村信用社的改革，国家在中央银行资金支持、财政补贴、税收减免三方面对农村信用社予以政策扶持，使该项改革取得重要进展和阶段性成果。② 2005年4月，中国证监会发布了《关于上市公司股权分置改革试点有关问题的通知》，启动了股权分置改革的试点。到2007年底，已完成或进入股权分置改革程序的上市公司市值占应改革上市公司总市值的比重达到98%，股权分置改革基本完成，股票市场规模进一步扩大。在人民币汇率制度方面，2005年我国建立以市场供求为基础、参考一篮子货币进行调节、有管理的浮动汇率制度，放宽了对民间持有和使用外汇的限制。这一制度进一步发挥了市场供求在人民币汇率形成中的基础性作用，增强了人民币汇率浮动弹性，有利于保持人民币汇率在合理均衡水平上的基本稳定。同时，加快了外汇管理体制改革，促进国际收支基本平衡。③ 2007年1月4日，上海银行间同业拆放利率（Shanghai Interbank Offered Rate，Shibor）正式运行，我国的利率市场化迈出关键一步。当前，我国金融体制改革正按照2007年第三次全国金融工作会议精神继续深化，国家开发银行的商业化改造已于2008年底顺利完成，其他政策性银行改革正按照一行一策原则继续进行。总的说来，近

---

① 参见李德《这三十年 中国金融业改革开放成果梳理（上）》，载《当代金融家》2008年第6期。

② 这是对农村信用社的管理体制、产权模式和组织形式等进行的一次全面改革，内容涉及三个方面：一是改革农村信用社的产权制度，明确产权关系，完善其法人治理结构，转换经营机制；二是改革农村信用社的管理体制，将农村信用社的管理交由省级政府负责，明确由银监会依法行使对农村信用社的金融监管职能；三是消化农村信用社的历史包袱。

③ 自2007年8月12日起，我国取消对境内机构经常项目外汇账户的限额管理，境内机构可根据经营需要自主保留其经常项目外汇收入。在外汇管理方面，我国有序拓宽外汇资金流出渠道，允许保险机构运用自有外汇或购汇进行境外投资，稳步扩大合格境内机构投资者（QDII）对外证券投资，并在银行间市场推出了人民币外汇货币掉期交易，为企业和居民提供更全面灵活的汇率、利率风险管理工具。

年来我国金融市场不断向纵深化方向发展，货币市场、债券市场、股票市场和外汇市场建设取得了长足进步。

我们看到，新中国成立以来我国金融体制改革走出了一条市场化、法治化的发展之路，尽管这条路上有艰辛、有曲折甚至有反复，但我们也积累了宝贵的经验和财富。我们不但建立了符合国情的分业经营、分业监管金融体制，保持了金融体系的平稳运行，而且建立了有效的金融宏观调控体系，使中央银行履行职能更加高效灵活；不但建立并完善了统一的货币制度，使人民币成为世界上一种比较稳定的货币，而且健全了多样化的金融机构组织体系，增强了金融实力；不但发展了金融融资体系，改进了金融服务方式，而且扩大了金融业的对外开放，使国际金融合作内容日益丰富。[①] 需要强调的是，重视金融创新，依法规范直接融资和间接融资的协调发展，是增强资金使用效率和完善现代金融市场的必由之路。

二、分业监管体制的确立与监管权的分割

我国金融监管制度脱胎于计划经济中对金融业实施的严格、封闭式的管制制度。如何由一个对金融市场生活的全面干预者转变为金融系统的有限监管者，这不仅是中国步入金融全球化进程的外部要求，也是中国自身内部因素驱动的结果。[②] 改革开放以来，我国逐步建立起分业监管的金融监管体制，金融监管机构实现了由传统的行政管制向依法监管的转变。在改革金融监管体制过程中，已由强调市场准入的审批式监管逐步过渡到从市场准入到业务经营，再到市场退出的全程监管，由以合规性监管为主转变为合规性监管与风险性监管并重，由单纯的外部性监管转为强化内控、重视行业自律，从而有力地保障了金融市场的不断开放，保持了金融体系的平稳运行。中国金融监管体制的演进历史，实际上就是由中国人民银行的高度集中统一型监管模式，演变为现在的由中国人民银行、中国银监会、中国证监会和中国保监会这"一行三会"共同构成的单层多头型监管模式的历史。在这一演变历史中，突出展示了政府监管作为一类特定的市场外部治理机制在经济全球化背景下确保中国金融业安全稳健运行的地

[①] 席月民：《我国金融法治化的历史进程——纪念中华人民共和国建国六十周年》，载《法学杂志》2009年第12期。

[②] 盛学军：《冲击与回应：全球化中的金融监管法律制度》，载《法学评论》2005年第3期。

位和作用。

（一）从高度集中统一型模式衍变为单层多头型模式

1. 高度集中统一型监管模式的确立。如前所述，在计划经济时期，中国的金融机构类型比较单一，银行在国民经济中活动范围狭小，银行本身的业务活动同样受计划等行政性指令管理，忽视金融立法和依据法律对金融业进行管理，中国人民银行的监管权来源于政府授权，因缺乏连续性和规范性，因此造成了金融监管工作不规范、不稳定和效率不高等问题。1978年实行改革开放后，特别是中国人民银行专门行使中央银行职能以后，中国陆续颁布了一些金融法律和法规，逐步奠定对金融机构实施监管的法律基础。尤其是提出建立社会主义市场经济体制目标以后，中国深入进行了金融体制改革，加强了金融监管，并陆续颁布了一系列的法律、法规和规章。据不完全统计，从1980年到1995年，由全国人民代表大会、全国人民代表大会常务委员会、国务院、中国人民银行颁布的各种金融法律、法规和规章1000多件。[①] 在1986年1月7日国务院颁布的《银行管理条例》中，明确规定中国人民银行是中央银行，具有12项职能。该条例对中央银行、专业银行以及其他金融机构的基本职责、组织机构、业务范围以及分支机构的增设、变更和撤销等都作了明确规定，它是对银行和其他金融机构进行管理的一个过渡性法规。实践中，中国人民银行本着"统一规划、合理布局、方便客户、讲求实效、保证安全"的原则，严格按程序规定审批机构和办理年检。但由于该条例没有明确提出监管目标，因此，尽管中国人民银行监管的范围很广，真正能管到实处的却不多，监管的水平和效率并不高。1992年下半年到1993年上半年，中国出现了经济过热现象，金融秩序陷入比较混乱的局面，中国人民银行未能发挥应有作用，原有体制的缺陷明显暴露出来，科学界定中央银行的职能已成为进一步改革的重要内容。在1993年12月25日国务院《关于金融体制改革的决定》中，中国政府把建立以中央银行为核心的金融宏观调控体系作为改革的三大目标之一，同时指出中国人民银行是国家领导、管理金融业的职能部门，其主要职能是：制定和实施货币政策，保持货币的稳定；对金融机构实行严格的监管，保证金融体系安全、有效地运行。1994年8月中国人民银行颁布的《金融机构管理规定》是当时的一个重要金融规

[①] 参见尚明主编《新中国金融50年》，中国财政经济出版社2000年版，第469页。

章。其不但以规章名义肯定了中国当时高度集中统一型金融监管体制的确立，而且规定了具体的金融监管目标。而在此之前，中国的金融监管目标一直没有明确的概括，多以中央银行的货币政策目标笼统地作为银行监管目标。随着金融业改革的逐步深化和中央银行体制的改革与完善，中国金融监管的目标逐步得到明确，开始强调维护金融体系的稳定和有效运转。在《金融机构管理规定》的第1条中，规定"为维护金融秩序稳定，规范金融机构管理，保障社会公众合法权益，促进社会主义市场经济的发展，根据国家有关法律和法规，制定本规定。"这实际上明确提出了中国金融监管的具体目标，即维护金融秩序稳定，规范金融机构管理，保障社会公众合法权益，促进社会主义市场经济的发展。这一监管目标是针对20世纪80年代中国金融大发展时期金融无序竞争而制定的，并首次提出了金融管理规范化和保障社会公众的合法权益的监管目标。① 其第2条确立了中国高度集中统一型的金融监管模式，即"中国人民银行及其分支机构是金融机构的主管机关，依法独立履行对各类金融机构设立、变更和终止的审批职责，并负责对金融机构的监督和管理。任何地方政府、任何单位、任何部门不得擅自审批或干预审批。对未经中国人民银行批准设立金融机构或经营金融业务的，各金融机构一律不得为其提供开户、信贷、结算及现金等服务。"按照规定，中国人民银行监管的金融机构范围包括：(1) 政府性银行、商业银行及其分支机构、合作银行、城市或农村信用合作社、城市或农村信用合作社联合社及邮政储蓄网点；(2) 保险公司及其分支机构、保险经纪人公司、保险代理人公司；(3) 证券公司及其分支机构、证券交易中心、投资基金管理公司、证券登记公司；(4) 信托投资公司、财务公司和金融租赁公司及其分支机构，融资公司、融资中心、金融期货公司、信用担保公司、典当行、信用卡公司；(5) 中国人民银行认定的其他从事金融业务的机构。中国人民银行对金融机构实行许可证制度。对具有法人资格的金融机构颁发《金融机构法人许可证》，对不具备法人资格的金融机构颁发《金融机构营业许可证》。未取得许可证者，一律不得经营金融业务。1995年3月18日颁布的《中国人民银行法》，是中国高度集中统一型金融监管体制最终获得确立的根本性法律标志。该法明确规定"中国人民银行在国务院领导下，制定和实施货币政

---

① 尚明主编：《新中国金融50年》，中国财政经济出版社2000年版，第470页。

策，对金融业实施监督管理。"在法定职责中，中国人民银行既要按照规定审批、监督管理金融机构，也要按照规定监督管理金融市场。这也就意味着，中国最终以法律的形式，明确了中央银行实施金融监管的权力，明确了金融监管的具体目标。中国人民银行依法对金融机构及其业务实施监督管理，维护金融业的合法、稳健运行。而且，中国人民银行在履行金融监管职能时，享有独立的监管权，不受地方政府、各级政府部门、社会团体和个人的干涉。

2. 单层多头型金融监管体制的确立。在中国过去很长一段时期里，金融监管职责高度集中于中国人民银行一家。在资本市场尚未形成，货币市场处于起步阶段的情况下，由中国人民银行统一管理金融市场是符合当时实际情况的。但社会主义市场经济体制建立后，中国的金融业逐步实现了金融机构多元化和金融业务多样化的转变，随着金融风险的日益复杂化，原有的金融监管体制越来越不适应金融业稳健发展的需要。虽然1993年国务院《关于金融体制改革的决定》和1995年《商业银行法》确定了保险业、证券业、信托业和银行业实行分业经营的原则，但是对上述四类金融机构的监管却仍统一于中国人民银行，1995年的《中国人民银行法》更是对此给予了直接肯定。然而，金融监管模式并不是一成不变的，它是一国历史和国情的产物。随着中国证券市场和保险市场的初具规模，金融机构的竞争格局已经形成，由中国人民银行集中管理所有金融机构的金融监管体制已不适应现实经济生活的要求，只有改革中央银行监管体制，实行分业监管体制，才能从根本上解决金融监管难题。实行分业经营、分业监管的金融体制，不但有利于提高金融监管的专业化水平，加大金融监管的力度，而且有利于有效防范和化解金融风险，促进金融资源的合理配置。1998年中国对金融监管体制进行了重大改革，将证券机构和保险机构的监管权，由中国人民银行移交给中国证监会和中国保监会，形成了由中国人民银行、中国证监会和中国保监会分别对银行、证券、保险行业实施分业监管的体系。与此同时，中国人民银行的管理体制也进行了重大改革，撤销了原来的省级分行，成立跨省区分行，实行垂直领导，以此摆脱地方政府和部门的干预，增强中国人民银行的独立性。2003年《银行业监督管理法》颁行后，中国人民银行将其对银行业的监管权移交给了新成立的中国银监会。中国银监会的成立，使中央银行更轻松地从事货币政策的制定、执行工作、避免宏观调节目标和微观监管需要之间的冲突，为国民经济的稳定健康发展提供了制度保障。《银行业监督管理法》明确提出了银行业监督管理的目标，即促进银行业的合法、稳健运行，维护公众对银行业的信心，保护银行业公平竞争，提高银行业竞争能力。这一监管目标的表述在中国整个金融业监管体系中颇具代表性，对中国证监会和中国保监会等监管机构同样具有重要的借鉴价值和参考意义。2003年《中国人民银行法》的修改，标志着中国单层多头型分业监管体制最终确立。2006年中国修改了《银行业监督管理法》，赋予了中国银监会相关调查权，加强了银行业监督管理。当然，应该看到，中国分业监管的金融监管体制只局限在中央政府层面，其与美国金融监管模式不同的地方在于，美国是在中央和地方两级设立多家管理机构共同负责金融监管工作。因此，中国的分业监管体制属于单层多头型监管模式。在中国现行金融监管体制中，"一行三会"的法律地位并不完全相同，只有中国人民银行属于国家机关，而中国银监会、中国证监会和中国保监会则均属于正部级事业单位。

（二）金融分业监管的实证分析

1. 证券业监管。中国的证券市场是从传统计划经济的制约中释放出来的，它的建立和发展是企业融资制度的一大创新。1992年后，中国成立了国务院证券委员会和中国证监会，同时将发行股票的试点由上海、深圳等少数地方推广到全国。在当时，国家计委根据证券委的计划建议编制证券发行计划；中国人民银行负责审批和归口管理证券机构，报证券委备案；财政部归口管理注册会计师和会计师事务所，对其从事与证券业有关的会计事务的资格由证监会审定；国家体改委负责拟订股份制试点的法规，组织协调有关试点工作，同企业主管部门负责审批中央企业的试点。另外，地方政府仍在证券管理中发挥重要作用。上海、深圳证券交易所由当地政府归口管理，由证监会实施监督；地方企业的股份制试点，由省级或计划单列市人民政府授权的部门会同企业主管部门审批。为了把对证券和期货市场监管工作落到实处，中国证监会向隶属于地方政府的地方证券期货监管部门授权，让它们行使部分监管职责。1998年4月，随着机构改革的逐步到位，中国证监会作为国务院正部级直属事业单位，成为全国证券期货市场的主管部门；国务院证券委被撤销，其职能归入中国证监会；中国人民银行对证券经营机构的归口管理也划转到中国证监会，中国证监会的职能得到了加强。[①] 1998年9月30日，国

[①] 徐孟洲等：《金融监管法研究》，中国法制出版社2008年版，第342—343页。

务院发布《中国证券监督管理委员会职能配置、内设计构和人员编制规定》，确定了中国证监会是国务院直属事业单位和全国证券期货市场主管部门的法律地位。1998年12月29日《证券法》颁布后，中国证券市场进入集中统一监管的发展阶段。《证券法》是中国证券市场法制建设的重要成果，也是证券市场发展的一个里程碑。它解决了原来证券管理无法可依，只有大量效力层次较低的行政法规的尴尬局面，确立了中国证券市场法律规范的总体框架。2005年中国对《证券法》进行了修改，进一步强化了中国证监会的职权。

目前，中国证监会在对证券市场实施监督管理中履行下列职责：(1) 研究和拟订证券期货市场的方针政策、发展规划；起草证券期货市场的有关法律、法规，提出制定和修改的建议；制定有关证券期货市场监管的规章、规则和办法。(2) 垂直领导全国证券期货监管机构，对证券期货市场实行集中统一监管；管理有关证券公司的领导班子和领导成员。(3) 监管股票、可转换债券、证券公司债券和国务院确定由证监会负责的债券及其他证券的发行、上市、交易、托管和结算；监管证券投资基金活动；批准企业债券的上市；监管上市国债和企业债券的交易活动。(4) 监管上市公司及其按法律法规必须履行有关义务的股东的证券市场行为。(5) 监管境内期货合约的上市、交易和结算；按规定监管境内机构从事境外期货业务。(6) 管理证券期货交易所；按规定管理证券期货交易所的高级管理人员；归口管理证券业、期货业协会。(7) 监管证券期货经营机构、证券投资基金管理公司、证券登记结算公司、期货结算机构、证券期货投资咨询机构、证券资信评级机构；审批基金托管机构的资格并监管其基金托管业务；制定有关机构高级管理人员任职资格的管理办法并组织实施；指导中国证券业、期货业协会开展证券期货从业人员资格管理工作。(8) 监管境内企业直接或间接到境外发行股票、上市以及在境外上市的公司到境外发行可转换债券；监管境内证券、期货经营机构到境外设立证券、期货机构；监管境外机构到境内设立证券、期货机构、从事证券、期货业务。(9) 监管证券期货信息传播活动，负责证券期货市场的统计与信息资源管理。(10) 会同有关部门审批会计师事务所、资产评估机构及其成员从事证券期货中介业务的资格，并监管律师事务所、律师及有资格的会计师事务所、资产评估机构及其成员从事证券期货相关业务的活动。(11) 依法对证券期货违法违规行为进行调查、处罚。

（12）归口管理证券期货行业的对外交往和国际合作事务。（13）承办国务院交办的其他事项。

2. 保险业监管。商业保险既是一种市场化的风险转移机制，也是一种市场化的社会互助机制，同时还是一种市场化的社会管理机制。金融保险业是专门经营风险的特殊行业，对社会经济的稳定和人们生活的安定具有重大影响。保险经营与风险密不可分，保险事故的随机性、损失程度的不可知性、理赔的差异性等因素使得保险经营本身即存在着不确定性，加上激烈的同业竞争和保险道德风险、欺诈等问题的存在，从而使得保险成为高风险的金融行业之一。为了加强对保险业的监管，1985年中国国务院颁布了《保险企业管理暂行条例》，规定了设立保险公司的条件和程序。1991年，中国人民银行制定了《上海市外资保险机构暂行管理办法》。依据该办法，1991年之后上海设立了一些外资保险公司分公司以及中外合资保险公司。1995年6月30日，八届全国人大常委会第十四次会议通过了《保险法》，较为详细地规定了保险公司的组织形式、设立条件、审批程序以及业务范围，对保险业监管和风险防范起到了重要作用。为了规范保险中介机构的运营，《保险法》的第六章对保险代理人和保险经纪人作了规定。中国人民银行据此又发布了一些规章，如1997年11月的《保险代理人管理规定》（试行）、1998年2月的《保险经纪人管理规定》（试行）等。1998年11月18日，中国保监会成立，属于国务院直属事业单位。[①] 在分业监管体制建立后，中国保监会根据国务院授权履行保险业监管职能，依照法律、法规统一监督管理全国保险市场，维护保险业的合法、稳健运行。

继2002年12月28日修改《保险法》之后，2009年2月28日中国再次修改了《保险法》，自2009年10月1日起施行。这次修改是一次全面而系统的修改。新《保险法》的出台，旨在解决中国新型保险市场主体无法可依，保险公司业务范围规定过窄，保险资金运用渠道和制度安排不合理，保险监管手段和措施授权不充分，行政处罚手段较薄弱，以及保险合同当事人权利义务欠合理等问题，以加强对投保人、被保险人和受益人利益的保护，践行"以人为本"的科学发展观，同时加强对保险公司

---

① 2003年，国务院决定，将中国保监会由国务院直属副部级事业单位改为国务院直属正部级事业单位，并相应增加职能部门、派出机构和人员编制。

的监督管理，保障保险公司稳健运营。就保险监管而言，新《保险法》取消了对保险公司采取有限责任公司组织形式的限制，加强了对保险公司偿付能力的监管措施，使有关保险公司法律责任的认定更加细化；拓展了保险公司的业务范围和保险资金运用渠道，使保险投资的各项权重得到加强，如允许保险公司从事企业补充保险受托管理业务，参与失地农民养老保险、新型农村合作医疗制度改革试点等，允许保险资金用于银行存款、买卖债券、股票、证券投资基金份额等有价证券，投资不动产，以及采用国务院规定的其他资金运用形式；严格了保险人员从业规范，增加了保险公司及其从业人员的禁止性行为规定，进一步完善了关联交易制度；增加了保险监管机构的执法手段和监管措施，并对保险监管机构工作人员的执法程序和行为规范作出了相应规定。为配合新《保险法》的实施，2009年9月25日，中国保监会公布了新《保险公司管理规定》，与新《保险法》同日施行。该规定细化了新《保险法》的原则性规定，提高了保险公司及其分支机构的准入门槛，严格了机构变更、解散与撤销程序，对保险经营规则作出了诸多强制性规定，以期加强对保险公司监管的科学性和有效性。在法人机构设立条件上，根据新《保险法》对保险公司法人机构股东的要求，新规定强调设立保险公司，其股东必须符合法律、行政法规和中国保监会的规定。在分支机构设立条件上，除要求保险公司满足上一年度偿付能力充足外，还要求申请前连续两个季度偿付能力均为充足。新规定要求保险公司必须具备良好的公司治理结构，内控健全，并建立分支机构管理制度，强化上级机构对下级机构的管控。对保险公司频繁撤销分支机构和频繁变更分支机构营业场所，可能对被保险人合法权益保护和公司经营造成不利影响的，新规定明确了监管机构有权依法采取要求保险机构在指定时间内完善分支机构管理的相关制度、询问保险机构负责人、其他相关人员，了解变更、撤销的有关情况、要求保险机构提供其内部对变更、撤销行为进行决策的相关文件和资料、出示重大风险提示函，或者对有关人员进行监管谈话等各项措施。中国保监会同时发布的规章，还有新修订的《保险专业代理机构监管规定》《保险经纪机构监管规定》和《保险公估机构监管规定》，这些规章更加注重对被保险人利益的保护，并适当提高了市场准入的标准，进一步强化了市场监管的力度，注重发挥市场对资源配置与整合的作用，以提高保险中介业的服务能力和竞争能力。

新《保险法》专章规定了保险业的监督管理。按照规定，中国保监会的主要职责包括：（1）拟定保险业发展的方针政策，制定行业发展战略和规划；起草保险业监管的法律、法规；制定业内规章。（2）审批保险公司及其分支机构、保险集团公司、保险控股公司的设立；会同有关部门审批保险资产管理公司的设立；审批境外保险机构代表处的设立；审批保险代理公司、保险经纪公司、保险公估公司等保险中介机构及其分支机构的设立；审批境内保险机构和非保险机构在境外设立保险机构；审批保险机构的合并、分立、变更、解散，决定接管和指定接受；参与、组织保险公司的破产、清算。（3）审查、认定各类保险机构高级管理人员的任职资格；制定保险从业人员的基本资格标准。（4）审批关系社会公众利益的保险险种、依法实行强制保险的险种和新开发的人寿保险险种等的保险条款和保险费率，对其他保险险种的保险条款和保险费率实施备案管理。（5）依法监管保险公司的偿付能力和市场行为；负责保险保障基金的管理，监管保险保证金；根据法律和国家对保险资金的运用政策，制定有关规章制度，依法对保险公司的资金运用进行监管。（6）对政策性保险和强制保险进行业务监管；对专属自保、相互保险等组织形式和业务活动进行监管。归口管理保险行业协会、保险学会等行业社团组织。（7）依法对保险机构和保险从业人员的不正当竞争等违法、违规行为以及对非保险机构经营或变相经营保险业务进行调查、处罚。（8）依法对境内保险及非保险机构在境外设立的保险机构进行监管。（9）制定保险行业信息化标准；建立保险风险评价、预警和监控体系，跟踪分析、监测、预测保险市场运行状况，负责统一编制全国保险业的数据、报表，并按照国家有关规定予以发布。（10）承办国务院交办的其他事项。

3. 银行业监管。当今世界各国的金融体系中，商业银行发展的历史最为悠久，规模最为庞大，是最活跃的金融市场主体。在现代市场经济条件下，商业银行以经营工商企业和个人的存贷款为主要信用业务，以获取利润为经营的主要目标。改革开放后，中国的商业银行体系不断发展和变化，目前主要包括大型商业银行（即国有商业银行）、股份制商业银行、城市商业银行、农村商业银行、农村合作银行、政策性银行、邮政储蓄银行、外资银行（含外商独资银行、中外合资银行、外国银行分行和外国银行代表处）等。2003年以前，中国的银行业一直由中国人民银行负责监管。2003年4月，十届全国人大常委会第二次会议决议，由中国银监会履行原由中国人民银行履行的审批、监督管理银行、金融资产管理公司、信托投资公司及其他存款类金融机构等的职权及相关职责。为了适应金融监管体制改革，2003年12月，十届全国人大常委会第六次会议对《中国人民银行法》进行了相应修订，并首次制定了《银行业监督管理法》。该法除适用于银行业金融机构外，还适用于在中国境内设立的金融资产管理公司、信托投资公司、财务公司、金融租赁公司以及经国务院银行业监督管理机构批准设立的其他金融机构的监督管理。《银行业监督管理法》的颁行，填补了中国银行业监督管理基本法的空白，为加强银行业监管、确保银行业金融机构的合法、安全、稳健运行提供了法律依据。自此，中国银监会履行监管职责也有了明确且全面的法律授权，从而强化了中国银监会的独立性、专业性和权威性。

中国银监会的主要职责包括：（1）依照法律、行政法规制定并发布对银行业金融机构及其业务活动监督管理的规章、规则；（2）依照法律、行政法规规定的条件和程序，审查批准银行业金融机构的设立、变更、终止以及业务范围；（3）对银行业金融机构的董事和高级管理人员实行任职资格管理；（4）依照法律、行政法规制定银行业金融机构的审慎经营规则；（5）对银行业金融机构的业务活动及其风险状况进行非现场监管，建立银行业金融机构监督管理信息系统，分析、评价银行业金融机构的风险状况；（6）对银行业金融机构的业务活动及其风险状况进行现场检查，制定现场检查程序，规范现场检查行为；（7）对银行业金融机构实行并表监督管理；（8）会同有关部门建立银行业突发事件处置制度，制定银行业突发事件处置预案，明确处置机构和人员及其职责、处置措施和处置程序，及时、有效地处置银行业突发事件；（9）负责统一编制全国银行业金融机构的统计数据、报表，并按照国家有关规定予以公布；对银行业自律组织的活动进行指导和监督；（10）开展与银行业监督管理有关的国际交流、合作活动；（11）对已经或者可能发生信用危机，严重影响存款人和其他客户合法权益的银行业金融机构实行接管或者促成机构重组；（12）对有违法经营、经营管理不善等情形的银行业金融机构予以撤销；（13）对涉嫌金融违法的银行业金融机构及其工作人员以及关联行为人的账户予以查询；对涉嫌转移或者隐匿违法资金的，申请司法机关予以冻结；（14）对擅自设立银行业金融机构或非法从事银行业金融机构业务活动予以取缔；（15）负责国有重点银行业金融机构监事会的日常管理工作；(16) 承办国务院交办的其他事项。

中国银监会成立后，在监管实践中出现这样一些新动向：[①]（1）注重监管法制化和规范化。中国银监会改进了监管立法工作机制，加强了法规清理和制定工作，建立了法规的跟踪检查和后评价制度。2005年出台了《中国银监会行政许可实施程序规定》，明确了各类机构的行政许可实施办法，在行政许可程序、环节、时限等方面，积极响应市场诉求，监管的透明度和效率进一步提高。监管方式不断更新，逐步统一了监管标准，初步形成了适应于各类银行机构的考察评价矩阵，实施了对部分股份制商业银行法人的属地监管，实行了对农村信用社、非银行金融机构的分类监管，实行了对农村信用社、非银行金融机构的分类监管，试行了扶优限劣、正向激励的差别监管政策。(2) 加强风险监测、考核和透明度建设。每年上报上一年度对各类机构的监管报告和国有重点银行金融机构检查报告，对单个法人机构和行业整体风险的考核评价与日常监测分析不断改进。督促各类银行业金融机构及时披露年报和日常经营信息，16家主要商业银行和70家城市商业银行普遍采用了更透明的年报编制方法，信托业在2005年首次推行了信息披露制度。(3) 现场与非现场监管能力加强。银监会重点开展了对以往检查所发现问题的整改情况、贷款分类偏离度与迁徙变化、土地市场整顿和固定资产项目清理对贷款的后续影响、房地产贷款风险、资产管理公司资产处置行为、信托投资公司关联交易及农村信用社关系人贷款和增资扩股真实性等方面的检查。据统计，各级机构2005年共派出现场检查组15280批（次），检查各类各级银行业金融机构68360家，检查的机构覆盖率达34%；查出违规金额7671亿元，提出整改意见59742项，处罚违规机构1205个，处分相关责任人6826人，取消高官任职资格325人，后续跟踪确认整改合格率达86%。[②] 对于非现场监管，银行业金融机构监管信息系统建设步伐加快。一、二级骨干网络建设基本完成，相应的软件开发基本到位，与之相配套的监管指标设计、标准规范、流程改造、规程编写、法规清理和人员培训等工作逐步落实。(4) 监管部门的协调与配合。各国有重点银行业金融机构监事会认真履

---

① 《中国金融年鉴》编辑委员会：《中国金融年鉴2006》，中国金融年鉴出版社2006年版，第59页。

② 同上。

行职责,在加强监督检查和配合案件专项治理、核查信访案件等方面做了大量有效的工作,初步形成了银监会监管与监事会监督相互配合、相互沟通的工作格局。三大监管部门联席会议日益完善,对促进跨行业风险监管及金融业务创新发挥了积极作用。加强与中国人民银行、财政部、审计署等部门的协调和沟通,有关交叉职责和风险处置措施得到落实。2005年共审查政策性破产项目235户,配合有关部门完成了军工企业改革脱困任务。同时,基本明确了对社会非法集资和银行业金融机构安保工作的监管职责分工。另外,出台了《银行业协会工作指引》,成立了农村信用社全国性自律组织,指导银行协会签订了农村信用社全国性自律组织,指导银行业协会签订了我国银行业第一个行业性的自律、维权和文明服务公约,行业自律组织建设与作用得到明显加强。

需要强调指出的是,中国人民银行对银行业金融机构的日常监管职能转移到银监会之后,仍保留了一些重要的银行业监管职能,主要有:(1)监管银行间同业拆借和银行间债券市场;(2)实施外汇管理,监管银行间外汇市场;(3)监管黄金市场;(4)指导、部署银行业反洗钱工作,负责反洗钱的资金监测;(5)管理信贷征信业。总体上,中国人民银行的金融监管实现了从机构性监管向功能性监管、微观监管向宏观监管的转化。为了便于中国人民银行履行监管职能,《中国人民银行法》赋予其相应的监管职权,如发布与其职责有关的命令和规章,要求银行业金融机构报送报表和资料,依法处罚违法违规行为等。就中国人民银行的监督检查权,《中国人民银行法》规定了直接检查权、检查监督建议权、特殊情况下的全面检查监督权等。[①] 对商业银行而言,除中国银监会和中国人民银行外,对其负有监管职责的还有国家外汇管理局,该局专门负责监管商业银行依法合规经营外汇业务。

总之,中国"一行三会"的监管框架经过多年实践,已取得比较良好的监管效果和社会效应,并有效推动了整个金融业的发展。但是,这样的金融监管体制在运行中也逐渐暴露出弊端,主要表现在监管成本不断增高,各监管机构相互间协调不够充分,相互竞争越来越突出。从长远来看,中国仍需进行深层次的金融监管体制改革,以建立横向分权与纵向分权结构合理、执法权威有效的监管机构体系,完善以政府监管为主体、机

---

① 徐孟洲等:《金融监管法研究》,中国法制出版社2008年版,第342—343页。

构内控为基础、行业自律为纽带、社会监督为补充的四位一体复合型金融监管体系，切实防范金融风险，维护社会公众对金融业的信心，不断激发和保护金融创新，推动金融市场健康稳定发展。

三、机构监管与信托业的监管竞争

"信托业"作为一个语词概念，从监管角度看，目前主要在三种语境中使用。① 其一，是将信托业理解为信托机构或信托公司，这是一种机构监管意义上的"业"；其二，是将信托业理解为信托业务或信托活动，这是功能监管意义上的"业"；其三，是将信托业理解为国民经济部门中的金融信托产业，这是宏观经济意义上的"业"。在英文中，这里的"业"分别对应于"enterprise""business"以及"industry"。科学界定这里的信托业概念，不能囿于现有的监管文件或领导讲话。

目前，我国《银行业监督管理法》仍把信托业界定为信托公司的集合体，由银监会负责监管。这在机构监管的意义上似乎没有问题。② 但从信托业务看，营业信托在金融理财市场上已经突破了信托公司的主体限制，各类金融机构争相进入信托业，信托业已演变为从事信托业务的所有金融机构的总和或相应业务的市场总和。2007年我国修订的《信托公司管理办法》属于机构监管的典型产物，是目前信托业监管法的核心构成单元，但仅适用于专营信托业务的信托公司。"信托业务"的法定含义即源自该办法，具体是指信托公司以营业和收取报酬为目的，以受托人身份承诺信托和处理信托事务的经营行为。③ 该办法对兼营信托业务的金融机构显然无能为力。

从世界范围来看，营业信托的主要功能有财产的转移与积极管理、专业化服务、持久性管理、安全性管理等，派生功能有资金融通、信息融通、资源配置以及税务规避等。④ 金融理财市场提供的综合金融服务，正

---

① 参见李勇《信托业监管法律问题研究》，中国财政经济出版社2008年版，第17—18页。

② 中国人民大学信托与基金研究所自2004年起每年组织编写的《中国信托业发展报告》（中国经济出版社出版），同样将信托业作这种理解，目前看来这只是一种狭义理解。

③ 参见《信托公司管理办法》第2条第2款。

④ 参见朱小川《营业信托法律制度比较研究——以受托人信用为中心》，法律出版社2007年版，第16—22页。

是试图利用营业信托的这些功能特点，针对不同客户而定制，理财业务也因此而成为我国跨行业、交叉性金融业务中最活跃的业务类型。但在分业监管的体制下，我国金融理财市场的监管政策并不统一，监管政策的竞争成为市场竞争不公正的源头，也成为制约金融理财市场健康发展的一大障碍。①

中国的信托业市场定位问题不能仅从单个机构或产品的微观层面入手，而应该从行业整体层面上进行反思。信托业不应该仅仅指代信托公司，而应当涵盖现有金融体系中所有利用了信托的制度原理开展理财业务的相关机构和部门。信托业的功能优势反映为信托产品的功能优势，后者又来源于其特殊的产品基础、特殊的经济关系和特殊的效用提升方式，而健全完善的信托制度基础是信托产品得以实现其功能优势的基本条件。②

尤其是集合资金理财产品，理财资产是否独立于金融机构的固有资产以及其他理财资产，如何确定理财资金的投资范围和投资比例，如何分散投资风险，如何进行会计核算，如何披露相关信息，如何使投资者理解各类风险，如何使投资者把握收益支付等，这些均表现出较大差异，市场处于一种不同监管政策相互竞争与制约的混沌状态之中。委托理财目前已经成为真正混业经营的市场，近些年来，信托公司出于生存本能，通过"创新"来违规经营，从而造成监管部门一轮轮加强监管，形成监管博弈的恶性循环。信托公司不仅丧失了委托理财市场的重要地位，甚至变成了限制条件最为苛刻的委托理财经营者，在金融理财领域陷入了被边缘化的危险。同时，受不同监管政策的竞争与制约，一些理财机构热衷于出售自身金融产品，市场分割导致客户资金大量在各自体系内循环，无法利用其他市场实现增值，无法对客户的资产做到真正的合理配置，实现真正的理财目标。

这样的信托业，在分业监管体制下，难免陷入经营运作的法律困境。主要表现在：

---

① 其实税收政策也不统一。信托公司基于信托遗嘱和信托契约而管理信托财产，其目的主要是为受益人谋求利益最大化，在性质上，信托当事人之间的关系与目前的证券投资基金与基金受益人所建立的契约关系基本相同。然而，在证券投资基金的税收问题上，财政部与国家税务总局先后颁布了一系列有关规定，相比之下，《信托法》于2001年10月1日生效后，时至今日，对有关信托的税收问题仍未解决。

② 翟立宏：《对中国信托业市场定位的理论反思》，载《经济问题》2007年第2期。

一是对《信托法》的适用隐晦不清，有法不依备受诟病。除信托公司明确受《信托法》约束并直接受银监会监管之外，其他各类机构均刻意回避或模糊其理财业务属于信托范畴的实质，进而导致是否适用《信托法》模糊不清。举例来说，商业银行个人理财业务，实质上是信托原理运用的一种方式，应该遵循《信托法》的相关规定，但银监会在《商业银行个人理财业务管理暂行办法》中列举该办法的制定依据时，却只提到《银行业监督管理法》和《商业银行法》，而该两部法律中并没有对银行可以开展个人理财业务作任何规定。

二是监管标准政出多门，造成各类金融机构竞争条件事实上的不平等。目前，银监会、证监会和保监会均有权监管金融理财市场。商业银行在开展理财业务中，有银监会颁行的《商业银行个人理财业务管理暂行办法》（2005）、《商业银行个人理财业务风险管理指引》（2005）、《关于进一步规范商业银行个人理财业务有关问题的通知》（2008）、《关于进一步规范商业银行个人理财业务投资管理有关问题的通知》（2009）和中国人民银行、银监会、国家外汇管理局联合颁行的《商业银行开办代客境外理财业务管理暂行办法》（2006）等规章和规范性文件。证券公司在开展理财业务中，有证监会颁行的《证券公司客户资产管理业务试行办法》（2003）、《证券公司集合资产管理业务实施细则（试行）》（2008）和《证券公司定向资产管理业务实施细则》（2008）等予以规范。基金公司适用的有证监会颁行的《证券投资基金管理公司管理办法》（2004）、《关于基金公司开展委托理财业务办法》和《基金管理公司特定客户资产管理业务试点办法》（2007）等。保险公司投连险等信托理财性质的业务适用保监会颁行《保险资产管理公司管理暂行规定》（2004）和《投资连接保险管理暂行办法》（2000）。信托公司的理财业务适用银监会颁行的《信托投资公司信息披露管理暂行办法》（2005）、《信托公司管理办法》（2007）、《信托公司受托境外理财业务管理暂行办法》（2007）、《信托公司治理指引》（2007）、《银行与信托公司业务合作指引》（2008）、《信托公司集合资金信托计划管理办法》（2009）、《信托公司净资本管理办法》（2010）、《信托公司参与股指期货交易业务指引》（2011）、《信托业保障基金管理办法》（2014）、《关于信托公司风险管理指导意见》（2014）、《信托公司行政许可事项实施办法》（2015）等规章和规范性文件。另外，还有劳动和社会保障部、银监会、证监会和保监会联合发布的《企业年金基金管理试行办法》（2004）、《企业年金基金管理机构资格认定暂行办法》（2005）等。这些办法多由行业监管部门单独制定，其监管要求并不完全相同。此外，在税收、利率（收益率）、破产清偿财产处置、会计制度等多个方面同样存在差距。

三是法律制度仍有空白，形成监管盲区。以证券投资基金为例，作为一种集中资金、专业理财、组合投资、分散风险的集合投资方式，其通过发行基金份额的形式面向投资大众募集资金，并将所募集的资金再通过专业理财、分散投资的方式投资于资本市场。证券投资基金的制度优势明显，并在金融体系中的地位和作用上升迅速，是证券市场最重要的机构投资者，社会影响力和市场影响力都不容小觑。然而，就《证券投资基金法》而言，其在金融理财市场上的有些领域并没有涉及，比如公司型基金和私募基金都长期缺乏明确的法律地位，没有得到应有的法律规制。而事实上，包括私募证券投资基金、私募股权投资基金在内的非公开募集基金这些年来发展迅速，在推动经济结构调整、提高企业自主创新能力、缓解中小企业融资难等方面的作用十分显著，也成为居民财富管理的重要工具。但《证券投资基金法》对非公开募集基金未作规定，使这类基金的设立与运作缺乏明确的法律依据，基金募集和投资行为不规范，容易损害投资者权益，更有少数违法犯罪分子借私募基金之名行"乱集资"之实，蕴含较大的金融风险和社会风险。2012年该法修改后，将非公开募集基金作为专门一章进行了规定，建章立制后填补了非公募基金无法可依的法律空白，明确了"公开募集"与"非公开募集"的界限，但一些法律空白仍然存在。[①] 一些资产管理公司、证券咨询公司的理财业务同样存在该问题。再如互联网信托，前文所述，互联网信托在政策助力下已经受到了各大信托公司的青睐。中国人民银行等十部门的《指导意见》明确提出，一要鼓励创新，支持互联网金融的稳步发展；二要分类指导，明确互联网

[①] 修改后的《证券投资基金法》为非公募基金单设一章构建监管制度框架，针对其资产规模小、客户人数少、风险外溢弱等特点，在基金合同签订、资金募集对象、宣传推介方式、基金登记备案、信息资料提供、基金资产托管等方面，设定了与公募基金明显不同的行为规范和制度安排。需要指出的是，纳入该法规范的非公募基金仅是"买卖公开发行的股份有限公司股票、债券、基金份额，或者国务院证券监督管理机构规定的其他证券及其衍生品种"的非公募基金，因而，目前的私募股权基金（PE）、风险投资基金（VC）等并不适用该法。此外，有些非公募基金是以公司或者合伙企业的形式存在的。

金融监管责任；三要健全制度，规范互联网金融市场秩序。但从长远看，互联网信托的稳健发展更需要的是创新监管中的悉心呵护，其重心应放在以市场导向为基础的监管法律规则的完善上面，依法保护"产业＋互联网＋信托"的新兴信托业态。实践证明，法律制度的空白容易形成监管盲区，使相关金融业务陷入野蛮生长。

总之，当前制约我国信托业发展的关键因素，已不单纯是微观层面上的经营问题，而是宏观层面上的监管体制和监管法律制度问题。我们必须看到，虽然理财市场由众多不同性质的金融机构组成，但其实是一个统一市场，应该有一个统一的市场形象，统一的监管环境，我国金融理财市场的相关法律和监管政策亟须规范和统一。只有这样，才能保障各类理财资金投资管理的合规性和有效性，实现理财市场的良性发展。

四、当前我国信托业监管制度存在的主要问题

信托业监管是金融业监管的有机组成部分，其监管范围同样涵盖信托市场准入、业务经营活动以及市场退出等诸多方面。对于当前的信托业而言，《信托业法》的长期缺位使分业监管中监管目标不够明晰统一，同时过分依赖机构监管方法导致部门立法严重，多头立法浪费了有限的立法资源，降低了监管效率，制造了不公平竞争。具体说来，我国信托业现行监管制度暴露出来的问题主要是：

（一）监管制度供给明显不完善

众所周知，在社会转型的长期过程中，体制转变始终是一个充满利益矛盾与冲突的过程。在现代金融市场，信托公司与商业银行、证券公司等一样，作为经营者，其追求自身利益最大化本身是无可厚非的。协调利益关系，缓解社会矛盾，是现代政府的重要职能，尤其是市场监管者的重要职能。我国金融理财市场的盲目扩张，主要归因于监管制度供给的不完善。制度供给不完善有两种类型，一是一般配套制度的缺失，一是核心制度的缺失。一般配套制度的缺失可能会造成制度效率的损失，但是不会使制度供给失灵，也就是说制度的边际效率还是上升的，只是与应该达到的效率有一定的差距。而核心制度的缺失就有可能跌入制度陷阱，即如果核心制度供给短缺，不管安排多少有利于经济增长、城乡居民增加收入的制度都没有任何效果，也就是制度供给的边际效率不变或者下降，制度结构效率趋向于一种零和状态。① 金融理财市场的监管制度由前述一系列部门规章构成，其制度供给不完善属于核心制度的缺失，即《信托业法》的缺失。当"理财"与"信托"契合到一起并形成独立市场时，客观需要信托及其监管制度的有效供给。更明确地说，市场中所有机构或个人提供和接受理财服务时，都应该接受统一的法律规范。信托业需要《信托业法》标明应有的市场地位，信托业混业经营的发展方向需要《信托业法》确认，信托业务的真正开展需要《信托业法》引导交易模式。② 我国2001年《信托法》只是对信托当事人、信托行为、信托法律关系等作出了规定，《信托法》属于民商法范畴，其自身缺乏对信托业法的具体规定，即缺乏对信托业监督管理的规定。该法规定的委托人和受益人在信托中对受托人的监督以及公益信托的信托监察，在权力来源、主体对象以及产生的法律关系等方面都未跳出私法界限，与这里的信托业监管有着重大区别。《银行业监督管理法》虽然明确了银监会监管信托公司的法定地位，但其内容主要规范的是银行业，而不是信托公司。银监会针对信托公司监管的诸多部门立法，实际上对商业银行等其他金融机构的理财业务并不适用，《信托业法》的缺位最终导致其他配套制度安排难以发挥作用。

（二）信托业务分类明显不统一

监管部门准确了解监管信息是审慎监管的重要保证，而监管信息的获得有赖于科学统一的业务分类方法。信托公司所从事的金融业务分类目前没有权威的方法，监管机构、信托公司、社会中介机构各有其标准。传统的分类方法有按投资人数不同分单一和集合类；按委托人交付信托财产的形态不同分资金信托、财产信托、财产权信托；按受托人在运用信托财产时行使权利不同分委托人指定类和受托人代定类；按信托财产投资运用的领域分房地产信托、证券投资信托、基础设施信托等；按信托财产运用的方式分股权信托、贷款信托、受益权购买加回购结构化信托等。这几种分类方法的优点在于比较直观地反映了信托财产的来源与运用，简洁明了、易于理解，但也存在着局限性。对监管层而言，最大的局限在于没有区分信托业务的金融特性，不同类型信托业务，其服从和满足的相应市场、监

---

① 邓大才：《论当前我国制度供给现状及制度变迁方式的转换》，载《江苏社会科学》2002年第6期。

② 李勇：《信托业监管法律问题研究》，中国财政经济出版社2008年版，第66、67页。

管规则是不同的,而信托公司在其中扮演的角色也是不同的。这些分类方法没有从信托产生的原始节点出发高度概括信托业务的金融本质区别,其弊端主要表现在:一是无法准确描述信托计划的基本收益风险特征,不利于投资者作出理性的投资决策;二是监管机构监管所依据的监管文件和信托公司业务特征不匹配,监管找不到关键症结;三是不利于信托业务模式及时总结归纳,信托产品结构、监管、业务模式无法标准化,业务无法规模化。① 在目前金融理财市场上,其他不同类型金融机构提供的理财服务同样缺乏统一的分类,而且也未采用上述信托业务分类方法,这样给金融统计和金融监管带来直接不利影响。

(三) 机构监管方法明显不适应

简单地讲,机构监管就是将金融机构的全部监管事项交由一个监管机构或几个监管机构负责。按照这一方法,银行监管由特定的银行监管机构负责,证券公司监管由一定的证券监管机构负责,保险公司监管则由一定的保险监管机构负责。这是历史上金融监管的主要方式。② 机构监管适应于分业经营和分业监管,并由专门的金融监管法规定对金融业中的银行、证券、保险和信托机构等分别由不同的监管机构进行监管。机构监管要求将一个金融机构的所有业务作为一个整体进行监督检查,使监管机构能够超越某类具体业务而评估整个金融机构的风险和管理,并从整体上考虑采取适当的监管措施解决不同业务领域所出现的问题,一般不会留下监管漏洞,避免重复监管。但与此同时,该类监管方法会产生相应的弊端,即可能形成同类业务因金融机构不同而按不同标准进行监管,造成监管差别,不利于公平竞争。另外,由于新业务的增长,在新业务与传统业务之间其监管方法和监管理念也会相差甚远,监管机构可能会因不擅长对新业务的监管而使监管效率受到影响。③ 自1998年我国建立分业经营、分业监管金融体制后,金融监管效率和监管水平明显提高,并成功抵御了东南亚金融危机。2003年银监会成立后,进一步强化和巩固了分业监管金融体制,并再次成功抵御了美国金融危机。对信托业而言,许多人仍被目前的分业经

---

① 参见刘响东、蔡俊、顾安《信托公司金融业务分类框架设计构想》,载《上海金融》2006年第10期。

② Roberta S. Karmel, *Functional Regulation*, 501 Practicing Law List./Corp 9, 9 (1985).

③ 席月民:《我国金融监管方式的法定化及其合理匹配》,载王晓晔主编《经济法学的新发展》,中国社会科学出版社2008年版,第372—373页。

营、统一监管表象所迷惑,认为信托业由信托公司构成,银监会是法定的监管机构,实质上,我国信托业目前已经在金融理财市场上大步迈入混业经营、多头监管的大信托时代。信托业已经不再局限于信托公司,机构监管方法已经明显不适应这种变化,差别监管在市场上正不断制造越来越多的不公平竞争,参差不齐的市场准入制度也在快速累积信托风险。

(四) 信托文化观念明显不深入

观念从通俗意义上来理解,就是人们在长期的生活和生产实践当中形成的对事物的总体的综合的认识。它一方面反映了客观事物的不同属性,同时又加上了主观化的理解色彩。很多人认为,在中国,信托是一个饱经沧桑而又备受争议的行业,而理财是一类备受追捧的新业务。这种理解其实是不深入的,人为造成了金融理财市场监管的乱象。需要强调的是,无论信托制度在各国表现出怎样的特色,核心都是"受人之托,代人理财",无论提供信托服务的主体以怎样的名称或形式出现,作为受托人,其在受托管理他人财产的过程中,都"必须恪尽职守,履行诚实、信用、谨慎、有效管理的义务"[①]。这样说,无非是为了突出信托本身"诚信"与"专业"的可贵品质。信托一词之所以能从英美法系走入大陆法系,恰恰并非依托于以信托命名的机构或行业,而是依托于"基于信任而托付"的制度安排。这种制度安排之所以能被许多国家认可和接受,最根本的原因在于信托的功能优势。将信托的认识与理解仅仅停留在行业层面或机构层面,既不利于民事信托的勃兴,也不利于营业信托的监管。信托与理财有着高度统一的一面。理财从本意上来说是一种决策或规划,其具体内容包括了融资、投资、套利、风险管理等多个方面,而非仅指投资。这种本意对所有的理财主体都是适用的,以个人理财为例,其本意是基于个人生命周期的理财规划,内容包括个人生命周期各个阶段的资产和负债分析、现金流量预算与管理、个人风险管理与保险规划、投资规划、职业生涯规划、子女养育及教育规划、居住规划、退休规划、个人税务筹划和遗产规划,等等。[②] 理财对专业性知识、技能及硬件设施的依赖性同样突

---

① 《中华人民共和国信托法》第 25 条对受托人义务的规定。其他国家和地区的信托法也有同样规定。

② 根据现行《商业银行个人理财业务管理暂行办法》第 2 条规定,个人理财业务是指商业银行为个人客户提供的财务分析、财务规划、投资顾问、资产管理等专业化服务活动。这一定义印证了理财的本义。

出了理财服务的"诚信"与"专业"品质。因此,市场上的个人理财需求也就可以被简单地表述为是一种"基于信任而托付"的观念文化。这样看来,尽管信托公司在我国已经发展了30余年,但我国当前的信托文化观念仍然不够深入。难怪有人评论说,如果一个社会经济体没有形成或致力于去培育一种"基于信任而托付"的观念文化,那它实际上就没有形成或永远不可能形成真正意义上的理财需求;而如果这个社会经济体不能形成和完善"基于信任而托付"的制度安排,那它也就永远不可能提供真正意义上的理财服务。①

从世界范围看,各国信托业监管体制的形成和演变路径并不完全相同,这和各国信托业发展历史、国家治理模式以及经济发展目标等因素密切联系在一起。自改革开放以来,我国信托业走过了一条由混业经营到分业经营再到混业经营的发展轨迹,信托业监管从最初的统一监管演变为现在的多头监管。在这样的现实背景下,机构监管的力不从心成为制约信托业可持续发展的根本症结。笔者认为,转变观念,改多头监管为统一监管,改机构监管为功能监管,是当前我国信托业监管制度改革和创新的必然选择。②

---

① 参见李丹《"理财"需要"信托"制度供给》,载《金融时报》2007年12月3日第4版。

② 席月民:《我国当前信托业监管的法律困境与出路》,载中国人民大学经济法学研究中心编《经济社会发展与经济法》,法律出版社2011年版,第301页。

第二章

信托业监管改革的国际视野

本章立足于经济全球化和金融国际化,集中对国际信托业监管改革问题展开比较研究,并重点选择英国、美国、日本和我国台湾地区的信托业法发展状况作为样本分析,目的在于揭示未来全球金融监管改革尤其是信托业监管改革的主要趋势,为本课题研究提供国际视角。本章共分为五节,分别是全球金融监管改革实践与发展趋势、英国信托业监管及其立法、美国信托业监管及其立法、日本信托业监管及其立法以及我国台湾地区信托业监管及其立法,总体内容在整个研究体系中属于背景分析。

第一节 全球金融监管改革实践与发展趋势

一、金融监管的基本架构选择

历史研究表明,世界市场的形成或者说世界经济一体化是一个长期的趋势,这个趋势通过周期过程表现出来,有起伏,有循环,还有比较严重的上下波动。[①] 经济全球化和金融一体化,使各国金融交易快速步入了高风险、高效率的信息化时代。从亚洲危机到全球危机,十年轮回真切地证明了全球金融相互关联和相互影响的程度之深。

金融一体化趋势的出现,是世界经济全球化的必然结果。这是因为:一是电讯、信息技术的发展和在金融领域的广泛应用,使金融活动可以超越空间界限,在网络环境中直接进行交易,从而便利了金融交易活动,从

---

① 余永定、路爱国、高海红主编:《全球化与中国:理论与发展趋势》,经济管理出版社2010年版,第18页。

而为金融一体化提供了物质技术基础。二是经济全球化对世界金融一体化提出了客观要求。随着全球科技的不断进步，国际社会之间的分工和合作也越来越重要，这就直接导致了生产的社会化和国际化程度的提高，资本的所有者希望他们能够在不同的国家和地区获得完善的金融服务，享受借贷、筹资等方面的便利，这就促使金融企业不断冲破地域界限，金融自由化步伐明显加快。三是随着国际金融业之间的竞争加剧，金融机构为了获取更大的利润空间，不断通过直接投资、购并等方式进行扩张，加速了世界金融的一体化。四是在经济全球化中，很多国家和地区不断放松金融管制，从而鼓励金融创新。这样，金融创新和竞争就在全球展开，这也加剧了金融领域的国际性投机活动。在一些监管较为严格的地区，投机商为逃避各国政府种种限制，采取离岸金融等方式获得更加自由的空间，这也不断改变金融资源在全球的配置，人为促进了世界金融一体化的发展。

现在，国际金融机构、各国财政部、监管机构以及中央银行的学者仍在对以英国为代表的统一金融监管模式和以澳大利亚与荷兰为代表的"双峰"监管模式进行广泛的辩论，但事实上，无论是分业监管还是"双峰"监管，抑或是统一监管，如果不给予有效的监督和问责约束，则任何一个监管者都可能过度利用自己的权威。[①] 市场经济是法治经济。金融市场中的所有市场参与者之间的关系均需依靠法律手段来调整和维系。当年亚洲金融危机爆发后，很多人开始相信，我们在危机面前表现得无助以及不得不忍受长时期的痛苦，原因就在于机构的虚弱和治理不善。[②] 然而，世界经济格局已经发生新变化，国际力量对比也已出现新态势，建设稳健的国内金融市场，说起来容易做起来难。事实上，世界上并没有完美的政策和完美的制度可供我们简单复制，各国的具体国情和金融发展状况是不一样的。这就要求我们必须深刻认识金融风险和金融危机的本质，从内部环境和外部环境、从政府和市场等方面进行检讨和反思，有效回应本国的金融问题。

---

① 参见［英］霍华德·戴维斯、大卫·格林《全球金融监管》，中国银行业监督管理委员会国际部译，中国金融出版社2009年版，第98—106页。

② See Boediono, *Managing the Indonesian Economy: Some Lessons from the Past*, Bulletin of Indonesian Economic Studies, 41 (3), 2005, 321.

二、当前国际金融监管改革理论与实践

全球化向传统的国别金融监管提出了挑战，并开始突破国别金融监管体系，各国金融当局在金融一体化发展中受到日益增多的国际力量制约。国际金融监管改革实践表明，任何一个国家的金融监管都会受到来自国内外两个方面的主客观条件的双重制约。

金融市场失灵是各国金融监管及其立法的客观基础。金融市场失灵是市场经济条件下金融结构失衡的表现，主要有：[①] 第一，金融体系的负外部性效应。金融体系的负外部性效应是指金融机构的破产倒闭及其连锁反应将通过货币信用紧缩破坏经济增长的基础。这种外部性无法通过市场机制的自由交换得以消除。因此，需要一种市场以外的力量介入来限制金融体系的负外部性影响。第二，金融体系的公共产品特性。一个稳定、公平和有效的金融体系带来的利益为社会公众所共同享受，无法排斥某一部分人享受此利益，而且增加一个人享用这种利益也并不影响生产成本。因此，金融体系对整个社会经济具有明显的公共产品特性。在西方市场经济条件下，私人部门构成金融体系的主体，政府主要通过外部监管来保持金融体系的健康稳定。第三，金融机构自由竞争的悖论。金融机构是经营货币的特殊企业，它所提供的产品和服务的特性，决定其不完全适用于一般工商业的自由竞争原则。一方面，金融机构规模经济的特点使金融机构的自由竞争很容易发展成为高度的集中垄断，而金融业的高度集中垄断不仅在效率和消费者福利方面会带来损失，而且也将产生其他经济和政治上的不利影响；另一方面，自由竞争的结果是优胜劣汰，而金融机构激烈的同业竞争将导致整个金融体系的不稳定，进而危及整个经济体系的稳定。因此，自从自由银行制度崩溃之后，金融监管的一个主要使命就是如何在维持金融体系的效率的同时，保证整个体系的相对稳定和安全。第四，不确定性、信息不完备和信息不对称。在不确定性研究基础上发展起来的信息经济学表明，信息的不完备和不对称是市场经济不能像古典和新古典经济学所描述的那样完美运转的重要原因之一。金融体系中更加突出的信息不

[①] 目前，经济学界对金融监管产生和发展的一般规律并无根本性的分歧。有关金融监管的客观基础问题，参见国务院发展研究中心《金融改革与金融安全》系列报告之《金融监管理论的演变》。

完备和不对称现象，导致即使主观上愿意稳健经营的金融机构也有可能随时因信息问题而陷入困境。然而，搜集和处理信息的高昂成本导致金融机构又往往难以承受该类负担。因此，政府及金融监管当局就有责任采取必要的措施减少金融体系中的信息不完备和信息不对称。

一切金融监管行为的立足点都要建立在法制的基础之上。依法监管不仅是监管有效性的前提和保障，也是各国金融监管通行的惯例。然而，从法律的产生过程来说，立法本身具有相当的主观性，反映了人对法律功能的期待，并受到特定阶段的社会基础及其他社会思潮的影响，这就解释了为什么在不同国家关于同一法律问题的规范都不尽相同甚或截然相反。金融监管法作为一种主观的思想意识，必然也带有很强的主观色彩。关于这一点，经济法学者曾经就经济法产生的主观条件进行了论述。他们认为，国家立法机关的意志和一定的经济法学说的形成是现代经济法产生的主观条件[1]。推而广之，金融监管法的产生同样要以立法机关主观上的需要和相应的法律理念作为主观条件。基于这样的认识，笔者认为，金融监管法产生和存在的主观基础就是一定的法律理念产生，并促使立法机关将金融监管的经验上升到法律层次，从而使整个社会一体遵循。

当然，随着金融监管国际化、标准化趋势的发展，全球金融统一监管进程大大加快，各国在加强金融监管协作的同时，金融监管的准则或标准也渐趋统一。但是，这并不妨碍我们对金融监管法主观基础的认识，因为，采纳什么样的监管标准，设计何种监管手段，仍然是各国主权范围内的事，是一个带有很强主观色彩的立法过程。从全球金融监管模式变革所呈现出的特征来看，主要表现为从分业监管向混业监管转变，从机构监管向功能监管转变，从单向监管向全面监管转变，从封闭性监管向开放性监管转变，从一国监管向跨境监管转变，并强调合规性监管和风险性监管的并重。[2]

近20年来，全世界的金融创新可谓层出不穷，金融创新的广度和深度达到了前所未有的境地。尤其是进入21世纪后，随着金融市场国际化程度的空前提高，金融资源的国际流动更为频繁和容易，金融创新不再局

---

[1] 潘静成、刘文华主编：《经济法》，中国人民大学出版社2005年版，第24—25页。

[2] 参见丁邦开、周仲飞主编《金融监管学原理》，北京大学出版社2004年版，第37—38页。

限于简单地增加业务或产品种类以及优化交易方式,而是围绕着如何切实提高金融机构的竞争能力,培育出适应社会分工变化、符合金融发展趋势、各有所长的相对竞争优势,对体制、制度、组织管理和业务产品进行再造与更新。其中,对冲基金和私募股权基金最为引人注目。新的金融工具的产生,使得各种风险以更加复杂的方式大范围地转移。①

金融全球化实质上应理解为融资全球化,它意味着金融资源在全球范围内的优化配置。自1973年布雷顿森林体系崩溃之后,金融全球化即开始加速发展。金融全球化要求各国金融机构顺势而为,主动实施变革与创新;而另一方面,变革与创新又反过来要求各国金融机构提高自身风险管理和控制能力,以维护和保障金融安全。因此,金融安全问题一直与金融创新交织在一起。本次国际金融危机的爆发,使金融全球化的进程步入新的历史调整期。就我国而言,我们能否在参与全球化中避免被"着色"或"脱色",是否会成为巩固现存国际金融秩序的重要力量,仍然取决于我们自身的信仰和努力。笔者认为,我们必须始终不渝地把握参与全球化的大方向,并力争在不断壮大自身的同时,联合其他发展中国家一道改造现存国际金融秩序,推动建立新的全球化模式。我们既需要切实提高我国金融业的创新能力和竞争能力,同时,也需要尽快提升风险管理能力和安全保障能力。应该说,金融法的安全价值并非一种绝对价值,否则金融市场的发展就会受到抑制或妨碍。博登海默曾言,在个人生活和社会生活中,一味强调安全,只会导致停滞,最终还会导致衰败。② 就整个金融体系而言,金融创新是金融发展的世界性趋势,有效的金融创新会提供一种基于市场的风险化解和防范机制。因此,以理性之心把握金融安全与金融创新之间的互动,有利于促进我国金融业的可持续发展。

三、未来全球金融监管改革的主要趋势

加入世界贸易组织后,我国金融业不得不融入金融国际化进程中去。随着我国金融市场的国际化,我国金融监管机构不得不考虑来自国际因素的影响,积极主动地适应国际和国内环境的变化并调整自己的监管行为和

---

① [英]霍华德·戴维斯、大卫·格林:《全球金融监管》,中国银行业监督管理委员会国际部译,中国金融出版社2009年版,第1页。

② [美]博登海默:《法理学——法哲学及其方法》,邓正来、姬敬武译,华夏出版社1987年版,第293页。

政策，并加强与其他国家和地区的监管合作。从发展趋势看，未来全球金融监管改革呈现出以下特点：

(一) 金融监管理念和具体工具的标准化

无论是在监管理念还是在监管工具方面，未来全球金融监管将进一步实现标准化。这主要体现在：一方面，不同国家金融监管的手段、监管内容出现趋同趋势。在监管方法上，各国普遍强调管理手段的现代化，充分运用计算机辅助管理，建立相关的金融监管数据库，促进金融机构日常监督、现场检查和外部审计的有机结合。在金融监管内容方面，也逐渐趋同，如逐步统一的有关资本充足性的国际监管标准，强调监管灵活性和信赖经验监督的重要性等。另一方面，以市场约束为基础的监管标准逐步统一。信息披露是市场约束的基础，国际组织正努力制定对所有金融机构采用同样的会计和披露标准，以加强对金融机构的市场约束作用。

(二) 金融监管国际协调的经常化

金融监管国际化，即金融监管活动跨出国界，以及据以进行监管的各国立法及惯例趋于一致的过程和状态。在金融国际化趋势下，各国金融监管机构不断加强合作，逐步形成统一的国际金融监管体系，金融监管的国际合作不断加强。西方发达国家产生了"金融稳定论坛"，而且还建立了召开七国首脑及财长一年一度研究和探讨金融问题会议的机制；中、日、韩与东盟每年也召开央行行长、财长会议以讨论地区金融问题。金融监管与协调日益国际化在不同金融领域都有所体现：在银行监管方面，巴塞尔银行监管委员会（Basel Committee on Banking Supervision）致力于跨国性银行的监管工作。巴塞尔银行监管委员会是国际清算银行的常设机构。由巴塞尔委员会发起拟定的一系列重要协议，如《巴塞尔协议》《有效银行监管的核心原则》等，已为众多的国家所接受，成为国际银行监管的基本准则。在证券监管方面，国际证券监管委员会组织（ISOCO）是一个常设国际性组织，该组织的宗旨是：通过成员机构的合作，保证在本国及国际范围的有效监管，以维持公正和高效的市场；通过交换信息和交流经验，发展各国的国内市场；共同努力建立国际证券发行与交易的规范和有效监控；互相帮助，通过严格执法和有效稽查来保证市场的公正性。在保险监管方面，国际保险监督官协会（IAIS）是一个全球性国际保险监管组织，于1994年在瑞士巴塞尔成立。它由108个国家和地区的保险监管机构组成，另外有61个国家的公司或组织以观察员身份参加IAIS的活动。

IAIS 的宗旨是通过制定全球保险监管的指导原则和标准，提高成员国保险业的监管水平，维护国际保险市场的稳定和保护投保人的利益。①

具体到信托业来看，信托业在西方是自然而然地与其他金融业务融合在一起，甚至 1933 年美国格拉斯法案后分业经营的格局中，银行的信托部业务仍然有声有色。信托在英、美等国中与其他金融业务甚至非金融业务一样，平常普通却人人皆知，不受瞩目却随处可见。②各国（地区）信托业在保持传统特色的同时，也彼此借鉴、不断推陈出新，形成了"大同"与"小异"并存的格局。③国际经验表明，稳定的金融体系能为资源的高效分配提供良好的环境，进而促进经济增长。信托业监管的必要性，可以从金融信托体系的负外部性、金融信托体系的准公共产品特性、信息不完备和信息不对称导致公众对监管的依赖以及金融信托体系效率与稳定的悖论等方面获得说明。④就我国信托业而言，基于系统风险的考虑，如果任由各类金融机构在目前机构监管中自由开发信托业务，则整个金融体系极易陷入混乱和动荡。入世十年，我国金融市场的国际化程度日益提高，资金流动性显著增强，业内竞争更趋激烈。从世界范围看，金融危机发生的概率正随着金融市场自由化、国际化程度的提高而呈现出上升之势。面对越来越多且日益复杂的监管规则，要求优化监管规则的呼声越来越强烈。⑤各国金融监管当局普遍意识到，审慎监管必须使母国监管标准与全球监管标准保持一致，并不断加强国际监管合作。对我国而言，信托业法是实现信托业有效监管的基本规则系统，其制定必然应面向未来，切合国情，并与国际标准接轨，从而使各类信托机构遵守与境外监管相似的、日趋一致的监管规则。

1984 年《海牙信托公约》在促使未承认信托的国家更广泛地承认信托方面，向前迈出了一大步。⑥ 1999 年《欧洲信托法基本原则》发布，

---

① 徐孟洲等：《金融监管法研究》，中国法制出版社 2008 年版，第 42—43 页。
② 李勇：《以现代经济法理念构建信托业监管》，载《经济法论丛》2005 年第 2 期。
③ 刘涛：《全球信托业的演进趋势与创新业务》，载《中国金融》2011 年第 16 期。
④ 参见丁邦开、周仲飞主编《金融监管学原理》，北京大学出版社 2004 年版，第 181—182 页。
⑤ 目前，许多国家已经以不同形式将优化监管规则付诸实践，该行动的目标口号是实现"监管趋同"（Supervisory Convergence）。参见［英］霍华德·戴维斯、大卫·格林《全球金融监管》，中国银行业监督管理委员会国际部译，中国金融出版社 2009 年版，第 13 页。
⑥ See Jonathan Harris, *The Hague Trusts Convention: Scope, Application and Preliminary Issues*, Oxford-Portland Oregon, 2002, p. 425.

2000年英国制定了新《受托人法》，同年，美国公布将《统一信托法典》纳入模范法典之一。值得注意的是，近年来，日本和我国台湾地区均在反复修订各自的信托业法，一方面开始放宽受托人的资格限制，解除信托业务管制；另一方面，则不断地提升信托制度运用的便利性，增加信托的运用方式。日本和我国台湾地区的修法之举，实际上为我国信托业监管改革和立法提供了重要启示和借鉴。[①] 信托制度的价值核心在于延伸财产权人控制和利用财产的自由，商业信托的层出不穷已经在很大程度上改变了传统信托法的基本规则。[②]

目前国际金融监管体系仍处于分业管理状态，而且国际信托业远不及银行业、证券业和保险业发达，信托业的监管标准尚未实现统一。在复杂系统的视角下梳理金融业态，探索金融制度设计、组织治理、风险控制和服务创新等领域更有价值的行动路径，是当前我们要紧紧关注的问题。随着信息社会的不断发展，我们需要看到，信托化或者说第三次金融变革，是人类全面走向信息社会的过程，是人类社会从追求效率为主向以追求效率与公平兼顾的方向发展的起点，也是人类社会财富积累到相当高度的产物，是人类社会向人自身不断靠近的过程。信托化的主要表现有两个方面：一是信托融资方式的深化程度，由信托融资方式与金融系统中不同的金融形态（包括货币、债股、信托、期货、保险等）共同作用形成信托型资产；二是利用信托原理和制度对基础资产进行衍生，形成信托、再信托型资产的深化程度。[③] 我国"十二五"规划纲要已明确提出，要参与国际金融准则新一轮修订，完善我国金融业稳健标准。笔者认为，制定我国信托业法，必须要有国际视野，在坚持统一立法的前提下，兼容并蓄，与国际金融监管标准和周边国家与地区的信托业监管立法相协调，这样才能有助于建立我国信托市场所需要的公平竞争环境，进而提高监管效率，推

---

① 日本的《信托业法》于1922年颁布，2004年进行了彻底修改，法条数量由1998年的23条剧增至2004年的119条，对信托机构的分类、信托机构的设立、经营、终止、审核监督程序等规定更加具体细致。

② See John H. Langbein, *The Secret Life of the Trust: Trust as an Instrument of Commerce*, The Yale Law Journal, Vol. 107: 165/1997, pp. 165 – 189.

③ 徐光磊、张继胜：《信托化：第三次金融革命——复杂性科学视角下的金融进化》，中国金融出版社2014年版，第183—184页。

动信托业务创新。①

第二节　英国信托业监管及其立法

一、英国信托业的特点

英国是最早发展资本主义的国家，是久已闻名的金融王国，其首都伦敦是当今世界重要的国际金融中心之一。英国的金融体制主要由英格兰银行、清算银行、商人银行（过去常称为承兑行）、贴现行和其他金融机构组成，这些金融机构至今已有600年以上的历史。在英国的金融业中，信托无疑是重要的组成部分之一。无论是普通法系还是大陆法系的学者，几乎一致认为信托是普通法最伟大的创造之一，信托概念的传播和信托观念的扩张证明了英国在这方面所取得的重大成就。英国的现代金融信托业务，按照委托对象的不同划分为个人信托和法人信托两类。其中，个人信托业务主要有：（1）财产管理；（2）执行遗嘱；（3）管理遗产；（4）财务咨询，包括对个人财产在管理、运用、投资和纳税等方面的咨询等。而法人信托业务主要有：（1）股份注册和过户；（2）年金基金的管理；（3）公司债券的受托，如公司债券的证明，偿债基金的收、付以及本利的支付，抵押品的保管等；（4）公司的筹设、企业合并等。英国是现代信托的发源地，信托发展的历史固然悠久，但与美、日等国不同的是，其以个人为受托人的信托业务仍占很大的比重，而以法人身份的专业信托公司或银行信托部为受托人的业务则占少数。个人受托的业务多是民事信托和公益信托，法人受托的业务多为投资信托和单位信托两项。②

在英国，投资信托是为了证券投资而专门设立的一种特殊组织形式，其本身是公开招股的有限公司，由董事会负责经营。投资信托公司依靠专门的投资经验和经营技巧，将从公司股东那里获得的资金分散投资于多种有价证券，特别是其他公司证券，以帮助投资者获得较高的投资收益和减少投资风险。投资信托所用的资金主要是股东提供的资金或

---

① 席月民：《我国〈信托业法〉的制定》，载《广东社会科学》2012年第5期。
② 徐孟洲主编：《信托法》，法律出版社2006年版，第250页。

发行公司债借入的资金，其实质就是替个体投资者进行集体投资，一方面，个体投资者可以通过投资信托借助其对证券投资的专门管理经验；另一方面，个体投资者可以通过投资信托将本来只能做单一或较少种类的投资变为可以进行多种多样的投资，有利于分散风险，降低损失。投资信托的投资者实际上是投资信托公司的股东，还可以通过证券经纪人把自己的股份卖给其他投资者。投资信托公司一旦成立，其股本总额是固定的，除非新增股份，新的投资者只能从原持有人那里购买股票，才能取得股权。①

采用信托方式进行投资，最早是英国19世纪60年代开始在全球创设的，这种投资方式非常适应中小投资人的需要。随着实践经验的积累，投资信托公司的业务不断得到完善，1932年成立了一个全国性协会，用以保障和提高会员的共同利益。截止到1995年10月，英国各地共有314家投资信托公司，所管理的投资资产总额为488亿英镑，比1963年的30亿英镑增加了16倍多。英国投资信托的业务范围除了英国本土外，也包括其海外属地和其他国家，故投资信托业务的开办对于英国在国内集中社会闲散资金和发展海外其他国家的投资业务起了重要的作用。

英国作为世界上第一个以信托从事投资的国家，进入20世纪后信托更广泛地被运用在满足理财需求，最典型的投资理财型营业信托就是单位信托（unit trust），经理人从投资人收取资金，组织一个独立的基金，再分为各投资人持份的基金单位，经理人则收取管理费用和报酬。② 单位信托在美国称为共同基金，由投资公司出售股份向公众募资投资到其他证券，而被销售的股份价值，取决于公司投资经验与购买证券的业务量。③ 单位信托是一种集合众多顾客的资金，投资于多种有价证券的信托业务。吸收资金的方法是出售分单位信托券。分单位信托券的价值，是按照构成总"单位"的那些有价证券的市价计算出来的，即分单位的计算，是将各种不同的有价证券结合在一起，构成一个总"单位"，每个"单位"再分为数千个"分单位"，从而构成分单位信托券的价值。各种单位信托的目的和投资方向不同，或为获取高额收入，或为稳定增值，或广泛投资于

---

① 徐孟洲主编：《信托法》，法律出版社2006年版，第250—251页。
② Jill E. Marton, *Modern Equity*, London: Sweet & Maxwell, 1997, p. 516.
③ Henry C. Black, *Black's Law Dictionary*, West Publishing, 1979, p. 920.

各种普通股票,或从事专业投资等。

投资信托与单位信托这两种金融信托有很多共同点。它们的营运有重大相似之处,即它们都使投资者能在一笔交易中通过买进范围更广、种类更多的证券的权益来分散风险;它们的资产负债表也有共同之处,即它们所持有的债券和它们所创造的债权要求是同一性质的。但投资信托和单位信托在投资意义上则有所区别。投资信托不同于法律上的信托,投资信托的股份是不变的,股权只是在卖出者与买进者之间转移,不增不减,所以,投资信托又被称为"封闭型基金"(Close-end Funds)。单位信托是法律意义上的信托,单位信托不是出售股份而是出售信托"单位"。单位总数不是固定的,其发行可以视需要增大或缩小,投资者可以随时买进卖出单位,单位信托的经理人也准备随时按反映其所持有的资产的现行价值的市场价格来买卖单位。所以单位信托又被称为"开放型基金"(Open-end Funds)。①

需要说明的是,英国的信托储蓄银行(Trustee Saving Banks)实际上属于银行金融中介。1976年通过的信托储蓄银行法,使得信托储蓄银行迅速发展了全面的银行服务业务,其业务范围包括:活期存款、储蓄存款、定期存款;提供支票和支票保证卡;举办联合信托储蓄计划;提供购买国民储蓄存单、有奖储蓄债券等便利;提供从国民储蓄债券注册官处买卖政府债券的便利等。1983年,经过合并,英国的信托储蓄银行主要有四家,即英格兰及威尔士信托储蓄银行(后改名为信托储蓄银行)、苏格兰信托储蓄银行、北爱尔兰信托储蓄银行和海峡群岛信托储蓄银行。信托储蓄银行和其他非银行金融机构不同,非银行金融机构的客户主要是储蓄者与投资者,主要目的是投资或储蓄而不是支付。不过近年来双方业务有趋同之势,其界限也变得相对模糊一些。其中的投资信托和单位信托便是两类非银行金融机构。

虽然英国是信托业的发源地,但却缺乏应有的市场基础,其现代信托业务不如美、日等国发达,信托业在金融市场的地位不及美、日两国。②目前,英国金融信托业以个人受托为主,其承接的业务量占80%以上,

---

① 徐孟洲主编:《信托法》,法律出版社2006年版,第251页。
② 参见吴世亮、黄冬萍《中国信托业与信托市场》,首都经济贸易大学出版社2013年版,第38页。

而法人受托业务则主要由银行和保险公司兼营，专营比例很小，不仅如此，而且在银行的信托业务中，又有90%以上集中于四大商业银行，即国民威斯敏斯特银行（National Westminster Bank）、密特兰银行（Midland Bank）、巴克莱银行（Barclays Bank）和劳埃德银行（Lloyds Bank）。除民事信托和公益信托外，英国的证券投资信托也正逐步盛行，信托作为一种很有活力的储蓄与投资形式，已为越来越多的人所欢迎和使用。英国较常采用的是"养老金基金信托""投资信托"和"单位信托"。为保护参加者利益，英国所有的职业养老金计划都通过"养老金基金信托"建立并进行管理。创设这种信托时，首先由雇主出资建立基金，再由受托人以受益人的利益为目的对基金进行管理和运用。现在养老基金已成为英国证券市场上的主要投资者，到1993年，养老金基金的资产达4600亿英镑，拥有伦敦证券交易所30%左右的股票，而截止到1994年为止英国已有1300万人参加职业养老金计划。投资信托公司则为小额投资者分散投资提供了可能。投资信托公司的自律性组织是1932年成立的"投资信托公司协会"（Association of Investment Trust Companies），到1994年8月，这个联合会已有292个成员，管理着价值380亿英镑的资产，而在1963年，还不到30亿英镑。单位信托是一种开放式的共同投资工具，这种业务发展迅猛，到1993年已有1500个单位信托，到1994年5月总资产达950亿英镑，而在1959年，仅有50个单位信托，总资产也仅为1.2亿英镑。单位信托的行业性自律组织是1959年创立的"单位信托和投资基金协会"（Association of Unit Trusts and Investment Funds）。[1]

总体说来，英国信托业历史悠久，受传统因素的影响颇深，其当代信托业的发展特点主要表现在以下方面：[2]

一是土地信托业务普遍存在。土地用益权制度是英国信托最早的雏形，英国信托业务起源于民事信托，而民事信托中所委托的信托财产均以土地等不动产为主，所以土地等不动产信托要比其他国家普遍得多。随着经济的发展，英国现在土地信托已由过去较多限于土地信托财产的权益问题而转变到以经营与营利为目的或以社会经济发展为目的上来。

二是个人信托业务占据主流。在英国，信托多为民事信托和公益信

---

[1] 徐孟洲主编：《信托法》，法律出版社2006年版，第252页。

[2] 同上书，第253—254页。

托,信托的标的物也以房屋,土地等不动产为主,当然这是英国传统习惯延续的结果。无论是委托人还是受托人,无论是早期的信托还是现代的信托,英国信托业务仍偏重于个人信托,这是英国的信托业务与其他国家相比最为显著的特点。

三是法人信托业务集中经营。虽然英国法人受托的信托业务比例不大,英国信托业却集中在国民威斯敏斯特银行、巴克莱银行、米特兰银行和劳埃德银行等四大银行设立的信托部(公司),这四家占了英国全部法人信托资产的90%。另外,保险公司兼营一部分信托业务。

四是投资信托业务远及海外。作为老牌资本主义国家和殖民大国,英国有着极为广阔的海外发展空间。海外投资远自1600年东印度公司成立以来就广泛流行于英国。目前,英国国内产业饱和,而伦敦仍然是世界首屈一指的国际金融中心。海外投资成为运用国内信托资产,追求利润最大化的有效途径之一。[1]

二、英国信托业监管体制

英国是现代信托业的发源地,也是最早形成信托监管制度的国家。英国的信托业务以土地等不动产信托为主,并且多是民事信托和公益信托,其中个人作为受托人的业务量占了80%以上,在不到20%的法人受托中,四大商业银行占了英国全部信托资产的90%,另一部分主要由保险公司兼营,而其中的专营比例很小。英国信托业目前所经营的信托产品约可分为退休金或员工福利信托、遗嘱信托、债权保全型或履约担保型信托,以及家族财富管理或个人事务处理等四大类信托业务。英国的信托业监管可以分为三个层次,即法律监管、法定机构监管以及行业协会管理。[2]

在信托业监管体制上,英国此前采取的是统一监管模式,属于高度集中统一型监管体制[3]。1997年10月成立的金融服务局(Financial Services Authority,FSA)取代了以前的证券投资局(SIB),按照2000年的《金融服务与市场法》(Financial Services and Market Act),金融服务局成为唯

---

[1] 周明:《中国信托市场运行机制——基于合约视角的分析》,中国经济出版社2007年版,第80页。

[2] 盖永光编著:《信托业比较研究》,山东人民出版社2004年版,第39页。

[3] 朱大旗:《金融法》,中国人民大学出版社2007年版,第128页。

一的全方位监管金融市场的法定组织,其监管目标包括:保持市场信心、提高公众认识、适度保护消费者和减少金融犯罪。金融服务局对财政部负责,并通过财政部对议会负责。英国的金融监管体制适应了全球金融业混业经营发展的现实需要,实现了真正的跨行业监管,在监管权力方面涵盖了授权、立法、监督、调查和管理。[①] 就信托业监管而言,金融服务局通过直接的授权、调查、取消资格等行为,对信托业的从业人员和法人进行直接监管,单位信托本身需要得到金融服务局的批准,其中的经理人和受托人需要得到金融服务局的授权,开放式投资公司的情况基本相似。2013年起,英国金融服务局(FSA)被两个新的监管机构所替代,它们分别是金融行为监管局(Financial Conduct Authority, FCA)[②] 和审慎监管局(Prudential Regulation Authority, PRA)[③]。英国是目前世界上金融服务最完善、最健全的国家,并且通过金融服务监管局(FSA)对所有在其境内注册的金融服务机构进行严格的监管。该机构对风险的容忍度更低,并更倾向于采取预防手段而不是坐视损害发生。这种方法意味着更多地使用判断方法,即用专业知识来判断对消费者的损害是否会发生,并基于这种前瞻性分析进行相应干预。

另外,行业协会在信托业监管中也发挥着重要的自律作用。英国在信托领域所建立的比较重要的行会有投资管理协会(IMA)、保管人和受托人协会[④](DATA)、职业养老金管理局[⑤](OPRA)以及法人受托人协会[⑥]

[①] 参见丁邦开、周仲飞主编《金融监管学原理》,北京大学出版社2004年版,第34页。

[②] 该机构官方网站为:http://www.fca.org.uk/。

[③] The Prudential Regulation Authority (PRA) was created as a part of the Bank of England by the Financial Services Act (2012) and is responsible for the prudential regulation and supervision of around 1,700 banks, building societies, credit unions, insurers and major investment firms. The PRA's objectives are set out in the Financial Services and Markets Act 2000 (FSMA). The PRA has three statutory objectives: (i) a general objective to promote the safety and soundness of the firms it regulates; (ii) an objective specific to insurance firms, to contribute to the securing of an appropriate degree of protection for those who are or may become insurance policyholders; and (iii) a secondary objective to facilitate effective competition. See http://www.bankofengland.co.uk/pra/Pages/default.aspx, visited on July 12, 2014.

[④] 该协会成立于1999年,会员是英国的开放式投资公司的保管人和单位信托的受托人。其目标是为会员利益促进和支持英国相关立法的改革,促进并支持会员所在产业的发展。

[⑤] 该机构承担了1997年解散的职业养老金委员会的部分职责,负责实施适用于职业养老金计划的法律。

[⑥] 该机构成立于1974年,为鼓励高水平的法人受托人业务而设。

(TACT) 等。① 以投资管理协会为例，该协会成立于2002年2月，是英国投资管理业的行业协会，它是在原有的基金管理者协会（FMA）和单位信托和投资基金协会②（AUTIF）的基础上成立的，其成员对法人提供投资管理服务，同时也通过个人基金管理协议和集合资金产品对个人投资者提供投资管理服务。其成员包括200家投资管理公司，有独立的投资管理集团，银行、保险、投资银行的投资管理部，独立的适应各种环境的服务提供者和职业养老金计划的管理者。2015年该协会更名为投资协会③（The Investment Association），由投资管理协会和英国保险者协会的投资事务部合并而成。④

三、英国信托业立法及其评析

在英国，信托业之所以久盛不衰与其所建立的监管制度体系是分不开的。英国的信托业监管立足于法律制度建设，并在此基础上通过法定机构监管以及行业协会管理予以保障。

英国的信托业是在衡平法的基础上发展起来的。对于英国信托业的发展和壮大来说，衡平法当功不可没，因此，其衡平法院素有"信托之母"之美誉。普通法与衡平法的划分体现了英国的宗教传统，构成了英国法律制度的特色，直到1875年《司法条例》的实施才取消了普通法院和衡平法院的双重体制，实现了司法权的统一。在统一的法院体系中，法官审理案件适用已有的一切规定，而不论该规定源自普通法还是衡平法。⑤尽管英国属于判例法国家，但随着两大法系的日益融合，其成文法的数量显著上升，尤其在信托方面，虽然至今尚无统一完备的信托法典，但非常注重制定和颁布单行法律、法规以规范信托业务活动，保护和推动信托事业的发展，并且注意随时代的发展而不断地更新。

英国历史上第一部出于全面保护合法信托关系之目的而制定的单行法是1893年的《受托人法》（Trustee Act）。1925年4月25日，新的《受托人法》将其取代。1925年的新《受托人法》共5章71条，分别规定了投资、

---

① 参见盖永光编著《信托业比较研究》，山东人民出版社2004年版，第45—46页。
② 该协会成立于1959年，在1993年之前以单位信托协会而著名。
③ 该机构官网为：http://www.theinvestmentassociation.org。
④ 参见维基百科：http://en.wikipedia.org/wiki/Investment_Management_Association。
⑤ 盖永光编著：《信托业比较研究》，山东人民出版社2004年版，第39—40页。

受托人的一般权利和私人代理、受托人的指定和解除、法院的权力以及有关该法的一般规定。具体说来，其第一章"投资"主要规定了受托人所能从事的投资种类以及受托人在投资方面所享有的各种权利，如受托人可以依据该法授权将信托资金投资于股票、基金或证券、土地，或把信托资金存入银行的定期账户或其他账户等；第二章"受托人的一般权利和私人代理"，主要规定了受托人在管理信托财产和处理信托事务方面所享有的一般权利，以及在抚养费信托、预付信托和保护信托中所享有的具体权利以及对受托人的保护等。就受托人的一般权利而言，主要有售产信托的受托人通过拍卖出售信托财产的权利、依贬值条件出售的权利、出具收据的权利、了结债务的权利、通过售卖、按揭筹集资金的权利、投保的权利、保管信托文件的权利以及雇佣代理人的权利和转委托的权利等；第三章"受托人的指定和解除"，规定了对受托人的指定以及其他信托关系人进行这种指定的权利，同时规定了解除原受托人职务和指定新受托人所必须具备的条件等；第四章"法院的权力"规定了法院指定新受托人的权力和发布与信托有关的各种财产交付命令的权力以及这些命令的效力，规定了法院发布其他命令的司法管辖权和受托人将款项缴存法院的事项等；最后一章"一般规定"，规定了该法前四章中一些专门术语的定义、该法的适用范围以及法院的管辖权范围等。1925年《受托人法》实际上是英国信托法体系中最重要的一部成文法，它是英国衡平法中有关信托的法律规范的条文化和系统化，对规范受托人行为和保护受托人利益具有重要意义。[1]

在英国，目前最新版本的《受托人法》为2000年所修订，其修订重点有五大领域：(1) 受托人注意义务的成文法化；(2) 受托人投资权责；(3) 代理人任命权；(4) 土地取得权以及 (5) 报酬请求权。为了对应投资权责的扩张，该法2000年版本也扩张了受托人注意义务并将之成文法化，而且专业受托人的注意义务也较一般民事受托人高，大致与过去法院判例见解一致。在受托人报酬方面，传统上法院认为仅有由专业人士提供信托服务时，才能够请求报酬[2]，且受托人同时为信托契约或委托人遗

---

[1] 徐孟洲主编：《信托法学》，中国金融出版社2004年版，第32页。

[2] Explanatory Notes for §28 ("Section 28 (2) reverses the present common law rule which requires an express charging clause to be strictly construed against the trustee, so that, unless the trust instrument contains contrary provision, a professional trustee, who has the benefit of such a clause, may only be remunerated for services which could not have been provided by a lay trustee.").

嘱见证人时，其关于报酬的约定常被法院认定为遗赠而无效[①]。2000 年修正版本推翻了过去的见解，明确规定当信托契约条款订有受托人报酬请求权，且该受托人系信托公司或提供专业服务的个人时（无论其具体服务内容是否必须由专业人士提供），则受托人即可以请求报酬。[②] 若欲排除法人与自然人受托人的报酬请求权，则必须在信托条款内进行明示。[③] 适用上述受托人合理报酬与费用返还请求权的受托人，包括了管理遗产的个人代表（personal representative）[④] 以及退休金信托受托人（trustee of a pension scheme）[⑤] 等，新法对于受托人报酬请求权的开放，势必有助于有偿的营业信托的发展。2000 年修订版本对受托人的行事原则、投资权限和衡量投资的标准、购买土地的事项、代理人和保管人的任命以及受托人的报酬等都作出了原则性规定。

在英国的制定法中，有关信托的成文法还有以下所列法律：（1）1872 年《慈善受托人社团法》（Charitable Trustees Incorporation Act）；（2）1896 年《司法受托人法》（Judicial Trustee Act）；（3）1906 年《公共受托人法》（Public Trustee Act）；（4）1954 年《慈善信托确认法》（Validation of Charitable Trust Act）；（5）1957 年《公共受托人报酬法》（Public Trustee Fees Act）；（6）1958 年《信托变更法》（Variation of Trust Act）；（7）1961 年《受托人投资法》（Trustee Investment Act）；（8）1968 年《地方当局共同投资公司信托法》（Local Authorities' Mutual Investment Trust Act）；（9）1971 年《国家信托机构法》（National Trust Act）[⑥]；（10）1972 年《慈善受托人法》（Charitable Trustee Act）；（11）1987 年《信托承认法》（Recognition of Trust Act）；等等。[⑦]

这些立法对明确受托人的资格以及规范受托人的信托活动发挥着重要作用。上述信托制定法的颁行，进一步整理了英国衡平法中所确立的信托

[①] § 28（4）of Trustee Act of 2000. 过去法令及判例均认为，对遗嘱见证人所为遗赠系无效行为。

[②] § 28（1）and（2）of Trustee Act of 2000.

[③] § 29 of Trustee Act of 2000.

[④] § 35（1）of Trustee Act of 2000.

[⑤] § 36（4）of Trustee Act of 2000.

[⑥] National Trust 在英国法律中特指根据国家有关信托法律的规定而组成的国家信托机构。

[⑦] 参见徐孟洲主编《信托法学》，中国金融出版社 2004 年版，第 32—33 页。

法律规范，使之在系统化的同时，又有所创新和发展。在性质上，这些成文法均属于信托特别法，是英国信托法的有机组成部分。尽管英国信托法中成文法的数量并不少，但受法律传统的影响，其信托法律规范绝大多数仍存在于衡平法之中，以法院判例为表现形式。相较于英国，我国对于信托的定义以及基本要素的规定较为系统，强调探究信托设立的依据、信托财产、受托人、受益人以及信托目的等信托成立的主观与客观要件，英国法则重视受托人的义务及其义务履行，而且强调信托成立的效果。英国2000年对《受托人法》的修正，反映了自19世纪末以来英国信托制度所面临的挑战。虽然信托制度源自无偿的民事信托，当时却面临找不到受托人的困境，究其原因在于受托人从过去"财产的消极监护保管人"角色，逐渐被期待担负积极创造收益与财富成长的责任。随着信托财产标的日渐多元，包括各类股票、债券、担保品等，而不再限于土地，受托人若未曾接受专业投资训练，常会遭遇决策困难。此外，管理与运用权限的扩张，造成投资失利与违反信托义务的风险大大增加，倘若受托人对受益人负有忠实义务，而受益人的指示与意愿又未必明智时，难免遭遇法院注意义务的挑战而陷入两难境地。因此，信托产品与态样越是多元，担任受托人的意愿却越是降低，越来越难找到自愿并诚实的人担任无偿受托人或遗嘱执行人。另外，由于当时并无成文法规定受托人保持独立账簿的义务，受托人侵占或诈欺的事情时有所闻，也常以信托财产金额过小为由拒绝接受委托，所以英国分别在1896年与1906年通过《司法受托人法》和《公共受托人法》，由法院任命具有法院公职人员身份的人担任司法受托人或另外的公共受托人[①]，单独或共同为身心障碍、已经死亡或正在受刑之委托人，或尚在襁褓中之受益人执行信托事务，在符合法定要件时甚至可以取代原本的受托人，不得仅以信托财产金额过小为由拒绝接受委托。公共受托人的薪酬由服务内容决定，按管理资产的一定比率计算，由法院提议经

[①] 公共受托人应为司法部下辖的政府公职人员。Official Solicitor and Public Trustee, see the website of Justice of UK: http://www.justice.gov.uk/about/ospt, 2014年7月12日访问，亦应为接受法院指派的私人，§8 (3) of Public Trustee Act of 1906 (Any person appointed to be public trustee or an officer of the public trustee may, and shall, if the Treasury so require, be a person already in the public service)。

财政部同意，议会预算支出。① 有偿的公共受托人制度是英国信托重心自民事信托转变为营业信托的重要开始。② 英国至今尚无信托法典（Trust Code），也没有统一的信托公司法或信托业法等关于专营商业信托的受托人的成文法律。总的说来，英国信托立法对其他国家产生了重要影响，我国在民事信托和公益信托领域需要借鉴英国的信托法律制度，进一步完善自己的信托法律体系。

第三节　美国信托业监管及其立法

一、美国信托业的特点

信托是财产法的一大创新，主要存在于普通法国家以及自罗马时代以来有着类似制度的国家和地区。③ 美国信托业的发展历史可以追溯至其独立战争时期。独立战争胜利后，美国经济快速发展，社会财富急剧增加，金融机构业务范围迅速扩张，产生了代理买卖产业证券、转换股票以及遗嘱执行、财产继承等诸多新型业务，客观上促成了信托业务的拓展。1822年，美国政府特许设立"农民火灾保险及借款公司"，允许其从事不动产抵押的贷款业务与执行遗嘱或契约的动产和不动产信托业务。该公司被视为美国信托业的鼻祖，其成立之后，取得了良好的经营效益，后来专营信托业务，并在1836年改名为"农民放款信托公司"。信托业在美国自此初步确立。可以说，美国信托业肇端于保险业。④

---

① §8 of Public Trustee Act of 1906（§8（1A）：The Public Trustee shall be paid such salary or fees as the Lord Chansellor determines with the consent of the Treasury；§8（5）：The salary of remuneration of the public trustee and his officers and such other expenses of executing his office or otherwise carrying this Act into effect as may be sanctioned by the Treasury shall be paid out of moneys provided by Parliament.）.

② 林继恒等：《台湾信托业务发展策略之建议》（台湾信托业商业同业公会委托课题研究报告），2013年11月14日，第11页。

③ Scott, Austin. "Importance of the Trust". U. Colo. L. Rev. Retrieved 6 April 2014. The greatest and most distinctive achievement performed by Englishmen in the field of jurisprudence is the development from century to century of the trust idea.

④ 徐孟洲主编：《信托法学》，中国金融出版社2004年版，第33页。

美国是当今世界上信托业最为发达的国家。其信托业虽然脱胎于英国，但却并没有囿于英国既有观念，它最早完成了个人受托向法人受托的过渡，以及民事信托向金融信托的转移。在美国，证券投资信托作为一种有效金融工具，已经成为当今美国金融体系不断发展和完善的重要标志。美国最早的证券投资信托公司是1921年设立的美国国际投资信托公司，1924年后随着美国经济的持续繁荣，越来越多的证券投资信托公司在美国各地开始设立，许多投资银行、信托银行、商业银行、证券公司也纷纷加入证券投资信托行列，致使竞争十分激烈。但由于当时的信托法律不完备，导致投机现象相当严重，因此在1929年经济危机中遭受严重打击，投资者几乎丧失对证券投资信托的信心。这次打击促使美国各级政府制定了一系列法律规定，以保护投资者的经济利益，如1941年的《投资公司法》，该法在限制投资公司的各种投机活动方面，作了如下规定：（1）成立证券投资信托公司，须向证券和交易委员会申请，得到核准后方可筹资；（2）证券投资信托公司的资产最低为10万美元以上；（3）证券投资信托公司必须向投资者公开关于运用信托财产的投资政策和投资内容等文件资料；（4）严格控制证券投资信托公司员工的素质。证券投资信托投资方便灵活，收益机会均等，并且能够分散投资风险，具有投资费用少、专家运作、变现安全便捷以及性能齐全等特点，而这正是个人投资者所期望的。"二战"后，美国的通货膨胀率很高，而历史上股票价格上涨率较消费物价上涨率要快要大，所以主要投资于股票的证券投资信托自然成为大多数人的共同选择，人们对财产保值增值的强烈愿望是证券投资信托颇受青睐的原因之一。在美国，投资信托公司的股票由许多证券公司通过遍及全美各地的商业网点零售给投资者，证券公司的电脑、卫星通信网络技术以及其他附属设施，使所有的股票市场连成一体，这使得美国的证券投资信托在短短的几十年里得到了惊人的发展。据统计，1992年初美国的各类开放型投资管理公司拥有的净资产1.4万亿美元，超过四分之一的美国家庭参与了投资。[1]

20世纪90年代以来，以投资基金和退休基金为代表的各种商业信托制度的迅猛发展，改变了人们对信托应用领域的狭隘认识，信托以其灵活的制度设计在大规模的财产管理方面提供了其他制度无法替代的功能。在

---

[1] 徐孟洲主编：《信托法》，法律出版社2006年版，第255页。

美国,尽管信托在某些情况下可以被用作避税,但税法允许信托被作为公司、合伙而征税,或者视情况而定不征税。①

就投资基金来说,其所采用的形式是信托或者公司,它以金融资产为专门经营对象,以资产的保值增值为根本目的,通过专门的投资管理机构,把具有相同投资目标的众多投资者资金集中起来,根据证券组合投资原理将基金分散投资于各种金融工具,如股票、债券、期货、期权、权证、房地产以及贵金属等,使投资者按照出资比例分享收益并承担风险。在美国,投资基金专指共同基金和单位投资信托,不包括养老基金、保险基金以及其他基金,换言之,共同基金和单位投资信托是美国投资基金最常见的两种基本形态。就前者而言,它是由专业的证券投资信托公司以发行公司股份或者发行受益凭证的方式,募集多数人的基金交由专家去投资运用;就后者来说,则是以信托形式设立的,单位持有人委托独立、公正、专业的信托公司为其代表,与基金经理签订契约,并行使监督职能以确保单位持有人的投资受到保障,该基金资产为信托财产。在美国,单位投资信托主要有两种形式,即权益信托和债券信托,截止到2001年底,单位投资信托的资产达到480亿美元,其中有超过半数的资产以权益信托的形式持有。美国投资公司协会(Investment Company Institute)按投资目标将共同基金分为21类,其中主要有:积极增长型基金、平衡基金、公司债券基金、弹性组合基金、政府国民抵押协会担保基金、全球债券基金、全球股权基金、增长和收益基金、增长基金、高收益债券基金、收益—债券基金、收益—股权基金、混合收益基金、国际基金、稀有金属/金矿基金、州市政府债券基金(长期美国政府收益基金)等。据该协会统计,美国共同基金规模从1990年的1兆美元,成长到1995年的2.8兆美元,至2000年底已经逼近7兆美元,超过了美国民间退休基金、人寿保险业以及储蓄机构的资产规模,成为标示美国财富的新指针。②

美国的养老金多采用信托制度下的基金信托组织形式,养老基金属于基金法人,具有自己独立的法律地位。目前美国的退休养老金主要包括:个人退休账户、缴费确定型计划、州及地方政府雇员退休计划、私人待遇

---

① Hansmann Henry, Mattei Ugo, *The Functions of Trust Law: A Comparative Legal and Economic Analysis* (PDF), New York University Law Review, May 1998, Retrieved 1 November 2012.

② 徐孟洲主编:《信托法》,法律出版社2006年版,第255—256页。

确定型计划、联邦待遇确定型计划和养老金年金等。美国的退休金市场在近些年里获得了长足发展,其资产总额占 GDP 的比例不断提高。目前信托在美国的退休金管理中得到了广泛的运用,退休和养老基金成为美国广大企业雇员把短期收入进行长期投资的主要渠道,在美国,由投资专家信托理财的观念已经深入人心。[1]

美国的信托业务在信托财产的会计处理上分为受托业务和代理业务两大类,其区别在于前者中信托公司对信托财产拥有法律的所有权,而后者中信托公司只是代理人,对相关财产不具有这种所有权。如果从信托的委托人来进行区分,则美国的信托既有个人信托,也有法人信托,同时还有个人和法人混合信托。个人信托的服务对象为个人,内容包括为个人提供管理财产、执行遗嘱、管理遗产以及代理账户等。美国的信托公司一般将个人信托业务分为三个部分,并分别设计了不同的产品和服务。具体说来,针对累计金融资产在 25 万—200 万美元的顾客,信托公司提供共同基金的投资咨询服务;针对可投资资产在 200 万—5000 万美元的客户,信托公司则提供分别管理账目以及专业化投资管理服务;针对可投资资产超过 5000 万美元,并且其财务管理要求特别复杂的客户,则信托公司除了投资管理服务外,还提供专业化的信托服务、财务计划、托管以及慈善行为等咨询服务。法人信托的服务对象则主要是企业和非营利性机构,如教堂、工会、公益团体、学校等,其业务内容包括发行公司债券信托和商务管理信托(或称为表决权信托),代理股票过户登记,代理支付股息,代理公司的设立、改组与合并等。而个人和法人混合信托则主要有职工持股信托、年金信托、公益信托等,这几种信托业务在美国开展都很普遍,尤其是其中的公益信托。另外,美国还开发了许许多多新型的信托投资工具,如 MMMF(货币市场互助基金)、CMA(现金管理账户)、MTF(共同信托基金)、CP(商业汇票)、TB(国库券)等短期资金市场等。伴随着新技术革命的到来,美国的信托业为适应市场的变化和满足投资者对资金运用的选择要求,其业务项目还在不断扩展。[2]

美国当代信托业的发展表现出以下特点。[3]

---

[1] 徐孟洲主编:《信托法》,法律出版社 2006 年版,第 256—257 页。

[2] 参见吴世亮、黄冬萍《中国信托业与信托市场》,首都经济贸易大学出版社 2013 年版,第 40 页。

[3] 徐孟洲主编:《信托法》,法律出版社 2006 年版,第 258 页。

1. 银行兼营信托业务的现象非常普遍。在美国，商业银行在经营银行业务的同时，也允许开办信托业务。美国虽实行银行和信托兼营体制，但为防止利益冲突，对信托业务与银行业务要求分别管理，在银行内部严格按照部门职责进行分工，实行分别管理、分别核算，对两部门之间的交易和情报以及人员流动等实施严格限制，对信托业从业人员制定了严格的守则和注意事项。

2. 个人信托与法人信托相互交替，共同发展。美国的个人信托业务与法人信托业务发展都很迅速，但随该国经济形势的波动而相互不断交替变化。遇到经济发展不景气时，个人信托会迅速超过法人信托办理的业务量；反之，如果经济回升，则法人信托又会超过个人信托的业务量。因此，从个人信托与法人信托业务的起伏变化，可以大致了解美国经济形势的发展变化情况。

3. 证券投资信托业务十分发达。这一特点与美国成为世界上证券业最为发达的国家是分不开的，几乎各种信托机构都办理证券投资信托业务，既为证券发行人服务，也为证券购买人或持有人服务。在美国，其发达的资本市场和成熟完善的法律机制，为证券投资信托提供了现实的市场基础和可靠的制度保障。

4. 信托财产的集中化程度明显偏高。从"二战"开始，时至今日美国信托业基本上已为本国商业银行尤其是大银行所设立的信托部所垄断，专业信托公司绝对数量相对偏少，信托财产集中流向那些资金实力雄厚、社会信誉良好的金融机构手中，其集中化程度明显偏高。

二、美国信托业监管体制

在金融监管的初创时期，最早的金融监管制度产生于美国。美国联邦储备银行的建立标志着世界近代金融监管工作的开端。[①] 美国的金融业经历了从混业到分业再到混业的发展轮回。1933年《格拉斯—斯蒂格尔法》在美国的银行业和证券业之间设立了一道防火墙，从而使美国的金融业形成了分业经营格局，相应地也采取了分业监管的金融监管体制。[②] 20世纪90年代以来，尤其是1999年11月4日《金融服务现代化法》颁行后，

[①] 参见丁邦开、周仲飞主编《金融监管学原理》，北京大学出版社2004年版，第31页。
[②] 丁邦开：《论金融业和证券业关系的法律化》，载《上海财经大学学报》2000年第4期。

其从法律上取消了对金融混业经营的限制，从而加快了商业银行向"全能银行"转变的步伐，银行兼营信托业务的格局日益巩固。在美国的金融体制中，其金融机构主要由联邦储备系统、商业银行、商业银行以外为私人服务的金融机构、商业银行以外为企业服务的金融机构、政府专业信贷机构以及其他金融机构组成。其中，联邦储备系统是根据1913年的《联邦储备法》（Federal Reserve Act）建立的，该系统包括联邦储备委员会、联邦储备银行以及会员银行；美国的商业银行则可划分为国民银行和州立银行；商业银行以外为私人服务的金融机构主要是指储蓄信贷机构，包括储蓄贷款协会、互助储蓄银行、信用联合社以及人寿保险公司等；商业银行以外为企业服务的金融机构主要有销售金融公司、商业金融公司、投资银行、商业票据所，还有证券经纪人、证券交易所以及信托机构等；其他金融机构则主要指养老基金和共同基金。混业经营模式的再次建立，使得"功能监管"代替了过去的"机构监管"，开始按照金融活动的性质由不同的监管机构进行交叉式的金融监管。

美国的信托业监管体制属于双层多头型的分业监管体制，其优点在于监管的专业化程度高，具有一定的监管竞争优势。[①] 在美国，其信托业分别受到来自联邦监管机构和州监管机构的两级监督管理，联邦立法和州立法共同构成信托业务开展的法律基础。其联邦监管机构包括货币监理局、联邦储备体系和存款保险公司，由该三家机构对信托业实施多重监管，而州监管机构则是各州政府中的金融监管部门。在美国，由于国民银行、州立银行与信托公司之间有着明显区别，因此各级监管机构在审批信托权方面所遵循的程序有所不同。尽管如此，所有的信托机构都应接受监管机构定期和临时检查，该检查围绕其业务经营和管理是否合法而展开，既可以检查其对信托账户的管理是否完善和有效，也可以对其信托业务运行的管理能力及特征进行评价；既可以检查信托部门的管理和投资政策，以确定其对银行所产生的影响或将要产生的影响，也可以对信托机构的业务和管理提供建设性意见，以利于信托机构各项政策的改善。检查结束后，检查人员必须向其所属的监管机构提交详细的调查报告。[②] 1999年11月4日，美国《金融服务现代化法案》颁布，废止了已经实行66年之久的《格拉

[①] 参见朱大旗《金融法》，中国人民大学出版社2007年版，第129—130页。
[②] 徐孟洲主编：《信托法》，法律出版社2006年版，第258页。

斯—斯蒂格尔法》,结束了美国商业银行、证券、保险和信托分业经营的历史,开始了全面的混业经营。该法案提出了"功能监管"的理论,监管模式转变为由美联储理事会（FRB）继续作为综合管制的上级机构,对金融控股公司实行监管;由金融监理局（OCC）等银行监管机构、证券交易委员会（SEC）和州保险厅分别对银行、证券、保险和信托业分业监管,从而实现了综合监管与分业监管相互交叉的模式,功能监管实质上是一种交叉监管,是按照金融机构各项金融经营活动的性质实施监管。①

三、美国信托业立法及其评析

美国近百年来金融业的发展史也是美国金融法律制度的发展史,健全的法律制度为美国的金融业和金融监管的发展提供了保障。② 美国信托法在形式上与英国信托法并无二致。在美国,信托立法在建国后的一百多年间,亦曾以衡平法中的信托规范为核心内容,并以法院判例为表现形式。20世纪初,有关信托的成文法开始出现,从而形成判例法与成文法并存的格局。美国是典型的联邦制国家,各州享有独立的立法权和司法权。有关信托的成文立法,基本上是由各州分别进行,并在各州分别实施。与英国不同,美国国土面积大,并有54个州,其中的纽约州、密歇根州、明尼苏达州、维斯康辛州、加利佛尼亚州、蒙大拿州、南达科他州、北达科他州、佐治亚州、印第安纳州、宾夕法尼亚州等,均制定有信托法典,原有的法院判例所体现的信托法律规范,包括各项基本原则与主要制度,均以条文形式纳入各法典中。这些信托法典的存在,标志着在上述这些州中,其信托法已发展成为以制定法为主、判例法为辅的新的体系。然而,在路易斯安那州、马里兰州、俄克拉荷马州、得克萨斯州、华盛顿州等,仍仿效英国的做法,仅制定了少量具有特别法性质的规定某一方面信托事宜的单行成文法,所以在这些州,判例法仍是信托法的主要表现形式。需要强调的是,尽管美国多数州都有自己的信托法,而且这些州的信托法中所确立的基本原则和制度的内容基本一致,但在具体规定和完善的程度上,仍然表现出一定的差异。为此,美国统一各州法律委员会付出了种种

---

① 参见吴世亮、黄冬萍《中国信托业与信托市场》,首都经济贸易大学出版社2013年版,第42页。

② 参见丁邦开、周仲飞主编《金融监管学原理》,北京大学出版社2004年版,第32页。

努力，旨在统一美国信托法。①

美国国会在各州纷纷制定本州法律的同时，先后颁行了四部关于信托的单行法规。这四部法规均属于联邦法律，在美国全国实施。它们分别是：（1）1906年的《信托公司准备法》（Trust Company Reserve Law）；（2）1933年的《统一信托收据法》（Uniform Receipt of Trust Act）；（3）1939年的《信托契约法》（Trust Indenture Act）；（4）1940年的《投资公司法》（Investment Company Law）②。这四部法律中，1933年的《统一信托收据法》在1952年被宣布废除，其他三部法律至今仍然有效。③

自20世纪60年代以来，为了实现对存在于全国各地的所有信托关系施以统一的法律调整，美国统一各州法律委员会先后拟订九个关于信托以及与信托有直接联系的成文法草案。这些法律草案有：（1）《统一信托法》（Uniform Trust Act）；（2）《统一普通信托基金法》（Uniform Common Trust Fund Act）；（3）《统一受托人会计法》（Uniform Trustee Accounting Act）；（4）《统一遗嘱附加信托法》（Uniform Testamentary Additions to Trust Act）；（5）《统一受托人职权法》（Uniform Trustees' Powers Act）；（6）《统一信托事务法》（Uniform Fiduciaries Act）；（7）《统一本金与收益法》（Uniform Principal And Accounting Act）；（8）《标准正常人投资法》（Model Prudent-Man Investment Act）；（9）《统一遗嘱认证法》（Uniform Probate Act）。这些法律草案起草完后，美国统一各州法律委员会试图将这些法律草案送交国会通过，以使其成为联邦法律，取代各州的相应立法，从而实现美国信托法在成文法基础上的统一。虽然该委员会为此做了大量的工作，但由于种种原因，这些法律草案至今仍未获得国会通过。尽管如此，这些法律草案对各州的信托立法和司法实践的影响却是不容忽视的。④ 美国从法律传统角度看属于判例法国家，就该国没有制定信托法典的各州而言，其信托法中的绝大多数制度与规则都表现为判例法；就该国制定有信托法典的各州而言，其信托法中有相当一部分制度与规则也以判例法为存在形式。大量判例法的存在，以及由判例法与制定法共同构成其中若干制度这一状况的存在，致使对信托法的理解和掌握显得十分困难。

---

① 徐孟洲主编：《信托法学》，中国金融出版社2004年版，第34页。
② 美国《投资公司法》实为美国信托投资公司法，该法专门规定信托投资公司的组织和活动。
③ 徐孟洲主编：《信托法学》，中国金融出版社2004年版，第34—35页。
④ 同上书，第35页。

美国的信托法是州法，纽约等州已相继出台了全面调整信托关系的信托法典或单行的成文信托法，信托法的法典化趋势明显。与各州信托立法的发展相适应，在美国统一州法运动中，信托法也是重要内容。"二战"后至今，美国信托业进入了快速发展的时期。2000年美国公布将《统一信托法》纳入模范法典之一。2003年《统一信托法》修订后公布了第3版，向各州介绍法律的应用，由各州的立法机关制定之后可以成为具有法律效力的法律。

值得一提的是，美国法律学会为了方便法官和律师掌握信托法，方便社会了解信托法，于1935年出版了《美国信托法重述》（Restatement of the American Law of Trust），并于1957年系统修订后再版，该书2003年发行了第三版。该书是一部信托法方面的专著，由美国法律学会组织有关法学专家通过运用法典编纂方法编写而成的，对美国信托法的各项基本原则和具体制度进行了详尽阐释，并且收入了若干由各州制定的成文信托法和法院判例，并附有有关这些法律和判例的注释、评论和说明。虽然这部著作本身不是法律，但自其出版发行以来，一直是美国各州法院法官的必读书目之一，它对信托法阐述的权威性以及对司法实践的指导作用，得到了各州法院的普遍认可。[①] 美国的金融监管体制和我国比较接近，从信托观念的普及和信托文化的培育角度来讲，美国在信托业监管和信托立法方面的一些做法，很值得我国学习和借鉴。

第四节 日本信托业监管及其立法

一、日本信托业的特点

在东方文明基础上首先实现现代化的日本，是大陆法系国家引进信托制度较早、也较为成功的国家之一。日本信托业起端于19世纪末，当时的日本国经过明治维新，商业资本的发展突飞猛进，资本市场已初具规模。1900年，日本在其颁行的《日本商业银行条例》中首次使用"信托"一词，允许银行从事关于地方债券、公司债券及股票信托业务，这标志着信

[①] 徐孟洲主编：《信托法学》，中国金融出版社2004年版，第35页。

托制度开始正式导入日本。随着日本经济的高速发展,信托在其金融领域中的地位逐步提升,信托的金融功能和财产管理功能得到了充分发挥。

日本信托业呈现以下特点:

一是与美国不同,日本只存在商业信托和公益信托,民事信托所占比例极小。[①] 1902年,日本兴业银行开始承办信托业务,之后许多银行追随其后,信托的历史在日本由此开始。在日本,除了"二战"期间以及战后短期内实行金融信托业务与银行业务的兼营外,其余时间日本均坚持严格的金融分业经营体制。为了防止利益冲突,促进经济增长,维护金融秩序,日本在20世纪50年代即提出了以信托为主体的长期金融和以商业银行为主体的短期金融相分离的方针。根据日本金融机构专业分工的特点,除了信托银行和长期信用银行外,其他普通银行禁止从事长期金融业务,这种划分使信托专业机构——信托银行独立于其他金融机构,避免了与其他银行在业务上的混淆。日本的信托业向个人提供安全有利的食利致富手段,向企业和公共部门提供长期而稳定的资金,从而为经济发展和社会福利作出了很大贡献。从20世纪70年代后半期开始,日本进入了"信托时代",信托的金融功能和财产管理功能均得以充分发挥,日本的信托业随着日本经济的快速发展获得蓬勃发展,信托业在金融领域中的地位逐步上升。[②] 20世纪90年代,随着国内外经济形势的发展变化,日本信托银行的国际竞争力受到严重挑战,日本信托业开始走上合并重组之路,例如1999年该国排名第三的三井信托与排名第六的中央信托合并,2000年4月三菱信托、日本信托与东京三菱银行决定实行联合经营等。近些年来,日本政府开始放宽对商业银行信托业务的管制,细究起来,促使信托业务与银行业务界限发生变化的原因主要有两个:一个是低速增长时期,商业银行侵入信托业务的冲击;另一个是金融国际化带来的外部压力。

二是信托业务多由信托银行兼营。信托业务是信托银行的本业,在日本也称为固有业务,占信托银行业务总量的80%以上。信托业务大体可以划分为金钱信托和非金钱信托两种类型,如果承受的信托财产为金钱,则属于金钱信托;反之,如果承受的信托财产为其他形式的财产,则属于

---

① 徐孟洲主编:《信托法学》,中国金融出版社2004年版,第37页。

② 参见吴世亮、黄冬萍《中国信托业与信托市场》,首都经济贸易大学出版社2013年版,第45页。

非金钱信托。可以说，日本的信托业是以金钱信托为中心发展起来的，比起英、美等国家，日本更重视信托的金融职能。日本根据本国的特点，开发了适合本国特色的信托业务，使日本的信托业务形成了范围广、种类多、方式灵活、经营活跃的特点。概括起来，日本的信托银行主要从事以下信托业务：(1) 贷款信托；(2) 金钱信托；(3) 年金信托；(4) 财产形成信托、财产形成拨付金信托和财产形成基金信托；(5) 证券投资信托；(6) 有价证券信托；(7) 金钱债权信托；(8) 动产信托；(9) 不动产信托；(10) 附担保公司债信托；(11) 特定赠予信托；(12) 公益信托；(13) 遗嘱信托。①

三是其信托业务以金钱信托为主。② 金钱信托以金钱的保值增值为目的，信托期满时，仍将原信托财产交付受益人。在信托期间，受托人可将信托财产运用于放款、购买有价证券或不动产等。与金钱信托不同，有价证券信托以管理、运用和处分有价证券为目的，在该种业务中，委托人把有价证券的全部权利移转给信托银行，信托银行根据委托人意愿对有价证券进行管理、运用和处分。在金钱债权信托中，委托人把金钱债权转移给信托银行，委托信托机构保全债权、实现权利或作为收回债权的代理人，如存款或票据的收回、不动产的出售、人寿保险费的收取等。兼营业务则包括保护性寄存、债务担保、不动产买卖和租赁的媒介、不动产鉴定评价、证券代办业务、投资管理和顾问咨询、代理债券、股票募集和发放股票及红利、执行遗嘱、会计检查等。③ 在日本，信托银行业务与其他国家金融机构相比有所特别，因为其可从事的业务包括信托业务及与信托相关（并以此为限）的银行业务，并可大致区分为金钱信托及金钱以外的信托。常见的信托业务为特定金钱信托及指定用途信托，两者的差别处在于，前者为委托人与投资顾问公司订约，由该公司给予受托人投资指示进行投资，后者为受托人直接进行投资。因受托人形式上为信托财产所有权人，其对信托财产进行管理处分而签约时，该等契约之他造行使权利时是

---

① 徐孟洲主编：《信托法》，法律出版社2006年版，第259—260页。

② 在日本，金钱信托向来为信托银行之主要业务，因其近似银行存款，故其规范及监督等方面，与物的信托有所不同。而物的信托，包括土地、不动产、动产等，向来应用案例不多，但近来相关业务有所增长。必须注意的是，判断是否为金钱信托，是以信托设定之时财产的种类为准的。

③ 徐孟洲主编：《信托法学》，中国金融出版社2004年版，第37页。

针对受托人，故受托人通常会于契约内签订减缓追偿的限责条款，并于与委托人的契约内约定，因签约所生成本费用应补偿予受托人。而契约之他造虽得对信托财产追偿，但为确保其权利，通常会于契约内加入，受托人不能有减损信托财产价值的行为（如加入反面承诺条款），以及加入受托人违反信托契约或信托法制时不得适用限责条款的条款内容。① 此外，日本政府也因应实务而提供英、美信托所没有的信托培育政策与规范。由上可知，日本信托法制有其发展的独特脉络，与英、美信托有所不同。② 日本信托银行的兼营业务则有不动产买卖和租赁的媒介、不动产鉴定评价、证券代办业务、投资管理和咨询业务、执行遗嘱等。信托对日本经济的发展发挥着长期金融的重要功能，推动着日本产业结构的合理化，为其参与国际竞争提供了有效服务。

四是日本针对继受信托制度的社会现实，非常重视信托思想的普及。为发展信托制度，增进公共利益，日本早在1919年即创立了信托业协会，致力于信托观念的普及和业务推广，研究和改进信托事业的理论和实际，促进信托同业者相互间的交流与合作。信托协会创办了《信托》杂志来普及信托观念，举办讲习会并利用其他各种新闻媒介的宣传来普及信托观念。此外，日本还创立信托研究奖励金制度，以使信托制度普遍化。③ 在普及信托的过程中，日本的不动产证券化信托等新型信托逐步发展起来。其不动产证券化可追溯自1931年依抵押证券法所建立的抵押证券制度，即融资公司将所取得的抵押权，在必要时到登记所登记，再将所取得的抵押证券售予投资人，此制度为日本不动产证券化之滥觞。④

二、日本信托业监管体制

日本是当今世界信托市场发展中最具代表性的国家。⑤ 日本现行金融

---

① Shinji Toyohara, Jeremy Pitts and Gavin Raftery, Trusts and Trust Banking (2004), http://www.iflr.com/Article/2026736/Trusts-and-trust-banking.html, visited on July 20, 2014.

② 日本三菱日联信托银行编著：《日本信托法制与实务》，台湾金融研训院2009年版，第7页。

③ 徐孟洲主编：《信托法》，法律出版社2006年版，第260页。

④ 李仪坤：《日本不动产证券化》，台湾经济金融月刊，1999年10月，第1页。

⑤ 参见吴世亮、黄冬萍《中国信托业与信托市场》，首都经济贸易大学出版社2013年版，第47页。

监管体制类同于英国。20世纪80年代，日本摒弃了金融分业经营体制，解除了不同金融机构的业务经营限制，允许统一金融机构同时经营银行业务和证券业务等。① 日本的信托业监管体制完全顺应了其金融监管体制的改革和发展，并呈现出高度的一体性特征。

从历史看，"二战"以后，为迅速恢复经济，在日本政府的强势主导和扶植下，日本金融体制的发展轨迹明显不同于欧美西方国家。战后很长时期，在日本的金融体制中居于支配地位的是以大藏省为中心的金融行政，即国家为了达到公共目的，以法律为准绳对金融机关和金融机构所采取的统治作用。战后形成的金融体系被称为"1955年体制"②，其特点是分业经营、专业管理，大藏省是金融调控的中心。③ 20世纪70年代以后，西方国家的金融自由化改革逐渐展开，1980年前后改革的进程明显加速。为了顺应国际形势，日本金融界的指导理念也发生了转换，由过去对银行的"护送船队"式保护政策④开始向规制缓和、金融效率化转化。日本于1978年开始实施金融自由化，重点目标是利率市场化和放松金融管制。但是自由化的不平衡导致了利率体系的扭曲，在经济实体对房地产、股票等虚拟资产的投机资金需求方面起到了促进作用；自由化引发的金融机构的经营目标的改变，使对贷款的审批、稽核力度下降，又从资金供给方面支持了经济实体的投机行为。最终导致了异常的金融行为，对泡沫经济的形成起到了推波助澜的作用。

20世纪80年代末90年代初，日本泡沫经济破灭，改革日本金融体制的呼声越来越高。1992年日本通过了《金融制度改革法》，该法案的主要内容就是确定了银行、证券、信托三种业态的金融机构可以通过设立子

---

① 参见丁邦开、周仲飞主编《金融监管学原理》，北京大学出版社2004年版，第34页。

② 谢平等称之为日本式的限制性金融体系。见谢平、蔡浩仪等《金融经营模式及监管体制研究》，中国金融出版社2003年版，第128页。

③ 殷立春、陈治国：《日本金融自由化与金融监管体制改革》，载《现代日本经济》2004年第3期。

④ 战后日本政府为了维护金融秩序的稳定和向重要产业提供资金支持，对银行利率与金融产品交易手续费、金融机构业务领域、金融机构设计与开发创新型金融商品、资本的国际间自由流动等都实施了多重规制政策。由于这种政策人为地限制了金融机构间的竞争，从而使得效率较低的金融机构也不至于被经营效率较高的金融机构通过竞争所淘汰。这就恰如在航海中尽管护卫舰的行驶速度很快但它却必须照顾行驶得很慢的一般运输船舶，而不使其掉队。因而，这种金融行政模式一般被称为"护送船队"式金融行政。

公司的形式实现业务的兼营化。另外，生命保险公司与财产保险公司也可以通过设立子公司的形式涉入对方的经营领域。20世纪90年代末，日本通过修改《独占禁止法》（反垄断法）和制定《金融控股公司法》，使得以某一金融业态的金融机构为母体，通过50%以上控股的形式把银行、证券公司、保险公司等金融机构子公司化的金融组织形态——金融控股公司合法化，从而实现了从分业经营到混业经营的历史转变。

20世纪90年代中期以来，大藏省主导的金融行政面临战后少有之批判，日本社会各界要求改革金融监管体制，实行金融与财政分离的呼声进一步高涨。在这种社会背景之下，日本的金融监管体制主要进行了以下两项重大改革：第一，设立独立的金融监管机构。日本政府于1998年6月从大藏省中把银行局与证券局的金融监管部门、金融检查部、证券交易等监督委员会分离出来，组建了作为总理府外局的金融监管机构——金融监督厅。日本政府为进一步强化对不良债权及金融不安事件的处理能力，同年11月又成立了金融再生委员会。此后金融监督厅便成了在金融再生委员会领导下的金融监管机构，具体实施对银行业与证券业的监督和检查。2001年1月，金融再生委员会被撤销，金融监督厅更名为金融厅，成为专门负责金融监管事务的机构。第二，加强中央银行执行货币政策的独立性。1998年以前，日本大藏省不仅负责金融政策、法规的制定，批准金融机构的准入并对其监管，也掌控着名义上由日本银行（中央银行）专有的货币政策决策权。为加强日本银行的独立性，1997年6月，日本国会通过了新的《日本银行法》，较之于1942年的《日本银行法》，新《日本银行法》主要从日本银行的运营宗旨、货币政策委员会的人事制度、货币政策的决策原则、日本银行的预算制度等方面加强了其独立性。新《日本银行法》的实施标志着日本中央银行制度进入到了一个新阶段，不仅使金融监管与货币政策相分离，也使困扰日本多年的金融与财政难以割舍的弊病从立法上得以解决。近年来，日本金融监管体制改革对信托业的发展产生了直接影响。

改革前，日本信托业的监管机构是大藏省，由主管大臣即大藏大臣根据《信托业法》对信托业实施监督和管理，享有许可权、批准权、监督权、处罚权等一系列监管职权。一方面，通过行使审批营业执照、责令关闭以及批准和取消信托机构的转业与合并等权力，对信托市场的准入和退出进行监管；另一方面，对于正在运行中的信托机构，则不但可以检查其是否严格遵守各项法例,检查其服务类型和业务发展是否符合公司、个人等社会公众的利益和要求,而且一旦发现该信托机构的行为违反了规定,对整个经济产生了消极影响,则及时予以处罚和纠正。改革后,日本信托业的监管机构变为金融厅,成为专门负责金融监管事务的机构。因此,日本的信托业监管体制也属于高度集中统一型,可以节约技术和人力投入,有着明显的成本优势,而且可以避免重复监管和监管真空,对金融创新的适应性强。[1]

日本的《信托业法》规定,信托公司必须是资本金在100万日元以上的股份有限公司,不取得主管大臣颁发的许可不得经营,其申请该项许可必须向主管大臣呈送随附章程和记载业务种类及经营方法的书面材料,否则便不得经营信托业务。信托公司必须在其商号中使用信托文字;非信托公司不得在其商号中使用信托者的文字,但经营有担保公司债券的信托业务者,不在此限。按照规定,信托公司必须每半年编制业务报告书呈报主管大臣,每半年须在报纸上登载公告其资产负债表。信托公司在交足资本金总额之前,应从每一决算期的盈利现金分配中,提取五分之一作为盈利准备金进行积累。信托公司实行合并,非经主管大臣批准不能生效。信托公司修改章程,或者变更业务种类和业务方法,或者设立代理店时,须报经主管大臣批准。主管大臣无论何时均可指令信托公司提出业务报告,或对其业务财产状况进行检查监督。主管大臣对信托公司的业务、财产状况认为有必要时,可以命令其变更业务种类或业务方法,停办业务以及发布其他必要的命令。信托公司违反法律、章程或者主管大臣的命令以及进行侵害公益的行为时,主管大臣可以命令其停办业务或改任董事、监事以及吊销营业许可。从处罚来看,未取得主管大臣的许可而经营信托业务者,处3年以下徒刑或30万元以下的罚款,或者实行二者并罚。普通银行要经营信托业务,也必须取得大藏大臣的批准。同时,普通银行经营的信托业务在发生变更时,如有关业务的种类和方法等的变更,也必须经过主管大臣的认可。主管大臣认为有必要时,还可以对经营信托业务的普通银行的有关业务的种类和方法进行限制,或直接命令其变更。

商业信托和一般信托不同,其目的是作为一种盈利业务的工具,为特定的商业目的而设立,而不是简单地为受益人保护或保存财产。以日本为

---

[1] 参见朱大旗《金融法》,中国人民大学出版社2007年版,第128—130页。

例，日本信托的真正意义在于纯粹的商业用途，从20世纪20年代的金钱信托到"二战"后的证券投资信托、贷款信托、财产累积信托、特定赠予信托、年金信托、土地信托、资产证券化信托、智慧财产信托以及公益信托等，信托运用的方式不断得到拓展和创新。

三、日本信托业立法及其评析

在日本，信托是个人投资的有效渠道，对日本经济的发展发挥着长期金融的功能，推动了日本产业结构的合理化以及金融秩序的稳定，为日本剩余资金参与国际竞争提供了有效服务。与英国信托业的发展历程不同，日本信托业一开始就依法行事，有着健全的信托法制和完备的信托法规。在1922年对信托业进行整顿时，日本就颁布了《信托法》和《信托业法》。在20世纪，日本《信托法》分别在1947年和1979年被日本国会修订过两次，共73条，其《信托业法》亦被修订多次，其后一次修订时间是1974年，共23条。从内容来看，日本《信托法》中第1条至第65条是关于信托的一般规定，包括：信托的定义、信托的设立及被法律排斥的信托目的、信托关系人的种类、信托财产的范围、管理、添附以及与受托人固有财产的关系、受托人的资格以及权利义务和责任、受托人的辞任和解任、其他信托关系人的权利义务与责任、法院对信托的监督、新受托人的选任以及与此有关的财产转移和债权债务继承、信托的终止以及终止时对信托财产的归属等事宜，该部分内容适用于任何类型的信托；第66条至第73条是关于公益信托的专门规定，内容涉及公益信托的范围以及政府主管机关对该种信托的权力等。日本的《信托业法》主要规定了信托业的营业许可、资本额、商号名称、业务范围、信托财产及其运用、权利义务的继承、监督与处罚措施等，是一部有关商业受托人即信托银行和信托公司的组织与活动的专门法律。

日本引入信托制度后对商业信托相当重视，并专门制定了三部调整商业信托关系的法律，这三部法律分别是：[1]

1. 1905年颁行的《带抵押公司债信托法》。该法颁行后几经修订，1981年趋于定型，共9章120条，规定了总则、信托证书、公司债募集、债券、公司债账簿、公司债债权人会议、信托契约的效力、信托事务的继

---

[1] 徐孟洲主编：《信托法学》，中国金融出版社2004年版，第38页。

承与终止以及罚则。

2. 1951年颁行的《证券投资信托法》。该法亦几经修订，共7章38条，分为总则、委托公司的许可、委托公司的业务监督、证券投资信托契约、证券投资信托协会、杂则以及罚则。

3. 1952年颁布、1971年修订的《贷款信托法》，共15条，规定了贷款信托的定义、贷款信托契约及其订立程序、信托贷款的运用与受托人的权利义务等。

除了上述信托法律和法规之外，日本还颁布了一些配套法规和政策，如1922年的《关于有价证券标明为信托财产及属于信托财产的金钱的管理政令》、1943年的《关于普通银行兼营信托业务的法律》、1952年的《关于贷款信托法规定的积存特别保留金的限度及积存方法的政令》、1982年的《普通银行兼营信托业务等有关法律施行细则》、1982年的《兼营信托的银行向同一人提供信用的政令》等。日本的一些规定其他事务的单行法中也存在着信托法律规范，有的规范在信托法体系中甚至占据重要地位，如1948年的《国有财产法》，虽为会计法，但作为日本最重要的信托制度之一的国有土地信托制度，则依该法确立。[1]

进入21世纪后，日本相继修改了自己的《信托业法》《信托法》。日本信托法制主要建构于信托法及其信托业法。日本自1997年起由桥本内阁采取金融大改革（Big Bang）政策，考虑民众对信托相关投资的需求增加，即拟大幅检讨自制定时起数十年来皆无重大改变的信托法制。除《信托业法》于2004年12月3日完成修改外，日本于2004年设置法制审议会信托法部会开始研议《信托法》的修正，次年公告《信托法》修正纲要草案并公开征求意见，确立信托投资商品得多样化等方针，国会终在2006年12月8日通过新《信托法》，修改程度相当于重新制定一部法律。之后，信托税制也作了相应的修正。《信托业法》的修正重点在于，着眼于社会经济变迁所导致的信托种类需求增加，放宽可受托财产及承办信托业业者的范围；《信托法》的修正重点在于弹性化，着眼于提升信托制度运用的便利性，同时增加了信托的运用方式。[2] 关于信托的利用形

---

[1] 徐孟洲主编：《信托法学》，中国金融出版社2004年版，第38—39页。

[2] 参见李智仁《日本信托法之修法重点——传统与现代思维之激荡》，载《月旦财经法杂志》2008年第12期。同时参见日本信托协会编《新信托法概要（2007）》，以及日本三菱日联信托银行编《日本信托法制与实务》，台湾金融研训院发行2009年版，第29—30页。

态，日本新《信托法》有许多重要突破，其中最重要的莫过于信托合并与分割制度的创设，以及诸多新型信托的设计。信托合并规定在该法第六章第二节中，共有4个条文，信托分割区分为吸收信托分割和新设信托分割两种类型，规定在该法第六章第三节中，各有4个条文。信托的合并与分割制度，适应了信托形态重组的需要，只需经过原各信托的委托人、受托人和受益人之间合意即可。该制度的创设，同时给予了债权人必要的保障程序。新型信托的创设主要有受益证券发行信托、限定责任信托、宣言信托以及目的信托。① 此外，日本新《信托法》还规定了遗言代用信托、遗赠型受益人连续信托和以担保权作为信托财产的信托等。② 总的来看，两部法律的主要修改之处在于，承认宣言信托；放宽承做信托业务的金融机构，允许信托代理商及运用型信托公司（应经许可）及管理型信托公司的设立；合理化受托人之忠实义务；放宽受托人不予代理的情形；改善受益人权利行使的效率（明确有多数受益人的信托，可以多数决方式进行决定）；创设信托监督人及受益人代理人制度；明确受托人定期提供信息予受益人并明定受托人保存书证文件的方式；受益人可以更有效地对违反义务之受托人提起暂时性禁制令的措施；明确信托并购及结算制度；允许数种新型态的信托。③

在日本，信托制度的引进实际上源自商业需要，与家族信托（family trust）并无多大关系，即非以民事信托，而以营业信托为主。这种沿革持续影响日本的信托制度至今，所以日本信托法制有着两大特色：一是合法受托人均必须且仅限于获得特许之信托银行等商业实体，特许执照的发放审核从严，且当时信托财产种类局限于金钱、证券、不动产及相关权利；二是日本民众认为，信托系结合大众资金而合并运用，所得资金属长期金融，因此常被用来替代银行存款或证券投资，而且客户通常着眼于利率来选择信托。而金融机构破产时，信托制度对客户提供的保障虽较高，但因日本政府采取诸多措施给予客户相当高的保障，所以实务上这一点并非客户选择信托的主要理由。基于这样的特色，委托人移转给信托银行的信托财产

---

① 详细内容参见［日］寺本昌広《逐条解説新しい信託法》，商事法务，2007年版；赵廉慧《日本信托法修改及其信托观念的发展》，载《北方法学》2009年第4期。
② ［日］小野傑、深山雅也编：《新しい信託法解説》，三省堂2007年版，第7页。
③ ［日］新井诚: Outlining Japan's new trust law（2007），http://www.stepjournal.org/pdf/2007i8p28.pdf，2014年7月20日访问。同时参见日本信托协会编《新信托法概要（2007）》。

通常是金钱,而由信托银行管理并进行投资或贷放等活动。在1999年,84.4%信托银行所办理的信托是金钱信托,不动产信托仅有0.6%,且98.7%的信托财产均可归类为金钱或证券。[①] 依照新法,只要是可估计出金钱价值且可自委托人的财产中分离出来的积极财产,均可以作为信托财产,所以债务不得作为信托财产。[②] 和日本一样,我国在《信托法》颁行后也未改变信托作为商业用途的主要局面。近年来随着国内外经济金融情势的快速变化,信托运用需求日增,现行规定明显不敷适用。总体上看,信托市场的发展有利于促进整体金融业的优化,不但可以有效改善金融体系和金融资产结构,而且可以促进货币市场和资本市场协调发展,促进社会信用体系的构筑。[③] 笔者认为,制定我国《信托业法》,除应学习日本经验,放开对兼营信托业务的许可外,还应当考虑实践中出现的新型商业信托,在信托财产范围的扩大以及信托的利用形态方面,合理借鉴日本经验,增订相关内容,厘清法律适用上的疑义,防止信托制度遭到不当滥用。如信托的合并与分割制度,它使信托执行具备了一定弹性,前者有利于追求信托规模效益和投资效率,后者则有利于降低投资风险,灵活地进行组合投资。

第五节 我国台湾地区信托业监管及其立法

一、我国台湾地区信托业的特点

20世纪20年代初期,我国台湾地区出现信托,当时台湾为日本的殖民地。信托业务开始是由日本人所办的台湾银行承办。1945年日本战败投降后,台湾银行连同其信托部一起被国民党政府接管并保留,此后该信托机构继续营业。当时,台湾将日据时的信托株社整顿改组为信托股份有限公司后,与华南银行合并,成为其信托部。台湾银行等机构也于光复初

---

① [日]冲野真已:Overview of Trust Law in Japan,日本东北大学法学部:http://www.law.tohoku.ac.jp/kokusaiB2C/link/dogauchi.html,2014年7月20日访问。

② 日本三菱日联信托银行编:《日本信托法制与实务》,台湾金融研训院2009年版,第43—44页。

③ 参见吴世亮、黄冬萍《中国信托业与信托市场》,首都经济贸易大学出版社2013年版,第57—58页。

期设立信托部，办理代理、保管仓库等业务。1950年以后先后被撤销，1961年10月，台湾银行又获准恢复设立信托部。官办的"中央信托局"则于1949年迁台营业。1959年5月，台湾当局为开办中长期抵押生产放款及投资生产事业，成立了中华开发信托公司。这些信托机构并未真正开办信托业务，直到1968年才由"中央信托局"牵头开办。[①] 20 世纪60年代和70年代，台湾经济发展迅速，国民收入水平大幅度提高，社会经济结构逐渐由农业向工业转移，企业需要较多的长期信用机构提供资金，为吸收岛内外长期资金，引导民间资金流入投资事业，台湾当局开始批准设立信托投资公司。但是，台湾当时的信托机构数量很少，实力较弱，信托业一度发展缓慢。[②] 为更多地吸引侨资，谋求台湾省内资本市场的加速形成，台湾当局开始制定一些法规，以推进信托业的设立和发展。1968年3月颁布"华侨投资设立信托投资公司审核原则"，准许华侨设立信托投资公司。1969年5月和1970年1月又分别颁布"民间投资设立信托投资公司审核原则"和"加强推动储蓄方案"，具体规定鼓励民间设立信托投资公司的措施。1970年11月，先后颁布实施"信托投资公司管理办法"和"信托投资公司设立申请审核原则"，正式开放信托投资公司的设立，允许设立民营信托投资公司。当时，台湾"财政部"核准设立了中国、台湾第一、华侨、国泰、中联、亚洲、荣华和侨联等8家信托投资公司，除荣华、华联两家因故未能开业外，其余6家均于1971年上半年先后正式营业。省营的台湾土地开发公司亦于1972年7月增资改组为台湾土地开发信托投资公司，设立信托部，办理信托投资业务。1973年4月，"财政部"参考国际金融公司专家意见，将"信托投资公司设立申请审核原则"和"信托投资公司管理办法"合并为"信托投资公司管理规则"，并于1978年、1983年作大幅修改，以适应经济形势的发展和信托业的需要。[③] 在此过程中，信托机构数量迅速增加，至1984年，信托投资公司增至20余家。1981年第一家证券投资信托公司在台湾出现后，到1992年该类公司已有4家。这些公司组织健全，资金充足，连同原来即已存在

[①] 黄宝奎、董坚勇：《台湾信托投资公司的发展及前景》，载《台湾研究辑刊》1989年第4期。

[②] 徐孟洲主编：《信托法学》，中国金融出版社2004年版，第45页。

[③] 黄宝奎、董坚勇：《台湾信托投资公司的发展及前景》，载《台湾研究辑刊》1989年第4期。

的台湾银行信托部,共同构成台湾地区信托业的经营体系。① 早期,信托投资公司积极从事股票及不动产投资,加上高利揽金,曾被冠以"金融怪兽"之名。之后,从1991年底起台湾开始鼓励信托投资公司改制商业银行或与银行并购。

台湾早期的信托业务之所以迟迟未得办理,最大原因是在传统思想和制度下,人们的信托观念淡薄,个人一向视其财产多少为机密,更不会委托信托机构代为管理经营,这便形成不了这一资金财产运用方式;而企业一般仍以家族经营方式为主,在大家庭制度下未形成养老退休等信托观念。另一个原因是,没有健全的法律保障,一直没有信托业法,银行法中的有关信托公司部分,内容较简略,不能有效保障信托业务的开展。② 1993年7月2日台湾当局公布施行"公务员财产申报法",对"公职人员"有关财产明文规定了"强制信托"条款,此举极大地促成了台湾地区信托法与信托业法的诞生并促使社会对信托制度的关注。③ 因应老龄化及少子化的社会趋势,台湾正积极而持续地推动高龄者安养信托、少儿信托及身心障碍者财产信托业务以及在信托制度之上所发展的相关业务。经历播种、萌芽到日益成长,如今信托在我国台湾地区已成为资产移转及分配规划不可或缺的金融工具之一,也已融入社会大众的日常生活当中。

台湾信托业在其发展过程中呈现出以下特点。

1. 允许银行和证券商等机构兼营信托业务。台湾早期办理信托业务的机构主要是信托投资公司和银行信托部,后期信托投资公司被银行收购或自己申请改制为银行,2000年台湾"信托业法"出台后,兼营信托业务的主体进一步扩大,一些证券商开始加入信托机构行列,领取牌照并兼营信托业务。现在,兼营信托业务已经成为台湾信托业的常态,这些年来并未有专营信托的信托机构设立,反而是银行独占鳌头,执信托业务之牛耳。换言之,我国台湾地区目前并无信托投资公司,只是信托投资公司的管理规则仍继续有效。④ 究其原因,这与台湾的金融法制改革不无关系。1987年台湾地区"银行法"修改后,信托投资公司在新法规范下,不能

---

① 徐孟洲主编:《信托法学》,中国金融出版社2004年版,第46页。
② 黄宝奎、董坚勇:《台湾信托投资公司的发展及前景》,载《台湾研究辑刊》1989年第4期。
③ 李旸:《台湾信托市场的发展与现状》,载《金融时报》2005年7月11日第A04版。
④ 林继恒等:《台湾信托业务发展策略之建议》(台湾信托业商业同业公会委托课题研究报告),2013年11月14日,第109页。

再从事吸收活期存款、放贷以及外汇业务，生存空间被缩窄。同时，银行被允许开展信托业务。1990年，台湾开始允许新银行设立，并放开信托投资公司变更登记为商业银行的资格，此时，信托投资公司由于营业项目收窄，独立生存日渐困难，部分信托公司被银行并购成为其下属业务部门，只有两家信托公司成功转型为银行，即台湾中国信托投资公司转型为台湾中国信托商业银行（1992年），台湾第一信托投资公司转型为台湾国泰世华业银行（1998年）。截至2014年底，经营信托业务的信托机构共有57家，其中兼营信托业务的银行有46家，兼营信托业务的证券商有11家。[①]

2. 信托业务种类繁多。台湾的信托业可以经营的各项财产权信托业务包括：金钱信托；金钱债权及其担保物权信托；有价证券信托；动产信托；不动产信托；租赁权信托；地上权信托；专利权信托；著作权信托以及其他财产权信托。[②] 其中，若委托人对金钱信托的营运范围与方法未做出指示时，则金钱信托的营运范围须以下列业务为限：现金及银行存款；投资公债、公司债、金融债券；投资短期票券以及其他经主管机关核准的业务。[③] 此外，信托业可以经营的附属业务项目包括：代理有价证券发行、转让、登记及股息利息红利的发放事项；提供有价证券发行、募集的顾问服务；担任股票及债券发行签证人；担任遗嘱执行人及遗产管理人；担任破产管理人及公司重整监督人；担任信托法规定的信托监察人；办理保管业务；办理出租保管箱业务；办理与信托业务有关下列事项的代理事务（其中包括：财产的取得、管理、处分及租赁；财产的清理及清算；债权的收取和债务的履行）；与信托业务有关不动产买卖及租赁的居间；提供投资、财务管理及不动产开发顾问服务；经主管机关核准办理的其他有关业务。[④] 在这些业务中，以保管业务为业务量之最大宗，其次是有价证券的发行签证。[⑤] 需要说明的是，虽然台湾"信托业法"第16条明确规定了九大类业务，但目前为止仍有两大类业务没有信托机构承做，包括

---

① 参见台湾信托业商业同业公会编《台湾信托业2014年报》，第14页。
② 参见我国台湾地区"信托业法"第16条。
③ 参见我国台湾地区"信托业法"第32条。
④ 参见我国台湾地区"信托业法"第17条。
⑤ 林继恒等：《台湾信托业务发展策略之建议》（台湾信托业商业同业公会委托课题研究报告），2013年11月14日，第107页。

专利权信托和著作权信托。

3. 金钱信托占比突出。在台湾，金钱信托仍为目前信托业务发展的重心所在，金钱信托业务约为新台币5兆9612亿余元，占受托资产总余额比率高达85.92%。① 在金钱信托业务中，特定金钱信托业务源自20世纪80年代，台湾"中央银行"为疏导岛内游资，开放了受托人依委托人指示进行海外有价证券投资信托业务。2004年其"证券投资信托及顾问法"把受托人定位为销售机构后，透过特定金钱信托投资境内外基金成为台湾人海外投资主要管道，也成为兼营信托业务的银行与证券商的主要信托业务。以2014年为例，在其金钱信托业务中，不含保管之金钱信托业务以特定金钱信托投资海外有价证券为大宗，受托资产余额约为新台币3兆188亿元，占金钱信托受托资产总余额的75%，投资标的以境外基金及境外结构型商品为主；其次为特定金钱信托投资岛内有价证券业务，受托资产余额约为新台币6501亿元，占金钱信托受托资产总余额16%，以投资岛内证券投资信托基金为主；其他金钱信托业务占比3%，员工福利信托占比3%，不动产投资信托占比2%，其他预收款信托占比1%。② 各项金钱信托业务所占的比例与2013年保持相同水平。③

4. 重视资产证券化业务拓展。近几年来，台湾信托业务发展的较快而且颇为成功的是资产证券化。肇始于20世纪70年代初的资产证券化，由于相关产品在特性与设计上具有特殊的优点，满足了市场各方的需求，在美国兴起后，在世界各主要金融市场都取得了迅猛发展，被称为是20世纪30年代以来金融市场上最重要、最有生命力的创新之一。④ 资产证券化的关键制度设计，是发起人（原始权益人）将其拥有的资产合法有效地转移到特定目的载体（SPV），形成"资产池"，使已转移的资产与发起人的其他资产进行合法有效的隔离，从而达到"破产隔离"的目的，将资产的信用等级与发起人自身的信用等级分割开来。⑤ 台湾的资产证券

---

① 参见台湾信托业商业同业公会编《台湾信托业2014年报》，第15页。
② 同上。
③ 参见台湾信托业商业同业公会编《台湾信托业2013年报》，第16页。
④ ［美］斯蒂文·L. 西瓦兹：《结构金融——资产证券化原理指南》，李传全等译，清华大学出版社2003年版，第5页。
⑤ 陈赤：《中国信托创新研究——基于信托功能视角的分析》，西南财经大学出版社2008年版，第278—279页。

化分为金融资产证券化和不动产证券化两种,前者适用其"金融资产证券化条例",后者适用其"不动产证券化条例"。台湾资产证券化业务虽然起步晚,但发展迅速,目前台湾资产证券化种类多元,证券化标的包括信用卡、车贷、房贷、企业贷款、商用不动产等,是亚洲地区最多样化的,其市场规模在2004年曾达到亚洲第四的位置。[1]

二、我国台湾地区信托业监管体制

台湾实行信托制度是为了配合商业及金融环境的需要,时至今日,信托制度及其信托产品已经深入台湾社会的各个方面,成为台湾社会公众财产管理和投资理财不可或缺的重要工具。台湾的信托业一开始就在业务经营上具有浓厚的银行化色彩。据1984年统计,台湾信托投资公司吸收的信托资金中个人存款占信托资金总额的62.2%;普通信托资金(由信托投资代为指定用途)占98.1%,而特定信托资金只占1.1%。此后,信托资金的运用逐渐由以放款为主转向以证券投资为主。虽然台湾的信托业发展较快,对台湾的经济发展起到了一些作用,但因起步晚,其在台湾金融业中的地位并不明显。在台湾,政党或其他政治团体不得投资或经营信托业。[2]

2013年底,台湾信托业商业同业公会统计的信托机构计有53家,其中银行兼营者有46家,证券商兼营者有7家。[3] 到了2014年底,其信托机构增加到57家,其中银行兼营者保持不变,仍为46家,证券商兼营者增加到11家。信托机构取得主管机关许可的主要信托业务项目,以金钱信托、有价证券信托、金钱债权及其担保物权信托、不动产信托等项目为最多。至于附属信托业务部分,则主要是办理保管业务、担任有价证券发行签证人、提供有价证券发行及募集顾问服务,以及代理有价证券发行、转让、登记及股息利息红利之发放事项。[4] 在台湾,任何欲经营信托业务的信托机构必须向台湾"财政部"申请营业执照,待其核准并且在加入信托业商业同业公会后,才得以经营并开办业务。

台湾现在的信托业监管体制为集中统一监管体制,监管机构为"金

---

[1] 李旸:《台湾信托市场的发展与现状》,载《金融时报》2005年7月11日第A04版。
[2] 参见我国台湾地区"信托业法"第9条第3款。
[3] 参见台湾信托业商业同业公会编《台湾信托业2013年报》,第14页。
[4] 参见台湾信托业商业同业公会编《台湾信托业2014年报》,第14页。

融监督管理委员会"(简称"金管会")。在"金管会"成立前,台湾金融业的管理、监督、检查、处分权力分别属于"财政部"、"中央银行"、"中央存款保险公司"等政府机构。在台湾,成立整合金融监督与检查等权力的机构的声音与呼吁一直不曾间断。2001 年 6 月 27 日台湾"立法院"三读通过"金融控股公司法"后,正式宣告台湾的金融市场将朝整合经营的方向发展;鉴于金融集团跨行合并或与异业结盟者日渐增多,为避免保险、证券、金融等多元监理制度所可能产生诸多的管理问题,"行政院"拟订"行政院金融监督管理委员会组织法"草案并送至立法院审议。该草案于 2003 年 7 月 10 日三读通过,2004 年 7 月 1 日正式成立"行政院金融监督管理委员会",以实践金融监督一元化目标。2011 年 1 月 1 日,配合"中央存款保险公司"股权移转,"中央存款保险公司"移交"行政院金融监督管理委员会"管理。2011 年 6 月 29 日,修正"金融监督管理委员会组织法"。2012 年 7 月 1 日,依组织法更名为"金融监督管理委员会";委员改为 6—12 人(无给职),其中"财政部"部长、"经济及能源部"部长和"法务部"部长为委员。

在台湾,信托业商业同业公会的成立对促进信托业务发挥功能,健全信托业经营,保障委托人与受益人权益,督促会员自律,共谋业务上的改进、联系与协调,办理业者之间的查核、辅导也起着重要的作用。[1] 该公会的全称为信托业商业同业公会[2],成立于 2001 年,其宗旨是推广信托观念,促进信托业务发展,健全信托业经营,保障委托人及受益人权益,协调同业关系,增进同业共同利益。在台湾,信托业不加入商业同业公会不得营业。[3] 除了根据台湾"商业团体法"规定外,该行业组织依据其主

---

[1] 李旸:《台湾信托市场的发展与现状》,载《金融时报》2005 年 7 月 11 日第 A04 版。

[2] 该公会的前身为银行公会一般业务委员会信托业务小组,原负责信托业务的研究发展及协调同业间信托事务的处理,后因主管机关颁布"信托业商业同业公会业务管理规则"而于 2000 年 10 月 25 日由银行公会召开信托业商业同业公会发起人预备会议,征询各会员银行担任发起人意愿,推派中央信托局为发起人代表,并成立公会预备筹设工作小组,负责申请筹设许可,展开各项筹设的前置作业。该公会筹设案于 2001 年 1 月 31 日经台湾"内政部"函告准予设立,同年 2 月 12 日召开发起人会议暨第一次筹备会,会中推派筹备员,组成筹备会,并推选王荣周先生为召集人,全力积极进行筹设后续事宜。同年 2 月 21 日召开第二次筹备会,审核通过本该会会员及会员代表资格及依法研议通过公会章程、工作计划、收支预算草案等事宜。最后于同年 3 月 7 日举行成立大会正式成立该公会。

[3] 参见我国台湾地区"信托业法"第 45 条。

管机关的"信托业商业同业公会业务管理规则"主要办理下列事项：（1）关于会员客户权益保障及业务纷争调处等事项；（2）关于会员间共同业务规章及会计处理原则的订定及解释等事项；①（3）关于办理会员机构的查核及辅导等事项；（4）关于会员间法令遵行与业务健全经营的协助、指导及咨询等事项；（5）关于会员业务倡导及研究发展等事项；（6）关于会员、会员代表及专业人员的管理、测验、登记与资格审定等事项；（7）关于会员商业道德的维护事项；（8）关于会员违反法令、公会章程、规范或决议的处置事项；（9）关于政府经济政策与本法的协助推行与研究、建议事项；（10）关于督促会员自律，共谋业务上的改进及联系、协调事项；（11）关于依相关法令应行办理的事项。② 台湾信托业商业同业公会的业务管理规则，由主管机关规定。③ 按照规定，信托业商业同业公会的理事、监事有违反法令怠于实施该会章程、规则、滥用职权或违背诚实信用原则之行为者，主管机关有权予以纠正或命令信托业商业同业公会予以解任。④

三、我国台湾地区信托业立法及其评析

20世纪，由于对信托投资公司监管不严，信托业在业务上存在违法经营、变相吸收活期存款、信托机构自有资金与信托资金串用、抬高存款利率等问题，于是在对"信托投资公司设立申请审核原则"和"信托投资公司管理办法"进行修订的基础上，1973年台湾颁布实施"信托投资公司管理规则"，该规则比以前的法规更为详尽具体，1975年在其"银行法"中增列"信托投资公司"一章，对台湾信托业的规范化发展发挥了

---

① 如"信托业建立非专业投资人商品适合度规章应遵循事项"（2011年11月14日台湾"行政院金管会"核定）、"信托业从事广告、业务招揽及营业促销活动应遵循事项"（2011年12月20日台湾"行政院金管会"核定）、"信托业运用信托财产从事衍生性金融商品及结构型商品交易应遵循事项"（2012年8月29日台湾"金管会"核定）、"信托业应负之义务及相关行为规范"（2014年10月6日台湾"金管会"核定）、"信托业商业同业公会会员受理信托受益权转让及质权设定之作业程序规范"（2014年10月28日台湾"金管会"洽悉）、"信托业薪酬制度之订定及考核原则"（2015年5月13日台湾"金管会"核定）等。

② 参见公会简介，台湾信托业商业同业公会网站：http://www.trust.org.tw/content/index.asp?pno=27&mu=2，2015年2月25日访问。

③ 参见我国台湾地区"信托业法"第46条。

④ 参见我国台湾地区"信托业法"第47条。

一定作用。1983年，针对证券投资信托公司的规范化管理问题，台湾颁行了"证券投资信托事业管理规则"和"证券投资信托基金管理办法"。但这些法令并非规范信托基本关系的"信托法"，因此在其"信托法"颁行前，其有关信托的法律概念，倚重于司法判例和判决，"信托行为""信托关系"以及"信托契约"等法律概念均以法官造法的形式创设。1995年12月29日，台湾地区以日本、韩国《信托法》为蓝本，在参酌英美信托法原则的基础上，制定了自己的"信托法"。该法于1996年1月26日实施，共9章86条，分为总则、信托财产、受益人、受托人、信托监察人、信托之监督、信托关系之消灭、公益信托以及附则等。2000年7月19日，台湾又制定并公布了"信托业法"。该法共7章63条，除总则（第1—9条）和附则（第59—63条）外，主要就信托业的设立及变更（第10—15条）、业务（第16—32）、监督（第33—44条）、公会（第45—47条）、罚则（第48—58条）等设立了诸多规定，2000年12月20日，又对其第60条进行了修正。该法对促进台湾地区信托业的发展、有效监控信托业的经营起到了积极作用。依据其"信托业法"的规定，台湾于2002年7月9日公布实施了"信托业法施行细则"，[①] 并陆续制定了一系列相关法规，如：2000年8月20日公布实施的"信托业设立标准"；[②] 2000年9月28日公布实施的"信托业商业同业公会业务管理规则"；[③] 2000年12月4日公布实施的"信托业内部控制及稽核制度实施办法"，2000年9月30日公布实施的"信托业负责人应具备资格条件暨经营与管理人员应具备信托专门学识或经营准则"；2000年12月29日公布实施的"信托公司增设迁移或裁撤国内分公司管理办法"；2001年1月20日公布实施的"银行分支机构兼营信托业务管理办法"；2000年12月30日公布实施的"公益信托许可及监督办法"；以及2000年11月13日发布施行的"信托业办理政党政治团体财产信托公告办法"等。[④] 另外，为适应其"信托法"和"信托业法"的颁行，建立合理的信托税制，

[①] 2008年10月15日修正，其中修改了第2、10、14、17条条文，删除了第4、13条条文。

[②] 2012年12月28日修正，主要修改了第9条，即银行申请兼营信托业务应当具备的资格条件。

[③] 2001年3月22日修正，修改了第11条。

[④] 如"信托业营运范围受益权转让限制风险揭露及营销订约管理办法"（2015年6月29日修正）。

2001年5月29日，台湾三读通过了其"所得税法"、"遗产及赠与税法"、"土地税法"、"契税条例"、"房屋税条例"、"平均地权条例"及"加值型及非加值型营业税法"等的修正案，从而使财产信托法和与之配套的税制体系日趋完备。台湾于2001年7月1日起信托相关税法修正案正式施行，税法作为发展信托的配套制度之一，它的修正与完善为台湾信托业的发展扫清了税收法律方面的诸多障碍。[1]

台湾现行"信托法"的最新一次修正时间是2009年12月30日，这次修正主要对其中的第21条、第45条、第53条和第86条作了修改，并自2009年11月23日施行。修改后，第21条规定，"未成年人、受监护或辅助宣告之人及破产人，不得为受托人。"第45条规定，"受托人之任务，因受托人死亡、受破产、监护或辅助宣告而终了。其为法人者，经解散、破产宣告或撤销设立登记时，亦同。第三十六条第三项之规定，于前项情形，准用之。新受托人于接任处理信托事务前，原受托人之继承人或其法定代理人、遗产管理人、破产管理人、监护人、辅助人或清算人应保管信托财产，并为信托事务之移交采取必要之措施。法人合并时，其合并后存续或另立之法人，亦同。"第53条规定，"未成年人、受监护或辅助宣告之人及破产人，不得为信托监察人。"第86条规定了所修改条文的生效时间是2009年11月23日。

我国台湾地区2000年制定其"信托业法"时，虽明定设立专营信托业务的信托业（该法第2条），但到2008年修订时并未有专营信托业的设立，为顺应金融自由化的潮流，台湾扩大了兼营信托业务的主体，除银行外，信托业经营资格扩大至证券投资信托事业、证券投资顾问事业、证券商和保险业。[2] 在台湾2015年2月4日新修正的"金融消费者保护法"中明确规定，金融服务业包括银行业、证券业、期货业、保险业、电子票证业及其他经主管机关公告之金融服务业[3]，其主管机关为"金融监督管理委员会"。2015年2月4日，台湾同时修正了其"信托业法"，修改内容是该法第4条。该条明确规定，信托业的主管机关为"金融监督管理委员会"，从而与上述"金融消费者保护法"的修正保持了一致。同时修

---

[1] 徐孟洲主编：《信托法学》，中国金融出版社2004年版，第47页。
[2] 参见王志诚《台湾信托业法问题与修正重点》，载《月旦财经法杂志》2008年第12期。
[3] 但不包括证券交易所、证券柜台买卖中心、证券集中保管事业、期货交易所及其他经主管机关公告之事业。

正的还有"不动产证券化条例",修改内容与上相同,将其中的主管机关变更为台湾"金融监督管理委员会"。目前,台湾"金融监督管理委员会"是监督和管理金融事务与规划金融政策的最高权责机构,直属于台湾"行政院",目标包含维持金融稳定、落实金融改革、协助产业发展、加强消费者与投资人保护与金融教育。2012年改制后,"金管会"把发展具有两岸特色的金融业务,列为发展金融产业的主轴策略。在具体做法上,除了持续强化两岸金融监管合作平台,将协助金融业者增设分支机构,并整合其海内外据点,有效发挥两岸据点营运效能,重点研究放宽具台商背景的优质企业在台上市(柜),以及岛内企业赴香港或通过OBU(国际金融业分行)发行人民币债券,扩大台商筹资管道。

总的来看,我国台湾地区信托业发展与其信托法律的及时跟进和更新有着密切关系。除了制定了"信托法"、"信托业法"等信托基本法律外,台湾还在国际金融业务、境外结构型商品管理规则、基金业务、共同信托基金业务、全权委托投资业务、证券化业务等方面制定了一系列规则,并作出了深入细致的规定,这些规定涉及了信托业务经营和监管的方方面面。台湾信托业属于典型的混业经营模式,尽管其专营信托业务的信托公司已经消失,但其在兼营信托业务的法律管制和监督方面却积累了一定的立法经验和实践经验。笔者认为,我国台湾地区针对银行等金融机构兼营信托业务所作规定以及其较为成熟的分层修法技术,对我国《信托业法》的制定具有积极的借鉴价值,相关制度也具有一定的参考意义。另外,我国大陆和台湾地区的信托业合作正在深化当中,及时出台《信托业法》,加强信托业监督管理,进一步细化信托业监管措施,对保障两岸信托业的健康稳定发展意义重大。

第三章

商业信托产品的法律结构分析

本章立足于信托法律实践，从商业信托产品的法律结构入手，分析论证商业信托的发展及其主要类型，揭示商业信托的共同性特征，同时结合实例对商业信托产品的权利、义务结构和责任分担进行定性分析，指出实践中对商业信托在性质认定方面的误区所在，目的在于让执法机构和司法机构全面深刻地领会信托的本质，正确及时地处理信托案件，维护信托市场的正常秩序。本章共分为四节，分别是商业信托的发展及其主要类型、商业信托产品的权利结构、商业信托产品的义务结构以及商业信托的性质认定及其误区等。

第一节 商业信托的发展及其主要类型

一、商业信托的发展

在信托的发源地英国，信托传统上主要用于个人或家庭的遗产规划和财产管理，民事信托是信托的常态。信托制度移植到美国、日本等国家以后，商业信托成为一种新的信托形式，并在证券投资基金、资产证券化、不动产投资等领域中占据重要地位。商业信托与商事信托、营业信托虽然所使用的具体概念不同，但其所表述的含义却是相同的。在当代美国，90％以上信托为商业信托。而在大陆法系国家，商业信托也一直是信托的主流形态。商业信托与民事信托有着重大差异，商业信托中受托人为营业机构，其以营利为目的而持有和管理信托财产，商业信托并非普通民事信托的赠予或财产转让手段，而是一种集合多数投资者之资本以营利为目的的机制，格式化的信托合同是信托关系产生的基础。

从世界范围看，商业信托发展出现以下趋势：

(一) 统一化

商业信托制度的统一化正在成为一种趋势。美国商业信托之所以发达，即在于百年前已确立商业信托一般制度，麻省 1909 年《商业信托法》为其先驱。此种立法模式，确立了商业信托得到法律事先承认与保障的一般架构，实务界可以依具体情境与需求，创设千变万化的新型信托。2004 年新加坡《商业信托法》亦采用统一模式，施行不过数年，其法制竞争力已日益显现，以致对香港等地形成了压力。商业信托法律规范日趋庞杂，普通信托法无力涵盖，商业信托单独立法有其自身优势。我国信托法亦有必要改变分头立法、条块分割的现制，整合特别法中的有益经验，加以增补完善，制定统一商业信托制度。

(二) 体系化

现行商业信托制度过于零散，特别法大多杂糅民事规范与行政管理规定，欠缺从商业信托设立、变更、终止至受托人、受益人等当事人内部关系各方面的全面规定。信托法改革的另一方向，是构建涵盖商业信托内外关系的完整私法规范，形成具有内在原则与法理基础的规范系统，有助于在自洽、完整的主旨下适用商业信托法，避免适用普通信托法个别规定所导致的不确定性。

(三) 弹性化

灵活性是信托的根本优势之一。当代商业信托法的发展趋势，是日益灵活化、弹性化。商业信托法已成为最具灵活性的商业组织法，无论公司法或合伙企业法、个人独资企业法等非公司企业法，均不能与之比肩。一国的商业组织法是一个有机的系统，各种商业组织各有长短，应形成互相补充、良性竞争的格局。公司法以拥有诸多强行规定与任意规定为特色，并积累大量学说与判例，可为当事人节省缔约成本与纠纷解决成本；合伙企业法以独特的所有权结构和激励约束机制见长；商业信托则凭借极度的灵活性成为许多新型交易的优选。我国公司法、合伙企业法经过近年改革，灵活性大为强化，但距离实务界需求仍有相当距离。在此形势下，商业信托制度的弹性化，更具有填补企业法缺漏、增强企业组织制度竞争力、增加当事人组织形式选择机会的重大意义。信托法的改革，应弱化现行商业信托制度的刚性，大幅增加任意性规定与授权性规定，原则上，除涉及第三人利益与公共利益的事项外，诸如商业信托的设立、变更、当事人间权利义务等事项，均应采用任意性规定或授权性规定。

有学者提出，英国、美国、法国区分商事信托与传统的无偿信托，其意义主要在于对商事信托适用不同于传统信托法的规则。在我国，这种区分并无实质意义，因为我国并无衡平法制度，所能移植的只有商事信托制度。对此，可以从信托目的、受托人、受益权、信托财产等方面塑造出符合现实需要的信托制度，而无须拘泥于英国、美国、法国中传统的无偿信托的规则与观念。① 这种观点有失偏颇，因为民事信托是商业信托得以发展的基础，离开了民事信托所广泛建立的信任机制，商业信托的发展难免步履维艰。但尽管如此，其强调了商业信托在我国现代市场经济发展中的重要性，这一点还是应该肯定的，加强对商业信托的监管也是必要的。

二、商业信托的主要类型

信托是当今世界上一个非常好的理财工具。从世界范围来看，一个国家的信托制度能够成功，一是基于信托自由，二是建立在信用基础上，或者说信托是一个建立在高度自由和高度信用基础上的产物。说它是一个高度自由的产物，是因为它完全遵循契约安排、合同安排。商业信托在英美法中应当是指 commercial trust，而不是 business trust。前者是一个上位概念，是一个有多种具体信托形式构成的类名，而后者则是其下位的一种组织体，是属名。美国的 business trust 的典型代表是 20 世纪 40 年代的马萨诸塞信托，而 commercial trust 的内涵则宽得多，包含年金信托、共同基金、地产投资信托、油气特许开采权信托、资产证券化等。② 但也有学者提出不同看法，认为商业信托是商事信托的一种具体形式，商业信托具有有偿性、组织性及财产独立性等法律特征。③ 这里，我们赞同前一种观点。商事信托产生于商事组织建立的需要。通过发挥财产转移、财产管理、资金融通、资本聚积和社会福利等方面的功能，现代商事信托制度已经从传统的保护个人财产向形成个人财产变迁，成为与公司制度并驾齐驱

---

① 陈敦：《民事信托与商事信托区分之质疑》，载《北京工业大学学报》（社会科学版）2011 年第 5 期。

② Richard Edwards, Nigel Stockwell, *Trusts and Equity (5th edition)*, London: Pearson Education Limited, 2002, pp. 153 – 641.

③ 于朝印：《论商业信托法律主体地位的确定》，载《现代法学》2011 年第 5 期。

的商业组织形式。① 商事信托作为组织法，其具有商事组织的典型共性，而且在制度设计和受托人信义义务的标准上，商事信托也与商事公司制度近年来出现了明显的趋同。②

马萨诸塞信托是英美法系中以营利性信托为实质内容的某种商事组织。它最早产生于英国的北美殖民地之一的马萨诸塞州，由此得名。在马萨诸塞信托中，财产授予人将其财产交给受托人并取得类似于股权证的证书，成为信托受益人，而受托人须为证书持有人的利益经营管理该信托财产。马萨诸塞信托又可分为不同种类，其中以下两种比较典型：（1）"马萨诸塞商事信托"，它是以不动产投资信托作为实质内容的某种非法人组织，与购买公司证券的合股购买方式大体相同。（2）"商事公司不动产信托"（trust estates as business companies），它组成以不动产信托经营为内容的法人组织，财产授予人交付财产后取得可流通的股份证书，受托人为群体性公司经营者，由股份公司持有者选任，受益人及受托人的具体权利由信托文件载明。此类信托适用普通法上的有关规则，故有的又称"普通法信托"。③

商业信托的主要类型有：（1）养老金信托。即企业为了方便向其退休职工发放养老金（退休金）而设立的信托。美国典型的养老基金是资金积累的共同体，这些资金用来支付某一公司雇员的养老金，且由该雇员所在公司进行管理和投资。养老基金是养老保险和金融体系相结合的产物，作为一项专项基金，它具有长期性、稳定性和规模性等特征。养老保险制度是社会保障体系的重要部分，它直接关系到整个社会的稳定。这就对养老基金的独立与完整有着特殊的要求。而信托财产的独立性恰恰保障了养老基金应有的独立性和完整性，从而可以促进养老基金的稳定。（2）信托型共同基金。共同基金的两大基本功能在于提供专业经营和分散投资风险，即以借专业的投资判断为其获取利润并进而规避风险。共同基金这种投资工具，近年来已广为流行，它既可以公司形式组建投资公司，也可以投资信托的形式存在。其中信托型共同基金的典型做法表现为：多数小额投资者将资金汇集成大量资金，然后交由专业投资机构投资

---

① 谢永江：《论商事信托的法律主体地位》，载《江西社会科学》2007年第4期。
② 何正荣：《现代商事信托的组织法基础》，载《政法论坛》2006年第2期。
③ 施天涛、周勤：《商事信托：制度特性、功能实现与立法调整》，载《清华法学》2008年第2期。

于不同的标的,然后由投资专家依照基金的投资目的选择和管理资产,共同基金提供专业意见和规模经济效益。20世纪70年代以后,以共同基金形式进行投资已经成为一种发展趋势,在美国金融市场中的地位越来越重要,到1997年5月,美国的共同基金总金额已经高达4万亿美元,半数以上都是以信托形式存在。(3)不动产投资信托。不动产投资信托也是共同基金类型的一种,它是指投资于不动产或不动产抵押以及二者兼有的共同基金。1960年,美国国会批准了REITs成为一种投资工具,到1997年5月,美国REITs的资产总额已经超过了980亿美元。而根据美国房地产投资信托协会(NAREITs)的统计,2003年美国REITs市场价值已超过了2200亿美元。(4)特定目的信托。资产证券化在现代金融市场中的地位相当重要,它是指创始机构(即委托人)通过签订信托合同,分割其因信托设定所拥有的信托受益权,使其得以转让给大量的投资者。除商事信托所特有的破产隔离功能之外,资产证券化还能够降低信用成本,而特殊目的信托就是指依照法律规定,以资产证券化为目的而成立的信托关系。创始机构就居于委托人的地位,与特殊目的信托机构缔结信托契约将特定金融资产设定信托与受托机构,使特定金融资产转变成为受益权,受托人依据信托的本旨将证明受益人所享有的信托财产收益权的共有持份权加以分割发行表彰受益权的受益证券,然后通过证券承销商出卖给投资人。基于信托的破产隔离机制,特殊目的信托在金融资产证券化中的运用非常广泛。(5)救济型信托。这种信托类型用于解决公司法或管理程序中出现的争议。美国《国内税收法案》(The Internal Revenue Code)于1986年进行的修订也旨在便利这类信托。该法第468B条规定了可以成立DSF(Designated Settlement Fund),在实践中得到运用的就是这类信托形式。[1]

近年来,一些学者主张给予商业信托或商事信托以法律主体地位,认为传统上被严格限定为无偿交易的信托,正作为一种商业组织形式在商业和金融交易领域广泛应用。商业信托在特定的法律下可视为独立法人,商业信托是具有消极管理人的静态组织。商业信托具有组织法上的功能,在一定的情况下具有公司所无法具有的优势。[2] 有的学者认为,赋予商业信

---

[1] 《商事信托》,2011年11月10日访问,百度百科:http://baike.baidu.com/view/636578.htm,2015年5月20日访问。

[2] [美]史提芬·L.舒尔茨、倪受彬:《作为商事组织的商业信托与公司:比较法学者的研究课题》,载《证券法苑》2012年第1期。

托法律主体地位实际上是国家立法政策及价值选择问题，在理论上不存在障碍。美国的成文法商业信托取得完全的法律主体地位是一个长期的历史选择。随着商业信托在中国越来越多地被应用，应当逐步规定商业信托的法律主体地位，这有助于解决商业信托领域中存在的信托财产所有权、受托人有限责任、商业信托正确设立等方面存在的一些理论与实践问题。①有学者进一步指出，我国现行信托立法无论是在受托人承担有限责任的规定上，还是在信托投资的规模上以及在受托人的资格取得上，都离成熟的组织法的要求相距甚远。② 笔者认为，商业信托或商事信托并不理所当然地等同于营业信托，也并不必然具有法律主体地位。探讨商事信托本质时，应首先区分其所处语境为大陆法系抑或是英美法系，大陆法上的商事信托是和民事信托相对称的概念，而英美法上的商事信托有广义和狭义之分，狭义的商事信托被认为具有独立法律主体资格。我国一般意义上所指的商事信托，正是和民事信托相对称的概念，属于制度工具。③

三、我国当前主流营业信托产品

目前，在我国信托业发展中，信托公司开发的信托产品主要集中在以下主流业务中，即基础设施信托、房地产信托、证券投资信托等。

(一) 基础设施信托

基础设施（infrastructure）系指为社会生产和居民生活提供公共服务的物质工程设施，属于保证国家或地区社会经济活动正常进行的一种公共服务系统，是社会赖以生存发展的一般物质条件。基础设施属于公共物品范畴，向来是政府投资的主要领域。作为国民经济各行业和社会各项事业赖以发展的基本条件，它是衡量一个国家或地区综合经济实力和人民生活水平高低的重要尺度。从具体形态上看，基础设施包括了交通、邮电、供水供电、商业服务、科研与技术服务、园林绿化、环境保护、文化教育、卫生事业等市政公用工程设施和公共生活服务设施等。在现代社会中，经济越发展，对基础设施的要求也就越高。只有不断完善基础设施，才能加速推动社会经济活动，产生相应的"乘数效应"。当然，基础设施的整体

---

① 于朝印：《论商业信托法律主体地位的确定》，载《现代法学》2011 年第 5 期。
② 何正荣：《现代商事信托的组织法基础》，载《政法论坛》2006 年第 2 期。
③ 王众：《泛化的商事信托及其概念之理清——基于大陆法系和英美法系的比较考察》，载《南京大学法律评论》2012 年第 1 期。

运作涉及投资、信贷、财税、土地、交通、规划、环境等诸多方面，具有投资大、周期长、政策性强、受益群体广泛等特点，在政府投资有限的情况下，需要社会资金的积极投入和配合。这些年来，特许经营（BOT）、公私合作（PPP）等融资方式在我国基础设施投资建设方面发挥出重要作用，利用信托机制为基础设施建设提供投融资服务也已成为其中的重要选择。

基础设施信托业务，是指信托公司以受托人身份，通过单一或集合信托形式，接受委托人的信托资金，以自己的名义，将信托资金运用于交通、通信、能源、市政、环境保护等基础设施项目，为受益人利益或者特定目的进行管理或者处分的经营行为。[①] 基础设施信托产品的安全系数较高，信托财产的保障措施较为丰富，实践中诸如抵押、保证、质押、财政预算安排、商业保险、信托受益权分层设计、账户监管、现金流补充协议、风险补偿承诺、信用违约置换、信托财产置换、债务转移、资产远期出售协议、贷款承诺、银行保函、股东担保函、注资承诺等均有不同程度的运用。政府财政后续资金、所投项目公司阶段性还款以及项目预期收益形成的分红等通常是基础设施信托中信托收益的主要来源。因此，基础设施信托是信托公司以基础设施的资产及其所带来的收益为保证，面向社会公众和机构投资者发行信托凭证筹集资金、建设基础设施的一种基础设施融资方式。[②]

在市场经济条件下，基础设施建设投资一是来源于政府，二是来源于市场。其中，政府投资主要是起引导作用。这些年我国基础设施项目投融资改革不断得到深化，改革取向主要是如何吸收和利用社会资本，如何通过市场机制充分激发社会投资活力，并将政府的投融资管理纳入法治化轨道。基础设施信托产品重在吸引社会资本投资基础设施建设，信托公司可以通过基础设施贷款信托、基础设施股权投资信托、基础设施财产权信托以及基础设施产业基金等不同模式开展此类业务。以基础设施贷款信托为例，信托公司以发行债权型收益权证的方式接受投资者信托，汇集受托资金，分账管理，并集合运用。通过项目融资贷款的方式对基础设施项目提

---

① 中国信托业协会编著：《信托公司经营实务》，中国金融出版社2012年版，第36页。
② 宋波、梁远：《透视信托投资——一种新的基础设施融资方式》，载《南京社会科学》2003年第9期。

供支持，项目公司以项目的经营权质押和机器设备等实物抵押。在项目融资贷款信托中，贷款人即信托公司依赖项目投产后所取得的收益及项目资产作为还款来源。对于项目的主办人来说，大额的项目融资贷款不增加投资人的负债，不引起资产负债表的情况恶化。对于贷款机构来讲，项目融资贷款担保的设计需要较高的技巧，我国利率市场化的趋势也给贷款机构以较大的激励。原本由项目主办人承担的还债义务，部分地在贷款银行、政府和项目主办人之间分散了，相互的约束和制衡提高了项目的融资效率。[1] 基础设施贷款信托的最大特点，即在于其操作手法的常规性，对普通大众而言的易理解性，以及产品模式的易复制性。根据基础设施项目的不同，信托公司管理、运用资金信托财产时，可以依照信托文件的约定，灵活采取贷款、投资、融资租赁、同业拆放等方式进行。信托公司可以根据市场需要，按照信托目的、信托财产的种类或者对信托财产管理方式的不同设置信托业务品种。这使得信托公司不仅可以按照传统的借贷方式向基础设施建设项目提供资金，而且可以通过直接项目投资、收购、参股等多种方式参加项目建设，收益方式除了利息收入外，还可以通过分红、股权转让、项目收费、租金等方式获得。这些灵活的方式是传统的融资手段所不具备的，非常符合基础设施项目本身多样性的特点。[2] 总体上看，基础设施信托产品不但具有信誉度好、政府支持、政策优惠、风险可控、安全性高、投资者认同感强等优势，而且资金来源多元，发展空间广阔，市场需求潜力巨大，信托产品设计非常灵活，信托受益权可以分割、分层和转让，从而能够全方位满足信托受益人、政府、项目公司、信托公司等各方当事人的利益需求。

基础设施信托业务的风险主要包括政策与宏观调控风险、项目建设与市场风险、信用风险、财政预算风险、管理风险、流动性风险以及期限不匹配风险等。对上述风险的防范和控制，需要多管齐下，在筛选项目时要进行严格论证，重视第一还款来源，并充分利用多种市场化的保证措施，区别对待不同类型的地方政府投融资平台，谨慎选择合作对手。应该说，未来我国将继续积极稳妥地推进工业化和城镇化，并进一步提升城镇发展质量和水平。不断创新担保方式是基础设施信托产品快速发展的前提，基

---

[1] 沈富荣：《信托方式与基础设施投融资体制改革》，载《上海金融》2002年第9期。
[2] 中国信托业协会编著：《信托公司经营实务》，中国金融出版社2012年版，第43页。

金化、规模化、多元化已成为未来基础设施信托产品发展的趋势。① 可以预见,信托资金在基础设施领域的投融资规模将会保持增长,信托所具有的灵活性必将充分满足基础设施项目的多样性融资需求。从未来发展方向看,基础设施建设项目的投资收益相对稳定,而且风险偏小,非常适合普通百姓的投资要求,所以在推广引进信用评级机构对信托产品进行评级,促使政府淡出担保市场的同时,需要改变基础设施信托准入门槛"一刀切"的政策,适当放宽基础设施信托的投资门槛,降低最低认购金额的起点,让更多的社会资金有机会进入该领域。②

(二) 房地产信托

在我国国民经济发展中,房地产业一直占据重要地位。该行业作为国民经济新的增长点,自住房市场化改革以来为中国经济的快速增长做出了重大贡献。这里的房地产,是房产和地产的合称。作为关系国计民生的重要产业,房地产业以土地和建筑物为经营对象,具体从事房地产开发、建设、经营、管理以及维修、装饰和服务,并集多种经济活动为一体,是具有先导性、基础性、带动性和风险性的重要产业。房地产是典型的资金密集型行业,房地产开发项目资金占用量大,投资回收期长,在项目建设过程中需要大量的资金支持。2003年6月,中国人民银行发布121号文件,限制房地产企业的银行贷款,房地产信托遂开始成为企业追逐的热点。房地产信托的兴起,对建立多样化的房地产金融体系产生了积极作用,一定程度上缓解了在房地产调控中房地产业的资金紧张问题,丰富了房地产业的投融资方式。

所谓房地产信托,是指信托公司以受托人身份,通过单一或集合信托形式,接受委托人的信托财产,按照委托人的意愿以自己的名义,为受益人的利益或者特定目的,以房地产或其经营企业为主要运用标的,对信托财产进行管理、运用和处分的经营行为。③ 房地产信托业务是信托公司回归主业后开发的重要业务之一。随着房地产业的迅速发展,房地产信托产品这些年来一直是国内信托产品市场的主打产品。

在西方国家,化解房地产融资风险的最终手段是建立多元化的房地产

---

① 参见赵永康《基础设施信托创新亮点及发展趋势》,载《西南金融》2010年第3期。

② 参见马广奇、魏婷婷《现代信托在基础设施建设融资中的应用》,载《金融教学与研究》2012年第6期。

③ 中国信托业协会编著:《信托公司经营实务》,中国金融出版社2012年版,第46页。

融资体系，而且这一体系包括了银行贷款、信托、投资基金、债券、股权等不同形式。我国目前尚缺乏发达的多层次房地产融资市场，银行信贷仍然是我国房地产金融的首选渠道。相对银行贷款而言，房地产信托具有降低房地产开发公司整体融资成本、募集资金灵活方便及资金利率可灵活调整等融资优势。由于信托制度具有构造特殊性和灵活性以及独特的财产隔离功能与权益重构功能，并且可以财产权模式、收益权模式以及优先购买权等模式进行金融创新，因此在众多房地产融资方式中脱颖而出，成为备受房地产业青睐的重要融资方式。具体来说，信托公司以其合法合规、手段多样、工具众多、规模适中、制度优势和量身打造等优点，可以根据不同房地产项目进行量身定做，开发出富有针对性的信托产品。而且，信托产品的发行手续、复杂程度以及资金到位情况均具有一定的比较优势，从而使房地产信托契合了一部分房地产开发商的需要，占据了相当大的市场份额。

　　从这些年的信托实践看，我国房地产信托业务所采用的具体模式包括房地产债权融资信托模式、房地产权益投资信托模式、基金化房地产信托模式以及房地产投资信托基金等。房地产债权融资信托模式是把信托资金以债权方式运用于房地产项目或房地产公司，这一模式的常见产品就是房地产贷款信托，需要房地产企业将其土地使用权、在建工程或现房作为抵押担保物。此外，以股权投资特定资产收益权附加回购方式运用信托财产，也属于债权融资信托。房地产权益投资信托模式则把信托资金直接投向房地产企业的股权、特定资产或者直接购买房地产，从而形成实质性的权益投资，并以一定方式直接或间接参与所投资企业或资产的经营与管理，由此与上一种房地产债权融资信托模式形成明显区别。基金化房地产信托产品的特点是分散投资、组合投资和专业化管理，信托资金主要投向房地产一、二级开发、经营性物业和房地产并购，并以"一对多"的投资方式进行管理，可以有效分散风险，有利于提高信托资产规模和收益的稳定性。房地产投资信托基金（REITs）作为一种信托基金，主要通过公开发行受益凭证、基金单位或者股票的方式募集信托资金，由专业化的不动产投资机构进行管理，选择各种不同的房地产群体、不同类型、不同地区的房地产项目开展多元化投资，并将投资综合收益按比例分配给投资者。如前所述，作为房地产市场的重大创新，房地产投资信托基金已经在国际上形成了一套比较成熟的运营模式。

作为信托业的主流资金投向之一,房地产领域几乎支撑了信托行业过去半数以上的盈利来源,而经过多年高速发展之后的房地产信托业务,在经济新常态下也暴露出了不少问题。如资源的浪费与流失,商品房空置量增加,房地产开发中存在短期行为,对生态环境造成破坏,房地产金融基础体系欠完备等。从审计情况看,我国房地产信托在发展中尚存在着一些不容忽视的问题,如信托行业的监管漏洞在一定程度上削弱了国家对房地产的宏观调控力度,信托行业的制度缺陷致使业务流程和资金来源存在一定程度的操作风险和合规风险,信托受益的税收制度不完善和纳税环节的缺失,导致国家大量税收收入流失等一系列问题。[1] 房地产信托的安全性一直是信托市场备受争议的话题,这很大程度上是因为各方对房地产基础市场的认识存在分歧,行业风险、项目自身与市场风险、管理风险以及基于信息不对称而产生的道德风险等均客观存在。房地产市场已经走过黄金十年,即便是处于单边市场时期,各种争论也没有停止过。2014年,房地产市场出现价格疲软、成交量下降等态势,部分中小型开发商出现经营困难,不能按时偿还信托资金。在对房地产市场发展前景争议较大的情况下,人们对房地产信托市场也产生了怀疑。[2] 如何去库存,如何实现可持续发展,是中国房地产业未来发展所面临的一项战略任务。

(三) 证券投资信托

证券的使用是现代社会中极为常见的经济现象和法律现象,资产证券化和权利证券化就是其中的典型表现形式。它们不但大大提高了经济活动的交易安全,而且显著提高了经济活动的交易效率。从历史看,证券是商品经济发展到一定阶段的产物,而证券一经产生,就渐次成为便于商品经济运行的重要手段。从基本特征看,证券是书面凭证,是记载特定民事权利的书面凭证,是代表其上所记载的民事权利的书面凭证。证券的经济作用得以充分实现,其前提在于证券的法律作用,在于证券在法律上的合用性和有保障性。这主要体现在权利表示明确化、权利内容标准化、权利转让便捷化、权利实现简约化、权利关系规模化等方面。[3] 因此,证券的安

---

[1] 刘方、李春涛、柯宇立:《从审计视角看房地产信托的政策漏洞》,载《上海金融》2014年第3期。

[2] 普益财富信托研究课题组:《2015年房地产信托展望》,载《中国信用卡》2015年第2期。

[3] 参见陈甦主编《证券法专题研究》,高等教育出版社2006年版,第7—14页。

全完全依赖于法律的确认和保障。

所谓证券投资信托业务，是指信托公司将集合信托计划或者单独管理的信托产品项下资金投资于依法公开发行并在符合法律规定的交易场所公开交易的证券的经营行为。[1] 从信托资金的投资对象看，证券投资信托可分为股票投资信托、债券投资信托和证券组合投资信托等。目前证券投资信托业务的投资范围主要包括国内证券交易所挂牌交易的 A 股股票、封闭式证券投资基金、开放式证券投资基金（含 ETF 和 LOF）、企业债、国债、可转换公司债券（含分离式可转债申购）、1 天和 7 天国债逆回购、银行存款以及中国证监会核准发行的基金可以投资的其他投资品种。[2] 无论是一级市场申购，还是二级市场交易，信托公司开展证券投资信托业务时，其风险管理制度应当包括但不限于投资管理、授权管理、营销推介管理和委托人风险适应性调查、证券交易经纪商选择、合规审查管理、市场风险管理、操作风险管理、IT 系统和信息安全、估值与核算、信息披露管理等内容。

从信托公司的实际运作看，阳光私募信托产品和结构化证券投资信托产品是目前信托公司开展证券投资信托业务的主要模式。前者又被称为"非结构化"，以区别于后者的"结构化"。它是由信托公司通过发行信托计划向特定投资者募集资金，经过监管机构备案，由托管银行托管，并由专业的投资管理机构担任投资顾问，将信托资金主要投资于证券市场并定期向投资者披露投资业绩，投资者享受主要投资收益和承担主要投资风险的一种证券投资信托产品。阳光私募信托产品的主体结构包括投资者、信托公司、投资顾问、保管银行以及证券公司，其相互之间的权益安排也完全基于各自职责而展开。后者是指以信托公司作为受托人，将委托人的信托资金集合运用于证券市场投资，主要通过优先次级受益权的分层设计来运作，警戒线和止损线的设置保证了优先受益人的预期固定收益，杠杆效果使得次级受益人在承受较高风险的同时有机会获得较高的投资收益的信托产品。可以说，结构化证券投资信托产品实质上就是运用信托受益权可分割的特性，使具有不同风险承担能力和意愿的投资者通过投资不同层次的受益权获得不同的收益、承担相应的风险，从而为不同风险偏好的投资

---

[1] 参见中国银监会 2009 年《信托公司证券投资信托业务操作指引》第 2 条。
[2] 中国信托业协会编著：《信托公司经营实务》，中国金融出版社 2012 年版，第 57 页。

者提供不同类别的投资工具。①

此外，TOT产品被作为证券投资信托业务的创新产品受到市场追捧。这里的TOT不是英文Transfer-Operate-Transfer的缩写，即不是"移交—经营—移交"的项目融资方式，而是Trust of Trust的缩写，即"信托中的信托"。TOT有广义和狭义两种理解。广义的TOT包含母信托和子信托，信托公司发行信托计划（母信托）所筹集的信托资金投入该公司或其他信托公司所发行的其他信托计划（子信托），通过子信托间接投资于基础设施、房地产、证券等领域。在广义的TOT中，母信托的受托人主要负责资产配置和对子信托的约束和监督，子信托的受托人则主要负责相关领域的具体投资运作。这样，通过专业化分工，达到分散风险和追求收益的目标。狭义的TOT则专指证券业务创新中，通过组合投资把产品投资于两个及以上具有不同操作风格和投资理念的阳光私募信托计划，借以避免单个证券投资信托计划因投资组合表现不佳所引发的非系统性风险，进而达到分散投资、降低风险的目的。不难看出，TOT产品的绩效如何，其风险控制能力如何，都深刻源于母信托所投资子信托的优秀程度，需要做好来自于市场、管理和技术等方面风险的防范和控制。

证券投资信托业务的推出，被普遍认为是利用信托公司解决私募基金发展的最好模式。私募基金追求绝对回报，这样的投资理念对信托公司而言构成一定挑战。证券投资信托业务的开展，直接与证券市场发展状况是否良好密切相关，证券市场景气与否会直接决定证券投资信托业务的成长与停滞。虽然对投资者来说在公募基金之外有了新的选择，然而再好的投资模式，也需要拥有一支精通货币金融和证券交易业务，并能对投资趋势和政府的财政、金融、产业等政策导向有良好预测能力的专家团队，同时也需要受相应的法律法规约束，不断完善相应的法律制度和监管规则。

（四）其他信托产品

信托公司在这些年的快速发展中，除上述主流信托业务外，还积极开展了私募股权投资信托业务，把信托资金投向未上市企业的股权以及上市公司限售流通股等；开展了公益信托业务，把信托财产运用于信托文件规定的公益目的，如救济贫困、救助灾民、扶助残疾人、发展教育、科技、

---

① 参见中国信托业协会编著《信托公司经营实务》，中国金融出版社2012年版，第63—64页。

文化、艺术、体育、医疗卫生事业，发展环境保护事业，维护生态平衡，以及发展其他社会公益事业；在另类投资理财领域也做了积极尝试，推出了艺术品、黄金等贵金属、酒类、茶类等信托产品，获得了不少投资者的青睐；其他还推出有家族信托、土地信托、知识产权信托等新型信托产品。另外，信托公司为规避风险、有效提高竞争力，积极申请开办了一些新业务资格，如企业年金、信贷资产证券化、受托境外理财以及金融衍生品等创新业务。总之，信托公司的信托业务分类方法多样，既可以按照信托资金和财产的投向进行区分，也可以按照信托资金和财产的种类进行区分，还可以按照信托资金和财产的来源与构成区分。无论是单一类信托业务，还是集合类信托业务，抑或是财产类信托业务等，都可以进一步从投资、融资、事务以及其他等方面进行更进一步的分析和研究。这样的分类研究，与现行《信托公司管理办法》的规定并无冲突。[①]

第二节 商业信托产品的权利结构

一、"权利"一词的界定

怎样界定和解释"权利"一词，是法理学上的一个难题，也是法理学上的一个很有意义的题目。权利是现代政治法律的一个核心概念，无论什么样的学派或学者都不可能绕过权利问题，相反，不同的学派或学者都可以通过界定和解释"权利"一词来阐发自己的主张，甚至确定其理论体系的原点。大致说来，对权利的界定有伦理的和实证的分别。前者往往将权利看作人基于道德上的理由或超验根据所应该享有之物，虽然也涉及

[①] 按照现行《信托公司管理办法》第16条规定，信托公司可以申请经营下列部分或者全部本外币业务：(1) 资金信托；(2) 动产信托；(3) 不动产信托；(4) 有价证券信托；(5) 其他财产或财产权信托；(6) 作为投资基金或者基金管理公司的发起人从事投资基金业务；(7) 经营企业资产的重组、购并及项目融资、公司理财、财务顾问等业务；(8) 受托经营国务院有关部门批准的证券承销业务；(9) 办理居间、咨询、资信调查等业务；(10) 代保管及保管箱业务；(11) 法律法规规定或中国银行业监督管理委员会批准的其他业务。该办法第17条规定，信托公司可以根据《中华人民共和国信托法》等法律法规的有关规定开展公益信托活动。其第18条规定，信托公司可以根据市场需要，按照信托目的、信托财产的种类或者对信托财产管理方式的不同设置信托业务品种。

利益，如拥有某物或做某事，但并不以利益本身为基点。后者则把权利置于现实的利益关系来理解，并侧重于从实在法的角度来解释权利。一些教科书对权利的界定作了更多的分类，主要有"自由说"、"意思说"、"利益说"、"法律上之力说"。①

简单地讲，权利就是法律赋予人实现其利益的一种力量。权利这一概念是与义务相对应的，属于法学的基本范畴之一。权利通常包含权能和利益两个方面：前者是指权利能够得以实现的可能性，它并不要求权利的绝对实现，只是表明权利具有实现的现实可能；后者则是权利的另一主要表现形式，是权能现实化的结果。相比较而言，权能具有可能性，利益则具有现实性。权能是可以实现但未实现的利益；利益是被实现了的权能。因此，权利有着应然权利和实然权利之分。权利对于享有权利的人来说本身就是好处和利益。② 换言之，所谓权利的内容是指因享有权利而受到保护的利益。随着社会发展，这种受保护的利益也在发展。③ 要全面、正确地理解权利概念，较为关键的是把握权利的要素，而不是其定义。霍菲尔德认为，"权利"一词包含四个方面的意思，即"要求"（right to claim）、"自由"（liberty or privilege）、"权力"（power）和"豁免"（immunity）。④ 夏勇则认为，权利主要包含五个要素，这些要素中的任何一个都可以用来阐释权利概念，表示权利的某种本质，即权利是为道德、法律或习俗所认定为正当的利益、主张、资格、力量（包括权威和能力）或自由。⑤

更准确地讲，权利是法律为了保护特定主体的特定利益而赋予其基于自己的自由意志为一定行为或不为一定行为的法律上的资格。在这一定义中，利益是外在要素，资格是内在形式要素，自由意志是内在实质要素，也是权利的核心要素。需要解释的是，在对权利的描述中涵盖利益、意志和资格这三个要素，是为了在整体上描述作为类型概念的权利。将权利描述为一种法律上的资格，是为了将法律上的权利与道德上的权利区分开，但是单纯地将权利描述为一种资格并没有包含多少价值评判。将权利描述

---

① 夏勇：《权利哲学的基本问题》，载《法学研究》2004年第3期。
② ［英］吉米·边沁：《立法理论》，李贵方等译，中国人民公安大学出版社2004年版，第117页。
③ 谢怀栻：《论民事权利体系》，载《法学研究》1996年第2期。
④ 沈宗灵：《对霍菲尔德法律概念学说的比较研究》，载《中国社会科学》1990年第1期。
⑤ 夏勇：《权利哲学的基本问题》，载《法学研究》2004年第3期。

为保护特定主体的特定利益而赋予其一种法律上的资格,是为了说明法律赋予特定主体以权利的目的。将权利描述为是特定主体基于自己的自由意志为一定行为或不为一定行为的法律资格,是为了说明主观权利的核心意义所在。[①]

二、商业信托权利的本质属性和基本特征

尊重和保护权利是商业信托产品开发和利用时的应有之义。在商业信托产品中,存在着对规设当事人相互行为的规则要求。在规设行为的过程中,必须宣示某些权利,或通过一个条文集中叙述,或通过不同条文分项叙述,其目的均在于构架商业信托关系的基本权利结构。尊重和保护权利过程中的每一场冲突、每一个方案、每一次努力,都会拨动权利价值的敏感神经。

(一)商业信托权利是一种意定权利,并主要表现为合同权利

信托从产生时起,便具有多样性和复杂性,具体形态堪与人类的想象力一样丰富。商业信托产品的出现是信托发展的必然结果。当然,商业信托权利主要围绕信托当事人而展开,是基于信托当事人的信托合同或信托遗嘱而产生,因而其本质属于一种意定权利,体现了权利主体的自由和意志。尽管这些权利中不乏法定权利,即基于《信托法》等法律法规的明确规定而产生的权利,但由于这些法定权利并不必然为信托市场主体所实际享有和行使,必须借助信托合同或信托遗嘱而获得真实表达和具体描述后才具有执行力,所以这样的法定性并不能改变商业信托权利作为意定权利的根本属性,相反只可以构成对意定权利的补充。具体说来,商业信托权利在现代市场经济发展中更多体现为合同权利,委托人和信托公司需要签订信托合同,并在合同中明确各自的权利内容。从合同法角度看,合同权利主要表现为请求给付权、受领给付权、保全权、救济权以及处分权等不同类型。其中,请求给付权是合同权利的基本权能,也是合同权利的基本效力。受领给付权,是权利人保持从义务人的给付取得利益的原因或根据,因此,合同权利人得受领给付的效力又被称为合同权利的保持力。在发生有可能损害合同权利的情形下,合同权利人有保全合同权利的权利,

---

① 方新军:《为权利的意志说正名——一个类型化的视角》,载《法制与社会发展》2010年第6期。

可以对第三人行使代位权或撤销权。合同权利的保全权，虽不是合同中约定的，而是由法律直接规定的，但它是保障合同权利的实现的必要手段，因此，也为合同权利的法定权能。合同权利救济权，即指在合同义务人不履行或不适当履行义务时，权利人请求国家机关予以救济，强制义务人履行或承担其他违约责任。这种合同权利保护请求权为合同权利的应有之义，因为它是在义务人不履行义务的情形下请求通过强制执行程序强制义务人给付的权利，因此它是合同权利执行力的表现。另外，处分权也是合同权利中必不可少的一种权利内容，权利人完全可以依自己的意愿自由处分自己的权利。权利人既可以通过免除义务人的义务来抛弃权利，也可以将自己的合同权利与对方相应的合同权利抵消，还可以将合同权利转让给第三人。这里所列举的上述合同权利类型，从一个个侧面阐释了前述法律权利的不同要素，使所有的商业信托权利主体能够更真切地把握各自权利的权能和利益属性，更清晰地区分所谓的利益、主张、资格、力量和自由，进而也揭示了商业信托权利的本质属性。

（二）商业信托权利是一种结构化的权利，有着鲜明的权利构造

信托作为一种特殊的财产管理法律制度，其特色即在于其独特的法律构造。商业信托中的权利主体只限于信托法律关系中的信托当事人，即委托人、受托人和受益人，并不包括不同信托产品所涉及的投资顾问、保管银行、证券公司、基金公司、项目公司、地方政府以及监管机构等延展主体。商业信托权利的分配或配置安排只限制在信托当事人之间，因而具有特定的结构形式，并以此区别于代理、行纪和居间等，而且不同权利的生成均围绕着信托财产的独立性、安全性、效益性等而展开，在实现时还需要向特定的当事对方发出请求指令，因而使得这些权利既具有一定的资格属性，也兼具一定的利益属性，同时还具有主张属性。商业信托权利的内部构造虽然比较复杂，但其结构化的背后却有着清晰的逻辑和基本的规律，这就是信托财产权的移转和分离。确如有的学者所言，商事信托以财产的双重所有权为基础，其精髓就在于它移转并分割所有权的设计。由此，受托人与受益人分别为信托财产的管理者和收益享有者，构成了信托平衡机制的核心。但由于我国绝对所有权制度与英美法系国家信托财产权制度存在较大的冲突，以至于造成信托财产归属不明、信托财产未真正独立、受托人权力规制机制缺失以及受益人利益保障机制不健全等制度缺陷，使信托权利机制失衡，成为我国商事信托发展之障碍。因此，我国在

移植英美法系国家信托法律制度时，必须消除现行制度之障碍，并进行制度创新，构建我国商事信托之权利平衡机制。[①] 笔者认为，科学构建商业信托产品的权利结构及其制衡机制，是创新和设计商业信托产品的关键所在。以信托受益人权利为例，其性质究竟是对人权还是对物权，这在信托法上是一个颇具争议的问题。厘清信托受益人权利的性质，有助于我国信托立法将受益人权利纳入到物权法的保护范畴中，从而对确立受益人权利更有效的保护机制和受益人权利有效行使的方式有着重大的意义。有学者提出，我国信托受益人权利物权保护机制之构建，可以从以下几个方面着手：（1）赋予信托受益人对信托财产的追及权；（2）赋予信托受益人对信托财产的优先权；（3）赋予信托受益人对信托财产替代物之权利。[②] 笔者认为，如上所述，商业信托权利作为一种结构化的合同权利，上述这些针对受益人的权利保护其实在信托合同等信托文件中可以通过具体约定获得实现。

（三）商业信托权利是以信托财产权为核心的权利

信托制度最初为英国衡平法所首创，"信托财产"的概念也由英国衡平法提出。不仅如此，这一概念还逐步成为英国法律中的一个基本概念。有外国学者认为，提出"信托财产"的概念，是英国衡平法的最重要的创造。[③] 在英国，"信托财产"在法律上一开始便被用以表示这样一种财产：它被出让人交给了受让人，受让人虽然取得了它的所有权，但却并不享有为了自己的利益并按照自己的意志来支配它的权利，而只是负有为了出让人或者其所指定的其他人的利益并按照出让人的意志来支配它的义务。因此，受让人对通过支配它所产生的利益并无自行享受的权利，而只负有交付给出让人或者其所指定的其他人的义务。这一基本内涵至今未变。[④] 信托财产权是商业信托权利的核心概念，但在信托财产权的性质问题上法学界却存在着诸多学说，如受益人所有权说，双重所有权说，债权

---

① 陈雪萍：《论我国商事信托之制度创新》，载《法商研究》2006年第3期。
② 陈雪萍：《信托受益人权利的性质：对人权抑或对物权》，载《法商研究》2011年第6期。
③ ［法］勒内·达维德：《当代主要法律体系》，漆竹生译，上海译文出版社1984年版，第328页。
④ 徐孟洲主编：《信托法学》，中国金融出版社2004年版，第95页。

说以及附解除条件的法律行为说等。① 笔者认为，对于信托财产权法律性质的研究，需要坚持我国物权法的"一物一权原则"，反对双重所有权理论，像对待公司法人财产权、股东权那样，从法律上明确信托财产权的特征和内涵②，使之与其他民事权利相区别，并将其作为一个独立的概念来使用。换言之，信托财产权是一项独立的财产权利，并具有特殊的权利构造。商业信托权利的结构安排完全围绕着信托财产权这一独立而完整的财产权利而进行，结果形成不同权利主体的利益主张。有的学者在论述信托财产的特性时，提出"信托财产所有权的分割性"的观点③，认为分割的本质在于分离所有权的管理属性与利益属性。这种观点虽然也看到了信托财产权的结构化特征，但却并未跳出英美法的双重所有权论。在我国现行《信托法》中，委托人的权利、受托人的权利以及受益人的权利共同构成了商业信托权利结构中的权利谱系，无论这其中的具体一项权能是指向管理因素还是利益因素，其核心都紧扣商业信托中的信托财产权。因此，正确认识信托财产权的独立属性，是正确把握商业信托权利结构的重要基础和关键所在。

三、我国《信托法》的信托权利谱系

我国《信托法》对信托当事人的权利作出了明确规定，这些规定是适用于所有类型的商业信托的，而且这些规定使得委托人和受托人的权利结构形成了明显的不同和转接，但同时委托人和受益人的权利结构则趋于共享和一致。委托人和受托人之权利结构安排，主要是基于二者之间的信任基础以及信托财产的移转事实。在信托关系中，信任因素一直为信托法

---

① 转引自张淳《信托法原论》，南京大学出版社1994年版，第49页。
② 信托财产权实际上是指这样的权利：信托一旦有效成立，受托人即取得信托财产的所有权。信托财产一旦转移给受托人，它的所有权便与委托人相脱离，而转归受托人所有。受托人成为新的所有权人，独立管理和处分信托财产。受托人对外以信托财产的权利主体身份与其他人进行各种交易。但是，受托人管理和处分信托财产的信托利益，即信托财产在受托人的管理或处分过程中所产生的利益，具体可表现为一定的财产形态，例如孳息、利润和其他收入等，却不属于受托人，受托人管理和处分信托财产不能为了自己的利益，同时应避免自己与委托人、受益人利益相冲突；不得把自有财产和信托财产混同，应保持信托财产独立的可辨识性，并如约向受益人支付信托利益。而受益人享有的则是收益权，根据这种权利，受益人享有受取信托财产利益的权利，同时还享有监督权、撤销权和追及权等。
③ 周玉华主编：《信托法学》，中国政法大学出版社2001年版，第136页。

所强调。① 在信托关系中受托人处于受信任者地位，其对委托人和受益人负有严格的信任责任。

(一) 委托人的法定权利

根据我国《信托法》的规定，委托人享有的权利主要包括以下八项：

1. 信托执行知情权。所谓信托执行知情权，即委托人有权了解其信托财产的管理运用、处分及收支情况，有权要求受托人作出说明，有权查阅、抄录或者复制与其信托财产有关的信托账目以及处理信托事务的其他文件。② 信托成立后，受托人即应按照信托目的以善良管理人的注意来处理信托事务，而且信托财产与受托人的固有财产以及其他信托财产，原则上应明确划分，以免混淆。信托法赋予委托人以信托执行知情权，不但便于委托人获得有关信托执行事务的正确资讯，而且可以达到监督受托人的目的，使其忠于信托、认真履职。对于受托人来讲，在执行信托中应就各信托分别造具账簿，详细记载各项信托事务的处理和结算状况，并编制信托财产目录和收支计算表，供委托人和受益人查阅、抄录或者复制。委托人的这项权利反过来是受托人的一项积极义务，受托人不得拒绝、推脱。委托人通过查阅、抄录和复制受托人的信托账目以及其他处理信托事务的文件，既了解和掌握了信托财产的管理运营情况，也为进一步行使对受托人违反信托的救济权提供了必要的手段和方法。③

2. 信托财产管理方法调整请求权。这是指当发生因设立信托时未能

---

① 我国《信托法》第2条中给信托所下的定义即强调了这一点。其中所谓的"委托人基于对受托人的信任"之规定，即表明信托是建立在委托人对受托人的充分信任的基础之上，并使这种信任贯穿于信托活动的全过程。但也有学者提出不同意见。其认为，从人性论和信任生成途径的角度考察，委托人很难生成对受托人的真正信任。某些信托制度本身也否定了信托中存在委托人对受托人的真正信任。即使在实然层面可能存在委托人主观上的信任，但信托规则表明该信任并非信托中不可触动的要素。严格而言，信托中的信任并非委托人对受托人的信任，而是对信托制度的信任。既然如此，信托法就没有必要在立法定义中强调信托设立中的信任要素。参见徐卫《解读信托法律关系中的信任》，载《海南大学学报》（人文社会科学版）2009年第3期。

② 参见《中华人民共和国信托法》第20条。

③ 日本《信托法》第40条、韩国《信托法》第34条以及我国台湾地区"信托法"第32条也作出了类似的规定。如我国台湾地区"信托法"第32条第1款规定，委托人或受益人得请求阅览、抄录或影印前条之文书，并得请求受托人说明信托事务之处理情形。该法在第31条规定，受托人就各信托，应分别造具账簿，载明各信托事务处理之状况。受托人除应于接受信托时作成信托财产目录外，每年至少定期一次作成信托财产目录，并编制收支计算表，送交委托人及受益人。

预见的特别事由，致使信托财产的管理方法不利于实现信托目的或者不符合受益人的利益时，委托人直接要求受托人调整该信托财产的管理方法。① 该权利体现了信托执行中的"情势变更"原则。② 情势变更原则是合同法中的一项合同履行原则。所谓情势，指合同成立后出现的不可预见的情况，即"影响及于社会全体或局部之情事，并不考虑原来法律行为成立时，'为其基础或环境之事情'"。③ 而所谓变更，即"合同赖以成立的环境或基础发生异常变动。"④ 我国民法学者一般认为，情势变更原则是指在合同有效成立后，非因当事人双方的过错而发生情势变更，致使继续履行会显失公平，因此根据诚实信用原则，当事人可以请求变更或解除合同的原则。⑤ 笔者认为，信托执行中的情势变更原则较之于合同法的情势变更原则而言有其自身特点，其区别主要表现在效力上。从效力来看，合同法情势变更原则主要体现在两个方面：其一，变更合同，使合同在公平基础上得到履行，包括增减履行标的的数额、延期或分期履行、拒绝先为履行以及变更标的物；其二，解除合同，彻底消除显失公平现象。⑥ 而信托执行中的情势变更原则只是变更信托财产的管理方法，因此二者表现出明显的不同。但二者的理论根据都是诚实信用原则，是诚实信用原则的具体化，旨在平衡当事人双方的利益。作为信托委托人权利的情势变更，

---

① 参见《中华人民共和国信托法》第21条。

② 在英美法系国家，一般而言，委托人只有在设立信托时，在信托文件中保留了调整信托财产管理方法的权利的情况下，才能在出现情势变更的事由后行使这一权利。否则，委托人不能干预受托人对信托财产的管理。大陆法系国家虽然确定了委托人的这一权利，但要求委托人必须向法院主张该项权利，由法院裁决是否变更和调整信托财产的管理方法，委托人自己不能径行决定。如我国台湾地区"信托法"第16条规定，"信托财产之管理方法因情势变更致不符合受益人之利益时，委托人、受益人或受托人得声请法院变更之。前项规定，于法院所定之管理方法，准用之。"由此可见，我国信托法对于委托人在这一方面的保护更为直接、更为有力，从而也更富有效率。

③ 彭凤至：《情势变更原则之研究：中德立法裁判学说之比较》，台北五南图书出版公司1986年版，第240页。

④ 彭诚信：《"情势变更"原则的探讨》，载《法学》1993年第3期。

⑤ 梁慧星：《中国民法经济法诸问题》，法律出版社1991年版，第200页。

⑥ 王利明、崔建远：《合同法新论·总则》，中国政法大学出版社1996年版，第332—334页。

其适用的条件会受到一定限制。①

3. 救济权。这里的救济权包括撤销权、返还财产请求权、恢复原状请求权以及赔偿损失请求权。受托人违反信托目的处分信托财产或者因违背管理职责、处理信托事务不当致使信托财产受到损失的，委托人有权申请人民法院撤销该处分行为，并有权要求受托人恢复信托财产的原状或者予以赔偿；该信托财产的受让人明知是违反信托目的而接受该财产的，应当予以返还或者予以赔偿。上述申请权，自委托人知道或者应当知道撤销原因之日起 1 年内不行使的，归于消灭。② 委托人救济权的行使主要基于以下两种情况：其一，受托人违反信托目的的处分行为；其二，受托人因违背管理职责、处理信托事务不当给信托财产造成损失。对于第一种情况而言，委托人的救济权具体表现为撤销权、返还财产请求权和赔偿损失请求权，即请求法院撤销受托人的处分行为，要求信托财产的恶意受让人返还财产或者赔偿损失；而对第二种情况来说，委托人的救济权则具体化为恢复原状请求权和赔偿损失请求权，这种救济权实质上是委托人要求受托人承担信托责任的一种表现。恢复原状和赔偿损失是我国《民法通则》规定的承担民事责任的两种方式，其中恢复原状要求以信托财产仍然存在为前提条件，否则只能适用赔偿损失。③ 在上述第一种情况下，信托法赋予委托人的上述救济权与民法中的动产善意取得制度有些类似。善意取得

---

① 这些条件包括：（1）发生了信托设立时未能预见的特别事由，即具有情势变更的客观事实；（2）情势变更的客观事实发生在信托成立并生效以后，履行终止以前；（3）情势变更是当事人所不能预见的，如果有一方预见而另一方没有预见，应区分善意和恶意的不同情况，对善意的没有预见的当事人应允许其主张情势变更；（4）情势变更不可归责于委托人和受托人；（5）如果仍按原来的方法管理信托财产，则有违信托设立宗旨，不利于信托目的的实现或者不符合受益人的利益。只要具备上述条件，委托人即可以直接要求受托人调整信托财产的管理方法。

② 参见《中华人民共和国信托法》第 22 条。

③ 对于恢复原状请求权和赔偿损失请求权，我国台湾地区、日本以及韩国都有类似规定，一般都将该权利赋予了委托人和受益人等信托当事人。而对于撤销权，则一般仅赋予受益人，而未赋予委托人，并且对于公示财产采取了区别对待的态度。如日本《信托法》第 31 条规定，受托者违反信托的宗旨处理信托财产时，受益者可取消对方或转得者的处理。但对于有信托的登记或注册以及不应登记或不应注册的信托财产，只限于对方及转得者明知其处理违反信托宗旨或由于重大过失事前无从得知时适用之。韩国《信托法》第 52 条亦有类似规定，而且更为明确。究其原因，主要是不动产等需要登记、注册的财产之所有权转移规则与动产所有权不同所致。相比之下，我国《信托法》将撤销权不但赋予了受益人，而且赋予了委托人，委托人的地位得到了明显强化。

制度是近代以来大陆法系和英美法系民法的一项重要法律制度，涉及民法财产所有权的静的安全和财产交易的动的安全的保护问题。善意取得以受让人之有善意为其成立前提。如受让人无善意，则自不生善意取得之问题。[①] 对于何谓善意，立法与学说之解释未尽一致。就学说而言，主要有三种见解：其一，指不知让与人无让与的权利，有无过失，在所不问；其二，指不知让与人无让与的权利，是否出于过失，固非所问，但依客观情势，于交易经验上一般人皆可认定让与人无让与之权利的，应认定系恶意；其三，所谓非善意，指明知或可得而知让与人无让与的权利。[②] 善意取得中的善意仅针对受让人受让动产而言，与让与人是否善意并无关系。在信托法赋予委托人的救济权中，委托人既可向法院申请撤销受托人的处分行为，也可向信托财产的恶意受让人主张返还财产或赔偿损失。但是，如果受让人出于善意，则委托人不能向受让人主张上述权利。我国《信托法》对于善意的解释采纳了上述第三种见解，即明知让与人无让与的权利。需要说明的是，民法的善意取得制度适用的是无权处分行为，而我国《信托法》则针对的是受托人违反信托目的处分信托财产行为，从性质上看，受托人的处分行为不属于无权处分。另外，委托人的撤销权应在规定的时效期间内行使。[③]

4. 解任权。委托人的解任权分为自行解任和申请解任两种。受托人违反信托目的处分信托财产或者管理运用、处分信托财产有重大过失的，委托人有权依照信托文件的规定解任受托人，或者申请人民法院解任受托人。[④] 所以，委托人的解任权是针对受托人而言的。其解任的理由主要包括两种：一是受托人违反信托目的处分信托财产；二是受托人管理运用、处分信托财产有重大过失。无论属于哪种情况，委托人均可以行使自己的解任权。但是，解任权的行使需要区分两种情形，其中，自行解任的前提

---

① 梁慧星、陈华彬编著：《物权法》，法律出版社1997年版，第187页。
② 王泽鉴：《民法物权》（占有），台北王慕华发行1999年版，第137页。
③ 美国《信托法重述》第284节规定，如果受托人违反信托转让信托财产或者在信托的标的物上设定一法律权益，不知道违反信托并且不知道参加了违法交易的有偿持有（被转让的信托财产或法律权益）者，不对受益者承担责任，其持有的被转让或被设定的利益免于信托。前述之受让人被称为"善意买受人"。可见，在美国要成为善意买受人需要同时具备两个条件：其一是有偿获得，其二是不知道此交易违反信托。其关于善意的解释显然与我国《信托法》不同。
④ 参见《中华人民共和国信托法》第24条。

条件是信托文件中明确约定了委托人享有直接解任受托人的权利，体现了当事人的意思自治。如果信托文件中没有明确约定，则委托人只能向法院提出申请，由法院决定是否解任受托人。因此，自行解任和申请解任，作为两种不同的方式并非委托人可以任意选择，就前者来说，委托人的这一权利必须在设立信托的信托合同、信托遗嘱等书面文件中予以明确。①

5. 受托人辞任的同意权。即对受托人提出的辞任请求表示同意的权利。委托人的这一权利规定在我国《信托法》第38条中。该条规定，设立信托后，经委托人和受益人同意，受托人可以辞任。受托人辞任的，在新受托人选出前仍应履行管理信托事务的职责。由于信托的设立系基于当事人之间的高度信任，信托目的能否实现完全仰赖于受托人的努力，因此，为了保护信托财产安全，避免造成不必要的损失，原则上非经委托人和受益人同意，受托人不能自行决定辞任。我国《信托法》同时规定，对公益信托的受托人辞任另有规定的从其规定。

6. 新受托人的选任权。当受托人死亡、丧失民事行为能力、破产、解散、辞任或被解任等导致其职责终止时，信托关系并不因此而消灭，相反应按照法律规定选任新受托人继续执行信托事务，直至信托依法终止。我国《信托法》第40条对受托人职责终止后新受托人的选任作出了具体规定。其中，依照该条确定的选任新受托人的顺序，如果信托文件中没有规定如何选任新受托人时，则委托人有权选任新受托人。由委托人选任新受托人，有利于信托目的的继续实现，原受托人处理信托事务的权利和义务由新受托人承继。②

7. 对信托事务处理报告的认可权。根据我国《信托法》第41条的规定，受托人被宣告撤销或者被宣告破产，受托人依法解散或者法定资格丧

---

① 由于解任行为将导致被解任人丧失受托人的身份和地位，与信托财产相脱离，所以为慎重起见，各国信托法均规定受托人的解任由有关国家机关根据当事人的申请最后作出决定。如日本《信托法》第47条规定，受托者违背其任务或有其他重要事由时，法院可根据委托者、其继承人或受益者的请求解任受托者。韩国《信托法》第15条也有相同规定。

② 这一点我国和其他国家有所不同。日本、韩国的《信托法》规定，在受托人任务终止时，有关利害关系人需要向法院申请选任新受托人。需要分析的是，如果共同受托人之一职责终止，那么是否发生上述选任新受托人的问题呢？我国《信托法》在第42条规定，共同受托人之一职责终止的，信托财产由其他受托人管理和处分。这似乎意味着不发生选任新受托人的问题，但实际不然，委托人仍可按照《信托法》第40条的规定选任新受托人，由其承继原受托人的地位，信托财产仍由全部共同受托人管理和处分。

失，受托人辞任或者被解任，或者发生法律、法规规定的其他情形，导致受托人职责终止的，受托人应当作出处理信托事务的报告，并向新受托人办理信托财产和信托事务的移交手续。该报告经委托人或者受益人认可，原受托人就报告中所列事项解除责任，但原受托人有不正当行为的除外。这里，对原受托人职责终止时作出的处理信托事务报告的认可权，由委托人和受益人共同享有，并非强调二者意见完全一致，只要其中任何一方认可，而且原受托人无不正当行为需要追究责任，则可以解除该受托人的责任。处理信托事务报告是原受托人与新受托人办理信托财产和信托事务移交手续的重要组成部分，是受托人按照信托文件的要求对信托财产进行管理和处分情况的总的反映，一般应包括对信托财产进行清算的内容和会计核算的内容，其他内容主要依信托性质而定。如果原受托人伪造处理信托事务的账目、隐瞒真实的收支情况、制作不实的处理信托事务报告等，委托人审查认可处理信托事务报告时尚未发现的，则即便办理了信托财产和信托事务的移交手续，原受托人的责任也没有免除。①

8. 特定情形下解除信托权。解除信托权是委托人的一项重要权利，其行使将直接导致信托的终止。一般地讲，信托有效成立后，该信托财产就与委托人未设立信托的其他财产相区别而独立于委托人的财产之外，在信托关系存续期间，委托人无权对信托财产进行支配；另外，信托制度是为受益人利益创设的制度，受益权是信托法上的一项独立权利，因此，原则上委托人无权解除信托。但在特定情形下，法律赋予了委托人解除信托的权利。我国《信托法》第50条规定，委托人是唯一受益人的，委托人或者其继承人可以解除信托。信托文件另有规定的，从其规定。该条规定了自益信托中委托人的解除信托权。在自益信托的情况下，委托人与受益人重合，委托人享有全部信托利益，受托人对信托财产的管理和对信托事务的处分实际上是为委托人谋利益，因此，当委托人认为这种信托关系的存在已不为其所需要时，委托人便可单方将该信托解除。但如果信托文件

---

① 我国台湾地区"信托法"在第50条规定，受托人变更时，原受托人应就信托事务之处理作成结算书及报告书，连同信托财产会同受益人或信托监察人移交于新受托人。前项文书经受益人或信托监察人承认时，原受托人就其记载事项，对受益人所负之责任视为解除。但原受托人有不当行为者，不在此限。日本和韩国的《信托法》作出了与我国台湾类似的规定。其相同点在于办理移交时，对处理信托事务报告的认可权只赋予了受益人或信托监察人（日本和韩国为信托管理人），而我国《信托法》则将其赋予了委托人和受益人。

对委托人的解除信托权进行了限制，则委托人应接受这些条件的约束。在他益信托的情况下，受益人是委托人以外的人，委托人解除信托势必损害受益人的利益，因此，各国信托法对他益信托中的委托人解除信托权均作出了严格的限制，以保护受益人的利益。我国《信托法》第51条对此作出了明确规定。根据该规定，在他益信托中，委托人的解除信托权只限于以下三种情况：（1）受益人对委托人有重大侵权行为。在信托中，受益人是由委托人指定的，其受益权来源于委托人以自己的财产所设定的信托，因此，如果受益人对委托人在人身、财产等方面有重大侵权行为，而仍允许其继续享受委托人为其创设的信托利益，则会构成显失公平，不利于对委托人利益的保护。所以，在这种情况下，委托人有权解除信托。（2）经受益人同意。受益人同意解除信托，体现了信托当事人之间的意思自治，因此法律予以认可。如果受益人人数众多，则应经过全部受益人一致同意，委托人才能解除信托。（3）信托文件规定的其他情形。信托文件中如果规定了委托人的解除信托权的条件，那么条件成就委托人即可以依据该规定行使其解除权，这种解除权实质上是一种约定解除权。

以上是我国《信托法》规定的委托人权利，这些权利都属于法定权利。除此之外，大陆法系国家信托法还赋予委托人就信托财产的强制执行向法院主张异议的权利，如日本《信托法》第16条和韩国《信托法》第2条等。虽然英美法系国家信托法对委托人的权利持否定态度，但其允许委托人在有关的信托行为中为自己保留一定的权利，只要这种保留不违反法律和社会公序良俗，那么就是有效的，委托人就可以依据该保留行使这些权利。一般来讲，允许保留的权利主要有下列五项：（1）履行信托义务的请求权；（2）对受托人的指挥权；（3）对受益人的重新指定与更换权；（4）变更信托权；（5）撤销信托权等。

（二）受托人的法定权利

古今中外，任何信托中都存在受托人。所谓受托人，即在信托中接受委托人的委托或有关国家机关的指定，以自己的名义，为受益人的利益或者特定目的，对信托财产进行管理运用和处分的人。根据我国《信托法》的规定，受托人享有以下权利：

1. 委托他人代为处理的权利。一般情况而言，受托人应当基于委托人的信赖自己处理信托事务。但是，根据意思自治的原则以及紧急情况的需要，法律赋予受托人委托他人代为处理的权利。我国《信托法》第30

条对此作出了明确规定。受托人这一权利的行使主要限于两种情形：其一，信托文件规定了可以由受托人以外的其他人代为处理信托事务；其二，出现了受托人不得已的事由。就前者而言，受托人的这一权利产生于信托合同、信托遗嘱等信托文件的明文规定，属于事前约定；而后者则相反，受托人的权利并非基于其与委托人的事前约定，而主要是出现迫不得已的事由，客观上造成受托人亲自处理信托事务事实上成为不可能，因此法律从保护受益人利益出发，赋予受托人委托他人代为处理的权利。

2. 取得报酬权。我国《信托法》第35条规定，受托人有权依照信托文件的约定取得报酬。信托文件未作事先约定的，经信托当事人协商同意，可以作出补充约定；未作事先约定和补充约定的，不得收取报酬。约定的报酬经信托当事人协商同意，可以增减其数额。《信托法》的该条规定说明，在我国，事先约定和事后的补充约定是受托人取得报酬的前提条件。如果信托文件中没有约定，当事人也不同意向受托人支付报酬的，则受托人无权取得报酬。在商业信托中，该项权利是受托人从事信托营业的最重要的权利。[1] 法官诺尔曼德（Lord Normand）在1954年的一个判例中指出："这个规则不是说，收取报酬一定违背受信人责任，而是说，受托人不应该取得法律或信托文件未授权的任何秘密利润或经济利益。"这意味着，通过委托人的明示规定、制定法的授权等，受托人实际上可以取得规定的报酬。同时，在一些特殊情况下，法院也会允许受托人收取报酬。[2] 从各国的信托实践来看，受托人的取得报酬权一般可通过三种途径行使：一是直接对信托财产行使；二是对受益人行使；三是对委托人行使。在个案中，受托人具体以哪种途径行使该权利，则取决于受托人获得

---

[1] 对于受托人能否取得报酬的问题，信托法的发展历史前后做出了不同的回答。原则上，担任受托人是无偿的，受托人履行职责不能取得报酬，这是英国信托法的一项重要原则。英美法起初的基本规则是，受托人无权要求作为受托人行事而取得报酬。早期判例认为，信托起源于一种高度信任的关系，如果受托人在信托中存在自己的利益，则会与为受益人的利益而经营管理信托财产发生冲突，在有些情况下，信托财产很有可能会被消耗殆尽。学理上认为，受托人不能取得报酬主要基于三点理由：一是如果允许受托人收取报酬，受托人会因这种诱惑而做一些不必要的经营管理工作去谋取更多的收费；二是不容易评估受托人的劳务价值；三是担任受托人职务是自愿的。随着社会经济的发展和商事信托的兴起，在许多情况下，受托人特别是专业受托人都要为自己的服务收取一定的费用。大陆法系国家在继受信托制度的过程中，继受了受托人不得收取报酬的原则，但同时规定了相应的例外情形。

[2] 何宝玉：《英国信托法原理与判例》，法律出版社2001年版，第191页。

这一权利的具体依据。我国《信托法》中没有明确规定受托人能否直接从信托财产中支取其报酬，但结合《信托法》第57条的规定看，既然信托终止时允许受托人在行使报酬给付权时留置信托财产或者对信托财产的归属人提出请求，因此可以推出我国《信托法》允许受托人从信托财产中直接支取其报酬，因为留置信托财产与直接从信托财产中支取报酬是一致的。为避免在具体操作中出现歧义，最可靠的方法是信托当事人在信托文件中或事后约定时就此做出明确的安排。

3. 费用和损失补偿请求权。我国《信托法》第37条规定，受托人因处理信托事务支出的费用、对第三人所负债务，以信托财产承担。受托人以其固有财产先行支付的，对信托财产享有优先受偿的权利。《信托法》之所以这样规定，是因为这些费用和债务并非产生于受托人的固有财产，而是产生于信托财产的管理和处分，受托人系为他人的利益而管理和处分信托财产，故信托财产所负担的费用或债务不应由受托人以其固有财产承担，而应以其管理运用的该信托财产承担，受托人对此费用和损失享有补偿请求权。就补偿的方式而言，《信托法》规定了受托人对信托财产的优先受偿权。[①] 这对保护受托人的利益，调动受托人的积极性，促进信托目的之实现有着重要意义。受托人优先受偿权的法理基础，是信托财产的独立性和受托人的有限责任。

4. 辞任权。我国《信托法》第38条规定了受托人的辞任权。根据该条规定，设立信托后，经委托人和受益人同意，受托人可以辞任。受托人辞任的，在新受托人选出前仍应履行管理信托事务的职责。从该规定可以看出，委托人和受益人的同意是受托人辞任的前提条件，故原则上未经委托人和受益人同意，受托人不得自行决定辞任，这是因为信托是基于当事人之间的高度信赖而存在的法律关系，如果不这样规定，受托人的随意辞任便会导致信托利益的损失，影响信托目的的实现。这里所谓的经委托人和受益人同意，应理解为委托人和受益人的一致同意，如果其中有一方不同

---

① 从性质上看，受托人的优先受偿权是一种物权而非债权，这种制度安排是对受托人费用和损失补偿请求权所提供的一种物权性保护。这是因为，受托人行使该权利时可以直接从信托财产中拨付，信托终止受托人也可以留置信托财产，说明它是一种支配权而非请求权；受托人优先受偿权的行使可对抗一切对信托财产只享有普通债权的债权人，所以它是一种对世权而非对人权；从权利的客体而言，受托人优先受偿权的客体是信托财产，信托财产是物，而不是一定的作为或者不作为；而且，受托人优先受偿权在效力上具有排他性与优先性，这些都是物权的特征。

意,则受托人辞任的条件即未成就。就公益信托的受托人而言,根据我国《信托法》第66条的规定,未经公益事业管理机构的批准,不得辞任。信托法之所以作出这样不同的规定,主要基于两方面的原因:一方面,虽然公益信托是委托人设立的,但是《信托法》在第62条规定,公益信托的设立和受托人的确定,应当经有关公益事业管理机构批准。未经公益事业管理机构的批准,不得以公益信托的名义进行活动。因此,与之相适应,未经公益事业管理机构的批准,受托人也不得辞任。同时,公益信托中的受益人和前述私益信托不同,公益信托的受益人并不确定,表现为不特定的社会公众,因此公益信托受托人的辞任要求受益人同意亦就无从谈起。另一方面,信托目的是通过受托人管理和处分信托财产来实现的,为了确保公益信托目的的实现,以维护社会公众的共同利益,客观上需要加强对公益信托的管理和监督,因此,在公益信托受托人辞任这一环节,有必要让公益事业管理机构适时介入,只有经过该机构的批准,受托人才能辞任。

总而言之,受托人除了享有以上四种权利外,基于信托的本旨,在信托关系存续期间,受托人理应还享有管理、支配、运用以及处分信托财产和处理信托事务的权利。这一权利也同时具有义务的属性,在下文中有关受托人的义务部分再作详述。大陆法系国家的信托法都承认受托人的这一权利,但并未具体确定其内容。[①] 受托人的这些权利在商业信托的权利结构中占据重要位置,通常商业信托多采用格式合同,受托人的这些权利是信托公司等信托机构在合同文本中需要强化或细化的内容,也是委托人在订立信托合同时需要重点关注的内容。

(三) 受益人的法定权利

日本学者将受益人定义为委托人欲使其享有信托利益者或其权利的继受人。[②] 我国台湾学者将其进一步解释为,依信托本旨就信托财产及其管

[①] 英美法系国家则不同,其受托人管理、支配信托财产和处理信托事务的权利一般可从以下规则中得以确定:(1)明示权利,即信托文件中明文确定给受托人的各项权利,只要这些授权不违反法律和违背社会公德,不违背信托目的,受托人便可以享有和行使。(2)默示权利,即信托文件虽无明文授权,但为维护受益人利益和实现信托目的,受托人必须实施某项行为时,视为受托人享有实施该行为的权利。(3)法定权利,即法律明文规定的权利。(4)法院和主管行政机关赋予的权利。法院主要相对于私益信托而言,主管行政机关则相对于公益信托而言。如受托人根据法院或主管行政机关的决定变更信托财产的管理方法的权利,即属于此类。

[②] [日]四宫和夫:《信托法》(新版),有斐阁,平成六年,第307页。

理、处分利益的全部或一部分享有受益权者或其继受人。① 我国《信托法》第43条第1款对受益人这一概念的定义是，受益人是在信托中享有信托受益权的人。至于什么是信托受益权，《信托法》并未进一步解释。相比较而言，日本学者的定义更为简明扼要，也更为准确一些。

在信托中，受益人的权利又可称为信托受益权，有狭义和广义之分。狭义的受益权，即受益人所享有的对信托财产的收益权。广义的受益权，除了包括收益权外，还包括附随着收益权以保护受益人利益的其他权利，具体有八项，即信托执行知情权、信托财产管理方法调整请求权、救济权（包括撤销权、返还财产请求权、恢复原状请求权以及赔偿损失请求权）、解任权、受托人辞任的同意权、新受托人的选任权、对信托事务处理报告的认可权、特定情形下解除信托权等，我国《信托法》第49条的规定明确了受益人的这些权利。受益人所享有的上述八项权利，属于法定权利，其内容和前述委托人的权利内容完全一致，因篇幅所限，这里不再赘述。需要注意的是，受益人在行使这些权利时，如果与委托人意见不一致，则可以申请人民法院作出裁定。

日本学界对受益权的性质一向就有债权说和物权说之争。债权说主要从民法上物权与债权两分的观点出发，主张受益人对信托财产并无直接的支配利用权，且仅对受托人有作为请求权或对信托财产有给付请求权。② 物权说则从受益人享有撤销权以及信托财产具有独立性等观点出发，认为受益人不仅对信托财产有给付请求权，同时也享有物权性的权利，并非单独的债权。③ 在我国台湾地区，有学者提出，受益权类似于以信托财产为担保的法定留置权或准物权，其性质犹如海商法的船舶优先权，可以行使物权的追及权及撤销权，他人不得否认。而且一经登记公告，足以保护第三人，第三人不致因之受损。④ 还有的学者认为，受益权是信托受益人对于信托受托人的债权，同时也是对于信托财产的一种物权。⑤ 可见，在受益权的性质问题上可谓仁者见仁，智者见智。

---

① 赖源河、王志诚：《现代信托法论》，台北五南图书出版公司2002年版，第81页。
② [日] 新井诚：《财产管理制度 民法 信托法》，有斐阁1990年版，第50页。
③ [日] 四宫和夫：《信托法》（新版），有斐阁，平成六年，第76—77页。
④ 何孝元：《信托法之研究》，《中兴法学》第10期，第17页。
⑤ 许耀东：《信托制度之研究——兼论我国信托事业之回顾与前瞻》，文化大学法律研究所硕士论文，1984年，第84页。

笔者认为，从我国《信托法》的现行规定来看，很难用传统民法的二分法来诠释受益权的性质。首先，受益权是由信托关系的本旨所派生的一系列权利，该本旨要求通过由受托人执行信托来使受益人获益，从而使得该权利成为信托关系的内容之一；其次，受益权属于法定权利，在信托关系存续期间不能人为消灭，否则信托关系便无法继续存在；最后，受益权是由受益人的收益权派生而来，受益权中的其他权利依存于或从属于该权利，并且服务于该权利，从而形成受益权的内在体系。判断受益权的性质不能割裂信托关系的基本结构及其功能，信托是为他人管理财产的制度，与其他传统的管理财产制度相比较，其最大优点和特征在于赋予受托人管理权限的同时，亦对享有信托利益的受益人安排了诸多保障措施，使委托人、受托人以及受益人的债权人不得对信托财产有所请求或主张，如果受托人违反信托本旨处分信托财产，受益人则可通过撤销权的行使借以恢复该信托财产。因此，从法律上界定受益权的性质，不能忽视和割裂信托关系的基本结构和功能，同时也不能脱离我国现行法律制度的基础和前提。这是一个必须坚持的原则。如果将受益权解释为债权，那么就不应赋予受益人过多的保障，否则会过度破坏债权平等的原则；相反，如果将受益权解释为物权，虽然比较符合保障受益人的立法政策，但却与传统物权法的体系难以吻合。如前文所述，信托作为一种特殊的财产管理法律制度，其特色在于其独特的法律构造，而这种法律构造的独特性集中体现为信托财产权在信托当事人（即委托人、受托人、受益人）间创设的复杂的财产法上的权利义务关系。如同公司法人财产权独立一样，信托财产权的独立是信托业进一步发展的必然要求。对于信托财产权法律性质的研究，应将其作为一个独立的概念来使用，并使之区别于其他民事权利。在信托财产权中，受益人享有的是收益权，根据这种权利，受益人享有受取信托财产利益的权利，同时还享有监督权、撤销权和追及权等。因此，完整意义上的受益权（即广义受益权）只是信托财产权中的一项内容，应将其放在信托财产权这一独立的财产权概念中去考察。确立这一原则在信托实践中具有重要意义，比如信托税收问题，只有从整体上考虑信托收益的归属，才能避免重复征税。[①]

[①] 参见徐孟洲主编《信托法学》，中国金融出版社2004年版，第170—171页。

至于共同受益权问题，我国《信托法》第45条对共同受益人[①]享受信托利益作出了专门规定。依据该规定，共同受益人按照信托文件的规定享受信托利益，信托文件对信托利益的分配比例或者分配方法未作规定的，各受益人按照均等的比例享受信托利益。这里，共同受益人之间依据信托文件的具体规定享受信托利益，实际上是尊重和保障委托人设立信托时对受益人享受信托利益的最初设计。委托人在信托文件中可以根据需要设计多种共同受益人享受信托利益的方式。比如，在受益期限上，既可以设计由部分受益人或全部受益人终生享受信托利益，也可以设计由部分受益人或全部受益人在一定期间内享受信托利益；在受益范围上，既可以设计为部分受益人是本金受益人，也可以设计为是收益受益人；在对信托利益的所有形式上，共同受益人可以是共同所有，也可以是按份所有抑或分别所有。总之，具体采取何种方式由委托人自由选择确定。

这里需要明确的是，信托受益权被转让后，原受益人还能不能向信托公司进行索赔？如前所述，受益人所转让的信托受益权是一项独立的财产性权利，尽管受益权中包含了非财产性权利，但这些权利已经通过受益人的转让行为一并被转让了出去。这也就意味着，受让人基于受让受益权而取得受益人身份后也已经一并取得这些权利，当然可以行使保障信托的各项非财产性权利。已经出让信托受益权的原受益人退出信托，故不能再依据《信托法》第22条向信托公司行使损失赔偿请求权。

第三节　商业信托产品的义务结构

一、从"义务"到"商业信托义务"

（一）对"义务"与"法律义务"的解读

谈及"义务"一词，通常有两个意思：一是与权利相对，指政治上、法律上、道义上应尽的责任；二是指做事不要报酬。在法律上，义务是权

[①] 在一个信托中，受益人有两个或两个以上的即为共同受益人。

利的关联词或对应词,两者相辅相成,有权利即有义务,有义务即有权利。义务一词在英语中,一般是 duty,但它和 responsibility, liability, obligation 等词极易相混。义务也有法律、道德、宗教、习惯、其他规章等意义上的义务,本部分的内容仅指法律意义上的义务,即由国家规定或承认,法律关系主体应这样行为或不这样行为的一种限制或约束。这就是说,法律或者积极地规定或承认人们必须这样行为,或者消极地规定或承认人们不应这样行为。对承担义务者来说,前一情况是行为的义务,后一情况是不行为的义务。①

尽管义务就意味着"应当",但并不是说所有的"应当"都是义务,或者说并不是在所有的使用"应当"一语的场合都意味着强加人以义务,或给人判归义务。有学者指出,作为义务的"应当"所指向、联系着的行为是尚未作出的行为,是观念中的行为,而不是实际已经作出的行为或正在作的行为。通过"应当"一语所表达出的社会需要、愿望、要求,对于每一个义务人来说都形成一种无形的压力。每一个企图与社会合作、在社会中生活的义务人面对这种"应当",他无从选择,只有约束自己,按照"应当"一语所指示的行为去行事。② 义务有道德义务和法律义务之分。各种具体的道德义务产生于各种细致的道德要求,各种具体的法律义务则产生于各种细致的法律要求。在一种情况下,人们有义务按道德原则行事,服从道德规则,培养各种道德美德并将它们付诸实践;在另一种情况下,人们有义务服从法律规则,并按法律原则行事。③ 对法律义务而言,义务的依据可以从表象上和实质上两个层面进行考察,其中,表象上的法律义务源于法律规则,而实质上的法律义务则源于社会的评价和义务人的承诺。其实,"义务来源于规则"和"义务来源于承诺"这两种说法是统一的。"义务来源于规则"这种说法并没有错,但这只是对义务来源的浅表性解释,就实质而言,义务来源于社会的共同性评价和义务人的承诺。④

从学界来看,关于法律义务概念的界定方式一直是多种多样的,但归

---

① 沈宗灵:《权利、义务、权力》,载《法学研究》1998 年第 3 期。
② 张恒山:《义务、法律义务内涵再辨析》,载《环球法律评论》2002 年第 4 期。
③ [英]米尔恩:《人的权利与人的多样性——人权哲学》,夏勇、张志铭译,中国大百科全书出版社 1995 年版,第 35 页。
④ 张恒山:《义务、法律义务内涵再辨析》,载《环球法律评论》2002 年第 4 期。

纳起来大体上有如下几种[①]：(1) 资格说对义务的界定。该学说主张权利等同于资格，做某事的权利等于做某事的资格。按照这种理解，权利意味着"可以"，义务意味着"不可以"。(2) 主张说对义务的界定。该学说用主张来解说权利，认为权利人可以有效地或强制地主张、要求或坚持对某物占有，或主张、要求返还某物，或主张、要求承认某行为（某种事实）的法律效果。按照这种理解，义务就是被主张的对象或内容，即义务主体适应权利主体要求的作为与不作为。(3) 自由说对义务的界定。该学说认为，权利使权利享有者具有意志的自由以及这一自由的外部表现——行为自由。而义务则意味着主体的不自由，包括意志不自由和行为不自由。(4) 利益说对义务的界定。该学说把权利理解为法律所承认和保障的利益，不管权利的具体客体是什么，对权利主体来说，它总是一种利益或包含某种利益。而义务则是负担或不利。(5) 法力说对义务的界定。该学说把权利理解为法律赋予权利主体的一种用以享有或维护特定利益的力量。义务则是对法力的服从，或为保障权利主体的利益而对一定法律结果所应承受的影响。(6) 可能说对义务的界定。该学说认为权利乃是权利人做出一定行为的可能性，要求他人履行义务的可能性以及要求国家机关给予协助和保护的可能性。而义务是法律所决定的和用国家强制力来保证的一定行为的必要性。(7) 规范说对义务的界定。该学说的中心意思是，权利是法律所保障或允许的能够做出一定行为的尺度。与其相对应，义务被解释为法律为了满足权利人的权利需要而要求义务人做出必要行为的尺度，其未履行构成法律制裁的理由或根据。(8) 选择说对义务的界定。该学说以权利人的选择优于义务人的选择来解说权利。这种选择包括行为的选择和免除义务人的义务与法律责任与否的选择。而义务主体则无选择的自由。

以上只是法律义务概念中最为常见、最有代表性的几种。而严格说来，每个研习法律的人都会形成自己的法律义务概念，原因在于定义者的目的、视角有所不同，但这只是初层的原因。深层原因在于定义者对法律这个概念的解读不同，不同的法律解读会形成不同的法律义务观念，当然

[①] 张文显：《法学基本范畴研究》，中国政法大学出版社1993年版，第74—81页。也参见张恒山《义务先定论》，山东人民出版社1999年版，第82—86页。

也就会有不同的法律义务的定义。①

也有学者指出,义务是人们在特定社会中通过利益的反射所付出的成本,是以期望和信任关系为依托,并以规范化了的行为为表现的自我职责和社会职责的统一体。② 这种看法和上述关于义务依据的分析保持了一致,而且更容易解释商业信托中的法律义务问题。可是问题在于,我们经常所说的法律义务并不仅仅是在规则中以观念状态存在的法律义务,而是指在社会中实际发挥作用的法律义务,即在法律义务的价值状态、规则状态和社会事实状态之间相互冲突,经由有权解释者解释而形成的法律义务。这种冲突是"应当"与"是"之间的冲突,即价值的"应当"与规范存在形式的"是"之间、规范内容要求的"应当"与事实存在形式和内容的"是"之间的冲突,也就是说在价值、规范和事实之间依次存在冲突。③ 这个问题在商业信托的义务结构中同样存在,进而表现为权利与义务之间形成进一步的冲突。比如受托人亲自管理义务与受托人授权他人管理信托即存在着义务与权利的冲突,而这种冲突源自于受托人亲自管理义务和忠实义务之间存在着一定的冲突。如何加深对商业信托义务冲突的理解,如何解决其中的义务冲突甚或是义务与权利的冲突,是对商业信托产品的权义结构进行研究时无法忽视的重要问题。

有学者指出,从义务本位到权利本位是法的发展规律。④ 法律对权利的关注,体现了法的"自由价值观",说明法把对人的意志自由、选择自由、个体生动全面的独立发展、社会效率等"积极意义"作为法的"本体价值"或"内在价值",而法律对义务的关注,则体现了法的"秩序价值观",意味着法把社会秩序作为法的最高价值或本体价值,并强调从无序状态到有序状态的生成路径以及义务的功能作用。笔者认为,即使身处"权利本位"的时代,也不能忽视对"义务"的研究,更不能忽视"权利"和"义务"之间的辩证统一及其相互转化和承接。

---

① 张成元:《法律义务概念的定义式解读》,载《当代法学》2003 年第 3 期。
② 张江河:《对权利和义务问题的新思考》,载《法律科学》2002 年第 6 期。
③ 钱大军、张新:《法律义务冲突初论》,载《法制与社会发展》2009 年第 3 期。
④ 张文显:《从义务本位到权利本位是法的发展规律》,载《社会科学战线》1990 年第 3 期。

(二) 商业信托义务的本质属性及其重要特征

信托是一个经济利益的联合体,由此产生一个可以从委托人聚集资产,由受托人持有并管理该资产以便使受益人确实受益的法律机制。换言之,信托是指由信托设立人建立的一种法律关系,发生在已为一名受益人的利益或其他特殊目的设立资产并将其置于受托人的控制之下的时候,成为施加在受托人身上的义务或义务的集合。这样一个法律机制要求受托人遵守谨慎人规则,注意信托投资的多样化和适宜性,并在委托投资管理权的过程中履行相应的义务。① 商业信托的受托人是职业受托人,同时也是机构受托人,其经营行为直接关系到信托市场秩序,因此商业信托中的义务更多集中在受托人身上,受托人的经营行为受到了监管机构的严格审视和监督。虽然商业信托义务只是信托法律义务中的一小部分,而且其义务依据既可以表现为信托法律规则,也可以表现为信托合同的约定或信托遗嘱,但从对该义务的设定看,其与民事信托相比,不但数量更多、更新更快,而且标准更高、专业更强。

1. 商业信托义务首先是一种意定义务,并主要属于合同义务。通常,商业信托当事人签订商业信托合同是商业信托义务产生的必要前提,商业信托合同是确定和判断商业信托义务内容的重要依据。在契约自由原则下,义务人所承受的约束和负担,并不是权利人强加的,而是义务人认可和同意的。可以说,合同义务的本质是义务人在自律基础上的自利。虽然从静态上讲,合同义务的承担对义务人而言是不利益,是利他,但从主观上,从动态上讲义务人是出于自利。由于义务人的自利而导致了利他的客观效果,但这种客观效果只是义务的表象,自利才是合同义务的本质所在。② 合同义务主要是合同当事人约定的义务,但现代合同法上的合同义务来源多样化,导致违约责任概念的改变。传统合同法认为仅仅只是当事人约定的义务才能称为合同义务,违反约定的义务才是违约责任。现代合同法认为,以下两种义务也是合同义务:一是法律规定的当事人必须遵守的强行性义务;二

---

① 黄人杰:《对受托人信托投资义务的若干思考》,载《对外经济贸易大学学报》2004年第1期。

② 向甬:《论合同义务的本质》,载《法学》1999年第9期。

是附随义务。① 因此，商业信托合同义务并不局限于商业信托合同的约定，法律的强制性规定以及合同的附随义务也是其重要的表现形式。尽管如此，这些义务的合同义务属性并未因其受到法律的强制性规定而改变，对信托法和合同法等法律法规的适用也不存在任何障碍。

2. 商业信托义务是一种结构化的义务，并主要表现为受托人的义务。如同前述的商业信托权利一样，信托关系的特殊内部构造是商业信托区别于代理等法律制度的重要特征，委托人、受托人和受益人之间在享有各自权利的同时，也互相负担着彼此应尽的义务。对商业信托而言，不管是在财产管理和融资安排领域，还是在公司治理、商事活动以及社会公益等领域都表现如此。商业信托设立的目的同样是为了受益人的利益，受托人在受让了信托财产之后，即担负起专业经营、管理和运作信托财产的重任，并负有向受益人支付信托利益的义务。信托公司作为职业受托人，其被特许以信托法律关系展业，就是对委托人和受益人的一个承诺，一种信用。信用的本质是承诺及其兑现，是面向未来的，承诺和兑现的标的物在不同领域是不同的，在金融领域就是未来现金流。而承诺是否能够兑现，包含履约意愿和能力分析与机制设计两个方面。② 商业信托一旦成立并生效，受托人即实际支配信托财产，受益人的权利保障完全依赖于受托人的义务履行，因此受托人所负担的善良管理人义务便构成商业信托义务的核心内容。为保护受益人不为受托人自由裁量权的滥用所袭，信托法、商业信托合同等即有必要详细规定和约定受托人的义务，为受托人确立规范的行为准则。信托的现代演进促成了商业信托的产生与广泛应用，商业信托扩张了受托人的职权，推动了受托人义务的演变，使受托人注意义务和亲自管理义务从僵化走向灵活。受托人义务的演变本质上体现了商业信托灵活性与受益人利益最大化的契合。我国信托立法未能适应商业信托的特殊性，在受托人注意义务和亲自管理义务的规定上存在不足，因此有必要在借鉴

---

① 附随义务基于诚信原则而产生，体现在合同的履行及合同终止之后。通说认为，附随义务的形成，其理论基础为诚实信用原则。合同当事人很难在合同中约定附随义务的内容，而诚实信用原则的内容具有抽象性和效力的强制性，从而为确认与履行扩延合同义务提供了相应的模式。诚实信用原则使得合同当事人应当履行的义务从给付义务扩张到以前仅停留在道德层面的通知、协助、保密等义务，甚至还扩张到合同关系以外的第三人。

② 汪其昌：《可置信的承诺：受托人义务与信托公司资本金》，载《金融管理与研究》2011年第2期。

域外商业信托受托人义务演变经验的基础上，完善我国受托人注意义务和亲自管理义务的相关规则。① 更进一步说，对受托人义务的强调和规范，也是保护委托人信赖利益的重要支点。在这一方面，商业保险为此提供了有益说明。在商业保险中，就如何维护投保人的信赖利益这一问题，理论上存在三种方案，即扩大合同成立的可能性、认定存在先合同义务以及扩大保险人的侵权责任范围。通过合同法或侵权法的一般原则来保护投保人的信赖利益均有可能侵蚀合同自由原则。相对而言，先合同义务理论实际上是一种理性平衡裁判术，在类型化的限制之下，既可维护合同自由，又可实现个案正义。② 其实，对于商业信托而言，其义务结构安排是否妥当同样关系到委托人或投资人的信赖利益保护，先合同义务应该成为维护信托合同当事人利益尤其是委托人利益的重要制度安排，并以缔约过失责任作为基本保障。笔者认为，对商业信托义务的规范，必须从信托结构入手，深刻认识商业信托义务的结构化特质，避免过分关注受托人义务，造成对委托人义务或受益人义务的漠视和偏废。

3. 商业信托义务是一种格式化的义务，具有一系列的衡量标准。格式合同的应用在商业信托实践中十分普遍，这些格式合同把商业信托义务在格式化处理的基础上，使相应的法律标准和监管标准转换成为合同条款，从而为信托当事人行使权利、履行义务提供了具体依据。适用于信托合同的所有法律标准和监管标准构成了商业信托义务的一系列衡量标准，这些标准作为强制性标准使得信托公司等受托人在制定格式合同时必须予以保留和接受，商业信托义务因此便具有了一定的标准化色彩和特征。换言之，存在于信托法中的关于信托各方当事人权利义务的规定，不仅应当是委托人与受托人在订立信托合同时所具备的共识基础，而且还明确是作为一套关于这种合同的标准化条款存在。这套标准化条款在签订信托合同时便为委托人与受托人接纳，并随着这一签订行为而进入其中，成为这种合同中规定其当事人与第三人权利义务的条款，并将存在于其中的权利或义务，分别授予该合同的有关当事人或第三人。③ 有学者指出，像这样一

---

① 陈杰：《论商业信托受托人义务的演变及对我国的启示》，载《河北法学》2014年第3期。
② 易在成、彭岳：《投保人信赖利益保护问题》，载《社会科学》2012年第5期。
③ 王文宇：《信托法原理与商业信托法制》，载《法学论丛》（台湾大学）2000年第2期。

套存在于信托合同中的标准化条款，具有合同默示条款的性质，而且还是作为法定默示条款存在，致使为这些标准化条款设定的权利义务也相应地作为默示权利义务存在于这种合同之中。当然，因进入其中而成为信托合同规定的权利义务，并不意味着这些来源于信托法的权利义务原来所具有的法定权利义务性质归于丧失，即在进入信托合同后，这些权利义务便具有了法定权利义务与合同权利义务的双重性质。① 反过来看，商业信托义务构成了信托法和信托业法的重点内容，是我国信托法完善和信托业监管立法的重心所在。

总之，商业信托义务的结构化特征和标准化特征与其合同义务属性密切关联。商业信托一旦合法成立，信托财产即不再是委托人的个人财产，信托财产便独立于委托人。这样的制度安排使信托财产为受托人所有，由受托人占有、管理与处分，受托人在全面履行信托义务后却不能对其所有的信托财产享有任何经济利益。而且，其对信托财产的所有与管理还会受到商业信托合同所列明的信托目的和委托人授权范围的限制。受益人对信托财产不享有所有权，包括不能占有与管理信托财产，但其对信托财产却享有其上的所有经济利益；受益人依委托人的指定虽对信托财产享有所有的经济利益，但其对信托财产经济利益的享有并不能直接行使，其对信托财产经济利益的享有必须依附于受托人对信托财产分配权的行使。信托制度的安全价值在于为受益人的利益提供法律保障，从而使财产之所有与利益得以分离，信托制度给受益人利益提供的法律保障是通过对受益权的确认与受托人义务的法律化完成的。信托立法应以信托目的的实现与受益人利益的保护为中心，将各种可能对信托目的与受益人利益构成侵犯的机会主义行为与道德风险一概纳入法律规范的范围，并随社会的发展及时将各种新型的对信托目的与受益人利益构成侵犯的行为补充进去，以不断完善受托人的法律义务，切实保障各类信托受益人之利益。②

二、我国《信托法》义务结构的检视

（一）委托人义务的嵌补

我国《信托法》着重从委托人的权利角度作出了相关规定，对委托

---

① 张淳：《信托合同论——来自信托法适用角度的审视》，载《中国法学》2004年第3期。
② 刘正峰：《信托制度基础之比较与受托人义务立法》，载《比较法研究》2004年第3期。

人的义务并未具体言及。一些人认为，在信托关系存续期间，信托财产的管理、支配以及一切信托事务的处理均由受托人承担，因此委托人除了提供信托财产外无须承担任何义务。这种观点实际上有失偏颇。尽管信托关系原则上排除了委托人管理信托财产和处理信托事务的可能性，但这并非意味着委托人可以不承担任何义务。作为信托当事人一方，委托人在信托关系存续期间除了享有前述有关权利外，同时也承担着一定的义务，而且这些义务是否被其实际履行对受托人管理运用信托财产以及处理信托事务有着直接关系，对于信托关系的存在和发展也有着较大的影响。

笔者认为，就完善我国《信托法》而言，对委托人义务作出适当规定是正视信托义务结构化特征的必然选择。概括起来，委托人义务主要有如下几项：①

1. 移转信托财产的义务。信托成立有赖于委托人提供信托财产，因此信托依法设立后，委托人应将信托财产移转给受托人，信托财产的所有权同时转移。信托财产的移转应适用民法中物权设立和移转的规则，委托人设立信托，必须按照信托财产的类别，遵照法律、行政法规所规定的形式和程序移转信托财产和信托财产所有权，对于需要办理登记等公示手续的则必须依法办理。在遗嘱信托中，因为委托人已经死亡，所以应由遗嘱执行人或委托人的继承人负责完成该项工作。

2. 支付报酬的义务。在信托关系中，委托人负有按照法律规定或信托行为的约定向受托人支付报酬的义务，该义务和受托人就其执行信托获得报酬的权利相对应。受托人对于其报酬权一般可以通过三种途径行使，即直接对信托财产行使、对受益人行使和对委托人行使。具体采取哪种途径主要依据产生其报酬权的法律规定或信托行为的约定。因此，就某一具体的信托关系来说，如果法律或信托行为规定或约定了受托人享有就自己执行信托获得报酬的权利，而且还规定了这一权利应当对委托人行使，那么委托人就负有向该受托人支付相应报酬的义务。

3. 赔偿损失义务。委托人违反信托合同的约定，单方解除信托关系而给受托人造成损失的，如委托人解除信托造成受托人报酬的减少等，委托人应当负责赔偿受托人的损失。

4. 不干涉受托人处理信托事务的义务。除非委托人在信托文件中保

---

① 徐孟洲主编：《信托法学》，中国金融出版社 2004 年版，第 144—145 页。

留了对受托人执行信托的指挥权,否则不得干涉受托人处理信托事务。

5. 费用补偿义务。受托人因处理信托事务而由自己垫付的费用或蒙受的损失等,委托人负有补偿的义务。

(二) 受托人义务的完善和补充

由于受托人在信托中居于核心地位,信托目的之实现主要通过受托人管理运用信托财产以及处理信托事务来进行,因此,为了有效保护受益人的利益,约束受托人的行为,我国《信托法》在受托人一节中首先确立了受托人处理信托事务的基本原则,即为受益人的最大利益行事,同时着重规定了受托人的各项义务以及违反义务所应承担的民事责任,从而建立了对受托人行为的法律约束和监督机制,同时也确立了受托人义务的基本标准。

1. 诚实、信用、谨慎和有效管理义务。[①] 受托人的这一义务可以具体分解为以下三个方面:一是诚信义务,这是我国《信托法》规定的受托人的首要义务,和受托人的忠实义务具有密切的联系。它不但确立了受托人的各项具体义务,如禁止自我交易、自己处理信托事务等,而且为法院审理信托纠纷,补充法律之不足,提供了基本依据。二是谨慎义务,该义务要求受托人处理信托事务时,要同处理自己的事务一样警惕、小心,要依照信托的本旨,履行善良管理人的注意职责。需要强调的是,受托人在履行善良管理人的注意义务时,要达到其所从事的职业或所处阶层应该普遍要求达到的注意程度,而不只是承担一般人的注意义务。受托人若是专门从事信托职业,如信托公司、信托银行等,则应具备该职业所要求的高度的注意能力。三是有效管理义务。该义务要求受托人根据信托合同或信托遗嘱等信托文件的规定,以信托财产的独立性为前提,采取积极而有效的措施,对信托财产进行管理和运用,努力实现信托目的。在信托法中,该义务又派生出受托人的亲自管理义务、分别管理义务、账簿备置义务等。

2. 忠实义务。即受托人要忠于信托,不谋私利,真心诚意地处理信托事务,不得有损于信托关系所依存的信赖基础。我国《信托法》对受托人的忠实义务主要规定在其第26、27和28条中,这些条文从不同的角

[①] 我国《信托法》在第25条第2款规定,受托人管理信托财产,必须恪尽职守,履行诚实、信用、谨慎、有效管理的义务。

度对受托人的忠实义务进行了厘清。这主要体现在：(1) 受托人在管理和处分信托财产的过程中，只能取得约定的报酬，而不能利用信托财产为自己谋取任何利益。① (2) 禁止受托人将信托财产转为其固有财产。② 这样，一方面可以避免信托财产的利益和受托人个人利益之间直接发生冲突；另一方面与受托人的分别管理义务相呼应，从而保持信托财产的独立性，使整个信托财产的管理活动始终有利于信托目的的实现。(3) 禁止受托人自我交易，受托人在处理信托事务时，既不能使自己得利，也不能使第三人获得不当利益。③ 当然，自我交易并非必然导致利益上的冲突，当自我交易以公平交易的形式出现时，则可以满足受益人的利益最大化要求，因此也就存在着一定的例外。不过，作为自我交易例外的公平交易，需要满足两个条件：一是信托文件另有规定，或者委托人或受益人同意；二是以公平的市场价格进行交易。只有同时具备这两个条件才能适用该例外规定。

3. 分别管理义务。由于信托财产具有独立性，因此受托人应将自己的固有财产与信托财产分别管理，如果受托人同时受托管理数个信托财产，则各信托财产彼此独立，受托人亦应就各信托财产分别管理。分别管理是受托人有效管理信托财产和处理信托事务的必然要求，因此属于受托人有效管理义务派生出的一项义务。④ 分别管理不应只是一种观念上的区别管理，在具体的操作方法上应视信托财产的种类不同而有所差别，我国《信托法》对此没有作出明确的规定。在判断受托人是否妥善履行分别管理的义务时，应视信托财产的不同种类，依信托目的以及社会的一般观念

---

① 我国《信托法》第26条规定，受托人除依照本法规定取得报酬外，不得利用信托财产为自己谋取利益。受托人违反前款规定，利用信托财产为自己谋取利益的，所得利益归入信托财产。

② 我国《信托法》第27条规定，受托人不得将信托财产转为其固有财产。受托人将信托财产转为其固有财产的，必须恢复该信托财产的原状；造成信托财产损失的，应当承担赔偿责任。

③ 我国《信托法》第28条规定，受托人不得将其固有财产与信托财产进行交易或者将不同委托人的信托财产进行相互交易，但信托文件另有规定或者经委托人或者受益人同意，并以公平的市场价格进行交易的除外。受托人违反前款规定，造成信托财产损失的，应当承担赔偿责任。

④ 我国《信托法》第29条规定，受托人必须将信托财产与其固有财产分别管理、分别记账，并将不同委托人的信托财产分别管理、分别记账。

加以综合判断，应避免过分机械地处理。

4. 亲自管理义务。信托关系的产生，离不开委托人或有关国家机关对受托人的信赖，受托人本身所具有的人格、能力、信誉等在其中起着至为重要的作用。一定意义上可以说，信托关系就是信赖关系。因此，原则上受托人应当亲自处理信托事务，恪尽职守，尽心竭力，以不辜负委托人或有关机关的信赖。[①] 所谓的亲自管理义务，并不是绝对的，一成不变的，相反它只是原则性的。亲自管理义务亦源自有效管理义务，是有效管理的一种内在要求。亲自管理义务的法定例外情形主要有两种：一是信托文件另有规定；二是受托人有迫不得已的事由，无法进行亲自管理。在后一种情形中，受托人可以不经委托人或受益人同意，委托他人代为处理，但受托人事后应履行通知等附随义务。

5. 保存记录义务。在信托活动中，受托人应依信托本旨，为受益人利益或者特定的信托目的，以善良管理人的注意，管理信托财产，处理信托事务，而且法律要求受托人要将信托财产与其固有财产以及其他信托财产分别管理，分开记账，以免混淆。[②] 受托人的这一义务与前述分别管理义务密切联系在一起，从信托依法成立时起，受托人就应编制信托财产目录、设置信托账簿、建立信托执行档案，妥善保管各项信托文件资料，包括信托合同、信托遗嘱、各种与信托有关的生产和经营合同、公函、表格、传真、信件、电子邮件以及各种票据、有价证券等。受托人只有保存好处理信托事务的完整记录，才能使委托人和受益人及时、全面地了解和掌握信托事务的执行情况，更好地发挥信托制度中监督制约机制的作用，确保受益人利益以及信托目的的实现。

6. 定期报告义务。所谓的定期报告，意思是受托人应在规定的时间进行报告，具体日期和次数可由信托当事人在信托合同或其他信托文件中进行约定。一般来讲，一年至少应报告一次。对于受托人因此而出现的花费，应记入受托人因处理信托事务所支出的费用，由信托财产承担；受托

---

① 受托人的此项义务规定在我国《信托法》第30条。该条规定，受托人应当自己处理信托事务，但信托文件另有规定或者有不得已事由的，可以委托他人代为处理。受托人依法将信托事务委托他人代理的，应当对他人处理信托事务的行为承担责任。

② 我国《信托法》第33条第1款规定，受托人必须保存处理信托事务的完整记录。

人以其固有财产先行支付的,对信托财产享有优先受偿的权利。① 受托人的这一义务是和《信托法》第 20 条以及第 49 条所规定的委托人和受益人的信托执行知情权相对应、相配合的,当委托人或受益人行使其信托执行知情权时,有权要求受托人作出说明,受托人有义务向其报告信托财产的管理运用、处分及收支情况。

7. 依法保密义务。在信托执行过程中,受托人可能获悉有关委托人和受益人的个人隐私或不为外界所知悉的有关商业秘密等,即便其获得的是并不属于商业秘密的技术信息和经营信息,但因它对委托人和受益人而言具有实际的或潜在的经济价值,受托人应负保密义务;对于自己处理信托事务的情况和资料等,受托人同样应负相应的保密义务,不能随意向他人披露。② 然而《信托法》对于受托人违反该保密义务的责任却并未言及。笔者认为,对受托人来讲,保密义务是一项法定义务,违反保密义务时应按照信托合同或信托遗嘱的规定,承担相应的违约责任或承担侵权责任,给委托人或受益人造成损失的应负责赔偿损失。

8. 支付信托利益义务。在信托中,既然受托人系依信托本旨,为受益人管理和处分信托财产,故信托财产的利益和损失,均应归于受益人。从我国《信托法》的规定来看,信托财产的利益归属于受益人,除信托文件另有规定以外,受益人自信托生效之日起便享有信托受益权。③ 受益人所得到的信托利益,通常可以被分为信托收益和信托本金两类。其中,信托本金是信托成立时的信托财产本身,信托收益则指受托人管理运用信托财产所得到的收入。受托人对于受益人的责任为有限责任,受托人仅于信托财产的范围内负有履行支付信托利益的责任。④

从实践看,我国《信托法》对受托人义务的规定尚存在一些不足,需要进一步修改和完善。比如,该法对谨慎义务的内容规定欠明确,这在

---

① 我国《信托法》第 33 条第 2 款规定了受托人的定期报告义务,即受托人应当每年定期将信托财产的管理运用、处分及收支情况,报告委托人和受益人。

② 受托人对委托人、受益人以及处理信托事务的情况和资料负有依法保密的义务,我国《信托法》在第 33 条第 3 款对此作出了明确的规定。

③ 我国《信托法》第 34 条规定,受托人以信托财产为限向受益人承担支付信托利益的义务。

④ 值得注意的是,如果受托人违反信托目的处分信托财产或者违背管理职责、处理信托事务不当致使信托财产受到损失的,则应恢复信托财产的原状或者赔偿损失。此时受托人对受益人承担的是无限责任,受托人须以自己的固有财产赔偿。

信托制度已被广泛作为投资理财工具的现代市场经济条件下，显然不利于对受托人进行有效的约束。为此，在商业信托中，可以结合信托目的、信托条款、技能需求等因素，将谨慎投资义务的标准进行客观化处理。在评价受托人是否遵守谨慎义务时，应以行为而非结果为标准，即根据受托人作出决定或采取行动时的事实和情况来判定。另外，也应明确规定受托人违反谨慎投资规则所应承担的责任。又如，在亲自管理义务方面，该法对所谓的"不得已事由"缺乏具体解释，导致受托人对其转委托行为缺乏合理的预见性，为此应细化受托人转委托的要件。从受托人利益最大化原则来看，受托人亲自管理义务应该缓和，应赋予受托人授权他人代为管理信托事务的自主权，并将受托人转委托的责任限定为对第三人的选任和监督执行信托事务的责任。若委托人和受托人通过信托文件约定加重或减轻受托人转委托的责任的，应从其约定。

具体到商业信托，信托公司等职业受托人在商业信托中的地位举足轻重，但其不应当被看作是具有超前意识的人。就拿"刚性兑付"来说，这一做法的实质在于通过将保证信托产品收益的担保义务附加于作为信托合同受托人一方的信托公司，从而吸引投资者将资金投向信托行业。这一制度为投资者营造了一个"零风险、高收益"的神话，也直接推动了我国信托业的繁荣发展。但根据信托法关于受托人谨慎义务的规定，受托人应当达到为他所从事的职业或他所在社会阶层一般所要求达到的注意或谨慎义务。受托人尽到了谨慎义务所要求的程度，就不应当被认为存在过错。因而，为受托人附加明显高于谨慎义务的保证收益的义务，在法理上同样违反了信托法关于受托人义务的规定。[①]

总之，人们不能孤立地看待受托人的投资和管理决策，而应当把它作为一个信托投资组合的整体来看待。因为单独地看待一项投资，其可能被认为风险太大而构成违约，而把它与其他投资联系起来看待则可能是合理的。信托在裁剪受益人利益和控制机制方面有着高度的灵活性。信托关系通过信托合同创设，信托条款在不违反法律和公共政策的前提下，可以是委托人和受托人同意的、能够产生委托人意图利益的任何条款。信托制度的灵活性迎合了当今社会商业投资频繁和金融创新活跃的趋势，信托在商业领域的广泛应

---

① 李珣：《论信托合同中的受托人义务——以我国信托业实务中的"刚性兑付"为视角》，载《智富时代》2015 年第 3 期。

用催生出商业信托这种与公司并驾齐驱的新型商事组织。商业信托的兴起与灵活性特征投射到受托人的义务上,则表现为受托人义务的"弹性化"。有学者提出,受托人义务的"弹性化"一方面反映了信托法的现代变革,即从传统信托法严格限制受托人权力的保守主义,过渡到现代信托法赋予受托人广泛的自由裁量权的开放主义;另一方面,"弹性化"要求并非削弱了对受托人的约束,而是通过一种灵活的方式实现受托人义务的强化,即在追求受益人利益最大化的基础上实现对受托人的积极约束。[①]

(三) 受益人义务的澄清

在信托关系中,有一点很容易令人产生误解,因为一方面信托使受益人享受信托利益,另一方面却又排除了其管理信托财产和处理信托事务的可能性,因此而认为受益人在执行信托方面无须承担任何义务。从其他国家的信托法来看,事实上并非如此,作为信托关系的一方当事人以及信托的利害关系人之一,受益人在依法享有一定权利的同时,也负有一定的义务。在信托关系存续期间,对于《信托法》所授予或承认的受托人的权利,只要其能够对受益人行使,则受益人必须承担相应的义务。所以,同委托人、受托人相比,信托法课以受益人的义务虽然较少,并且往往配合信托其他当事人的权利而设,但并非意味着受益人在信托中没有义务。

虽然说受益人在信托中原则上不会有义务,然而在例外情形中,受益人可能负有义务。概括起来,受益人的义务主要有下列两项:其一,补偿义务,即对受托人在执行信托过程中垫付的有关费用进行补偿的义务。其二,支付报酬义务,即按照法律或信托文件的规定向受托人支付报酬。上述两项义务,对受益人来讲,以其对信托利益享有受益权为前提。从权利义务一致的角度看,在受益人放弃受益权的情形下,法律不宜要求其承担上述补偿义务和支付报酬义务。同样,在受益权为共同受益人享有的情形下,补偿义务和支付报酬义务便成为按份义务,每一个受益人对这两项义务所应承担的份额原则上应与其对受益权所拥有的份额一致。我国《信托法》在第37条只规定了受托人对信托财产的优先受偿权,并在第57条又规定,受托人依法行使请求给付报酬、从信托财产中获得补偿的权利时,可以留置信托财产或对信托财产的权利归属人提出请求。受益人是否

---

① 陈杰:《论商业信托受托人义务的演变及对我国的启示》,载《河北法学》2014年第3期。

承担上述义务，我国《信托法》并未明文作出规定，但我们不能据此否定受益人义务存在的可能性，个案中应依信托文件的约定而定。换言之，如果信托条款明订受益人必须另外给付报酬给受托人，则受益人接受信托受益权时，也表示接受此条款，此时受益人即有给付报酬给受托人的义务。又如受益人和受托人约定，由受益人另外给付报酬给受托人，则受益人即有给付报酬给受托人的义务。①

三、信息披露：信托公司的强制性义务

众所周知，在现代金融市场中，信息披露是克服金融市场信息的不完全性与不对称性的有效措施，对提高金融市场的运行效率、控制金融风险、保护投资者利益等发挥着重要作用。作为金融市场的有机组成部分，信托市场也不例外。虽然我国《信托法》没有规定，但实际上，信息披露是信托公司开展商业信托业务的一项强制性义务。

信托公司信息披露是强化信托公司市场约束，加强透明度建设，实现社会监督的基本制度，也是信托公司树立市场形象，赢得客户信任的一种途径。该制度不但有利于增加信托公司的透明度，增强社会公众对信托业的信心，而且有利于从外部加强对信托公司的监督，规范信托公司的经营行为，促使信托公司完善公司治理，强化内控制度，改善市场形象。对于众多投资人和相关利益人而言，通过信托公司的信息披露，可以及时了解信托公司的财务状况、风险状况、公司治理和重大事项等信息，分析判断信托公司的经营状况和风险状况，借以维护自身合法权益。

从披露的目的看，信托公司的信息披露目的在于加强对信托公司的市场约束，规范其营业信托行为和信息披露行为，维护客户和相关利益人的合法权益，促进信托业健康发展。

从披露的依据看，信托公司的信息披露既要遵循整体披露的法规政策规定，也要遵循专项业务披露的相关规定。比如，涉及整体披露的依据有2005年1月中国银监会发布实施的《信托投资公司信息披露管理暂行办法》（银监发〔2005〕1号）和2006年中国银监会办公厅发布的《关于做好2005年度信托投资公司信息披露工作有关问题的通知》（银监办发

---

① 谢哲胜：《不动产信托受益人的权利义务及责任》，载《南京大学法律评论》2009年第1期。

[2006]8号)。上述办法和通知明确了信托公司信息披露的标准和要求，对规范信托公司信息披露行为、提高行业信息透明度、发挥市场约束效能等发挥了积极作用。需要说明的是，因信托行业快速发展，各项监管规章不断完善，信托公司的信息披露逐步暴露出反映信托特色不够充分、行业导向和宣传作用不明显、部分科目概念不统一、信息可比性较差等问题。为进一步提高信托公司信息披露的规范性，更好地体现信托行业特点，客观反映信托公司经营状况，中国银监会主要围绕会计信息与《企业会计准则》接轨、科目概念和口径的规范和细化、补充体现信托特色业务信息等三个重点，对信托公司年报披露格式和年报摘要披露格式作出修订，2009年发布了《关于修订信托公司年报披露格式规范信息披露有关问题的通知》（银监办发［2009］407号），并规定新的年报披露格式自2010年1月1日起执行。涉及专项业务披露的依据主要有集合资金信托业务方面的《信托公司集合资金信托计划管理办法》（银监会2007年第3号）（该办法于2009年被修订）（银监会2009年第1号）以及《关于信托投资公司集合资金信托业务信息披露有关问题的通知》（2004）和《关于加强信托投资公司集合资金信托业务项下财产托管和信息披露等有关问题的通知》（银监发［2006］53号）等。此外，《信托公司受托境外理财业务管理暂行办法》（银监发［2007］27号）、中国银监会办公厅《关于调整信托公司受托境外理财业务境外投资范围的通知》（银监办发［2007］162号）、《信托公司证券投资信托业务操作指引》（银监发［2009］11号）、《企业年金基金管理试行办法》（人力资源和社会保障部、中国银监会、中国证监会、中国保监会［2011］11号）、《信贷资产证券化试点管理办法》（中国人民银行、中国银监会公告［2005］7号）、《资产支持证券信息披露规则》（中国人民银行公告［2005］14号）、《信托公司私人股权投资信托业务操作指引》（银监发［2008］45号）等，则对信托公司证券投资信托业务、受托境外理财信托业务、资产证券化、企业年金、私人股权投资信托等信托业务的信息披露作出了专门规定。

从披露内容看，信托公司的信息披露主要包括两个方面，即信托公司整体经营状况的信息披露和具体业务的信息披露。[①] 前者是指信托公司依

[①] 参见中国信托业协会编著《信托公司经营实务》，中国金融出版社2012年版，第332页。

法将反映其经营状况的主要信息,如财务会计报告、各类风险管理状况、公司治理、年度重大关联交易及重大事项等真实、准确、及时、完整地向客户及相关利益人予以公开的过程。后者则指信托公司作为受托人管理、运用和处分信托财产时,按照诚信、真实、完整、准确、及时的原则向委托人和受益人披露信托业务的相关信息。

从披露形式看,信托公司整体经营状况的信息披露主要是公开三类报告:一是年度报告,包括自营资产财务会计报告、信托资产管理会计报告、公司治理、年度重大事项、重大关联交易等信息;二是临时公告,即对发生可能影响本公司财务状况、经营成果及客户和相关利益人的重大事件时,信托公司应当发布临时公告;三是法律、行政法规以及银监会规定应予披露的其他信息。这里的第三种报告信息,主要是净资本、风险资本以及风险控制指标等情况的信息披露。此外,信托公司也可以根据自身需要自愿增加信息披露的内容,借以展示自身创新能力以及业务专长或特色。对信托业务的信息披露,则主要是就产品推介、产品成立、产品管理等方面的信息予以公开。当然,对证券投资信托业务、受托境外理财业务、企业年金基金业务、私人股权投资信托业务、信贷资产证券化业务等专项信托业务还有一些特殊的信息披露要求,即这些信托业务除遵循信托业务信息披露的一般规定外,还需按照有关监管规定补充披露其他信息。

从披露的禁止性规定看,相关法规针对不同形式的信息披露明确列出了具体的禁止情形。例如,信托公司推介信托计划时,不得有以下行为:以任何方式承诺信托资金不受损失,或者以任何方式承诺信托资金的最低收益;进行公开营销宣传;委托非金融机构进行推介;推介材料含有与信托文件不符的内容,或者存在虚假记载、误导性陈述或重大遗漏等情况;对公司过去的经营业绩作夸大介绍,或者恶意贬低同行;中国银监会禁止的其他行为。

需要注意的是,信托公司以委托人交付的信托财产大量投资于某一只股票时,证券界一直要求信托公司无条件披露委托人名单,从而与信托法规定的保密义务发生了冲突。法律界应当充分注意到信托财产投资运用控制权的多样性,区分积极信托、消极信托等不同类型,分别规定信息披露的方法。在信息披露义务与保密义务冲突时,其法律适用原则应当是:信息披露管制的界限应当采用足以防范不公正金融交易为限度,而委托人、受益人也不得为非法目的,利用信托公司保密义务来规避其应承担的信息披露义务。信托公司名下的信托财产投资运作权限，在积极信托中是由信托公司控制的；在消极信托中是由指示权人控制的。即使是消极信托，也存在着表决权由信托公司行使，表决权之外的其他投资运用权限由指示权人行使的特殊情形。要求信托公司履行信息披露义务时，应当依照股东持股变动信息披露管制的立法目的，按照不同信托种类分别披露股份控制人、上市公司实际控制人。[1]

总之，信息披露是信托公司的法定义务。但目前来看，现有规定不但立法级次低，而且规则分散，缺乏严格问责，从而导致实践中各信托公司信息披露的充分程度或详略程度并不统一，因此有关信托公司信息披露的规定有待进一步整合和完善。笔者建议，在制定《信托业法》过程中，需要针对信托业的信息披露问题进行系统规定，不但注重信息披露的时效性，加强信息披露的规范性、真实性和完整性，而且要建立和完善信息披露的问责机制。[2]

四、商业信托产品的责任承担

责任通常在两种意义上使用，一是指分内应做的事，如职责、尽责任、岗位责任等；二是指没有做好自己工作，而应承担的不利后果或强制性义务。在关于法律义务的定义中，有学者指出，法律义务是指主体应当采取的行为模式，是引起偏离模式行为者的法律责任的理由。[3] 这种定义阐明了法律责任与法律义务的关系。商业信托产品的责任承担中，责任是指法律责任，即源于法律规定或当事人之间商业信托合同约定而产生的法律效果。具体来说，这种法律责任主要是一种合同责任。当事人一方不履行合同义务或者履行合同义务不符合约定的，应当承担继续履行、采取补救措施或者赔偿损失等违约责任。当事人一方明确表示或者以自己的行为表明不履行合同义务的，对方可以在履行期限届满之前，要求其承担违约责任。

商业信托产品的责任承担与信托合同效力判断联系在一起。合同未生效的演进前景多样，宜区别对待。所谓任何人均可主张合同无效，应被区

---

[1] 李宪普：《论上市公司股东持股变动信息披露法律管制的限度——以证券公开原则与信托法上的保密义务为例》，载《河北法学》2005年第12期。
[2] 参见王志荣《信托公司信息披露问题思考》，载《金融会计》2006年第5期。
[3] 张成元：《法律义务概念的定义式解读》，载《当代法学》2003年第3期。

分为合同当事人可以主张、利害关系人可以主张、其他人可以主张三种类型。嗣后无效,有的是使合同自成立之时不具有法律拘束力,有的则为自无效的原因存在之日才开始无效。国家颁行了新法或者修正了既有的法律尚未使合同变得违法,只是使合同成为法律上的不能,不宜按无效处理,而应当由合同解除制度管辖。显失公平的构成不宜包含主观因素,除非委托人不追认无权代理,无权代理行为不一定都归于无效。[①] 自1949年至今,我国的合同效力制度发生了明显的变化,总的趋势是意思自治原则越来越发挥出实际效能,公序良俗原则越来越定位合理,鼓励交易原则越来越落到实处,无效合同的范围逐渐缩小。[②] 在大陆法系,合同责任通常被称为违约责任,它是合同当事人不履行合同义务时所依法承担的法律责任。违约责任是违反合同义务的产物,合同当事人违反合同义务的,应当受到制裁,这种制裁即在于对违约方的违约责任的追究。在商业信托合同中,其责任分担体系为:将合同义务不履行划分为各种不同的违约形态,并以具体的违约形态为中心,针对不同的违约形态设定不同的合同责任。"责任"成为大陆法系定义合同责任、构建合同体系的基点。这与英美法系国家不完全相同。在英美法系国家,没有使用合同责任这一概念,与之相似的概念是违约救济。依美国《统一商法典》第1021条第34项对"补救"的解释,所谓违约救济,是指合同一方违约后,合同另一方(受损方)通过或不通过法院而取得求助的权利。可见,在英美法系,当一方违约时,法院首先考虑的是从保护债权人(受损方)利益的角度出发,应该赋予债权人哪些救济的权利,这是和大陆法系从违约方考虑如何追究违约方违约责任是不同的。而且,这些救济的权利不会因一方违反合同义务的内容而受到影响。由此可见,英美法系更强调的是权利与责任的关系、权利与救济的关系,从而构建的责任体系是以违约补救为中心,违约形态只是对各种补救手段的行使起辅助性的设定条件和范围的条件。总之,英美法系的合同责任体系的基点是债权人的救济权利。

有学者提出,我国信托法关于受托人对信托债务原则上只应当承担有限责任的规定,因对作为债权人的第三人极不公平而应当修改,就这一修

---

① 崔建远:《合同效力瑕疵探微》,载《政治与法律》2007年第2期。
② 崔建远、吴光荣:《中国法语境下的合同效力:理论与实践》,载《法律适用》2012年第7期。

改而言，经比较法观察，可以认为英国信托法的相应规定值得仿效，这一修改还应当吸收日本信托法中的合理成分，并注意与我国信托法其他规定的协调。经修改后的该规定，应当以"受托人对信托债务原则上应当承担无限责任，受托人与第三人书面约定其只应当承担有限责任的除外。但即便有此书面约定，因故意或者重大过失造成信托财产损失的受托人仍然应当承担无限责任"为其内容。① 也有学者提出，美国《统一信托法》、《信托法重述》第 3 版、日本 2006 年修订的《信托法》等，都规定了受托人的对外限定责任，与传统的受托人对外责任的规定有了重大改变。我国信托法没有明确规定受托人对外承担何种责任，而在信托承担投资功能时，限定受托人的对外责任是确有必要的。参照他国现有相关法律规定，在我国信托法的语境下受托人应对外承担无限责任。②

我国《信托法》第 32 条规定了共同受托人的连带责任，该连带责任主要体现在两个方面：一是共同受托人处理信托事务对第三人所负债务，应承担连带清偿责任；二是共同受托人之一违反信托目的处理信托财产或者因违背管理职责、处理信托事务不当致使信托财产受到损失的，其他受托人应承担连带赔偿责任。这里的连带责任和民法上的连带责任是否为相同的解释，有些人提出了疑问。笔者认为，共同受托人之间的连带责任应作与民法连带责任相同的解释。从我国《信托法》第 32 条和第 36 条的规定来看，共同受托人所承担的连带清偿责任，主要基于处理信托事务对第三人所负的债务，在责任形式上表现为返还财产、赔偿损失等；其所承担的连带赔偿责任，主要基于违反信托目的处分信托财产或者因违背管理职责、处理信托事务不当致使信托财产受到损失的情形，其责任形式表现为恢复信托财产原状和赔偿损失，这两种连带责任均具有主体上的复数性、过错上的共同性、结果上的同一性，以及责任上的强制性、财产性和补偿性的特征。第三人或受益人有权请求共同受托人中的任何一人或者数人承担全部损害赔偿责任，任何受托人都有义务向该第三人或受益人负全部赔偿责任，在其清偿全部责任后，免除其他受托人的民事责任。所承担的责任超过自己应当承担部分的受托人，有权向其他受托人追偿。很显

---

① 张淳：《对我国信托法关于信托债务清偿责任的规定的修改》，载《社会科学家》2014 年第 2 期。

② 姜雪莲：《信托制度中受托人对外责任的比较研究》，载《江苏大学学报》（社会科学版）2014 年第 3 期。

然，这和民法上的连带责任没有任何区别。

通道类信托中受托人责任的确定值得探讨。按照信托法的规定，受托人应以自己的名义管理、运用信托财产，信托财产的安全和受益人的利益与受托人的行为密切相关。立法和规范制度的缺失，使受托人责任的承担问题成为化解通道类信托业务风险的难点。通道类信托受托人的职责由多方主体分担，该特殊性导致了同一信托下受托主体的多元化。各受托主体应就其分担的职责和获得的利益承担相应责任。厘清通道类信托受托人责任的承担，还要正确界定和处理合同受托人与其他相关主体的关系。[①]

另外，遇到理财产品或信托到期无法兑现，当初销售该产品的银行应当承担什么责任，是一个涉及多方利益的重大问题。事实上，代销银行在法律上负有注意责任。如果银行向投资者提供了投资咨询意见，则银行必须承担受信责任；如果理财产品或信托产品被界定为证券，则银行可以被界定为承销商，承担相应的责任。总之，银行销售理财产品或信托产品，不能逃避其必须承担的责任。[②]

这些年来，金新乳品信托计划案件暴露出我国信托法缺乏完整的理论基础以及商业信托投资者利益法律保护机制阙如，以至于受托人行为之控制、投资者利益之保护落空于商业信托之制度设计中。在英美，商业信托受托人不当行为风险之控制是信托法的核心，我国有必要借鉴英美之相关法律控制机制，设计符合信托理念的商业信托投资者利益保护机制。[③] 有学者认为，经济法责任的基本权义关系应由请求权关系、支配权关系、形成权关系构成。[④]笔者认为，对于商业信托而言，其法律责任同样会基于请求权、支配权和形成权而产生，并在当事人之间的权义结构中实现公平划分。

五、以阳光私募证券投资信托产品为例

2015年，证券投资升温，阳光私募证券投资信托产品再次受到追捧。

[①] 汤淑梅：《试析通道类信托之受托人责任的承担》，载《北京航空航天大学学报》（社会科学版）2015年第1期。

[②] 朱伟一：《银行销售信托产品承担什么责任？》，载《北京航空航天大学学报》（社会科学版）2015年第1期。

[③] 陈雪萍：《我国商业信托投资者利益保护机制之重构——以金新乳品信托计划案为视角》，载《法学》2007年第8期。

[④] 徐孟洲、伍涛：《论经济法责任的内涵与基本权义关系》，载《理论月刊》2011年第4期。

第三章　商业信托产品的法律结构分析

随着传统的信托业务开始式微,信托公司也在寻找新的投资机会。目前而言,加大证券市场投资已成为行业共识,这项业务的增量有望超过传统的房地产信托业务增量。过去信托公司一以贯之的产品导向将会被客户导向所取代,未来财富管理中心将会引入更加多元化的产品,只有这样才能在泛资管时代留住客户。①

阳光私募证券投资信托产品的发行,一般设计有投资顾问跟投机制。这就意味着投资顾问公司需要以一定金额的自有资金加入信托产品,与普通投资者共同承担风险。除收取固定管理费外,投资顾问公司还可以在投资取得正收益时获取一定比例的业绩分成,而其主要利润来源,则要靠提取产品业绩报酬。对投资者而言,在扣除信托费用和投资顾问的业绩分成后,剩余的信托收益全部归投资者所有。通过这种机制,一定程度上调动了投资顾问公司的积极性,促使其在主观上采取更为积极的管理态度,客观上为全体投资者谋取投资收益。该类产品投资范围更为宽泛,投资限制比公募基金更为灵活,投资顾问公司可以根据市场情况和自身判断来决定是否进行投资。为了保障信托资金的安全,该类产品的日常运作由信托公司全面监管,由信托公司以信托计划名义开立专用资金账户和证券账户,受托资金必须交付商业银行实行资金托管,信托公司对投资管理人的投资决策进行监管,以保证信托资金的投资安全,同时为投资者提供更为灵活的退出机制。该类产品的期限既可以是封闭式,也可以是开放式,或者半开放式。与公募基金相比,不但通过相对稳定的开放频率,减少了频繁申购、赎回造成的投资效率损失,而且通过设置止损线,在产品净值触及或跌破止损线时,受托人将按照约定对产品实行强制平仓。总的来看,该类产品的操作模式使私募资金实现了"阳光化"操作,使信托产品的投资业绩与管理运作更为规范化和公开透明,因而在市场上获得迅速发展。

下图为阳光私募证券投资信托产品的主体结构图。从下图中不难看出,在阳光私募证券投资信托产品中,不同主体的权利和义务安排均体现了其相互之间的利益一致性。这样的设计更有利于实现信托目的,保障信托财产的安全。具体说来:(1)对投资者来说,一般阳光私募信托产品为自益信托,因此投资者在与信托公司签署信托合同后同时成为阳光私募

---

① 刘雁:《证券投资升温 华润信托力捧新锐阳光私募》,载《证券时报》2015年4月2日第A05版。

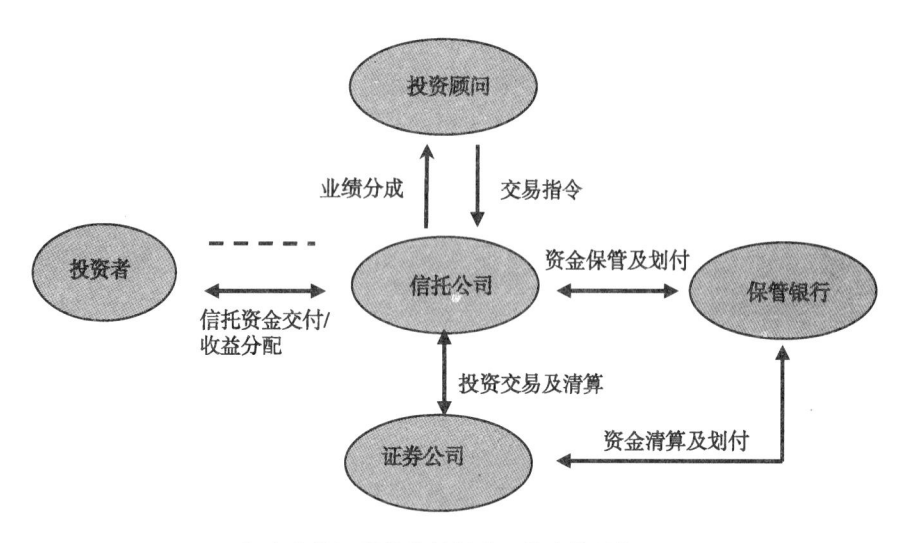

阳光私募证券投资信托产品的主体结构图

信托产品的委托人和受益人，并根据信托文件的约定享有信托受益权。根据《信托公司集合资金信托计划管理办法》的规定，加入信托计划的投资者须满足合格投资者的要求。由于阳光私募信托产品的收益水平与投资顾问的投资能力密切相关，一般要求投资者对所投资阳光私募信托产品的投资顾问有一定了解；并且由于阳光私募信托产品的风险主要由投资者承担，此类产品一般面向具有一定风险承受能力的高端投资者。（2）对信托公司来说，其在阳光私募信托产品中担任受托人，以受益人利益最大化为原则，负责向投资者募集信托资金，为信托资金开设专用账户，根据信托文件的约定管理和运用信托财产。在目前投资顾问公司并未完全规范、投资能力参差不齐的情况下，信托公司还负责调查投资顾问公司的资质，筛选符合法律及监管要求，具备良好投资能力的投资顾问。信托公司还负责选择保管银行和证券经纪机构，并依据法律法规的规定和信托文件的约定，及时、准确、完整地进行信息披露。（3）对投资顾问来说，其一般由专业的投资管理机构担任，是阳光私募信托产品的核心，负责信托资金的投资运用。投资顾问对阳光私募信托产品的投资业绩起决定性作用。目前，阳光私募的投资顾问公司超过400家，集中分布在长三角、珠三角和北京。大部分投资顾问公司的主要成员曾有在公募基金、证券公司等金融机构的从业经验。（4）对保管银行来说，保管银行在阳光私募信托产品中主要负责资金的保管、划付及估值核算职能。引入保管银行以后，保管银行对信托资金的运用起到监督作用,阳光私募信托产品的资金安全性得到更大保障,资金划付、资产估值核算也得到了更加专业化的运作。(5)对证券公司来说,其担任信托产品的证券经纪机构,提供证券交易经纪服务。部分证券公司开始将阳光私募信托产品推荐给其优质客户,以增加客户黏性,提高市场份额。[1]

阳光私募证券投资产品只是信托公司展业中的一例产品,项目投资中会存在诸多风险,如道德风险、财务风险、法律风险、管理风险、行业风险、市场风险、技术风险等。为控制投资风险,增强信托产品对普通投资者的吸引力,该类信托计划中往往引入市场上比较成熟的受益权分层结构[2],由一般受益人承担第一损失,以对优先受益人的本金投资风险起到一定程度的缓冲作用。

第四节 商业信托的性质认定及其误区

一、商业信托的信托合同属性

信托合同(fiduciary contract, contract of trust)是信托因民事行为而设立的典型形式。具体而言,信托合同是指由委托人与受托人签订的,以设立、变更和终止信托关系为内容的书面协议。作为信托设立最常见的方式,信托合同具体体现着信托当事人的信托意思,是信托当事人意思表示的载体。在信托中,受益人是取得信托利益的人,是信托法律关系的当事人,但不是信托合同等信托文件的当事人。委托人和受托人之间通过签订合同设定信托,与受益人是否同意该合同内容并无直接关系。信托合同既受我国《信托法》特殊规则的调整,同时也受我国《合同法》一般规则

---

[1] 中国信托业协会编著:《信托公司经营实务》,中国金融出版社2012年版,第60—62页。

[2] 投资者会被区分为优先受益人和一般受益人两类,投资份额占信托规模的比例为9∶1。优先受益人指普通投资者,而一般受益人由投资管理人和信托公司组成,其出资比例为0.5∶0.5。在信托收益分配时,如果信托计划投资收益率未能达到预期收益率,不足部分将由一般受益人的信托收益予以补偿。如果信托计划投资发生亏损,亏损部分首先由一般受益人的信托本金承担,超过部分再由优先受益人承担。

的调整。

（一）信托合同的法律属性

信托合同具有以下法律属性：①

1. 信托合同属于民事合同。民事合同是平等主体的自然人、法人、其他组织之间设立、变更、终止民事权利义务关系的协议，是民事主体处分财产或获得财产的重要法律手段。当事人订立、履行民事合同，应当遵循平等原则、自愿原则、公平原则、诚实信用原则、公序良俗原则以及合法原则等。信托合同作为当事人意思表示一致的一种合意，具有民事合同的一般特点：（1）它是委托人与受托人之间的民事行为，是基于双方当事人的意思表示而成立的表意行为；（2）它是各方当事人意思表示一致的民事行为，是当事人自愿协商一致的产物；（3）它是以设立、变更和终止信托权利义务关系为内容的民事行为，其中所涉及的权利和义务均属于民事性质，表明了民事财产关系中的债权与债务。

2. 信托合同属于要式合同。所谓要式合同，是指根据法律规定或者当事人约定应当采取特定形式或履行必要手续而订立的合同，它是与非要式合同相对应的一个概念。对于一些重要的交易，法律通常要求当事人应当采取特定的形式或履行必要的手续才能订立合同，如采用书面形式、批准、登记等。要式合同与非要式合同的区别在于，其是否以一定的形式作为合同成立或生效的条件。信托合同只能采用书面形式订立，我国《信托法》的这一要求使信托合同当然归入要式合同范畴。

3. 信托合同属于双务合同。双务合同指当事人双方互负对待给付义务的合同。双务合同不同于单务合同。在双务合同中，如果当事人因不可抗力导致其不能履行合同义务，则其合同义务应被免除，享有的合同权利亦应消灭。在此情况下，一方当事人因不再负有合同义务，故无权要求对方作出履行。相比之下，在单务合同中则不存在双务合同中的风险负担问题。在信托合同中，委托人和受托人互负一定的合同义务，这些义务的设定对信托目的的实现具有直接的保护作用。

4. 信托合同属于诺成合同。信托合同是诺成合同还是实践合同，在国内外法律界认识并不统一。诺成合同又称为不要物合同，是指合同各方

---

① 席月民：《信托基础系列一：我国信托设立方式》，中国法学网，http：//www.iolaw.org.cn/showArticle.asp? id = 2967，2015 年 6 月 20 日访问。

就合同主要条款意思表示一致即告成立的合同。诺成合同与实践合同相对应,其成立不依赖于合同标的物的交付。在诺成合同中,交付标的物或完成其他给付是合同义务,违反该义务会产生违约责任。而在实践合同中,交付标的物或完成其他给付,并不是当事人的给付义务,而只是先合同义务,违反该义务不产生违约责任,可构成缔约过失责任。从我国《信托法》规定看,采取信托合同形式设立信托的,信托合同签订时,信托成立。可见,信托合同的成立并不要求信托财产的必然转移,委托人移转信托财产给受托人是信托成立后的一项合同义务,换言之,是否移转信托财产并不影响信托合同的成立。因此,在我国,信托合同属于诺成合同。

需要强调的是,有的人认为信托合同属于为第三人利益合同,这种观点其实并不正确。我国法学界一般认为,第三人利益合同是指订约的一方当事人不是为自己设定权利、而是为第三人设定权利,并使其获得利益的合同。这里的第三人既不是缔约人,也不是通过代理人订立合同。从其特征看,第三人利益合同只能给第三人带来利益,原则上不能使第三人承担义务;自合同成立时起,第三人即独立享有合同授予的受益权,且在合同义务人不履行义务时还享有独立的请求权;第三人对合同既可以接受也可以拒绝。信托有自益信托和他益信托之分,自益信托中固然有受益人,但受益人就是委托人本人,因此自益信托的信托合同显然不属于为第三人利益而订立的合同。在他益信托中,虽然受益人与委托人不是同一人,信托合同在形式上完全具备为第三人利益合同的特征,但事实上,在一般的为第三人利益合同与他益信托的信托合同之间仍存在着重大差异,信托受益人不仅享有信托合同赋予的信托受益权,还享有信托法赋予的信托知情权、信托财产管理方法调整请求权、受托人解任权等,而且信托合同当事人不能像一般的为第三人利益合同那样,不经受益人同意即合意解除信托。在这些方面,信托合同表现出了明显的特殊性。[1]

(二)信托合同的成立和生效

信托合同的成立与生效是两个完全不同但又相互联系的概念。信托成立体现的是信托当事人的意志,而信托合同的生效则体现的是国家对信托关系的评价。信托合同成立与否是一个事实判断问题,重在说明信托是否

---

[1] 参见张淳《信托合同论——来自信托法适用角度的审视》,载《中国法学》2004年第3期。

已经客观存在；信托合同生效与否则是一个法律价值判断问题，重在说明信托是否符合法律的精神和规定，是否能取得法律认许的约束力。

信托合同的成立必须具备一定的要件，概括起来，信托合同的成立要件一般包括下列四项：（1）信托当事人。即指委托人、受托人和受益人。（2）信托意图和信托目的。信托意图要通过明示方式表现出来，信托目的要具体明确，二者均依赖于当事人的意思表示行为。只要有当事人设立信托的意思表示，而且在其意思表示中表明了信托目的，信托成立的这一条件即已满足。实践中，对于通过信托合同设立信托的，主要考察信托合同当事人的意思表示。（3）信托财产。信托财产要具有确定性，即必须明确信托财产的名称、种类、基本状况以及范围。（4）书面形式。与前三个要件不同，书面形式属于信托合同成立的形式要件，而不是实质要件。这里的书面形式要求与我国《信托法》第8条规定相一致。此外，需要进行信托批准、登记或公证的，还应办理相应的手续。

在实践中经常发生这样的情况，即信托当事人没有采用书面形式设立信托，但已实际履行了信托项下的义务，或者在书面的信托合同签字或盖章之前，双方已经履行了主要义务。问题是，此时信托合同是否成立？信托是否成立，我国《信托法》对这一问题并没有给出明确答案。依照我国《合同法》第36条和第37条规定，法律、行政法规规定或者当事人约定采用书面形式订立合同，当事人未采用书面形式但一方已经履行主要义务，对方接受的，该合同成立；采用合同书形式订立合同，在签字或者盖章之前，当事人一方已经履行主要义务，对方接受的，该合同成立。在《信托法》没有特别规定的情况下，从法律适用的基本规则看，作为一般法的《合同法》，其规定事实上弥补了《信托法》的不足。因此，上述信托合同应已成立。既然信托合同成立，依据合同而设立的信托关系，也应当成立。

信托合同的法律效力不是信托当事人的意志所固有的，而是因为当事人的意志符合国家的意志和社会利益，法律才赋予其强制约束力，它体现了国家意志对已成立信托的最终评价。根据我国《民法通则》以及《信托法》的有关规定，信托合同生效的要件可以分为一般要件和特殊要件。一般要件主要包括：（1）信托当事人主体适格；（2）信托意思表示真实；（3）信托内容不违反法律或者社会公共利益。特殊要件主要包括：（1）信托目的合法；（2）信托财产能够确定且为委托人合法所有；

(3) 受益人或者受益人范围确定。

信托合同的生效表明信托当事人的意思表示符合法律的规定，因此，原则上自具备法定有效要件时信托生效，一般情况下以财产权的移转为准。同样，由于信托产品种类繁多，不同信托合同的生效时间需要结合其具体类型和构成要素来确定。一般说来，分为如下几种情况：（1）成立时生效。一般情况下，普通私益信托合同依法成立即同时产生法律效力。（2）登记时生效。我国《信托法》第10条规定，设立信托，有关法律、行政法规规定应当办理登记手续的，应当依法办理信托登记。未依照规定办理信托登记的，应当补办登记手续；不补办的，该信托不产生效力。对于需要登记的私益信托合同而言，通常自登记时生效。（3）批准时生效。公益信托要求经有关公益事业的管理机构批准，因此公益信托合同应自批准时生效。（4）条件成就时生效。当事人可以对信托合同的效力约定附条件。由于信托合同的设立采用意思自治原则，因而当事人既可以约定信托的生效条件，也可以约定信托的解除条件。条件成就时，信托合同生效或失效。（5）期限届至时生效。当事人可以对信托合同的效力约定附期限。附生效期限的信托合同，自期限届至时生效；附终止期限的信托合同，自期限届满时失效。[①] 信托合同当事人与第三人的基本权利义务，属于由信托法设定并为信托合同接纳的权利义务，受托人违反信托合同的赔偿责任属于向信托财产承担的责任。[②]

信托合同是信托设立的原因行为，信托是信托合同设立的结果。在信托设立过程中，法律关系的不同应适用不同的法律以解决不同的财产问题。第一，信托合同成立之前，委托人对财产享有静态的物权或其他财产权，应适用物权法、债权法等相应的财产法。第二，信托合同成立后生效前，合同关系尚未成立，当事人依法负有法定义务，可能发生缔约过失之债。第三，信托合同生效后信托成立前，当事人之间形成合同关系，互相享有债权。第四，信托成立后，当事人之间信托关系和合同关系并存，当事人可依据信托法和合同法分别确定其权利与义务。也即是说，信托一经成立，便依法产生法律效力，其效力包括信托关系人（委托人、受托人

[①] 席月民：《信托基础系列三：信托的成立、生效与撤销》，中国法学网，http://www.iolaw.org.cn/showArticle.asp?id=2974，2015年6月20日访问。

[②] 张淳：《信托合同论——来自信托法适用角度的审视》，载《中国法学》2004年第3期。

及受益人）内部间的权利义务关系和信托关系人与第三人间的外部权利义务关系。第五，信托终止后，当事人根据信托合同和信托法的规定确定其权利与义务。唯有如此，信托合同适用中的法律问题才能得到有效、公正的解决，各方当事人之间的利益才能实现平衡，社会经济秩序才能保持稳定。①

受益人并不在信托合同上签字或盖章，对受益权而言，受益人放弃受益权不受信托行为的限制。如果在信托行为中有关于禁止放弃受益权的规定，则该规定无效。实践中需要注意的是，不要把受益人放弃受益权和我国《信托法》第51条规定的委托人变更受益人或者处分受益人的信托受益权搞混，后者属于信托变更的范畴。如果信托文件规定受益人放弃信托受益权后委托人可以重新指定受益人，则该种情况将导致新受益人的产生，否则信托终止。

二、商业信托的性质认定误区

正确厘定信托合同的法律属性，是实践中避免在商业信托的性质认定上陷入误区的关键所在。这些年来，我国理财市场在获得高速发展后，理论界和实务界对于各类金融理财产品合同法律关系性质的认识仍存在分歧，且囿于现行金融分业监管体制，各类金融理财产品的监管权归属完全按照机构监管进行确定，因而导致不同监管部门之间的竞争和冲突日益加剧。这不仅造成各类金融机构在竞争条件上的不平等，也不利于保护投资者的利益和促进理财市场的健康发展。

虽然我国金融理财市场上面向公众发售的理财产品系由不同的金融机构发行，运作方式亦存在一定差异，但本质上却都呈现为"集合理财"的性质，都是一种由不特定的多数投资者通过购买理财产品从而将集合资金交付给金融机构进行管理和投资，以实现分散投资风险和共享投资利益的投资方式，因而各种理财产品在法律关系上显然不应存在根本性的差异。问题在于，除了已由立法明确认定为信托性质的集合资金信托计划和证券投资基金之外，其余金融理财产品并没有相关法律法规对其法律关系的性质予以明确，目前理论和实务上对此亦存在一定的分歧，主要原因即

---

① 秦洁：《信托合同在适用中的法律问题探讨——以信托合同的法律性质为中心》，载《西南民族大学学报》（人文社科版）2009年第5期。

在于"委托代理论"仍占据一定的主导地位。笔者认为,理论和实务上对上述金融理财产品法律关系性质认识的模糊和分歧,不利于合理界定、分配投资者和金融机构之间的权利义务、风险与责任,也不利于监管机构对于理财市场和产品的有效监管,也会对投资者利益的保护和理财市场的健康发展构成极大的负面影响。[1]

其实,金融理财市场上的委托代理论与信托论之争,与此前的国有资产管理中信托论与委托代理论之争在法理方面完全相同。不能否认,信托论的提出,给我国国有资产管理描绘出了一幅理想蓝图,一定程度上解决了国有资产管理委托代理论的缺陷。尽管二者都是基于信任而产生,受托人与代理人都处于受信任者的地位,各自对其受益人或本人负责,但二者之间的区别也是显而易见的,其各自能否与国有资产充分契合是焦点。第一,二者在我国的发展历史不同。我国1986年《民法通则》第四章第二节对于代理制度作了一般性规定,1999年《合同法》分则又对委托合同作了具体规定。基于这样的制度基础,委托代理被广泛用于对国有资产管理的论证之中,而且被许多人所认同和接受。而从1979年10月中国第一家信托投资公司——中国国际信托投资公司成立至今,我国信托业先后于1982年、1985年、1988年、1993年、1999年进行了五次大规模的治理整顿。肇始于1998年广东国投破产案的第五次整顿,被认为是信托业的一次根本性变革,在这次清理整顿中,"一法两规"即《信托法》以及《信托投资公司管理办法》和《信托投资公司集合资金信托管理暂行办法》相继出台,而且两规之后作了修正,这使得我国信托法律体系的框架基本形成,但运用信托解决国有资产管理问题仅仅处于初始阶段。第二,二者所涉及的当事人不同。虽然都是信用关系,但由于所涉及的主体不同,结果表现为一个是双边信用关系,另一个则是多边信用关系。委托代理当事人仅有代理人和被代理人;信托当事人则包括委托人、受托人和受益人。信托关系在委托的链条之后出现了受益人,这对于国有资产管理来说非常重要。受益人的出现解决了在委托代理论的主导下一直困扰着人们的主体缺位问题。在委托代理论中,人们将国有资产的运营与私人资本的运营相比较,提出国有资产运营不畅通的症结之一系产权主体缺位造

---

[1] 参见刘燊《我国金融理财产品的法律分析和监管问题研究》,载张育军、徐明主编《证券法苑》(第1卷),法律出版社2009年版,第221—222页。

成，虽然有名义上的所有者但虚拟的所有者并没有人格化，从而不能真正关心国有资产的运营。尽管学者们孜孜以求，力图让所有者人格化，并设计出许多代表者或者代理人，但都没有解决问题，反而走向了加长代理链条的悖论。信托受益人的设立让国有资产所有者的"无能"不再成为一种罪过，也不再成为国有资产运营不佳的理由。第三，二者的受信任者对财产的控制权限不同。就委托代理而言，代理人需要严格接受被代理人的指示和约束，代理人的行为以被代理人的授权为限。而在信托中，受托人在执行信托事务时，拥有为执行信托事务所必需的广泛权限，一般不受委托人和受益人的约束，除非法律另有规定或委托人有所保留或限制。在委托代理关系中，虽然学者们一再强调国有资产管理机构与经营主体之间关系密切，但无论如何不能变成行政隶属关系，这在现实中只是一种美好的愿望。信托受托人比委托代理人拥有的权限大，这样有利于国有资产经营主体根据专业知识而非行政命令来运营国有资产，从而摆脱行政干预。第四，二者的稳定性不同。在委托代理中，被代理人可以随意解除代理关系。国有资产经营主体的行为随行政命令的改变总是处于不断变化中，缺乏必要的稳定性。信托关系则以信托财产为中心，一经成立原则上信托契约不能解除，信托期限长，相比具有较大稳定性。我国国有资产管理是一项长期工程，以国有资产为中心，保持其经营的稳定性显然非常必要。第五，二者的财产所有权归属不同。在委托代理中，财产的所有权始终由被代理人掌握，在代理人处理代理事务的过程中并不发生转移。而在信托中，信托财产的所有权要从委托人转移给受托人，信托财产所有权发生转移。这样似乎成为政、资分开的有效途径，虽然信托财产所有权只是观念上的转移，但对我国全民所有提出的考验却是前所未有的。[①]

关于国有资产管理中的委托代理论和信托论之争，笔者曾指出，二者看似是关于国有资产管理的"保守派"和"激进派"之争，但通过上述分析不难看出，两种理论尽管都有一定的不足，但相比较而言，信托论的提出更富有感召力。需要明确的是，将委托代理或者信托应用于所有类型的国有资产管理，其一刀切的后果使得不同类型的国有资产难以发挥其优势和长处。因此，笔者认为，在国有资产管理立法过程中，应注意区别国

[①] 参见席月民、王丹《试析国有资产管理中的委托代理论和信托论》，载《成人高教学刊》2004年第1期。

有资产的不同类型,分别运用委托代理和信托机制来解决国有资产管理难的问题。

显然,金融理财产品市场的委托代理论和信托论之争也有其认识上需要澄清和深化的问题。实务上,大多数理财产品均表现为委托人投资者通过与受托人金融机构订立委托合同并委托金融机构代为管理资产,这在表面上更符合《民法通则》和《合同法》所规定的代理制度之特征,且因理财产品合同通常都授予金融机构自行决定投资品种和方式之权利,故多被归为全权代理行为。以银行理财产品为例,中国银监会在相关部门规章中多使用"委托"、"授权"和"代表"等字眼来描述投资者与银行之间的关系[1],按照文义解释,似乎属于典型的委托代理关系。但事实上,以"委托代理论"来解释金融理财产品法律关系,存在着如下法律问题[2]:第一,即使代理事项系由代理人进行财产管理或处分,代理所涉及财产的所有权和受益权仍统一归属于被代理人,其债权人仍可以对该财产主张权利,而金融理财产品法律关系中,投资者投入理财资金的所有权及受益权处于分离状态;第二,代理人仅能以被代理人的名义而非自身名义对外从事法律行为,代理人因代理活动所发生的一切法律后果均归属被代理人,而金融理财产品法律关系中,金融机构不但以其自身名义管理所募集的理财资金及其收益,而且金融机构甚至可以分享部分理财产品的投资收益;第三,代理人仅能在被代理人授权的范围内活动,逾越代理权的范围时则成立无权代理,而金融理财产品法律关系中,金融机构具有直接管理理财资金的一切权限,投资者不得随意干涉;第四,被代理人原则上可以随时撤销代理,而金融理财产品一经设立,除符合法定条件或者约定条件成就的情况下投资者可能有撤销权,投资者一般不得提前终止理财产品;第五,金融理财产品法律关系中,由于金融机构和单个的普通投资者之间在地位、信息等方面严重不对称,投资者处于明显的被动弱势地位,在此前提下适用普通的民事代理来规范投资者和金融机构之间的法律关系,投资者的利益很难得到有效保障。这也就是说,金融理财产品中的委托代理论难以自洽,存在着比较明显的局限性。

---

[1] 参见《商业银行个人理财业务管理暂行办法》第9条。
[2] 参见刘燊《我国金融理财产品的法律分析和监管问题研究》,载《证券法苑》(第1卷),法律出版社2009年版,第222—223页。

我们必须看到，当前的商业银行理财业务出现了越来越多的法律纠纷，急需对当事人之间的权利义务和责任风险进行明确划分和适当分配。从法学的角度来看，商业银行理财产品可以分为四类，其中最重要的是非保本浮动收益理财产品，该产品的各方当事人之间是一种信托法律关系。[1] 信托功能的转变推动了受托人职能扩张，商事信托的发展促进了受托人服务有偿，受托人和商事信托的双重利益需求激励着受托人呈现出持续性、营利性的营业趋势。与此同时，受托人营业化保障了商事信托的财产安全和工具性价值的实现，而在现代契约型社会里，这些都需要法律提供强有力的制度保障。[2]

明确界定我国金融理财产品合同法律关系的信托关系性质，对于实现投资者利益的有效保护和对金融风险的有效防范具有重要意义。[3] 一是可以正确认识金融理财产品合同的法律关系性质。这不仅是对于理财市场和理财产品实现有效监管的前提，而且亦会直接影响理财合同当事人的权利义务关系以及理财合同的具体条款乃至整个合同的效力。二是可以强化金融机构受托人的义务，借此构建保护金融理财产品投资者（也可称为委托人）的法律制度，有利于保护投资者利益和促进理财市场健康发展。一方面，信托关系中的所有权与受益权的分离可以更好地调整金融机构与投资者之关系，且信托财产的独立性能更好地保护投资人理财财产和利益；另一方面，可以通过援引《信托法》有关受托人义务和责任的规范条款，防范金融机构利用受托人地位侵害投资者利益，矫正理财产品法律关系中双方地位不平等而造成的不公平结果。三是在当前由于分业监管导致理财产品监管标准不统一的情况下，加强监管协调、探索统一监管和功能监管，其前提在于明确界定金融理财产品法律关系的性质。

众所周知，信托是一种制度，证券投资信托是一类业务，但该类业务并非信托公司特许专营。目前这类业务有多类金融机构在经营和竞争，包括基金公司、证券公司、保险资产管理公司、年金管理公司、资产管理公

---

[1] 潘修平、王卫国：《商业银行理财产品若干法律问题探讨》，载《现代法学》2009年第4期。

[2] 雷凌：《论受托人营业化与商事信托》，载《中国社会科学院研究生院学报》2009年第2期。

[3] 这里所列举的三方面重要意义，具体参见刘燊《我国金融理财产品的法律分析和监管问题研究》，载张育军、徐明主编《证券法苑》（第1卷），法律出版社2009年版，第224—225页。

司、外资金融机构等。这些机构分属不同的监管机构监管，各类监管机构同时也管理不同的资产类别市场和中介服务机构。股票市场、商品期货市场属中国证监会监管，债券市场分属中国人民银行和中国证监会监管，货币市场属中国人民银行监管，证券投资运作中涉及的托管银行、经纪商、投资管理人、登记公司又分属不同的监管机构，从而形成准入分割，竞争起点不同，市场发展受制于不同金融机构的权利范围。从产品形式看，证券投资信托在国际上有共同基金、对冲基金、养老基金、各类基金会和捐赠基金以及 ABS、MBS、ADR 等投资工具，在国内则有证券投资基金、证券公司集合理财计划、保险公司投资连接险以及信托公司发行的各类证券投资信托计划，可见如何在认定商业信托的合同性质方面避免陷入误区至关重要。

制定《信托法》的初衷，在于规范当时信托业的无序行为与已出现的某些特种信托（诸如证券投资信托），但因立法上的某些争议，最终并未采取网罗各类特种信托的"大一统"模式，而是集中就信托的一般原理与共通性问题作出规定，使之成为信托关系的基本法，而将当时尚未成型的信托业与特种信托留由特别法规定。《信托法》颁行十余年来，各种信托特别法纷纷出台，主要包括：《证券投资基金法》及其附属规章，适用于证券投资信托；以《信贷资产证券化试点管理办法》为主导的一系列规章与其他规范性文件，适用于银行信贷资产证券化信托；《证券公司企业资产证券化业务试点指引（试行）》，适用于证券公司为受托人的企业资产证券化信托；《信托公司集合资金信托计划管理办法》，适用于以信托公司为受托人的集合资金信托；《保险资金间接投资基础设施项目试点管理办法》，适用于受托人将委托人的保险资金作为信托财产投资于基础设施项目的信托。

上述法律及规章具有填补《信托法》漏洞之功能，对于商业信托的发展功不可没，对商业信托的性质认定至为关键。但是，目前看来仍有诸多不足：（1）效力层次低，除《证券投资基金法》为法律外，其余均为规章或其他规范性文件。（2）缺乏统一性、系统性、协调性。各种规章对同类法律关系设置不同规定的情形屡见不鲜，造成实质相当的商业信托享受不同的政策待遇、承受不同的监督管理。此种不同往往并非源于商业信托的法理与功能，而与各部门立法权限分割、认识差异等有关。例如，受益人会议表决权法定要求各不相同，此种区别有何内在合理性，不无疑问。(3) 受制于各部门的立法权限，仅能针对各自管辖范围内的某种现有的商业信托进行事后规范，无法摆脱一事一法、临事定制的固有局限，欠缺前瞻性与开放性，难以为商业信托创新提供事先保障。例如，实务界对不动产投资信托（REITs）需求迫切，但因专项规章迟迟未能出台而无法设立。(4) 内容多属于行政管制范畴，较少涉及民事权利义务，且管制过多过严，重安全轻效益，未能充分发挥商业信托的灵活性，甚至压缩了原本依《信托法》所享有的自治空间，出现《信托法》被规章架空的局面。"法无明文禁止即可为"的信托法或私法一般原则，事实上沦为"法有明文许可方可为"的行政许可主义。(5) 对商业信托特殊性的关注仍显不足，缺少为商业信托量身定做的适当规范。例如受托人义务规定未顾及商业经营之特性，过于严厉；欠缺商业信托合并、改组规则。依据法律适用原则，特别法无规定的事项，适用《信托法》。《信托法》却又并非为商业信托定制，仍然遗留大量法律漏洞。

就拿银信合作理财产品来说，银信合作理财产品本质上包含一系列法律关系，其涉及的当事人包括"理财计划投资人、理财银行、信托公司、投资咨询人、资金托管银行、信托资金的保管人"[①]。其中主要有两组基本法律关系：第一组法律关系发生在银行与其客户之间，即客户通过购买银行发售理财产品的方式，将资金委托给银行，银行在理财合同中约定资金投资方式、投资期限、收益类型和预期年度收益率等条款；在第二组法律关系中，银行与信托公司成立信托关系，即银行利用客户委托的资金，购买信托公司设立的信托计划产品。而从信托计划的内容来看，受托人的资金投向包括股权投资、信托贷款购买票据或者投资外汇产品。然而，上述法律关系的界定，在实践和理论中依然存在无法解决的问题。特别是当信托投资项目失败或遭受违约风险时，银行和信托公司的责任分担问题就会产生。有学者提出，应该将委托理财合同和信托合同作为整体的法律关系来理解和建构，如果割裂两个法律关系，会造成逻辑上和法律适用上的混乱。在银信合作实践中，客户在与银行签订委托理财合同时，就完全了解信托合同的具体内容，披露后一个信托合同信托资金的投向和管理方式

---

① 参见中国银监会《银行与信托公司业务合作指引》（银监发 [2008] 83号）第6条。目前，银信理时产品的资金的主要投向主要是信贷类和票据类等利率产品，为吸引客户，很多产品又引入第三方担保或银行承诺回购的方式。因此银信合作产品法律关系中，往往又包含担保人和承诺回购的主体。

实际上是银行委托理财计划文件的重要内容。客户与银行之间签订的委托理财合同，只是银行获得其委托财产的一种过程和工具，故应该吸收进整体的银信合作产品之中进行性质认定。[①]

　　总之，信托制度所具有的特性，如简单易行的设立条件、灵活弹性的制度安排、独特的税收优惠、法律保障的财产分割与风险隔离，过去一直是大陆法传统的制度缺失。商业信托的发展使信托制度所具有优势在大陆法系国家得到了充分展现。按英美法传统，信托分为私益信托和公益信托。如前所述，私益信托是指为了私人利益而设立的信托，这是一种最主要的信托形式。公益信托是指为了公共利益或者不特定多数人的利益而设定的信托。我国信托法将信托分为三大类，即民事信托、营业信托和公益信托。其中，民事信托与营业信托均为私益信托，与公益信托相对。这里所谓的营业信托即商业信托或商事信托，我国信托法将营业性的商业信托专门规定，突破了传统信托法的立法模式，可见我国信托法对商业信托的重视。但对于什么是商业信托，商业信托的功能如何实现，法律如何进行规整，人们的认识依然比较模糊，因此澄清这里的认识误区在实务中意义重大。

---

① 参见倪受彬、江翔宇《从安信信托案看银信合作理财合同中信托合同效力问题》，载《法学》2010 年第 4 期。

第四章

信托业监管改革的立法定位

本章作为本书的主体部分之一，主要立足于信托业监管改革问题，集中展开理论分析，包括针对信托业监管改革的价值目标的论证，对立法原则的提炼，对分业监管和统一监管、机构监管和功能监管的利弊分析，对信托业监管改革法律路径的选择等，目的在于为下一章《信托业法》的制定提供理论层面的科学论证。本章共分为四节，分别是信托业监管改革的价值目标、信托业监管改革的立法原则、从监管模式到监管方法的转换以及信托业监管改革的法律路径。

第一节 信托业监管改革的价值目标

一、信托业监管改革的价值定位

（一）金融监管改革的基本价值与金融全球化

中国金融监管制度脱胎于计划经济中对金融业实施的严格、封闭式的管制制度。如前所述，改革开放以来，中国逐步建立起分业监管的金融监管体制，金融监管机构实现了由传统的行政管制向依法监管的转变。中国信托业的监管改革，三十多年来已经深深融入整个金融监管体制改革大潮中，并由强调市场准入的审批式监管过渡到了从市场准入到业务经营、再到市场退出的全程监管，由以合规性监管为主转变为合规性监管与风险性监管并重，由单纯的外部性监管转为强化内控、重视行业自律，从而有力地保障了在经济转型过程中我国信托市场体系的平稳运行。

回顾这些年的金融监管体制改革，不得不承认的是，金融全球化改变了中国政府金融监管的基本理念,奠定了金融监管体制改革的法律价值基础。① 金融全球化是一国金融活动跨出国界,日益与各国金融活动融合在一起的过程,在这一过程中,全球金融活动和风险发生机制联系日益紧密。金融全球化趋势的出现,是经济全球化的必然结果。主要原因在于:一是电信、信息技术的发展和在金融领域的广泛应用,使金融活动可以超越空间界限,在网络环境中直接进行交易,从而便利了金融交易活动,为世界金融全球化提供了物质技术基础。二是经济国际化对世界金融一体化提出了客观要求。随着全球科技的不断进步,国际社会之间的分工和合作也越来越重要,这就直接导致了生产的社会化和国际化程度的提高,资本的所有者希望他们能够在不同的国家和地区获得完善的金融服务,享受借贷、筹资等方面的便利,这就促使金融企业不断冲破地域界限,金融自由化步伐明显加快。三是随着国际金融业之间的竞争加剧,金融企业为了获取更大的利润空间,不断通过直接投资、购并等方式进行扩张,加速了世界金融的全球化。四是追求金融自由化的趋势。随着经济全球化的到来,很多国家和地区不断放松金融管制,从而鼓励金融创新。这样,金融创新和竞争就在全球展开,也加剧了金融领域的国际性投机活动。在一些监管较为严格的地区,投机商为逃避各国政府种种限制,采取离岸金融等方式获得更加自由的空间,这也不断改变金融资源在全球的配置,人为促进了世界金融全球化的发展。②

我国金融业的渐变式发展深受金融全球化的影响,来自跨国资本的大量流动、中外金融市场的融合及其价格的趋同、国际金融机构和跨国公司的不断涌现、金融交易基础规则的日益趋同化以及席卷全球的金融危机等,使我国金融监管体制改革一直朝着有效监管目标向前推进,金融监管立法的基本价值和理念在金融法体系的建立和完善中逐步获得确立和调整,这在信托业监管改革中同样获得了证明。

(二)价值取向之一:金融安全价值

由于金融行业本身具有明显的外部负效应性、内部脆弱性及信息不对称性等特征,因此常常隐藏着巨大的金融风险,甚至引发金融危机,从而对社会经济生活造成严重破坏。金融安全观是金融监管法制建设的核心理

---

① 陈甦主编:《全球化背景下的中国法治建设》,经济管理出版社2010年版,第86页。
② 徐孟洲等:《金融监管法研究》,中国法制出版社2008年版,第11—12页。

念之一。这里的金融安全，是指在一国经济独立发展道路上金融运行的动态稳定状况，它是特定意义上的金融稳定，包括金融机构体系、金融市场体系和金融监管体系在内的金融体系的健康、有序运行。[①] 金融安全不仅强调国家金融体系的诸要素不被破坏和不受威胁，而且高度重视国内和国际金融资源的有效供给是否获得充分保障。

事实上，安全是一切法律的基本价值取向，安全既是金融安全这一概念的中心词，同时也是其逻辑体系中的上位概念。安全不同于安全感，安全是一种没有威胁和恐惧的状态，具有主客观同存性和认识与现实的分离性。[②] 在马斯洛的需求层次论中，安全是人类仅次于生理需要的第二等重要的需要。追求安全的欲望促使人类寻求公共保护，以抑制对一个人的生命、肢体、名誉和财产所为的非法侵权。霍布斯给后世留下的一句著名法律格言便是："人的安全乃是至高无上的法律。"[③] 应该说，安全是人类需求不断提高的重要基础，人们对于安全的关注，其首要动因在于赢得发展。就金融安全而言，金融法所追求的安全价值，从总体上看应包括金融财产的安全、金融制度和金融体系的稳定、金融市场的正常运行以及金融业的可持续发展等核心要素。[④] 我国目前金融业面临的风险是由金融市场新兴业务和金融转轨所带来的综合性风险，包括市场性风险和体制机制性风险，但主要是体制机制性风险。[⑤] 我国的金融监管必须在体制、机制、观念等方面进行创新，特别要强化金融安全的法治观念。

辩证认识金融安全观，需要从积极意义和消极意义两个角度来进行。积极意义上的金融安全，表现为保障金融制度的稳定、金融体系的健康、可持续发展的协调状态；消极意义上的金融安全，表现为抑制金融系统中不协调因素与力量，控制和防范金融风险，防止金融动荡、金融危机的消极状态，也即一国能够抵御国内外冲击，即使受到冲击也能保持金融正常

---

① 徐孟洲、徐阳光：《金融安全亟待完善相关法律制度》，载《团结》2006 年第 1 期。
② 参见张晓君等《国家经济安全法律保障制度研究》，重庆出版集团、重庆出版社 2007 年版，第 5 页。
③ ［美］博登海默：《法理学——法哲学及其方法》，邓正来、姬敬武译，华夏出版社 1987 年版，作者致中文版前言。
④ 席月民：《金融安全观及其法律保障》，载吴志攀主编《经济法学家》（2009），北京大学出版社 2010 年版，第 77 页。
⑤ 朱大旗：《确保金融安全关键在于法治 促进金融体制和金融运行机制的改革与完善》，载《甘肃政法学院学报》2007 年第 1 期。

运行和发展的能力和状态。① 在经济全球化和金融国际化的背景下，来自于国际层面或外国的危险因素和影响在日益加剧，金融安全的主权属性被淡化和削弱。正因为如此，金融安全现已成为全球性法律问题，需要国际金融组织的积极协调以及各国监管部门的通力合作。作为金融法的核心价值观之一，金融安全观及其法律保障是金融全球化时代金融业开放与可持续发展的重要基础。② 就我国信托业监管改革而言，笔者认为，金融安全问题一直与信托创新交织在一起，在具体价值取向上，改革既不能发生价值观的错位，更不能出现安全价值的缺失。

（三）价值取向之二：金融效率价值

效率概念源于经济学，是指有限资源的有效配置和使用，它强调以最少的资源消耗取得同样多的效果或以同样的资源消耗取得最大的效果。金融市场的经营主体是以经济利益最大化为动机的，金融监管主体虽不追求自身经济利益的最大化，但却有追求效率最大化的动机，即以较小的监管成本进行高效的监管。由于金融市场运作的基本功能是使金融资源配置与使用效率的最大化，因而政府监管的直接目的是提高金融市场的效率，具体表现为追求竞争的平等性，即通过对金融活动的监督管理，创造一个自由、平等的竞争环境，防止和制止不正当竞争行为和垄断行为，鼓励金融机构在公平竞争的基础上提供高效率和多样化的金融服务。

实践中，经济分析法学方法的运用，为金融监管的效率价值追求提供了可行的工具。由于经济学研究的中心是"效率"问题，当对有特定金融监管法所设定的金融监管进行效率分析时，经济分析法学的方法就能按经济理性的标准对法律权力和法律权利进行分配，以期使这种安排达到最佳效应。这种经济分析法学的研究方法会使法学研究更加精细化和简洁化，使法学研究更加逼近法治现实，通过法律实施的效果研究，检验金融法律供给的质量。③ 鉴于金融监管是保护社会公共利益的需要，因此，金融监管立法中，必须注意进行成本效益分析、利益结构分析，既要防止监管过度，也要防止监管松懈。④ 制度是经济增长的内生性变量，信托制度

---

① 张忠军：《论金融法的安全观》，载《中国法学》2003年第4期。
② 席月民主编：《金融法学的新发展》，中国社会科学出版社2013年版，第36页。
③ 王后春：《金融监管法律制度分析——效率视角之解读》，载《经济问题探索》2006年第4期。
④ 席月民主编：《金融法学的新发展》，中国社会科学出版社2013年版，第38页。

本身可以被看作一种交易，所以基于交易成本的共同内涵，可以将信托交易成本的构成同样定义为信息成本、签约成本、履约成本和监督成本。①

就信托业发展而言，改革开放以来的历次整顿，无不暴露出过分看重风险管控而忽视市场效率的问题，新业务审批制度和某些过于细致和呆板的管理规定直接导致了金融效率的低下，当然这对处在市场经济发展初期的中国而言本也情有可原。需要特别指出的是，金融是一种资源，按照金融资源论的观点，金融效率是金融发展理论的关键，从这个意义上说，金融效率观是全新的金融发展观。②加入世界贸易组织后，我国在制定和实施监管政策、措施的过程中，虽然开始更多地考虑对竞争、效率和金融创新所产生的影响，综合经营的试点即是一例证明，金融理财市场的快速发展也是其中的证明，但金融效率的相对低下仍是不争事实，否则不会出现民间借贷的迅速走红③，民间借贷案件的高发以及2015年最高人民法院《关于审理民间借贷案件适用法律若干问题的规定》这一司法解释的出台，为此提供了最好注脚。

(四) 价值取向之三：金融公平价值

金融公平在通常情况下与公正、正义、平等的价值目标是相一致的，其强调金融市场主体的机会均等、法律地位平等、利益分配公平以及对违法者追究责任和弥补被破坏的金融秩序上的结果公平等。按照马克思的公平观，当今我们消除两极分化的唯一出路，就是切实地将市场经济这种有效配置资源的手段与社会主义的价值目标结合在一起，一方面清除影响

---

① 参见康锐《信托业发展困境的法律对策研究 (2001—2007)》，厦门大学出版社2010年版，第92页。

② 参见沈军《金融发展观、效率观及对中国实践的启示》，载《经济论坛》2004年第10期。

③ 这些年来，我国民间借贷在浙江、江苏、福建、河南、山东、内蒙古等地空前活跃，并迅速走红网络，出现了一批又一批的P2P网络借贷平台。民间借贷一改早期的无组织性、一次性和分散化特点，呈现出交易上的有组织性、连续性、集中性和专业化特征。2011年全国多地发生的民间借贷信用危机令人记忆深刻。尤其是央视《新闻1+1》栏目曝光的江苏"宝马乡"高利贷市场崩盘事件，其涉及人员之广、资金量之大着实让人触目惊心。民间借贷潜在风险巨大，各地接连发生的债务人出逃、中小企业倒闭等事件，直接破坏了民间信用机制，冲击了当地的经济发展和社会稳定。虽然政府的最终介入及其扶持政策暂时稳定了市场信心，但民间借贷的制度风险及其法律规制问题实已无法回避。由政策驱动的民间借贷市场所表现出的这种非理性繁荣，无疑已向金融监管部门敲响了警钟。

"形式上的公平"得以实现的各种因素,解决权贵"垄断机会"的问题,削弱利用生产手段占有他人劳动的客观基础;另一方面创造条件使"形式上的公平"向"事实上的公平"过渡,真正做到我们的公平不仅表现为"过程的公平",更体现于"起点的公平"和"结果的公平"。① 马克思和恩格斯认为,公平作为一种评价属于观念形态,它归根到底是对现实经济关系与评价主体利益之间关系的反映,但公平的直接来源却是法权观念和道德观念。②

金融活动有其特殊性,金融公平观既追求实质上的公平,也追求程序上的公平,因而,金融活动中的公平准则也有不同于一般经济活动中公平准则的特点。对金融监管公平性的关注,不仅仅是对金融监管活动的伦理关注,它更是金融监管活动自身完善性的重要表现。随着金融服务业的迅速发展,金融业已成为与人们日常生产、生活有着千丝万缕联系的一个关键行业,金融公平在越来越多的层面上开始与社会公平相关联。在现代市场经济条件下,如何公平对待金融消费者就是金融监管中公平观的例证之一。

在我国,金融消费形式已从改革开放初期单一的银行存款向支付、理财、融资、投资等一体化交易延伸。法律之所以给予金融消费者特殊保护,主要源于其弱势地位,消费者作为个人,在知识、能力、经验等方面存在着种种限制,这与金融机构所拥有的庞大组织机构、雄厚经济实力和众多专业人才形成鲜明对比,加上金融业较强的外部性和天然的脆弱性,从而极易给消费者带来消极影响。因此,金融消费者在购买和使用金融产品过程中,极可能因缺乏相关知识、信息等因素,导致其安全保障权、知情权、自主选择权、公平交易权、依法受偿权、受尊重权以及监督权等消费者权利在一定程度上被剥夺或者受损害。在这种情况下,就必须借助于外部的政府监管,矫正金融企业与社会公众实质上的不平等地位,匡扶社会正义,保障金融公平。

近年来,金融资源观的提出为法学研究提供了新视角。有学者研究认为,目前我国城市与农村之间、不同所有制经济体之间金融资源配置严重

---

① 陈学明:《马克思的公平观与社会主义市场经济》,载《马克思主义研究》2011年第1期。

② 段忠桥:《马克思和恩格斯的公平观》,载《哲学研究》2000年第8期。

不均衡，已经影响了社会公平。赶超战略下的金融监管制度设计偏差，是金融资源配置失衡的重要原因。为实现金融资源配置的公平，需要构建包容性的金融监管法律制度，具体包括包容的金融市场准入制度和公平的金融市场退出制度。[①] 当然，金融公平观的内容并不止于此，金融法的平衡协调原则是其本质体现，就信托业监管改革来说，改革必须关注金融公平，这对专营和兼营信托业务的金融机构而言均有重要意义。

（五）价值取向之四：金融秩序价值

秩序是人类社会生存与发展的基本条件，是人与人之间的和谐相处的一种状态。在中国现代法治发展的过程中，国家立法以及相应的司法和执法活动已经成为现代法治中最显著、最突出的因素，社会生活秩序也表现为由制定法以及根据制定法而产生的有关国家机关的活动。[②]

然而，在社会理论中，有关"法律"与秩序之间关系的主导观点有两个："根据第一种观点，法律是社会秩序的真正来源，因为法律强制对社会规范的保障与稳定起着不可或缺的作用；根据第二种观点，社会秩序原则上并不依赖于法律，因为确定而稳定的社会规范即使没有法律的强制也是可能的。"[③] 不难看出，前一种观点把法律与秩序看成了手段与目的的关系，秩序是法律追求的价值之一，法律是获得秩序的一种手段；后一种观点则把法律和秩序看成了两个独立的存在物，秩序可以独立于法律而获得，实现秩序这一目的并不一定需要法律。客观地说，这两种观点中所提到的秩序实际上属于两种不同的秩序，其一是自生自发秩序，该秩序遵循的是内部规则；其二是组织秩序，该秩序则服从于外部规则。正确理解这两种秩序的区分，是理解法律与人之行动的秩序之间关系的根本所在，也是构建法律制度与法律秩序的重要基础。

正如哈耶克在其《法律、立法与自由：规则与秩序》中所说的那样："只有当人们明确认识到行动秩序乃是一区别于有助于这种秩序之型构的规则的事实性事态之时，人们才能理解这样一种抽象秩序之所以能够成为行为规则的目的的缘由。对这一关系的理解因此是对法律理解的一个必要

---

① 田春雷：《金融资源公平配置与金融监管法律制度的完善》，载《法学杂志》2012年第4期。

② 刘佳：《中国传统秩序观与现代法治的契合》，载《法学杂志》2007年第1期。

③ ［德］米歇尔·鲍曼：《道德的市场》，肖君、黄承业译，中国社会科学出版社2003年版，第1页。

条件。"① 鉴于建立秩序的视角、目标不同,法律秩序观也不尽相同。在新中国发展的历程有过两种不同的秩序观:一是以牺牲公民权利为代价的、追求超稳定的秩序观;二是以人为本的、追求社会和谐的、科学的稳定秩序观。② 社会主义市场经济的有效运行离不开良好的金融法律秩序,需要接受科学的金融秩序观的指导。信托业监管改革同样需要关注金融秩序,良好的金融秩序是现代市场经济稳定健康发展的重要保证。笔者认为,信托业改革的关键是监管资源的整合,在监管利益协调中需要克服"冲突"逻辑,强化"和谐"逻辑,因为恶意逃废债务、违规经营、诈骗以及不同类型机构之间的恶性竞争等,不但会直接造成金融秩序的混乱,而且会严重影响经济社会的可持续发展。

金融安全观、金融效率观、金融公平观和金融秩序观是金融法治中的核心价值观。正确处理四者之间的关系,是中国金融监管体制演变中必须正视的问题。③ 由于金融法的安全价值需求根源于金融机构及金融业务所内蕴的诸种风险之中,而这些金融风险又源于金融机构对金融自由和金融效率的普遍追求,这样一来,金融安全难免与金融效率产生正面冲突。如果只求安全不计效率,则势必影响一国金融业的国际竞争力和金融业的长远发展;相反,如果只求效率而不计安全,则又必然导致一国金融体系的混乱和无序,最终使效率目标亦无从谈起。辩证认识金融安全观、金融效率观、金融公平观和金融秩序观,需要因时因地权衡利弊,统筹兼顾,适当突出其一,以解决金融领域出现的法律问题。安全优先也好,效率优先也好,甚或是公平优先或者秩序优先,在不同的历史时期都有其合理性一面。目前我国信托业监管采取的是机构监管方法,突出的是金融安全价值,但从信托业监管改革走势看,功能监管将更加适应大信托时代的发展要求,在突出功能监管地位、兼顾机构监管作用中,金融公平与秩序价值将得到立法重视,金融效率和金融安全会退居其次。

事实证明,2007年美国金融危机对全球经济和金融体系造成了严重破坏。但我们不应忘记,正是此前以"效率"为优先目标的宽松政策导

---

① Hayek, *Law, Legislation and Liberty: Rules and Order (I)*, The University of Chicago Press, 1973, p. 113.

② 参见严励《具有中国特色社会主义秩序观的历史流变》,载《南都学坛》2008年第6期。

③ 陈甦主编:《全球化背景下的中国法治建设》,经济管理出版社2010年版,第90页。

致了美国金融危机的爆发。① 我国实行对外开放政策后,金融业改革经历了以效率优先为主到以安全优先为主的转变。例如,1995年的《商业银行法》第4条第1款规定:"商业银行以效益性、安全性、流动性为经营原则,实行自主经营,自担风险,自负盈亏,自我约束。"而2003年修改后的《商业银行法》第4条第1款则规定:"商业银行以安全性、流动性、效益性为经营原则,实行自主经营,自担风险,自负盈亏,自我约束。"这一转变反映出金融立法中法律价值观的转变。当然这种转变,可以更多地从不同时期出台的金融政策和金融规章中去理解和把握。我国建立分业监管的体制后,不同监管机构出台的监管政策对金融法律价值观的把握在不同时期也可能有差别,这样做实际上更容易接近或达到金融监管的总体效果,促进银行业、证券业、保险业以及信托业的协调发展。

经济全球化与金融自由化的发展,使世界各国经济的相互依存度大大提高,科学实施国际化战略已成为各国金融业持续发展的治本之计。毫无疑问,金融全球化给全球金融治理提出了新的课题。目前西方主流的世界秩序观主要包括霸权秩序论、均势秩序论、世界体系论、文明冲突论、民

---

① 正如有的学者所言,美国经济最大的特点是虚拟经济,即高度依赖虚拟资本的循环来创造利润。美国金融危机是其经济过度虚拟化和自由化后果的集中反映。从危机的演变过程看,其直接源于美国房地产市场中资产证券化和住房抵押贷款证券化所引发的金融衍生品的膨胀与泛滥。2007年4月美国新世纪金融公司(New Century Financial)申请破产保护,实际上成为这场危机最终爆发的前奏。该公司作为美国第二大次级房贷公司,其申请破产的消息使数家对冲基金因投资与次级贷款相关的抵押债券而惨遭损失,紧接着多家次级抵押贷款公司停业甚或倒闭。2007年7月下旬,危机开始向欧洲和其他地区的金融市场蔓延,以英国北岩银行(Northern Rock)为代表的各主要金融机构与次级贷款有关的资产减计不断增大,当融资困难发生后,导致金融市场短期流动性危机持续升级。进入2008年后,危机引发的信用问题进一步加剧,那些主要依赖短期融资的金融机构先后受到重创,尤其是美国第五大投资银行贝尔斯登公司(Bear Stearns Cos., BSC)被摩根大通公司(JP Morgan Chase & Co., JPM)收购后,美国金融市场的信心再次遭受沉重打击。随后,危机开始急剧恶化,住房抵押贷款银行印地麦克(IndyMac)被联邦存款保险公司(FDIC)接管,美国第四大投资银行雷曼兄弟(Lehman Brothers)宣布破产,美林(Merrill Lynch & Co.)被收购,美国两大住房抵押贷款公司房利美(Fannie Mae)和房地美(Freddie Mac)被联邦住房金融管理局(FHFA)接管,世界最大保险机构美国国际集团(AIG)被接管,美国最大储蓄银行华盛顿互惠银行(Washington Mutual Inc.)倒闭,全美第四大银行美联银行(Wachovia)被美国富国银行(Wells Fargo & Co.)收购,连花旗银行(Citibank)也身陷严峻困境,由美国政府先后注资450亿美元,一些规模相对较小的银行也纷纷获得美国政府注资。与此同时,欧洲部分金融机构也相继出现问题,部分国家如冰岛等甚至出现了国家性危机。

主和平论五种。这五种理论都属于基于人性恶假设的冲突秩序观。冷战结束后的权力多极化、经济全球化、政治民主化、社会网络化、世界风险化等诸多趋势对冲突秩序观形成了挑战。在此背景之下，基于中国传统的和谐秩序观的意义便凸显出来。和谐秩序观是一种新的秩序逻辑，其以人性向善为假设基础，力图发现和弘扬人性中道德的成分。全球共治作为一种应用性理念，更强调现实性和操作性。[1] 从当前来看，我国政府需要在全球共治中，把握建立公平、公正、包容、有序的国际金融新秩序的方向，对国内金融体系进行必要的改革，使信托立法更加接近国际准则，以促进金融财富的跨国流动，同时积极促成国际金融体系改革，以创造有利于全球经济健康发展的金融监管制度环境。

二、信托业监管改革的法律目标

（一）金融监管目标选择及其达成路径

从技术层面上而言，金融危机不是自由市场制度的错误，而是监管失误。但是，监管技术手段的失误却来源于监管目标模糊与价值取向失配。金融综合化背景下的金融监管必须着眼于金融生态优化，进行监管目标、价值取向与监管模式的审慎权衡。[2] 一国的金融监管目标的选择及其达成路径通常会受到多种因素的影响，换言之，金融监管从来就不是在"放松监管"与"强化监管"之间作出非此即彼的简单选择。

金融监管的目标会因各国在发展背景、发展水平等方面的不同而有所差异，但总体上为了维持整个金融体系的稳定、健全和高效，金融监管的目标一般都包含有这样几个方面：（1）保持金融市场和金融机构的稳定与安全；（2）保护金融市场投资者的利益，突出地表现在保护存款人的利益；（3）创造一个平等的竞争环境和良好的市场秩序，促使金融业在平等竞争基础上提高效率，稳健发展；（4）允许金融业创新活动，允许金融机构为适应经济环境的变化而变化，以保持并不断提高金融业的竞争力。有效的金融监管必须是能促使金融部门最大程度地达到上述四个方面的目标。

---

[1] 参见高奇琦《全球共治：中西方世界秩序观的差异及其调和》，载《世界经济与政治》2015年第4期。

[2] 程惠霞：《金融监管目标权衡及其模式的递进》，载《改革》2010年第2期。

金融监管目标的确定与监管成本不无关系。有学者分析认为金融监管的成本可以细分为以下四类：[①] 一是费用类成本，这是在监管过程中产生的有形成本，指金融监管当局对金融机构与市场进行监管过程中所发生的直接费用；二是损失类成本，这是当金融监管行为干扰了市场机制对资源的自动配置作用，限制了充分竞争或抑制了金融创新，影响到市场激励机制时，导致有关经济行为主体改变其行为方式所造成的间接效率损失；三是腐败寻租类成本，这就是通常所说的监管者被俘获而造成的损失；四是监管失灵类成本，市场不是万能的，政府监管也会失灵，这就是由于监管作用的局限性带来的成本。如果选择以稳定金融体系为重心，那么有可能采取较为严厉的监管措施，费用类成本和腐败寻租类成本会直接上升，而损失类成本增加的可能性也会显著增大。一般而言，监管越是严格，监管成本就会上升，随着监管程度的加大，收益开始下降，收益与成本差也逐渐缩小。如果监管当局选择以金融效率作为监管重心，一般会适当放松监管严格程度以促进竞争，鼓励创新，从而直接会带来前三类成本的降低，但是监管失灵类成本上升的可能性就会显著增大，甚至有可能会以金融体系的稳定作为其他监管成本相对下降的代价。因为金融机构的风险在追求创新和刺激效应中积聚，银行的信用危机会影响整个金融体系乃至整体经济的稳定，从而使监管失灵达到极致，所以，对监管成本的科学分析是达致金融监管目标选择的基本路径。

（二）信托业监管改革的目标定位

在保障金融市场安全高效运行和整体稳定中，信托业监管改革的目标定位其实也不例外。上述目标主要可以划分为两大基本目标，即促进金融稳定与提高金融效率。虽然，现代金融监管越来越注重两者的融合与均衡，从理论上讲两大目标的协调是最高境界。"中国银监会成立以来，一直在试图寻找银行业创新发展与防范风险的最佳平衡点，一直在寻找监管当局与银行企业的最佳平衡点，一直在寻找油门与刹车的最佳平衡点。"[②]有效金融监管应该从金融系统的有序程度与竞争程度两个方面进行评价，

[①] 朱新蓉：《中国金融监管制度创新研究》，载《上海金融》2003年第8期。

[②] 唐双宁：《分类监管——中国银行业有效监管的必然选择》，在"2005（中国）银行家论坛"上的发言（2005年7月23日），中国银监会网站，http://www.cbrc.gov.cn/chinese/home/jsp/docView.jsp?docID=1505，2009年9月11日访问。

其综合目标应当是要达到有利于金融持续发展的最佳效率状态。[1] 这对信托业监管改革提出了具体的目标要求。虽然说在不同的历史阶段，信托业监管面临的问题并不相同，继而导致监管改革选定的目标也会有所侧重，即是以稳定金融体系为重心，还是以鼓励金融机构竞争以提高金融体系的活力为重心，但总体上说来，对信托业公平竞争秩序的保护是信托业监管改革的终极目标。

1998年以来我国金融体系渐进式改革似乎都是遵循以社会稳定为首要目标的监管准则，"金融监管为什么存在"的基本问题反倒退居其次。但现实中的金融创新不足、中小金融机构发展环境欠佳、投资者风险意识与风险控制能力欠缺等问题迫切需要一个明确的监管思路，它决定于监管机构监管价值的明确，即：是以社会稳定和政治目标为中心，还是以风险为核心？是采用法律手段确保竞争规则公平，还是采用行政手段有所偏抑？[2] 这些问题是十八届三中全会以来我国金融体制改革所无法回避的。要落实金融监管改革措施和稳健标准，完善监管协调机制，界定中央和地方金融监管职责和风险处置责任，就必须正面回答金融监管目标如何选择、监管价值如何取舍或平衡的问题。当然，金融监管的价值随着金融交易规模和金融交易速度的变化而变化，不同金融发展阶段应有不同的监管理念和监管目标。但无论如何，对金融安全、金融资源配置效率、金融机构公平有序竞争的追求都是信托业监管的重要目标。

有效监管与信托业监管目标的实现程度成正相关关系。实施监管后的金融体系状况越接近监管目标，则信托业监管的有效性越高；反之，有效性就越低。信托业监管目标是实现金融有效监管的前提和监管当局采取监管行动的依据。当然，信托业监管目标还可分为一般目标和具体目标，其中，一般目标应该是促成建立和维护一个稳定、健全和高效的金融体系，保证金融机构和金融市场健康的发展，从而保护金融活动各方特别是存款人的利益，推动经济和金融发展；具体监管目标各国有差异。监管目标的定位是有效实施金融监管的前提和基础，"只有将监管目标明确定义，并且准确无误地将实现监管目标的责任委托给监管机构，监管才有可能有效进行"，才可以围绕这一目标而有针对性地对具体监管内容、对象、方

---

[1] 张强：《论金融监管中的信息约束》，载《金融研究》2000年第5期。
[2] 程惠霞：《金融监管目标权衡及其模式的递进》，载《改革》2010年第2期。

式、技术、方法、手段以及监管组织形式进行选择取舍，才可能确保监管效率甚至整个金融系统运行效率的提高。[1]

笔者认为，发展普惠金融，保护金融消费者，是当前信托业监管改革的具体目标。金融产品的日益抽象化、复杂化和金融交易模式的日益综合化、专业化，导致金融市场投资者群体的身份转化与角色嬗变，非专业投资者或者大众投资者逐渐与消费者融合，成为一类新的市场主体即金融消费者。具体说来，金融消费者是为满足非营业性的个体金融需要而购买或使用金融商品或者享受金融服务的自然人。[2]"以人为本"的发展观要求在金融领域必须构建和完善"以客户为中心"的法律规则体系，尊重和保护金融消费者的人权，增进金融消费者的福祉，维护交易安全和交易公平，为金融消费者提供及时、便捷、全面的法律救济。金融消费者是和金融经营者相对应的一个概念，通常是指购买金融产品、接受金融服务的人，如到商业银行办理存款的存款人、到证券公司开户的证券投资人、与保险公司签订保险合同的投保人等。但作为一个法律概念，金融消费者只限于个人，而不包括机构或单位，更不包括政府部门。至于金融交易形式的有偿与无偿，并不是决定能否成为金融消费者的标准。那些免费接受金融产品和服务的个人，尽管没有支付对价，也同样成为金融消费者，同样应受到法律保护。

在金融市场上，金融消费者是不可或缺的要素之一，其与金融经营者的身份是完全分离开来的，这根源于货币的流通、使用以及金融服务的专业化。金融消费者在为满足个人金融需求而接受金融服务过程中，对金融经营者形成了一定的依赖关系。依据消费经济学理论，消费行为和储蓄行为构成了消费者最基本的两类行为，消费者的收入在消费和储蓄之间的分配受各种内部和外部因素的综合作用。金融市场的创新和发展使消费者的收入分配行为随之发生改变，如既可以通过商业贷款来增加当期可支配收入，也可以通过对金融产品的投资增加未来的财富。在现代社会里，金融需求如同人们的衣食住行一样，已内化于个人消费需求的深层部分，金融消费已成为解决个人生活消费需求与收入差距冲突的有效途径。通过金融

---

[1] 胡怀邦：《银行监管的目标定位：理论分析与中国选择》，载《金融时报》2003年11月24日第11版。

[2] 陈洁：《投资者到金融消费者的角色嬗变》，载《法学研究》2011年第5期。

消费活动，不但可以改变个人的消费时间，而且可以改变个人的消费质量。

金融消费者的个人金融需求可以通过支付结算需求、信用供与需求和金融资产运用需求表现出来。个人无论是办理银行存贷款还是购买保险，是投资股票债券还是申请信用卡，是购买各种个人理财产品还是购买黄金或外汇，都是为了满足生活中对支付结算、信用供与以及资金运用等方面的金融需求。从世界范围看，金融业不但服务于实体经济，而且服务于虚拟经济。货币制度不仅是经济虚拟化的产物，而且也是经济虚拟化的重要催化剂。在财产证券化和权利证券化运动中，金融消费的高科技化直接表现为证券的无纸化，对金融消费者而言，其弱势地位尤为明显。金融消费者的权利同样以消费者特定的身份为基础，且内容具有法定性。金融安全保障是金融消费者的最大福祉，金融消费者在购买、使用金融产品以及接受金融服务时，依法享有生命健康和财产不受威胁、侵害的权利，这种金融安全保障权具体包括了人身安全保障权、财产安全保障权和信息安全保障权等内容。在金融消费中，随着金融电子化产品的不断推出，因高科技所带来的各类金融安全问题已经越来越突出，有效预防和减少各类违法犯罪案件的发生，弥补金融消费者的人身和财产损失，是我国金融法治的核心任务之一。作为虚拟经济核心的金融，如果偏离为实体经济服务的正常轨道与价值定位，迟早都会导致金融功能异化，从而引起金融危机的爆发。[1]

第二节 信托业监管改革的立法原则

一、何谓"立法原则"

在市场经济条件下，法律是预测和制止无序状态的首要的、经常起作用的手段。初始的市场交易呼唤契约自由，现代市场经济则要求减少交易成本，确保交易安全，从契约自由到市场行为规范化是立法史上的一个进步。[2] 立法是一个历史范畴，总是随着时代的嬗进而嬗进，但不论什么时

---

[1] 徐孟洲、杨晖：《金融功能异化的金融法矫治》，载《法学家》2010年第5期。
[2] 参见徐学鹿《论市场经济的立法原则》，载《中国法学》1996年第1期。

代,立法都会有自己遵循和追求的基本原则。这里所谓的"立法原则",是立法者据以进行立法活动的主要准则,它是立法基本理念在立法实践中的重要体现。而且这些立法原则中天然地蕴含着伦理精神,具体而言,其伦理基础是理性,伦理价值是正义和利益,伦理进路是异化及归同。[①] 当然,对立法原则的把握,既需要关注立法的形式和程序,也需要关注立法的实体内容,应该说,民主、科学和法治是现代市场经济国家立法原则的主要体现。为此,在制定和修改法律时,应尽量做到新制定的法律具有相对的稳定性,反对朝令夕改,法律的稳定性是保证其权威和尊严的重要条件。

具体到金融法领域,即涉及金融法的立法原则,包括金融组织法立法原则、金融业务法立法原则、金融调控法立法原则以及金融监管法立法原则等。我国信托业的监管改革在性质上归属于金融监管范畴,因此,这里需要对金融监管法立法原则进行简单剖析。所谓金融监管法立法原则,是指能够充分、全面地反映金融监管关系的客观要求,并能指导金融监管立法的基本准则。它体现了金融监管立法的本质和价值取向,是金融监管立法的灵魂和基本精神之所在,对金融监管活动具有普遍意义上的指导和统率作用。从法理学角度看,构成被确认的法律原则,必须真实、全面、集中地反映出某一类社会关系的客观要求,并能够科学地抽象出以某一类社会关系为调整对象的法律规范的基本精神和共同本质。这里值得注意的是,我们在确定金融监管的立法原则时,应避免因袭其他部门法的立法原则,或者照搬社会经济规律,特别是金融运行规律,使金融监管的立法原则缺乏明确的针对性、指导性、适应性和可操作性。金融运行规律是金融监管的立法原则所应遵循的重要依据,但二者不能混淆。有学者提出,金融监管法立法原则包括协调性原则、适度监管原则和效率原则,这些原则相互联系、相互制约、相辅相成,是确保我国金融业稳健、有序和高效发展的前提和基础。[②]

信托业监管改革的立法原则是上述金融监管立法原则的具体化和特殊化,它区别于信托法的法律原则,特指《信托业法》立法中需要坚持的基本准则。我国《信托法》的基本原则规定在该法第 5 条,即"信托当事人

[①] 李建华:《立法原则的伦理解读》,载《河北法学》2005 年第 6 期。

[②] 刘定华、郑远民:《金融监管的立法原则与模式》,载《法学研究》2002 年第 5 期。

进行信托活动，必须遵守法律、行政法规，遵循自愿、公平和诚实信用原则，不得损害国家利益和社会公共利益。"这些原则是基于规范信托行为而展开的。笔者认为，信托业监管改革的立法目的在于构架信托监管基本法律制度，其立法原则是明确信托业监管体制、监管目标、监管权力、监管方法、监管程序、监管责任时必须坚持的核心内容和根本精神，因此二者之间是有区别的，后者是建立和完善各项信托监管制度的重要基础。对《信托业法》立法原则的归纳，不能囿于信托法所确立的信托行为基本原则，而应该紧紧围绕信托业监管改革实践而展开，要有一定的前瞻性和科学性。与前述《信托业法》立法目标相联系，这里的立法原则主要有四个，即监管权集中行使原则、维护公平竞争原则、有效控制风险原则和适度有限监管原则。立法机关在具体立法过程中，其立法行为毕竟不同于学术界的理论探究，它是现实社会中实实在在的行为，因此难免会受到复杂多变的社会环境的制约，这就要求我们对信托业监管改革立法原则的提炼要更贴近现实，更符合信托业发展的基本规律，在全面、深入地理解和把握该法价值取向的基础上，确保这部立法的前瞻性、科学性和权威性。

二、监管权集中行使原则

从世界范围看，国与国之间的信托业监管架构存在着很大差异，而且各国的监管体制并非一成不变。这与该国的信托业发展历史、信托文化、国家治理模式以及经济发展目标等多种因素联系在一起。美国信托业高度发达，虽然在信托业监管体制上采用了与英国不同的监管模式，但两国信托业发展路径基本相同，信托观念深入人心，商业信托与民事信托并举，始终保持着混业经营环境，信托业监管体制由市场需求诱致而形成，重视市场调节和行业自律。日本从英美引进信托制度后，本身缺乏信托传统，信托业的发展路径属于典型的强制性制度变迁，商业信托勃兴，重视国家调节，建立了比较完善的信托法和信托业法体系。虽然混业经营是当前金融业发展的趋势，但对选择最佳监管架构的争论却仍在持续中，甚至有人提出建立问责制可能比改革监管架构更为有效。

金融业是特殊的高风险行业，存在着发生支付危机的连锁效应，而且金融体系的风险直接影响着货币制度和宏观经济的稳定。金融风险的内在特性，决定了必须有一个权威机构对金融业实施监管，以确保整个金融体系的安全与稳定。英国金融服务局在2000年《金融服务市场法案》生效后，拥有了监管金融业的全部法律权限，最终建立了单一监管模式。美国的双层多头型监管模式将信托业监管权分解到联邦及州一级的不同监管机关手中，这和其联邦体制及监管机关分权牵制的治理理念是分不开的。虽然表面上属于机构监管，并没有按照业务进行监管分工，但现实中，美国各信托业监管机关之间对于信托业管理的理念和规则趋于一致，这是其《统一信托法典》和《统一机构间信托评价体系》能逐渐得到推广实施的重要基础，因而美国信托业监管在机构监管的整体框架中实际接近于功能监管。而日本的金融监管则属于功能监管，在经历了1998年以来的金融改革后，其金融厅统一监管权力和金融控股公司的兴起体现出功能监管和混业经营的特征。由于日本信托业基本仍维持原来的七大信托银行经营，因此在功能监管的整体框架中较为靠近机构监管。

我国目前一行三会的监管架构适应了机构监管的要求，但却不适应混业经营的功能监管要求，正因为如此，导致信托业监管竞争愈演愈烈，形成监管漏洞和监管冲突。从我国现行金融法律框架体系来看，信托业的监管权表面上看集中在中国银监会手中，由中国银监会集中行使，但其实则不然。这是因为，我国信托公司虽有信托专营权，但是这种专营权被以"委托理财"之名、行"信托"之实的许多部门规章所打破。同时，我国信托业的专营权又没有由更高层次的法规所明确。这样，信托业的信托专营权之争，事实上就变成了各监管机构出台的部门规章之争。[①] 笔者认为，在我国严格禁止或限制信托公司以外的金融机构兼营信托业务并不现实，改多头监管为统一监管，改机构监管为功能监管，将信托业监管权整合集中授予统一的信托业监管机构，实行"单一监管"而不是"多头监管"，并以《信托业法》的名义固定下来，才是优化监管的现实选择。只有这样，才能适应信托混业经营发展的客观要求，也才能增强监管的有效性、权威性和针对性，切实强化对信托市场的风险管理。

当然，坚持和维护集中统一的信托业监管体制，并不排斥中国银监会与其他监管部门之间的协作。相反，强化协作是金融市场取得成效的重要经验。为此，需要建立监督管理的信息共享和协调配合机制，加强对信托业务创新中的银信合作业务与证信合作业务等监管。对信托业监管改革而

---

① 刘少军：《信托业经营的法律定位与公平竞争》，载《河南省政法管理干部学院学报》2011年第1期。

言，只有降低监管成本、减少支出，避免无谓的监管竞争，才能更理想地达到金融监管的目的。

三、维护公平竞争原则

竞争是市场经济的重要特征之一，但竞争不是无序的，是在符合市场规则下的有序竞争。金融机构之间的无序竞争必然带来金融秩序混乱、金融市场的动荡，从而对整个经济活动产生不利影响。金融监管法通过一系列的审慎监管的制度规则，为金融市场竞争提供了可资遵循的统一规则，这就可以使金融机构在平等的条件下开展竞争，从而促进金融业降低成本、提高效率，为社会公众提供高质量的金融服务。我们知道任何一项改革都不可能使所有主体都获得同等利益，或者丧失同等利益，而只能使部分主体获得某种利益，部分主体丧失某种利益。利益的权衡和取舍是信托业监管改革的必然使命。民事信托的存在使兼营信托业务成为一种可能，兼营信托业务无论在国外还是在国内实践中均有成功范例，加上这些机构在传播信托文化方面的独特作用，使得信托业监管改革必须正视兼营信托业务存在的客观现实，把信托业的混业经营当作未来金融业混业经营的试验田，相反，不是单纯、简单地取消兼营信托业务。信托业监管改革旨在通过一系列的审慎监管的制度规则体系，为信托市场的公平有序竞争提供基本保障，使所有专营和兼营信托业务的不同类型金融机构实现信托业务的机会均等和公平竞争。

在金融业全面开放和资本全球化的综合背景下，如何保护我国信托业的公平竞争和自由竞争，防止和制止不正当竞争和垄断行为，是保障金融安全，促进金融业可持续发展的重要基础。当年的银行卡跨行查询收费事件即为金融业垄断行为的典型例子。从2006年6月1日跨行查询收费开始实施，到2007年4月6日被中国银行业协会宣布叫停，在不到一年的时间里，包括新华社在内的多家媒体对这一收费提出了"究竟是'国际惯例'还是'垄断行为'"的广泛质疑，黄细花等全国人大代表向全国人大提起"收费暂停"联名建议，以及后来发生在上海的全国首起跨行查询收费官司，一一折射了其重大的社会影响力。银行卡跨行查询收费实际上是中国银联与大银行协议一致的结果，而属于此类收费的还有小额账户管理费、借记卡年费、跨行取款费等。应该说，价格竞争本身是市场竞争的基本方式，但价格联盟在反垄断法中却是一种本身违法的卡特尔类型。金融垄断的现实困局造成了金融资源配置的失衡，并且形成了恶性循环，最终影响了社会公平。破除金融垄断成为了优化金融资源配置和维护社会公平的重点。通过金融反垄断制度的完善，引入竞争主体、优化竞争环境、引导竞争活动、规范竞争行为，构建具有竞争性的金融市场，能够完善金融市场结构，为消除贫富差距和实现社会公平提供良好的金融助力。[1] 金融业垄断行为的存在，直接损害了广大金融消费者的利益，破坏或限制了市场竞争，使金融市场的供给严重不足，加剧了资金供应的紧张程度，从而为"地下金融"提供了机会，严重扰乱了金融秩序，影响了金融稳定。

金融监管部门要按照公平、公正、公开、统一的监管标准和监管方式对金融机构实施监管，保证各金融机构处于同等的竞争初始地位，享有同等的法律资格，同等地不受歧视，为金融机构创造公平竞争的外部环境。[2] 为了鼓励金融机构在公平竞争的基础上提供多样化的金融产品和服务，金融监管法应当确立平等公平的竞争规则：[3]（1）金融机构机会均等。金融活动中的所有机会同时向所有的金融机构开放，除了这种活动本身所必然需要的条件外，没有任何其他附加条件加以阻止。金融机构可以放弃这种机会，但法律必须提供保障。（2）监管规则相同。在任何金融活动中，都必须以同一的规则来约束和衡量参加的同类金融机构，不能因所有制、规模、地位、背景而发生法律上的倾斜，任何规则上的例外都必须由法律明确规定。（3）允许结果不同。参与金融活动的金融机构自身条件各不相同，各有不同的行为能力，所以不必苛求结果上的表面性同一。

在立法过程中，立法主体不仅应注重立法的合法性，更应注意立法的合理性，从道德维度准确把握立法原则的伦理基础，充分顾及立法原则的伦理理念和伦理进路，通过对社会正义取向和利益追求的彰显，使创制出来的法律为"良法"，从而为实现社会法治化奠定坚实基础。[4] 制定《信托业法》，需要妥善处理好其与《反不正当竞争法》和《反垄断法》的关系。后者是我国竞争法体系的核心，是规范市场竞争秩序的最基本、最重要的法律，旨在鼓励和保护经济民主。金融经营者同样需要公平、自由的竞争机会，需要公平竞争和自由竞争的法律环境。《反垄断法》实施后，

---

[1] 冯果、袁康：《反垄断视域下的金融资源配置和社会公平》，载《法学杂志》2011年第8期。
[2] 徐孟洲等：《金融监管法研究》，中国法制出版社2008年版，第52页。
[3] 寇俊生：《关于金融监管法原则的思考》，载《金融研究》2003年第4期。
[4] 参见李建华《立法原则的伦理解读》，载《河北法学》2005年第6期。

金融业的反垄断问题不容忽视。竞争政策的推行并不是孤立的，在反不正当竞争以及反垄断执法中，竞争政策的执行会受到国家金融政策等经济政策的直接影响。当前，我国经济发展的突出特征仍是不平衡性，这种不平衡既表现在城乡、地区、不同产业和行业、不同利益群体、经济和社会发展之间，也表现在投资和消费、内需和外需、民营和外资、大中型企业和小企业之间。竞争政策与金融政策相互之间能否有机协调，能否在磨合中实现各自的政策目标，事关金融安全及其制度保障。

《反垄断法》生效后，我国继续维持了由国家商务部、国家工商行政管理总局和国家发展和改革委员会三家共同执法的现状，许多学者仍在呼吁建立统一、权威的反垄断执法机构。但事实上，在金融业反垄断执法中，不只是这三家反垄断执法机构之间需要协调，其与银监会等金融业监管机构之间也需要协调。为减少摩擦和节约执法成本，两类机构应就金融业反垄断案件的管辖权进行合理划分，区分金融监管机构的特殊管辖权和反垄断执法机构的一般管辖权，从而明确反垄断法对金融业竞争行为的一般适用原则，避免越俎代庖。另外，还应加强反垄断执法机构和中国人民银行、银监会等之间的深层对话，创建其相互之间的反垄断协调机制。在这一问题上，未来的《信托业法》应予以重视和明确。

四、有效控制风险原则

国内外的经验证明，金融业是高风险产业，系统性的金融风险足以导致一国经济的崩溃。而没有效率的经济增长和昙花一现的"泡沫经济"，必然削弱金融产业赖以生存发展的基础。尤其是金融机构和金融资产的风险隐蔽性强，积累到一定程度就会产生突发性和蔓延性的破坏。因此，金融安全成为选择和确定金融监管方式的首要原则。如前所述，金融安全系指国家金融体系诸要素不被破坏和威胁，国内和国际金融资源供给得到有效保障的状态。如有学者给金融安全下定义称，金融安全是指在金融全球化条件下，一国在其金融发展过程中具备抵御国内外各种威胁、侵袭的能力，确保金融体系、金融主权不受侵害，使金融体系保持正常运行与发展的一种态势。[1] 在经济全球化日益加剧的背景下，世界各国的资金流动越来越频繁，国家界限对于保障包括货币市场、资本市场以及汇市等的作用

---

[1] 王元龙：《关于金融安全的若干理论问题》，载《国际金融研究》2004年第5期。

不再像封闭状态下那样明显，所以在开放条件下的金融安全越来越受到世界各国的关注。为适应建立全球性和区域性的国际金融风险防范模式，并建立风险监控与预警机制的现实要求，我们必须加强同国际金融监管机构的合作。因为这种国际性的金融监管模式，一方面能对有可能发生金融危机的国家和地区进行监控，帮助其提高金融监管能力，及时化解金融领域中存在的问题，避免金融危机的爆发；另一方面还能严密监控国际金融市场的过度投机活动，并及时采取有效措施进行防范。[1]

有效控制风险是信托业监管改革需要坚持的重要原则。要做到这一点，就必须从社会整体利益出发，维护信托市场的整体安全，并从"防"与"治"两方面入手。"防"，就是防范经济危险、危机，并力争使危险和危机消融、化解于萌芽状态；"治"，则是指一旦未能防住而出现了较大的危险或危机，则要及时采取有力并有效的措施加以治理，尽快度过危机，恢复国民经济的正常运行。[2] 有效控制风险依赖于监管方式的选择和确定，这里的监管方式选择必须兼具防范功能和治理功能。其中，防范功能重在加强对金融机构市场准入以及金融市场运行合规性和风险性的监督管理，控制金融风险的形成、积聚和外化，借以达到事前预防金融风险、维护金融稳定的目的；而治理功能则重在通过相应的市场退出制度、危机救助制度、法律责任制度等来进行事后处理，化解金融风险，其与防范功能相辅相成，以维护金融安全和稳定。坚持有效控制风险原则，就是要在制定扩大金融开放、鼓励金融创新的金融监管法律时，要高度重视通过确定合适的监管方式，克服金融开放和金融创新可能对国家金融安全造成的不利影响，建立起必要的金融安全网，防范和化解金融风险。正如有的学者所言，过严的金融监管会抑制金融竞争和金融效率，因此金融监管并非越严越好，关键在于"有效"二字。[3]

通俗地说，信托业的主要功能就是通过设立信托财产对金融资源进行调动，把金融资源从没有生产力的地方，或者生产力比较低下的地方，调

---

[1] 刘定华、郑远民：《金融监管的立法原则与模式》，载《法学研究》2002年第5期。
[2] 戴凤岐：《经济安全与经济法》，载《法学杂志》2004年第1期。
[3] 在这里，"有效"有两层含义：其一是要有实效，要能够切实维护金融业的安全稳健与有序竞争；其二是要有效率，既金融监管制度的设计和实施，必须从成本收益的对比中找到合理性的支撑，应当以尽可能低的成本和负面影响实现金融监管的目标。参见朱崇实主编《金融法教程》，法律出版社2005年版，第37页。

动到生产力高的地方，并且能够以最低的成本、最安全的方式做到这一点。改革开放以来，我国金融业稳步发展，分业经营的金融体系逐步建立，金融机构和金融业务量迅速扩大，金融市场在竞争和规范中不断发展。随着我国国民经济的货币化程度和对外依存度的逐步提高，国际服务贸易和国际金融市场中的波动对国内经济和金融业的影响日益增加。我国金融业在发挥动员、分配资金作用的同时，也使经济运行中的诸多矛盾和风险向自己集中。在这种情况下，在金融监管中强调有效控制风险原则便具有十分重要的意义。问题在于，在实施有效控制风险的过程中，需要把握好"度"的问题，避免过分看重风险管控而忽视市场效率。过去，为防范风险而采取的一些行政性控制手段直接损害了金融企业乃至于整个金融市场的创造力和竞争力，如过于严格的分业经营原则、新业务审批制度以及一些过于细致呆板的管理规定等，其结果是最终导致金融效率的低下。金融监管立法中的金融效率，就是指通过立法建立起以最低的金融成本有效实现最佳金融资源配置的法律制度或机制。①

在有效控制风险中追求金融效率，最大限度地提高监管的运转效益和监管后果的社会效益，是现代金融监管理念的具体体现，因为金融安全是金融效率的基础，金融安全的最终目的是实现金融效率，如果为安全而安全并因此牺牲金融效率，最终则会因为金融业的无效率而使金融安全化为乌有。笔者认为，在信托业监管改革中，金融效率原则具体有两方面的含义和要求，一方面，任何信托监管措施的出台，都要以国家金融权力的有效配置和实施为前提条件，金融权力资源的配置不仅要明晰化、程序化，而且配置后的权力协调也要具有权威性和可操作性；另一方面，信托监管方式的选择和确定要确保金融机构经营效率的维持以及金融机构之间的正当竞争，同时还要尽可能减少政府监管的成本，提高金融监管的整体效率。

英国《金融服务与市场法》（Financial Services and Markets Bill）提出了"好监管"的六条原则，要求在实施监管时必须同时考虑并作为新监管方式的指南。这六条原则是：使用监管资源的效率和经济原则；被监管机构的管理者应该承担相应的责任；权衡监管的收益和可能带来的成本；促进金融创新；保持本国金融业的国际竞争力；避免不必要的对竞争的扭曲和破坏。该法还要求金融服务局在推出任何监督法规和指南时必须同时

---

① 曾筱清：《金融全球化与金融监管立法研究》，北京大学出版社2005年版，第40页。

公布对它的成本效益分析,证明该项措施对金融业影响的收益大于成本。① 这些表明,在信托业监管改革中坚持有效控制风险原则是非常必要的,需要科学把握好金融安全与金融效率的关系。

五、适度有限监管原则

就信托业监管改革而言,金融监管机构对自己的角色和地位应有更加清醒的认识,在合理限度内进行金融监管。所谓适度监管,就是指金融监管主体的监管行为必须以保证金融市场调节的基本自然生态为前提,通过有效的金融监管实现适度的金融竞争,形成和保持金融业适度竞争的环境和格局,以此促进金融业的发展。② 金融监管主体的监管行为不能替代金融市场的作用,相反,监管者要充分尊重金融市场机制作用的规律。

美联储第七位主席格林斯潘曾在1997年5月的一次简短发言中称:"我们不应该忘记这些被监管的实体最基本的经济功能就是承受风险。如果我们减少其承担的风险使银行破产降低为零,则银行系统就会失去其经营的目标。"③ 这句话告诉我们,在选择和确定信托监管方式的过程中,我们必须注意权衡这些监管方式所带来的信托财产管理运用效率的损失和整个经济的外部不经济损失。银行业监管如此,整个信托业的监管同样如此。如果所选择和确定的信托监管方式导致监管过度或者监管不当,将会使监管的结果适得其反,不仅破坏金融机构的竞争力,而且降低金融体系的效率,阻碍金融业的发展。监管经济学认为,监管有时起着保护低效率的生产结构的作用,因而会成为管理和技术革新的障碍,造成动态经济效率的下降。监管引起的效率损失首先是所谓的"道德风险"④,即由于制度方面或者其他方面的变化而引发的私人部门行为的变化,进而产生有害的而且往往是消极的作用。当市场参与者只享受可能的风险收益,而不承担可能的全部风险损失时,为了追逐风险收益,则其会倾向于承受更大的风险。

---

① 李文泓:《国际金融监管理念与监管方式的转变及对我国的启示》,载《国际金融研究》2001年第6期。

② 寇俊生:《关于金融监管法原则的思考》,载《金融研究》2003年第4期。

③ Financial Regulation, Why, How and by Whom? Banking of England Quarterly Bulletin, February 1997, p. 108.

④ G. J. Stigler, The Theory of Economics Regulation, Bell Journal of Economics and Management Science, Vol. 2, 1971.

除此之外，监管还可能从例如增加风险和降低效率两个方面带来经济福利的损失。这些损失都是监管本身看不见的成本。监管的主要收益就是维护金融体系的安全和稳定，纠正信息的不对称问题，增强公众信心，促进金融业发展。不同的监管措施，其成本收益可能存在较大差异，因此适度原则强调要达到监管效果的均衡状态，避免不必要的对金融市场的扭曲和破坏。坚持适度原则，必须使法律给予政府监管部门的授权应当仅限于市场化监管无法进入的领域和范围，如市场准入、风险指标的确定等。为防止监管主体滥用职权或越权行为的可能性，监管权的行使必须受到相应制约和监督，依法规定滥用监管职权者应受到的法律制裁措施。

因此，适度监管原则还内含依法监管和合理监管之意。依法监管是指金融监管机构必须依据法律法规行使监督管理权。具体包括：（1）金融监管机构的法律主体地位的确定及其监管权力的取得有赖于法律的明确规定；（2）金融监管机构应在法律授权的范围内行使监管职权，不得逾越权限，不得违背法律，不得侵犯金融机构的合法权益。合理监管是指随着金融业的迅猛发展，特别是随着金融创新的发展，新的金融工具和金融产品不断涌现，立法机关已很难有足够的时间和必要的专业知识来制定适应金融业快速发展的所有规范体系，因此有必要赋予金融监管机关一定的自由裁量权。但金融监管机构的这种自由裁量权的行使也应依法加以限制，否则就有被滥用的可能，所谓合理监管就是指要合理运用金融监管中的这种自由裁量权：（1）金融监管行为（包括自由裁量权的行使）应符合金融监管的目的或宗旨；（2）金融监管行为只能采取合理的步骤和方式，程序适当；（3）金融监管行为的内容合法，并应合乎情理，易于为被监管人所能理解。[1]

第三节 从监管模式到监管方法的转换

一、从分业监管到统一监管

（一）分业监管的利与弊

分业监管模式建立在机构监管的基础上。其基本框架是银行、证券、

---

[1] 刘定华、郑远民：《金融监管的立法原则与模式》，载《法学研究》2002年第5期。

保险三大主要金融领域分别设立专业监管机构，负责全面监管（包括审慎监管和市场行为监管）。分业监管的主要好处在于，一方面，监管分工明确，能较好地避免危机的连锁反应；另一方面，能够集中精力监管某一个特定机构或领域，有利于提高监管专业化程度。而其弊端在于，监管机构权力交叉重叠，金融法规不统一，不但会降低监管效率和监管一致性，而且因为管理分散容易形成监管"真空"。这主要体现在对金融集团的监管，难以全面把握集团整体风险。如果各监管主体之间未能建立有效的信息共享制度，易导致监管套利行为。

有些国家在回归综合经营后，依然实行分业监管，但根据需要做出一些改进，实现某种程度上的统一，如美国的"伞"式监管。美国1999年颁布《金融服务现代化法》，允许通过金融控股公司同时从事银行、证券、基金、保险等业务。为适应此变化，美国在改进原有分业监管体制的基础上，形成了独有的"伞"式监管模式，主要体现在对金融控股公司的监管上：即指定美联储为金融控股公司的伞式监管人（umbrella supervisor），负责对金融控股公司的综合监管；同时，金融控股公司附属各类金融机构按所经营业务的种类而非机构类型接受不同行业主要监管人的监管（被称为功能监管人）。伞式监管人与功能监管人必须相互协调，共同配合。为避免重复与过度监管，伞式监管人的权力受到限制，也就是说，美联储必须尊重功能监管人的权限，一般不得直接监管金融控股公司的附属机构，而应尽可能采用功能监管人的检查结果。在未得到功能监管人同意的条件下，美联储不得要求非银行类机构向濒临倒闭的银行注入资本；当控股公司或经营非银行业务的子公司威胁银行业务子公司稳定性时，美联储有权干预。通过这种特殊的监管安排，金融控股公司的稳健性与效率可以得到一定保障。但这种模式过于多边分散，这是由美国监管体制复杂多层的历史和双轨银行制（联邦注册和州注册银行，其中美联储负责监管联邦银行）决定的，如果不能建立良好的沟通协调机制，很容易造成职责不明，监管扯皮等弊端。此外，也使美联储成为唯一一家能同时监管银行、证券和保险行业的机构，监管职能进一步集中整合到中央银行，容易造成监管垄断。2007年的金融危机让美国乃至全球经济陷入严重衰退。美国金融危机表明，信息技术进步推动了金融创新、风险分散、精密金融工具和交易策略的发展，与这些革新相伴随的复杂性使投资者难以评估风险，而且在资本市场，机构大胆地应用杠杆和关联交易策略加剧了市场动荡风险。

对美国金融监管困局的反思表明,多年来"做大"金融市场份额即等同于提升市场竞争力的迷思,使美国陷入了监管失效的困境。此外,金融混业发展趋势不断深入,进一步突出了对金融监管效率的要求。而且,在金融全球化背景下,其他国家更具适应力的金融监管结构对美国金融体系形成了竞争威胁。2010年7月21日,美国总统奥巴马签署了最终版本的金融改革法案,全称为"多德弗兰克华尔街改革和消费者保护法案",使之成为正式立法。这部旨在重塑美国金融监管体系、终结金融机构所谓"大而不能倒"的状况、保护消费者金融权益、创建稳健的金融基础从而避免类似金融危机重演的法案被称为美国自"大萧条"以来最严厉的金融监管改革法案。该法案重新审视现行金融监管体系的缺陷,重新分配错综复杂的双层多头金融监管体系内监管机构的权力。[1] 其亮点在于,在美联储系统内新建一个独立的监管部门——消费者金融保护局,确保美国消费者在选购住房按揭信用卡和其他金融产品时能够获取其所需的清晰准确的信息,杜绝隐蔽费用条款滥用和欺骗行为。同时,为推动风险预警系统和监管协调机制的建设,新成立了金融稳定监管委员会,以识别和应对由大型金融机构金融产品及交易行为引起的系统性风险,以免此类风险威胁美国经济的稳定。这是美国再次克服分业监管缺陷的典型举措,这样做很明显是为了增加集中统一监管的元素。

我国是分业经营分业监管的代表国家,美国的监管改革带给我国信托业监管改革以重要启示。从1998年开始,我国建立了现行的分业监管体制,中国银监会、中国证监会、中国保监会分别对银行业和信托业、证券业、保险业实施监管,中国人民银行对银行间同业拆借市场和银行间债券市场、外汇市场以及其他与货币政策有效实施相关的金融行为实施监管。这种监管体制在金融业发展初期,因建立在金融业完全分业经营基础之上,故其效果是比较明显的。随着我国加入WTO后金融业的完全开放,我国金融业正在发生着巨大变化,突出表现在银行业、信托业、证券业、保险业之间的业务交叉与合作日益增加,业务结构日益融合和渗透,尤其是全能化的金融控股公司的发展壮大,使得我国现行监管体制所隐含的问题陆续暴露,一定程度上使"分业经营、分业监管"的实施出现了困难,

---

[1] 章安平、刘一展:《美国金融监管改革法案解读与启示》,载《浙江金融》2011年第1期。

从而对我国金融监管法定方式的创新提出了更为现实、更为迫切的要求。反观美国，其联邦和州多重监管的体制导致监管成本高企、效率低下、监管重叠与监管真空并存、"监管竞争"和"监管套利"等重重积弊。此外，过于陈旧落后而不适应虚拟经济形态的金融法规以及金融监管部门屡被特殊利益集团俘获，更直接导致了监管灾难。有鉴于此，我国必须走出金融法"唯美（美国）主义"之陷阱，信守金融监管保护投资者之基础价值，彻底反思并重构不适应虚拟经济形态的金融法规，并运用"分期治理"之政治智慧推动金融监管框架之完善，将金融监管规则真正还原为市场和技术规则，而不是人际和政治之术。① 显然，美国金融监管改革法案一方面凸显美国对次贷危机根源和监管体制重大缺失的深刻反思，另一方面也表明奥巴马政府试图让美国民众重拾对金融体系的信心、重振美国金融全球竞争力的战略意图，体现出"革新理念、强力干预、增设机构、弥补漏洞、保护民众"的特点。② 作为美国七十多年来最严厉的金融监管改革法案，新法案并未从根本上改变金融业的经营模式和生存链条，而是维持了由《金融现代化法案》所确定的现有金融监管路径，也就是在历史形成的分业监管框架下大体实施功能监管。不难看出，美国现有金融监管体系具有功能监管的一些特征，确切地说，它是以机构为基础的功能监管系统。《金融现代化法案》允许金融服务机构涉猎更广泛的服务领域；与此同时，美国仍然用隔离的监管机构来应对银行、保险、证券和期货的功能跨越。③ 对此，笔者认为，在信托业监管体系和机构设置改革进程中，我国应当学习美国的混业经营监管思路，强化统一监管理念，使改革与法治同步向前推进。

（二）统一监管的利弊分析

统一监管模式指由一个机构统一负责至少对银行、证券、保险三大主要金融领域的审慎监管和市场行为监管。统一监管主要是为了适应金融业务综合化的发展趋势而产生，也是全球金融监管体制的发展趋势。统一监管的典型代表国家为新加坡和英国。新加坡是最早实行统一监管的国家

---

① 罗培新：《美国金融监管的法律与政策困局之反思——兼及对我国金融监管之启示》，载《中国法学》2009年第3期。

② 章安平、刘一展：《美国金融监管改革法案解读与启示》，载《浙江金融》2011年第1期。

③ 余维彬：《美国正向目标监管体系迈进》，载《银行家》2009年第6期。

(1984年),也是最为统一的国家,即由一个机构(新加坡金融服务局,MAS)负责所有金融监管领域,履行相当于我国"一行三会"的职能。英国和新加坡相似,由英国金融服务局(FSA)实施对所有金融机构的审慎监管和市场行为监管,区别在于英国的中央银行与金融监管机构相分离,不承担微观监管责任,但负责货币稳定和金融稳定,同时承担外汇、期货和贵金属交易方面的监管。

统一监管的主要好处在于,有利于管理和控制整个金融体系的风险,有利于获得监管的规模效益,降低监管成本,还有利于提高监管质量和监管一致性,减少多重监管。统一监管在监管金融集团时优势尤为明显,有利于全面评估整个集团的风险,实现有效并表监管。统一监管的弊端在于,由于不同领域风险不同,监管目标并不一致,如果不对监管目标加以清晰界定,其监管效率甚至可能低于分业监管,同时原有分业监管带来的法律法规不协调等可能导致监管合力难以形成,不能达到预期的监管一致性和效率。另外,缺乏监管竞争,易导致官僚主义,也可能产生道德风险并蔓延到整个金融领域,而且也难以培养专业领域的金融监管人才。

从分业监管走向统一监管,是我国信托业监管改革的必然选择。鉴于委托理财业务中的信托关系属性,应该按照信托关系统一这类业务的监管标准。事实上,不同金融机构的理财产品,差异只是市场主体而不是产品功能。无论是哪类金融机构,只要理财双方(金融机构与客户之间)构成了信托契约关系,则应按信托业务统一监管标准。有些业务如证券公司的受托投资管理业务,尽管是以委托人名义而非信托人(证券公司)名义开立理财账户,单从形式上看似乎不符合信托财产必须以信托人名义开立账户的要求,但从业务功能看,该业务与信托公司的集合资金信托计划具有高度的替代性,也应视作同类业务统一监管标准。目前出现的种种委托理财业务,只要功能相近具有替代性,就应按功能监管的原则统一监管标准。

信托业监管体制是法定监管权的集权与分权的制度安排,主要是行使政府监管权力的相关机构间的权力分配,包括横向分权和纵向分权两个方面。[1] 信托业监管模式及其形成路径在不同国家迥然有别,信托发源国的

---

[1] 信托业监管体制是金融监管体制的有机组成部分,这里的定义参照了谢平等人关于金融监管体制的界定。详细内容参见谢平等《金融经营模式及监管体制研究》,中国金融出版社2003年版,第10页。

诱致性变迁形成了功能性监管体制，而信托引进国则不约而同地形成了机构性监管体制。我国信托业监管历经强制性变迁与诱致性变迁的轮回，形成了目前混业经营和多头监管的状况。新的市场需求和金融体系变革浪潮，必将推动信托业由目前法定的分业经营、分业监管的机构监管体制，向混业经营、统一监管的功能监管体制转型，其可行路径则是由监管规则统一到监管机构统一的功能化变迁。[1] 笔者认为，我国信托业监管改革如果仅限定在狭义的信托公司及其业务范围内显然不能克服目前面临的挑战，相反，我们必须统一立法、重新定位信托业并采用更有效的监管工具。[2]

（三）信托业实行统一监管的必要性和可行性分析

我国信托业的混业经营在金融理财市场表现得最为突出。之所以把委托理财产品的法律关系归入信托，其理由在于：第一，财产的法律关系相同。在名目繁多的委托理财服务中，尽管形式不尽相同，但就其财产关系的法律性质而言，实际均属信托方式。根据我国《信托法》，信托是"委托人基于对受托人的信任，将其财产权委托给受托人，由受托人按委托人的意愿以自己的名义，为受益人的利益或者特定目的，进行管理或者处分的行为。"按照这一定义，只要在委托人与受托人之间形成明确的委托契约关系，各种形式各种机构从事的委托理财业务均属信托行为，其信托关系不因受托人的变化而变化。不同金融部门推出的委托理财业务，区别仅在于这些金融部门在运用客户资产（信托资产时）时所使用的金融工具，比如银行以货币市场基金或贷款方式运用，证券公司以证券投资方式运用，保险公司以保险方式运用，就这些业务所涉及的财产法律关系看，实际均构成了信托关系。第二，受托方承担的实际责任相同。无论是何种类型的理财产品，都属于委托人自担风险的金融产品，作为受托一方的金融机构只是充当了代客理财的角色，实际承担的都是代客理财的信托责任，而不是"保底"的负债责任。[3] 第三，产品的设计原理相同。银行理财产品与资金信托产品，在产品功能上十分近似，具有很强的替代性。比如证

---

[1] 李勇：《论我国信托业监管体制的变迁与创新》，载《公民与法》（法学版）2009年第3期。

[2] 参见席月民《我国信托业监管改革的重要问题》，载《上海财经大学学报》2011年第1期。

[3] 沈华、李红梅：《我国各金融机构理财业务分析》，载《现代经济》2009年第6期。

券公司的货币市场基金和银行的理财产品,都是投资于货币市场工具的集合资金,二者的区别仅仅在于市场主体,但产品功能几乎完全一致。从一定意义上说,金融理财市场现已成为我国信托市场的代名词。其原因在于,现行金融理财产品在设计原理上基本都采用的是信托。在理解信托这一概念时,必须明确:信任是信托的基础;信托必须存在财产权的移转和分离;信托是为实现委托人意愿而使受益人获利的制度设计;信托是受托人以自己名义而非委托人名义进行的法律行为。[1]

在充满变数的后危机时代,我国的经济态势、国际立场、资源禀赋和市场潜力都已成为全球瞩目的焦点。受托财产是否独立、确定,理财机构是否以自己名义管理、处分,投资人是否自担风险,这些都是评判理财业务是否具有信托关系特征的重要标准。对金融理财市场实行统一监管是必要的。我国《信托法》给信托所下定义虽然与英、美、日、韩等国有所不同,但在法律移植时基本上保留了信托制度整体的价值功能与法律构造,信托的本质要义均已被继受和体现。学者对该法第二条的批评意见[2]以及对其中"委托给"一词的生动诠释[3],深刻揭示出信托制度的固有本质。笔者认为,对信托一词的理解,不能简单地将其看成是一种法律行为,而应该将其看成是一种法律关系。对现有理财产品中法律关系的认定,不能简单地从合同名称去望文生义,而应该深入分析其中的法律关系构造。信托关系是以财产为中心而构成的法律关系,其主体一般包括委托人、受托人和受益人,三者共存于信托之中,共同推动信托关系的发展变化。信托业监管的实施对象是信托经营机构及其活动,因此除了信托公司,我国信托业监管还应针对经营信托业务的银行、证券公司、基金公司、保险公司等金融机构,要对这些机构的市场准入、业务活动以及市场退出实施规制和约束。[4] 信托业务的特点决定了信托业的特殊风险特征,信托机构能不能尽责履行受托人谨慎投资义务,能不能确保信托财产的独立性,能不能不断提高自身理财能力与水平等,都是构建信托业监管法律

---

[1] 徐孟洲主编:《信托法学》,中国金融出版社2004年版,第2—3页。
[2] 吴弘、贾希凌、程胜:《信托法论:中国信托市场发育发展的法律调整》,立信会计出版社2003年版,第42页。
[3] 钟向春、周小明:《信托活动中的主要法律问题与对策》,载《中国金融》2001年第11期;耿利航:《信托财产与中国信托法》,载《政法论坛》2004年第1期。
[4] 席月民:《我国信托业监管改革的重要问题》,载《上海财经大学学报》2011年第1期。

制度的重要因素。对信托业而言，许多人仍被目前的分业经营、统一监管表象所迷惑，认为信托业由信托公司构成，银监会是法定的监管机构，实质上，我国信托业目前已经在金融理财市场上大步迈入混业经营、多头监管的"大信托时代"。

信托公司在我国已被明确定位为专业的资产管理机构和金融理财机构。信托公司的同业拆借业务、贷款业务、保管箱业务、证券承销业务、投资基金业务等与商业银行、证券公司、基金公司等其实有所交叉，但与银行、证券公司、基金公司相比，信托公司看起来什么都能做，实际上每个领域都受到了专业金融机构的挑战。当前信托业发展诸多问题背后的矛盾主要有：一是分业经营体制与信托业广泛应用性的矛盾；二是监管专门化程度低与信托业高级金融形态的矛盾；三是监管立法层次低和信托市场统一规范要求的矛盾。[①] 笔者认为，对于混业经营的信托业而言，统一监管理念的确立至关重要，这是纠正当前理财市场监管紊乱乏力的根本所在。

如何应对因金融创新和混业发展而加剧的金融监管竞争与冲突，构建适应我国国情的混业经营监管体制，是当前金融监管中的一个突出课题。[②] 统一监管要求明确信托业监管机构的统一监管权，要求制定一部统一适用的《信托业法》。这在我国信托业监管改革中也是可行的。中国银监会成立以来，作为监管部门已经积累了丰富的信托业务监管经验，而且《银行业监督管理法》的实施也为《信托业法》的制定提供了重要的立法经验。从分业监管到统一监管，体现的是监管体制的转变，当前所需要做的也只是明确信托业监管机构对信托业务机构的统一监管资格，避免政出多门，避免形成监管竞争。这样做，只是把其他监管机构对金融理财产品的监管权移交给信托业监管机构，因此可以最大限度地降低监管成本。依法监管是现代金融监管的内在要求，只有通过制定《信托业法》，统一规定信托经营机构的业务范围、经营规则和治理原则，信托理财市场才能弃乱而治，才符合我国引进信托来活跃金融市场的初衷。[③] 这不是历史的极端倒退，相反，它是顺应我国信托业发展趋势的理性选择，旨在建立严密

---

① 李勇：《论我国信托业监管体制的变迁与创新》，载《公民与法》（法学版）2009年第3期。

② 廖凡：《竞争、冲突与协调——金融混业监管模式的选择》，载《北京大学学报》（哲学社会科学版）2008年第3期。

③ 李勇：《信托业监管法律问题研究》，中国财政经济出版社2008年版，第65页。

的金融风险防范监控体系,是确保信托市场安全的治本之计。

二、从机构监管到功能监管

(一) 机构监管的利与弊

简单地说,机构监管就是将金融机构的全部监管事项交由一个监管机构或几个监管机构负责。按照这一方法,银行监管由特定的银行监管机构负责,证券公司监管由一定的证券监管机构负责,保险公司监管则由一定的保险监管机构负责。这是历史上金融监管的主要方式。[1] 机构监管适应于分业经营和分业监管,并由专门的金融监管法规定对金融业中的银行、证券、保险和信托机构等分别由不同的监管机构进行监管。随着金融机构业务多元化和集团化的发展,各国在监管体制的改革与重构中,主要用三种不同的监管方法作为标准来设计自身的监管结构,这三种方法分别是机构监管(Institutional Regulation)、功能监管(Functional Regulation)和目标监管[2](Objective Regulation)。

机构监管要求将一个金融机构的所有业务作为一个整体进行监督检查,使监管机构能够超越某类具体业务而评估整个金融机构的风险和管理,并从整体上考虑采取适当的监管措施解决不同业务领域所出现的问题,一般不会留下监管漏洞,也会避免重复监管。但与此同时,该类监管方法会产生相应的弊端,即可能形成同类业务因金融机构不同从而按不同标准进行监管,造成监管差别,不利于公平竞争。另外,由于新业务的增长,在新业务与传统业务之间其监管方法和监管理念也会相差甚远,监管机构可能会因不擅长对新业务的监管而使监管效率受到影响。

目前,我国金融业正在全面融入世界金融业,现行金融分业监管体制和机构监管方法正面临着一系列新的挑战,如我国金融市场已出现混业经

---

[1] Roberta S. Karmel, *Functional Regulation*, 501 *Practicing Law List.*/Corp 9, 9 (1985).

[2] 这里需要说明的是,目标监管方法着眼于金融监管的基本目标,即直接根据业务多元化金融市场的监管目标来设计监管结构,使金融监管在系统监管、审慎监管和业务经营监管方面均能达到各自的目标,实现监管的高效率和监管的有效性。理论界和实务界有时也将目标监管称为功能监管,而将依据不同业务进行的监管称为产品监管。See Australian Securities & Investment Commission, *Functional Regulation for Capital Market Intermediaries*, at APEC Financial Regulators Training Initiative, Kuala Lumpur, Malaysia (1 April 2002); Andrew Sheng, Financial Regulation, Lecture to Macquarie University MA (Finance) Programme, Hong Kong. (available at http://www.info.gov.hk/hkma)

营的苗头,金融领域内严格分业经营的界限正逐渐被打破,现行分业金融监管体制出现了诸多不适应症;金融生态环境不佳,金融监管法有效实现的内外条件不够充分;横向分权与制约机制尚未成熟,纵向分权处于起步阶段等。尤其需要强调的是,我国金融业的发展在当前分业经营的基础上,综合经营已经成为未来金融业发展的趋势,金融机构在面对复杂的市场和激烈的竞争中,其各种经营风险也在逐步增加,与此同时,国外的混业经营模式也给我国的金融业发展形成一定冲击。

我国现行金融监管体制运行中出现的问题和机构监管方法不无关系。这些问题主要有:[①](1)金融业务创新层出不穷,机构监管不利于创新业务的及时推出和监管。现行分业监管过程中,实行的是机构性监管,采用业务审批制方式进行管理。这样,当不同金融机构业务交叉时,一项新业务的推出需要经过多个部门长时间的协调才能完成。如股票质押贷款业务,即需要银行监管部门和证券监管部门之间的协调,但由于不同监管部门对于同一业务的风险控制和管理重心存在较大差异,因此其结论可能大相径庭,加上金融机构可能利用业务转移来规避特定的监管要求,从而不但增大了协调监管的成本,而且对合作监管的有效性更是一个挑战。(2)不同金融业务之间的趋同性和可替代性,削弱了分业监管的业务基础。目前,我国商业银行可以进行包括金融衍生业务、各类投资基金托管、代理证券业务、代理保险业务等在内的中间业务,这些业务与证券公司和保险公司的证券、保险业务密切相关,并具有一定的替代性。又如证券公司股民保证金账户,其在一定程度上具有银行储蓄存款的功能。此外,在保险业方面,新的险种不断涌现,诸如投资联结保险、养老金分红保险等,这些保险业务既具有投资功能,又具有储蓄功能。对于这些新业务,既可能导致监管重复,也可能导致监管缺位。(3)事实上存在的各类金融控股公司,需要有不同于分业监管的新监管制度对其进行规范。尽管我国实行分业经营的模式,但是部分企业集团公司控股下的银行、信托、证券、保险之间的业务往来,形成了事实上的综合经营。[②] 对金融控股公司的监管,完全不同于分业体制下对单一金融机构所从事的单一业务类型的监管。比如,在金融控股公司内部,有些子公司利益之间在本质上是

---

① 参见曾筱清《金融全球化与金融监管立法研究》,北京大学出版社2005年版,第153—154页。

② 如光大集团控股光大银行、光大证券公司、光大永明保险公司、光大兴陇信托有限责任公司等,这些不同类型的金融机构之间业务关联非常密切,事实上已经存在综合经营。

相互冲突的,如银行储蓄投资者的主要目的是金融资产的安全性,但如果把银行资金用于自己控股公司的证券交易,追求股票的高额利润,则违背了投资者的安全性意愿,形成利益背反。类似的还有集团内的基金经理专门购买本集团关联企业的股票,而不管其赢利性和安全性如何。此外还有金融控股公司内的银行可以获得集团内大量内幕信息,通过证券代理人或基金经理人进行交易等。

(二) 功能监管的利弊分析

功能监管也称为功能性监管,其所依据的原则是相似的功能应当受到相同的监管,而不管履行该功能的机构是何种性质的机构。该概念出现于20世纪80年代的美国,它是依据金融体系的基本功能和金融产品的性质而设计的监管方式。功能监管强调,金融监管的对象要由特定类型的金融机构转变为特定类型的金融业务,对于那些处于"边界性"的金融业务也要明确监管主体,并加强不同监管主体之间的合作。较之于机构监管而言,功能监管可以实现对金融业跨产品、跨机构以及跨市场的协调,可以将各监管机构最熟悉的经济功能的监管权分配给其行使,提高监管的有效性,同时形成一致的监管理念,减少监管重复和监管冲突,使各金融机构获得平等的竞争地位。然而在功能监管体制下,很可能会形成监管分割,造成监管真空、监管重复甚至过度监管的问题,增加被监管金融机构的合规成本,妨碍金融机构提供全方位的金融服务,更有甚者,可能会造成监管对立,令被监管机构无所适从。

功能监管的目标在于实现促进平等竞争,提高监管效率,加强对投资者和消费者的保护。[①] 前文所提的目标监管,则跨越了金融分业的概念,而直接针对金融监管的某一目标。从功能监管到目标监管体现了在功能监管基础上,对金融业具体监管目标的关注,这样有利于解决各监管目标之间的冲突,避免不同监管目标之间互不兼容的问题,从而使金融机构的零售业务和批发业务实现区别对待,减少运用不当监管规则和监管手段的机会,实现监管效率。对目标监管的批评意见认为,实际上单一监管机构可以在内部为不同监管目标设置不同职能部门,同样能照顾到各项监管目

---

① Malanie L Fein, *Symposium: Functional Regulation: A Concept for Glass-Steagall Reform?* 2 *Stan. J. L. Bus. & Fin.* 89, 105 (1995).

标,而且按监管目标设置监管结构还会增加监管成本。[1]

尽管我国已开始重视并强调各金融监管部门之间的协调与合作,并建立金融监管联席会议制度、金融调控与金融监管协调会议制度,定期、不定期地对监管中的一些重大问题进行协商,并交流监管信息[2],但立法上存在的关键问题是中国金融监管机制的机构性监管没有向功能性监管转变,行政监管没有向市场监管转变。[3] 这些无疑都属于"治标"措施,要从根本上解决上述问题,必须对现行政府监管方式进行改革和创新,从功能性监管入手,分阶段建立政府统一监管的功能性监管体制,并完善对监管者的责任制度。

由于目前我国相关立法对于金融监管协调机制的规定尚不充分,亟须在功能性监管的总体框架下,建立由中央银行作为牵头监管者的常设性金融监管协调机制。[4] 从美国看,其金融监管制度中逐步改变了对金融机构具有控制性利益的金融控股公司的法律待遇,对金融控股公司施加了一些新的法律责任,即金融控股公司的加重责任制度。[5] 加重责任制度的发展,突破了传统公司法中的有限责任制度,表明了美国金融监管制度的急剧转变。

我们必须看到,经济全球化日益推动着国家权力的变革,其方向是从传统的"善政"[6] 走向现代的"善治"[7]。善治所要求的政府是廉洁政府、透明政府、效能政府、责任政府和法治政府,我国的改革开放过程就是政府由"善政"走向"善治"的过程,是一个包含政治、经济和文化等内容

---

[1] 参见杨勇《金融集团法律问题研究》,北京大学出版社2004年版,第197页。
[2] 我国现已开始建立不同金融监管机构之间有效的监管信息数据库共享机制。
[3] 肖浦嵘:《对金融业监管协调机制的一点看法》,载《法学》2006年第9期。
[4] 廖凡:《我国金融混业监管的模式选择与协调机制》,载《证券市场导报》2006年第11期。
[5] 美国金融控股公司加重责任制度的主要内容是,要求金融控股公司完全或部分地保证其所管理的子公司的清偿能力,向其不能清偿债务的子公司重新注入资金,或向政府机构赔偿因子公司经营失败而给公众债权人(例如存款人)造成的损失,或赔偿公共保险基金(例如联邦存款保险公司)。其目的是为了实现一系列的金融监管政策。参见姜立文《美国金融控股公司加重责任制度研究与启示》,载《环球法律评论》2006年第6期。
[6] "善政"建立在国家中心主义的基础上,将国家视为唯一的权力主体和行为主体。
[7] "善治"建立在国家、市场经济、公民社会或公共部门、私人经济部门、第三部门(介于二者之间的非政府、非营利组织的总称)等多治理主体的权力结构基础之上,它强调的是发挥不同治理主体的自主性,同时在他们之间建立起一种合作与协商的新型关系。"善治"的构成要素包括六个方面:合法性、透明性、责任性、法治性、回应性、有效性等。

的整体性社会变迁过程。笔者认为,金融"善治"的实现依赖于金融创新,而这样的创新必须坚持以下六项标准:(1)创新程度,即必须具有独创性、可行性;(2)效益程度,即必须能够产生明显的社会效益;(3)重要程度,即必须对人民生活或社会主义市场经济发展、民主政治和社会安定具有重要意义;(4)节约程度,即必须尽量节约成本,不得增加国家负担;(5)推广程度,即必须被市场所接受,具有推广意义;(6)持续程度,即必须能够长期加以利用并产生持久效益。如前所述,目前我国金融监管方式仍比较单一,监管手段以直接监管和外部监管为主,科技水平比较低,无法实现实时监控,从而导致监管成本高效率低,直接影响了监管的效果。而且在金融国际化趋势下,各国金融监管机构不断加强合作,逐步形成统一的国际金融监管体系①,对我国而言,在金融监管方面的国际合作亟须进一步加强。我国传统的金融监管立法往往为了保护现存的经济体制和金融结构,在立法、执法和司法的过程中却往往忽视对法律成本的衡量,夸大监管的收益却低估法律运行的总成本,使金融监管法成为阻碍金融革新和造成经济效率低下的原因,严重阻碍了金融监管法正义价值目标的实现。②

从现实情况看,金融业的综合经营将随着金融市场的全球化发展而成为不可阻挡的趋势,它以先进的信息和通信技术为基础,要求建立严密的金融风险防范监控体系。而政府不是万能的,政府监管的作用无法取代市场机制作用的发挥,尤其是在分业经营向综合经营转化的过程中,必须要从传统的政府监管包揽一切,转向激励被监管的金融机构主动承担更多的责任,建立激励相容的金融监管制度,倡导政府统一监管与行业自律监

---

① 金融监管与协调日益国际化在不同金融领域都有所体现:在银行监管方面,巴塞尔银行监管委员会(Basel Committee on Banking Supervision)作为国际清算银行的常设机构,即致力于跨国性银行的监管工作。由巴塞尔委员会发起拟定的一系列重要协议,如《巴塞尔协议》《有效银行监管的核心原则》等,已为众多的国家所接受,成为国际银行监管的基本准则。在证券监管方面,国际证券监管委员会组织(ISOCO)是一个常设国际性组织,该组织通过成员机构的合作,保证在本国及国际范围的有效监管,以维持公正和高效的市场;通过交换信息和交流经验,发展各国的国内市场;共同努力建立国际证券发行与交易的规范和有效监控;互相帮助,通过严格执法和有效稽查来保证市场的公正性。在保险监管方面,国际保险监督官协会(IAIS)是一个全球性国际保险监管组织,于1994年在瑞士巴塞尔成立。其由108个国家和地区的保险监管机构组成,另外有61个国家的公司或组织以观察员身份参加IAIS的活动。IAIS旨在通过制定全球保险监管的指导原则和标准,提高成员国保险业的监管水平,维护国际保险市场的稳定和保护投保人的利益。

② 李晗:《法经济学视野下的金融监管法正义性分析》,载《法制与社会发展》2006年第5期。

管、金融机构内部控制、审计监督和社会监督的有机统一。如何发挥金融机构的自律功能，如何进一步加强社会监督，扩大它们发挥作用的范围和途径，从而辅助政府监管去实现监管目标，将是今后金融监管立法和监管体制改革的重点。

（三）信托业监管改革应选择功能监管方法

从国际趋势来看，金融监管从分业监管走向统一监管、从机构监管走向功能监管正在形成一种潮流。我国多年来的金融监管改革也在顺应这一潮流。尽管分业监管的格局还要持续相当长的时间，但理财市场的发展在一定程度上呼唤功能监管的到来。[①] 保护投资人的合法权益是信托业监管的首要目标，维护信托业的安全有序运行，保证信托业的活力，也是信托业监管的重要目标。[②] 现行信托业监管格局导致了信托理财市场的相互分割，切断了它们之间的有机联系和沟通渠道，因此难以形成高效、一体的金融市场体系。通过功能监管，不仅能够有效减少现有监管职能的冲突、交叉重叠和监管盲区，而且基于相对稳定的金融功能所设计的监管体制也会更加稳定和连续。历史和现实的教训告诉我们，监管的根本问题不是行为模式的选择，而在于功能的定位。[③] 选择功能监管方法，保持监管政策较强的稳定性、连续性和一致性，迫切需要现有各监管部门超出功利的眼界，把维护投资者的利益放到至高无上的地位。功能监管的监管功能定位于，既不以维护监管权力为出发点，更不以维护利益集团的利益需求为出发点，而只以实现对中小投资者权利的有效法律保护为最大目的。

笔者认为，无论是机构监管还是功能监管，抑或是目标监管，这三种监管方式其本身均有利有弊，不能简单地评价其孰优孰劣。[④] 机构监管和功能监管都是现代金融业监管的重要方法。在各国金融业发展的不同阶段，会对金融监管提出不同的监管要求，因此必须结合具体现实，有目的有针

---

① 参见俞靓《易纲：理财市场呼唤功能监管》，载《中国证券报》2007年6月11日第A02版。
② 徐孟洲等：《金融监管法研究》，中国法制出版社2008年版，第464—465页。
③ 黄湘源：《功能监管关键：功能究竟如何定位》，载《上海证券报》2008年5月15日第7版。
④ 机构监管与功能监管其实分别代表着针对不同金融风险主题的两种监管方式与理念，二者实际上不应有优劣之分。机构监管适用于对金融机构整体财务风险的监管，而功能监管在保护消费者和投资人的主题上更有成效。机构监管与功能监管间并非一种截然分立的关系，它们是可以并行不悖的。参见杨惠《机构监管与功能监管的交错：美国GLB法案的经验》，载《财经科学》2007年第5期。

对性地做出选择，尽可能发挥各类监管方式的优势，为金融业的发展和稳定提供服务和保障。问题是，在我国信托业已经不再局限于信托公司，机构监管方法已经明显不适应这种变化，差别监管在市场上正不断制造越来越多的不公平竞争，参差不齐的市场准入制度也在快速累积信托风险。由于新业务的增长，在新业务与传统业务之间，机构监管方法和监管理念与信托业务创新相差甚远，监管机构可能会因不擅长对新业务的监管而使监管效率受到影响，这使得机构监管方式的局限性在金融创新和发展中会不断被暴露。众所周知，有效监管是金融监管的根本性原则，金融监管应力争以最小成本实现最佳效果。[1] 信托业监管方法的取舍与转换，必须强调安全与效率并重，从机构监管方法转向功能监管方法并重，是在不增设监管机构的前提下，谋求政府监管与市场化约束之间平衡和协调的必然选择。

《信托业法》作为促进信托业稳定，防范信托业风险的重要立法，集中体现了财产自由、平等、人权、公平、正义，乃至人的全面自由发展等方面的价值，具有其他法律制度所不能取代的作用。依法监管、有效监管是现代金融监管的内在要求。信托业监管主体必须在法律授权的范围内行使权力，其监管行为不仅要符合监管实体法的规定，而且要符合监管程序法的规定，不能逾越其权限，不得有悖于法律，不得侵犯信托机构的合法权益，通过依法监管使信托制度的目的得以实现，使监管效果与监管成本分析符合经济效率要求。总而言之，信托业监管的有效性依赖于监管方法的转变和创新。

进一步推进我国信托业监管方法的创新，既应当遵循整个金融系统健康发展和监管工作有效进行的一般规律，同时也应充分考虑具体机构的体制安排、金融市场发展水平、历史文化环境等国情实际，确保既有利于整个金融系统长远发展的战略发展需要，又有利于保证体制改革稳步推进的现实需要。向信托市场监管者进行任何额外权力的转移，都必须以相应的治理机制作为配套制度安排，这些制度安排要足以监督和制衡权力的运用，防止权力滥用，还要对信托市场监管者产生充分的激励，以使他们制定社会福利最大化而非个人利益最大化的决策。[2]

---

[1] 席月民：《我国金融监管方式的法定化及其合理匹配》，载王晓晔、邱本主编《经济法学的新发展》，中国社会科学出版社2008年版，第364页。

[2] 参见江曙霞、代涛《法与金融学研究文献综述及其对中国的启示》，载《财经科学》2007年第5期。

（四）互联网信托呼唤功能监管的呵护

目前看来，互联网信托在政策助力下已经受到了各大信托公司的青睐。前述中国人民银行等十部门《指导意见》明确提出，一要鼓励创新，支持互联网金融的稳步发展；二要分类指导，明确互联网金融监管责任；三要健全制度，规范互联网金融市场秩序。但从长远看，互联网信托的稳健发展更需要的是创新监管中的悉心呵护，其重心应放在以市场导向为基础的监管法律规则的完善上面，依法保护"产业+互联网+信托"的新兴信托业态。

这里所谓的监管呵护，主要是针对信托业监管改革中监管权行使的维度和力度而言的，其与具体的监管方法密切联系在一起。我国当前的金融监管体制建基于机构监管方法，在合规性监管与风险性监管的匹配中，一直注重于发挥合规性监管的作用。从世界范围看，机构监管要求将一个金融机构的所有业务作为一个整体进行监督检查，使监管机构能够超越某类具体业务而评估整个金融机构的风险和管理，并从整体上考虑采取适当的监管措施解决不同业务领域所出现的问题。理论上而言，机构监管一般不会留下监管漏洞，也不会导致重复监管。但问题是，该类监管方法可能会形成同类业务因金融机构不同而按不同标准进行监管，结果造成监管差别，产生不公平竞争。

我国这些年来金融理财市场的快速发展已经暴露了机构监管方法的上述弊端。由于很多金融理财产品采用了信托原理进行设计，因此导致信托业已经不再局限于信托公司的集合，实际上还包括金融市场上所有信托业务的集合。信托业的监管改革一直在呼唤着功能监管的跟进，而功能监管着力于提高监管的有效性，同时形成一致的监管理念，使所有从事信托业务的金融机构获得平等的竞争地位，从而克服机构监管的不利方面。就互联网信托而言，传统的机构监管方法与合规性监管需要让位于功能监管方法和风险性监管，强化信托业务的实质特征，并采取一致监管理念，使监管法律规则覆盖互联网信托的各个领域，保证监管结果的客观性和公正性。令人欣喜的是，这些年来中国银监会在风险性监管方面已经迈出坚实步伐，颁布实施了《信托公司净资本管理办法》（2010）、《关于信托公司风险管理指导意见》（银监办发［2014］99号）等规章和规范性文件。对互联网信托的监管呵护而言，就是要求监管机构不能对互联网信托平台的经营自主权妄加干涉，只要其经营活动保持在合法、安全的限度之内，就应该充分尊重其权利，赋予其更大的活动自由。

从机构监管向功能监管转变，体现的是互联网信托监管方法上的改革创新，贯穿其中的基本精神应该是监管机构对各种互联网信托平台的关怀与呵护，以此促进互联网信托的自由公平竞争。创新是我们这个时代的主旋律。不可否认，创新是效率的源泉，发展的动力，进步的引擎，一个社会和经济的活力在很大程度上取决于其创新的能力。面对竞争日益加剧且投资者需求日益多样化的市场形势，应当给互联网信托平台提供更大的创新空间。笔者认为，对互联网信托采取监管呵护，需要坚持牌照管理的底线，强化市场准入监管，在风险性监管中更多地融入个性化关怀，突出窗口指导、信息披露、风险提示以及信托财产独立性，从而为互联网信托的业务创新留下足够的余地和空间，依法保护信托中的委托人、受托人以及受益人的利益，维护好互联网信托的市场秩序。

第四节　信托业监管改革的法律路径

一、现行《信托公司管理办法》的基本内容

2007年，中国银监会全面修改了《信托投资公司管理办法》，并将该办法名称改为《信托公司管理办法》。这次修改，主要出于以下几方面的考虑：首先，是为了促进信托公司科学发展。经过多年发展，我国重新登记的信托公司获得了新生和发展，营业信托业务取得了可喜的进展。但是，一些信托公司的经营存在偏离信托本业、风险管理能力不强、公司治理不完善等问题，再加上少数股东和高管人员违规经营、违法犯罪，信托公司经营风险时有发生，影响经济、社会的和谐和稳定。在日益剧烈的市场竞争环境中，信托公司的生存和发展面临严峻挑战，因此必须加快信托公司的改革创新、规范发展，以实现其科学发展。其次，是为了进一步完善我国信托监管法规制度。在信托实务中，原有的信托监管法规逐渐暴露出一些问题，已经不能适应经济的发展和形势的变化，需要加以修改和完善。银监会成立以后，根据信托公司监管实际，陆续出台了数十件临时性通知或规范性文件，作为信托监管法规的补充。这些规范性文件数量较多，有的内容重复，不利于查找，而且法规层次较低、效力不足，急需进行清理和整合。同时，在技术层面上，信

托公司的监管职责从法律上已明确由银监会履行，也需要对相关法规进行修改。再次，是为了保护信托投资者的合法权益。随着改革开放和国民经济的发展，社会财富逐渐增多。在投资渠道不足的情况下，信托理财为投资者提供了更多可选择的投资工具，并逐渐被广大投资者所认可和接受。修改和完善信托法规，进一步规范信托公司经营信托业务，可以更好地保护信托当事人的合法权益。最后，是积极应对金融改革和对外开放的需要。我国信托公司的业务模式和业务结构与国际信托业发达国家和地区相比，还有很大差距。金融业全面开放后，信托公司不仅面临国内证券、保险、银行等机构的竞争，也将面临外资金融机构的强大竞争压力，我国的信托公司如果仍困于旧规，不能创新发展，将逐步失去竞争力。[①]

2007年3月1日，新修订的《信托公司管理办法》开始生效。同时修改的还有《信托公司集合资金信托计划管理办法》。信托两规的修订，目的在于推动信托投资公司从"融资平台"真正转变为"受人之托、代人理财"的专业化机构，促进信托投资公司根据市场需要和自身实际进行业务调整和创新，并力争在3—5年内，使信托投资公司发展成为风险可控、守法合规、创新不断、具有核心竞争力的专业化金融机构。不难看出，中国银监会借此鼓励信托公司加强竞争，目的在于实现信托资源的优化配置，推动行业的持续健康发展和安全运行。此前，信托监管方面的规范性文件多达数十件，比较凌乱。修订过程中，通过分类归纳，将其中大部分仍可使用的内容移至新办法中，增强了法规的条理性、系统性和科学性。应该说，新办法中大部分强调的限制或者禁止的内容，在原办法和规章中大都已有规定。与原办法相比，新办法在信托公司类型、信托产品设立的监管、信托财产托管等方面更加灵活有效。通过认真清理，中国银监会发文废止有关异地信托、信托财产托管等方面的10多件规范性文件。需强调的是，废止这些文件不是弃而不用，而是取其有用部分，废其无用部分。而对于一些基本的信托法规，如信托财产专户、信托公司信息披露等文件，这次没有纳入清理范畴，仍继续沿用。同时，新办法修订中，中国银监会对信托公司固有业务、关联交易、合格投资者、自然人人数、信

---

① 参见银监会有关负责人就修订颁布《信托公司管理办法》、《信托公司集合资金信托计划管理办法》等信托监管规章答记者问，中国银监会官网，http://www.cbrc.gov.cn/chinese/home/docView/20070201F0720A46D553E304FF910E1896DF9B00.html，2015年2月25日访问。

托贷款等方面作出了一些新的规定。

修改的内容主要体现在以下方面：（1）在信托公司固有业务方面，为实现受托人为受益人最大利益服务的宗旨，新办法强调"压缩固有业务，突出信托主业"，规定信托公司不得开展除同业拆入业务以外的其他负债业务，固有财产原则上不得进行实业投资。固有业务项下投资业务范围限定为金融类公司股权投资、金融产品投资和自用固定资产投资。从制度上割断信托业务与固有业务之间的利益输送纽带，督促信托公司更加专注服务于受益人的最大利益。（2）在关联交易方面，新办法"限制关联交易，防止利益输送"。在固有业务项下，规定信托公司不得以固有财产向关联方融出资金或转移财产、为关联方提供担保或以股东持有的本公司股权作为质押进行融资。在集合信托业务中，规定除信托资金全部来源于股东或其关联人的情形外，信托公司不得将信托资金直接或间接运用于信托公司的股东及其关联人；不得以固有财产与信托财产进行交易；不得将不同信托财产进行相互交易；不得将同一公司管理的不同信托计划投资于同一项目。在此基础上，新办法要求信托公司开展关联交易时，应逐笔向监管部门事前报告，并按照有关规定进行信息披露。（3）在集合资金信托计划方面，新办法借鉴国际通常做法，对集合信托提出一些严格于非营业信托的要求，如参与集合资金信托计划的委托人必须为唯一受益人、限制受益权拆分转让等[①]。这样做，主要是考虑到营业信托不同于一般民事信托的特性，最大限度地保护委托人、受益人的合法权益。需要强调的

[①] 按照接受委托的方式，集合资金信托业务可分为两种：第一种是社会公众或者社会不特定人群作为委托人，以购买标准的、可流通的、证券化的合同作为委托方式，由受托人集合管理信托资金的业务；第二种是具有风险识别能力、能自我保护并有一定风险承受能力的特定人群或机构作为委托人，以签订信托合同的方式作为委托方式，由受托人集合管理信托资金的业务。新办法所规范的主要是第二种资金信托业务。由于这类业务的委托人要具有一定资金实力，能自担风险，因而对委托人的准入门槛相对要高一些。为此，新办法引入了合格投资者制度，只允许有一定风险承受和识别能力的投资者参与集合资金信托计划。新办法规定，合格投资者应当符合下列条件之一：一是投资一个信托计划的最低金额不少于100万元人民币的自然人、法人或者依法成立的其他组织；二是个人或家庭金融资产在其认购时总计超过100万元人民币，且能提供相关财产证明的自然人；三是个人收入在最近三年内每年收入超过20万元人民币或者夫妻双方合计收入在最近三年内每年收入超过30万元人民币，且能提供相关收入证明的自然人。同时，新办法在不限制合格的机构投资者数量的基础上，规定单个集合资金信托计划的自然人人数不得超过50人。对于第一种业务模式，由于它的法律结构、业务运作模式和委托人范围等方面，因此并不适用该集合资金信托办法。

是，新的《信托公司集合资金信托计划管理办法》只是规范集合信托业务，即属于营业信托范畴的集合资金信托计划。也就是说，新办法规范的内容不包含单一资金信托业务，不能把集合资金信托的限制性要求套用在单一资金信托中，新办法并不要求诸如单一资金信托、民事信托等信托类型也要遵循集合资金信托的经营规则。（4）在信托公司的监管方面，对不涉及异地推介的集合资金信托计划，新办法取消事前报告的要求。在设立集合资金信托计划"宽准入"基础上，要求监管部门对信托公司实施"严监管"，并对发现的违规问题，依据《银行业监督管理法》等法律法规的规定，采取暂停业务、限制股东权利等监管措施。（5）关于200份合同份数限制和异地业务。关于200份合同份数限制问题，新办法在建立合格投资者制度的基础上，取消了原办法的有关限制规定，规定单个集合资金信托计划的人数除自然人不得超过50人外，合格的机构投资者数量不受限制。关于异地业务，原办法要求信托公司异地开办集合资金信托业务须申请"异地业务资格"，新办法允许信托公司在异地开展业务，但同时规定，信托公司异地推介信托计划时，应当在推介前向注册地、推介地监管部门报告。（6）关于信托贷款。原办法规定，信托公司管理、运用信托财产时，可以依照信托文件的约定，采取贷款的方式进行。对此，新办法作出了限制，规定信托公司管理信托计划，向他人提供贷款不得超过其管理的所有信托计划实收余额的30%。作出这种调整，主要是引导信托公司真正开展国际化的信托业务，不以贷款作为主要业务模式和盈利模式，增强国际竞争力。同时，引领信托公司发挥信托制度优势，进一步运用多种信托财产管理运用方式。（7）关于集合信托风险管理。新办法规定的集合资金信托业务，只针对合格投资者，这些高端客户本身就必须具有一定的抗风险能力。为了进一步提示风险，新办法特别强调风险揭示，强调投资者风险自担原则。为此，一是规定了信托公司因违背信托计划文件、处理信托事务不当而造成信托财产损失的，由信托公司以固有财产赔偿。不足赔偿时，由投资者自担。二是规定了委托人认购信托单位前，应当仔细阅读集合资金信托计划文件的全部内容，并在认购风险申明书中签字，申明愿意承担信托计划的投资风险。同时，新办法要求建立受益人大会制度，加强受益人对信托业务的监督，督促信托公司依法履行受托职责。新办法规定，受益人大会可以就"提前终止信托合同或者延长信托期限、改变信托财产运用方式、更换受托人、提高受托人的报酬标准以及信托文件约定的其他事项"行使权利。对监管部门而言，将对信托公司设立、管理集合资金信托计划过程中存在的违法违规行为，依法采取取消高管资格、暂停业务、限制股东权利直至停业整顿等措施，加大信托公司的违规成本，提高监管的有效性。[1]

这次修订的一个显著变化是规章名称的变化。新办法去掉了信托投资公司中的"投资"两字，这样有利于促使信托公司转型成为提供信托理财和产品服务的非银行金融机构，促进信托公司的科学发展，同时有利于保护信托投资者的合法权益，积极应对金融业改革和对外开放的新形势。这显然参考了国际上信托机构的一般做法，除了考虑拟新增不履行投资管理人职责的信托公司类型外，更多的考虑则是引导信托公司进一步突出信托主业，而不是要限制信托公司的投资功能，新办法限制的实业投资仅限于固有业务范围，并不针对信托业务。从实践效果看，银监会这次修订颁布信托法规，基本达到了促进我国信托公司更加科学发展，使其在货币市场、产业市场和资本市场中发挥更大作用，有效地为经济和社会的发展服务的目的。

问题在于，《信托公司管理办法》和《信托公司集合资金信托计划管理办法》等规章的适用范围只限于信托公司，并不适用于其他兼营信托业务的金融机构。受现行监管体制的制约，这些规章所带来的信托展业的规范与进步在终极效力上是有限的，难以影响到其他兼营机构及其信托业务。另外，信托修法在技术上还有待改进。修改法律要伴随着法律条文序号的整理，在我国的立法实践中基本上是采用全部条文重排的模式。但是，在法律修改时采用全部条文序号重排模式具有严重的弊端，容易引起相关法律制度不必要的连锁修改，导致因修改法律而产生技术性的疏漏，扰乱法律共同体的集体记忆，妨碍对既有法学文献的顺畅阅读。[2]

二、我国金融业监管立法的形式选择

金融业作为现代经济的核心，其自身的脆弱性使得其无论在发达国家

---

[1] 参见银监会有关负责人就修订颁布《信托公司管理办法》、《信托公司集合资金信托计划管理办法》等信托监管规章答记者问，中国银监会官网，http://www.cbrc.gov.cn/chinese/home/docView/20070201F0720A46D553E304FF910E1896DF9B00.html，2015年2月25日访问。

[2] 陈甦：《法律修改时条文序号整理模式分析》，载《法学杂志》2012年第4期。

还是在发展中国家都是受监管最严厉的行业。[①] 随着循环经济、绿色经济、低碳经济概念的推出，金融业在后金融危机时代如何平衡经济结构，并促进经济发展方式转变已成为重要课题。信托业位列四大金融产业之一，信托的投融资功能和财产管理功能奠定了信托业在现代金融市场中的重要地位，金融服务的多元化和综合化日益凸显出信托业监管改革与创新的重要性。

2007年美国金融危机爆发后，国际金融市场开始剧烈动荡，大量金融机构相继陷入困境，或被迫宣布破产、重组，或被政府接管、注资，危机的蔓延对全球经济金融体系产生了严重影响。实践证明，继续深化我国的金融改革，提高金融业的抗风险能力和国际竞争力，切实防范系统性金融风险，是有效应对当前国际环境不利变化的根本出路。金融创新仍然是金融发展的主要推动力，但与此同时，也使金融风险更为集中和隐蔽，这从根本上增加了金融动荡的可能性。美国金融危机的教训告诉我们，在经济全球化的历史进程中，金融安全保障必须建立在金融法制的现代化之上。只有不断完善金融法律体系，把金融法制规则嵌入金融现代化过程之中，充分发挥金融法的规范、指引、教育、评价、预测、强制等功能，才能调动金融机构实施内部控制的积极性和主动性，加强对金融机构的市场约束。

信托业监管改革要主动适应改革、经济、金融和社会发展需要，做到重大改革于法有据。按照中国银监会的立法规划，要推进银行业重点领域立法，积极协调立法机关，推动市场退出、普惠金融、民间融资等领域的立法工作，填补立法空白。在与时俱进地推进《商业银行法》《信托法》等重要法律的修改工作同时，逐步提升政策性银行、信托公司、金融资产管理公司、金融租赁公司、融资担保公司、小额贷款公司等领域立法层级，推动相关行政法规出台。完善负债业务、理财业务、表外业务等领域的部门规章。[②] 这里边，针对信托公司的立法主要是监管改革立法。目前，《银行业监督管理法》代表了我国金融监管立法的基本模式。这些年来，我国有关金融监管的立法主要按照分业监管的体制进行，除《银行

---

① Millard Long and Dimitri Vittas, *Financial Regulation: Changing the Rules of the Game*, EDI Development Stuies, 1992, (1): 61.

② 2015年7月31日，中国银监会党委制定了关于贯彻落实《中共中央关于全面推进依法治国若干重大问题的决定》的指导意见。该意见明确了重点领域立法的基本要点。

业监督管理法》之外，《证券法》《保险法》中分别规定了证券业和保险业的监管体制和规则。与之形成鲜明对照的是，《信托法》中并无信托业监管的内容，立法机关改采了分别立法的模式，从而把信托业监管规定剔除出了《信托法》，形成了信托业法的先天缺陷。前述《信托公司管理办法》虽只是个部门规章，但所处地位却属于信托业监管法，而且相较于其他金融行业，该办法的立法级次太低，难以撼动当前的金融理财市场，对其中乱象的治理无从谈起也就不足为奇了。在这种情形下，对于信托业监管立法的形式选择而言，基于这一分别立法模式的沿袭，因此无论《信托法》如何修改，在《信托法》之外专门制定《信托业法》，应该是其中的必然选择。

在这一方面，英国、美国、日本以及我国台湾地区的信托法制都为我们提供了有益的立法经验，而且已经实现混业经营的我国信托业也确实需要法律的重新界定和统一规范。至于今年中国银监会推动制定《信托公司条例》问题，笔者认为，虽然其对信托公司监管的立法级次提升了一级，但该条例仍然沿袭过去的机构监管方法，仅在准入门槛、分支机构、受益权质押、受托责任等方面做文章是远远不够的，并未触及信托业监管体制和机制改革，未从根本上解决混业经营中的信托业监管权分配与整合问题，其积极意义是有限的，难以达到信托业监管改革的理想状态。在这一问题上，监管机构切忌抱残守缺，得过且过，相反需要正视现实，放眼世界，积极培育信托文化，广泛传播信托观念，仔细澄清认识误区，使各类信托机构更好地服务于境内外机构和个人，通过改革与法治的良性互动有效防范、控制和化解信托业风险，真正实现信托法治化的目标。

三、《信托业法》的功能定位分析

（一）《信托业法》的名称确定

我国金融理财业务的法律基础有待进一步夯实，这需要从法理层面明确和统一金融理财业务的法律依据。从理论和实践层面看，我国金融理财业务主要按照信托模式开展业务。由于我国金融分业经营体制的影响和我国信托法律体系的内在缺陷，各类理财业务各自为政，既形成金融机构间不公平竞争，又造成受托人法律责任的缺失。所以，有学者建议从更高的层面上建立对国内各种形式理财业务的统一规范标准，为各类金融机构开展业务找到坚实的法律依据，以维护我国理财市场的公平竞争，从制度上保证金融理财市场持续稳定健康发展。①

从世界范围看，各国信托业监管体制的形成和演变路径并不完全相同，这和各国信托业发展历史、国家治理模式以及经济发展目标等因素密切联系在一起。自改革开放以来，我国信托业走过了一条由混业经营到分业经营再到混业经营的发展轨迹，信托业监管从最初的统一监管演变为现在的多头监管。在这样的现实背景下，机构监管的力不从心成为制约信托业可持续发展的根本症结。《信托法》及相关法律法规的颁布，虽然有利于改变我国信托法制扭曲运行以及信托业无法可依、无序运作的尴尬局面，但也对信托业监管提出了新的挑战。要建构我国信托监管体制，必须重塑信托理念，充分认识信托转移与管理财产的两大制度功能，将信托监管的价值取向准确定位为安全与效率。为此，有学者建议制定《信托业法》以及其他规则，建立以政府专门监管为主、行业自律监管为基础和社会监督为补充的信托监管体制。② 笔者认为，转变观念，改多头监管为统一监管，改机构监管为功能监管，尽快制定《信托业法》，并确保司法权的适度介入，是当前我国信托业监管制度改革和创新的必然选择。

有人说，从最广大人民的根本利益出发，创造条件让群众增加财产性收入，这既是信托业的使命，也是信托业的舞台。③ 这句话充分表达了我们寄予信托业发展的未来期望。当前的信托业仍处于盘整当中，金融理财市场的盲目扩张，主要归因于监管制度供给的不完善。当"理财"与"信托"契合到一起并形成独立市场时，客观需要信托及其监管制度的有效供给。更明确地说，市场中所有机构或个人提供和接受理财服务时，都应该接受统一的法律规范。我国2001年《信托法》只是对信托当事人、信托行为、信托法律关系、公益信托等作出了规定，《信托法》属于民商法范畴，其自身缺乏对信托业监督管理的规定。该法规定的委托人和受益人在信托中对受托人的监督以及公益信托的信托监察，在权力来源、主体对象以及产生的法律关系等方面都未跳出私法界限，与这里的信托业监管有着重大区别。《银行业监督管理法》虽然明确了银监会监管信托公司的法定地位，但其内容主要规范的是银行业，而不是信托公司。银监会针对

---

① 詹晶：《我国银、证、保理财业务法理明确和统一的制度缺失与应对》，载《上海金融》2011年第7期。
② 刘定华、邹双卫：《我国信托监管体制建构刍议》，载《湖南社会科学》2002年第3期。
③ 王南：《信托业举什么旗走什么路?》，载《中国经济时报》2010年9月6日第1版。

信托公司监管的诸多部门立法，实际上对商业银行等其他金融机构的理财业务并不适用，《信托业法》的缺位最终导致各项配套制度安排难以发挥作用。

至于该法的名称是叫《信托业法》，还是叫《受托人法》，抑或是叫《信托业监督管理法》等，目前在学界尚有争议。相比较而言，前者和后者容易被误解为仅对信托公司适用，因此可能会受到其他金融机构的抵触，《受托人法》的名称稍具中性，可能易于被各方更快地接受。但事实上，《信托业法》或《信托业监督管理法》更为准确一些，更能体现有关信托业监管的经济法属性，而《受托人法》的民商法属性更为突出一些，给人以《信托法》子法的印象，似乎是对《信托法》第四章第二节"受托人"的立法解释。笔者赞同《信托业法》这一名称，其比《信托业监督管理法》更简洁一些，并能体现出公法与私法的融合性质。从内容看，该法应该规定信托业监管目标、基本原则，规定金融信托机构的设立、变更与终止，规定金融信托机构的业务种类、范围和经营规则，规定信托业的监督管理机构及其职权，规定行业自律组织的地位作用，规定法律责任等。最重要的是，该法要把专营信托业务的信托公司和兼营信托业务的其他金融机构全部纳入调整范围，重新定义信托业，并对整个信托业按照功能监管方法进行监督管理。

（二）《信托业法》的功能分析

《信托业法》具有一般法的功能。法的功能是指法通过规范人们的行为，确认、建立并发展一定的社会关系并运用法律手段保护这种社会关系的能力。前者称为法的调整性功能；后者称之为法的保护性功能。[①]《信托法》正是通过发挥其调整功能和保护功能，确认、创建信托监管关系，并保护这种已确认的信托监管关系，促进信托事业的健康发展，进而推动市场经济的繁荣。《信托业法》的功能与作用，在许多情况下是重合的，二者的区别在于，"作用"强调的是信托业法对信托关系产生、运行和保护的具体效用，而"功能"则着重表达信托业法本身在社会和经济生活中具有的能量或能力。《信托业法》施展其能量或能力的效果如何，要通过种种具体作用体现出来。就我国《信托业法》而言，充分发展其功能，具体表现为以下四个方面：

---

① 孙国华、朱景文主编：《法理学》，中国人民大学出版社1999年版，第54页。

1. 确认和创建信托监管关系。在我国，信托是伴随着社会主义市场经济孕育与发展而复苏的事物。在计划经济体制下，社会经济环境不需要信托，人们通过银行信用制度来理财；改革开放以后，既出现了直接投资，同时也产生了信托投资现象。信托是一种精巧的财产管理制度设计。随着人民生活水平的提高，个人财产不断壮大，人们在日常消费之余开始追求财产的保值、增值，考虑养老和子女抚养等问题。但并不是每一个人都有能力和专业知识去管理自己的财产，即使有也不见得有足够的时间和精力，这就需要值得信赖的个人或专门机构为他们提供专业理财服务，需要借助信托制度。随着我国对外开放的扩大和市场经济的发展，现代信托作为一种财产管理与融资制度得到了迅速发展。与此同时，大量的信托关系亟须法律调整，需要运用信托法律手段确认、建立、理顺和发展信托关系，使社会上的信托关系具有法律关系的性质，从而确立一种信托市场法律秩序，使信托当事人在信托法律关系和秩序中发挥自己的创造社会财富的潜力。

2. 保护已建立的信托监管关系。经过《信托法》和《信托业法》的调整，大量的信托关系随着经济的发展不断涌现，并且得到顺利、健康的发展。但是，仍然会有一定数量的信托当事人或其他干预者，受利益的驱使而不尊重信托关系甚至破坏信托关系。这时，《信托业法》是保护信托关系不受侵犯或恢复、救济被侵害的信托关系的武器。《信托业法》的保护性功能就是制止、撤销非法信托关系，并以此促进和保障信托事业的健康发展。

3. 维护信托当事人的合法权益。这是《信托业法》的立法宗旨和基本目标。《信托业法》通过规范信托行为，维护信托市场秩序来保护当事人的合法权益。例如，《信托业法》规定受托人的责任、制裁受托人的违反信托目的行为，就是为了保护委托人和受益人的合法权益。此外，《信托业法》保护当事人的合法权益，还体现在其他各个信托监管制度上。例如，通过信托财产的独立性和追及性、信托管理的连续性和受托人的忠实义务等制度，督促当事人全面履行信托义务，全面保护当事人的合法权益。

4. 促进信托事业的健康发展。《信托业法》通过调整信托监管关系，规范信托行为，保护信托当事人的合法权益，制止和制裁信托违法行为等，营造良好的信托法律环境，促进信托事业的健康发展。因此，《信托业法》对完善我国的信托监管法律制度、建立稳定信托市场秩序，促进信托事业的健康发展具有极其重要的作用。

笔者认为，当务之急是适时转变观念，优化监管，[①] 并加快《信托业法》的出台。实践证明，加强金融法制建设，运用法律手段依法实施金融监管，是实现我国金融业长期稳定发展的必由之路。2007年信托新两规的实施，虽然明确了信托公司的业务定位，并对其固有业务、关联交易、集合资金信托计划、监管等问题作出了新的规定，但却并未从根本上改变我国信托业发展所面临的法律困境，难以适应"大信托时代"对受托人以及信托业务风险的监管要求，及时制定一部适合混业经营的《信托业法》，已成为我国信托业规范化发展的当务之急。

---

① 张忠军：《优化监管：金融监管法基本原则》，载《法学》1998年第1期。

第五章

我国信托业法的立法设计

本章立足于法律草案的设计,重点就我国《信托业法》的制定问题进行了具体论证。内容包括立法体例的设计、专营和兼营信托业务的法律资格限制、传统和现代信托业务类型及其经营规则、法定监管机构的确立及其职责限定、监管执法与司法之间的关系、问题信托机构以及涉外信托冲突法规范等,目的在于全面考量信托业法应当规制的法律问题。本章共分为六节,分别是《信托业法》的体例结构、信托业的经营资格与法定许可、信托业的业务范围与经营规则、信托业监管机构及其职权、问题信托机构的救助与市场退出,以及《海牙信托公约》与我国信托冲突法律规则等。

第一节 《信托业法》的体例结构

一、《信托业法》的总分结构

这些年来,我国法律体系形成过程的特点,造就了同时期法学研究的"立法中心主义"特征,具体表现为以功能设计与规范建构为路径的立法论研究范式、大规模引进域外立法材料引致的外源型研究范式、基于立法引导型建构的学术导向范式。这种"立法中心主义"的研究为法律体系的建构和充实作出了重大贡献。然而,社会主义法律体系形成后,"体系前研究范式"隐含的学术缺陷日益明显,难以满足法治不断发展的需求,有必要向"体系后研究范式"转型。在建构体系后研究范式时,宜确立以中国问题为中心的学术取向,立足中国场景发现和讨论中国问题,基于平等心态拓展法学知识的域际交流,开展问题导向的新综合研究,赋予解释论研究以应有的时代使命。①

学术研究中的"立法中心主义"目前仍有其价值。党的十八届三中全会指出，市场决定资源配置是市场经济的一般规律，健全社会主义市场经济体制必须遵循这条规律，着力解决市场体系不完善、政府干预过多和监管不到位问题。而且，加强重点领域立法是党的十八届四中全会决定中明确提出的重要任务。在我国，《信托业法》的缺位导致信托市场的不公平竞争和监管竞争不断加剧，及时推出信托业监管改革措施，并通过立法保障改革成果已成为当务之急。对于《信托业法》而言，立足我国实际来设计其体例结构尤为重要。

《信托业法》并不是一部有关信托监管机构的组织法，而是一部关于信托业监督管理行为的专门法。在我国现有的金融法律中，总分结构的立法体例已经成为一种常态。无论是《中国人民银行法》《商业银行法》以及《银行业监督管理法》，还是《证券法》《保险法》《反洗钱法》等，立法体例均采用的是总分结构，不曾有任何突破。以《银行业监督管理法》为例，该法采用总分结构，将全部内容分为六章，即第一章"总则"、第二章"监督管理机构"、第三章"监督管理职责"、第四章"监督管理措施"、第五章"法律责任"以及第六章"附则"。这种结构安排一目了然，贯穿其中的一条主线就是银行业的监督管理。除总则和附则外，分则各章具体明确了监管机构设置、监管具体职责、监管措施手段以及监管法律责任。虽然没有单设监管程序一章，但相关内容被放在了第四章"监督管理措施"中，因此该法的整体结构总体上还是比较完整的。

在体例结构方面，可供《信托业法》参考的另一部法律当属《证券投资基金法》。这部法律共设 15 章，体系庞大，不过在体例结构上其也是采用总分结构模式。具体说来，分别是第一章"总则"，第二章"基金管理人"，第三章"基金托管人"，第四章"基金的运作方式和组织"，第五章"基金的公开募集"，第六章"公开募集基金的基金份额的交易、申购与赎回"，第七章"公开募集基金的投资与信息披露"，第八章"公开募集基金的基金合同的变更、终止与基金财产清算"，第九章"公开募集基金的基金份额持有人权利行使"，第十章"非公开募集基金"，第十一章"基金服务机构"，第十二章"基金行业协会"，第十三章"监督管

---

① 陈甦：《体系前研究到体系后研究的范式转型》，载《法学研究》2011 年第 5 期。

理"，第十四章"法律责任"，以及第十五章"附则"。这种结构安排把重心放在了基金主体、基金合同、基金投资运作等方面，基金监管作为其中一章其地位并不十分突出，整个体例和《证券法》《保险法》保持一致，采用的是统一立法模式，并更多体现了机构监管的特色。

有学者提出，我国信托业监管立法应采用"横向综合立法"模式，把银行、证券公司、基金公司、保险公司、信托公司等开展营业信托业务的金融机构都纳入监管范围，该模式要比"纵向个别立法"具有更多优势。[①]笔者认为，就我国《信托业法》的结构设计而言，现有的这些立法技术经验是完全可以借鉴的。虽然证券投资基金是典型的集合资金信托业务，但《证券投资基金法》却把其监管权配置给了中国证监会，而且其立法体例也和《证券法》保持了一致。对比之下，《信托业法》在需要妥善处理其与《证券投资基金法》关系的同时，立法体例如何选择，其实与其定位和内容关系更为密切。由于立法机关对《信托法》和《信托业法》采取了分别立法模式，诸如证券投资基金中的基金当事人、基金合同、基金投资运作等内容已在《信托法》中作出了规定，因此《信托业法》更应借鉴《银行业监督管理法》的体例结构，这样一方面可以避免法律之间出现重复规定，另一方面也可以更加突出立法本意。当然，《信托业法》的结构要与《银行业监督管理法》有所区别，毕竟银行业是分业经营、独家监管，信托业则不然，目前是混业经营、多头监管，所以在体例结构方面还是要突出信托业的专营和兼营特色，通过"原则—制度—规则"模式来构建总分结构。另外，对现有《信托公司管理办法》的内容可以合理吸收。该办法突出了信托业监管中机构监管的方法，因此其内容紧紧围绕信托公司的设立、变更与终止，信托公司的经营范围、信托公司的经营规则，信托公司的监督管理，以及监督管理的法律责任而展开。该办法一共7章66条，比《银行业监督管理法》多出了1章和16个条文。在此基础上，笔者认为，《信托业法》的具体章节可以分为七章，即第一章"总则"、第二章"专营信托机构"、第三章"兼营信托机构"、第四章"监督管理机构"、第五章"监督管理职权"、第六章"监督管理措施"、第七章"法律责任"以及第八章"附则"，这样设计有助于把机构监管和功能监管两种方法协调和统一起来，更加注重合规监管与风险监管的双向兼顾。

---

① 参见刘定华、郑远民《金融监管立法的原则与模式》，载《法学研究》2002年第5期。

二、《信托业法》的总则规定

在总分结构下,《信托业法》总则设计事关立法全局,是信托业监管各项制度的建构基础。从条文内容看,该部分应当明确立法目的、立法根据、适用范围、监管目标、监管原则、监管体制、监管协调机制及跨境监管合作等基础性和原则性问题。

1. 立法目的和立法根据。立法根据是《信托业法》制定中首先需要明确的问题。通常而言,所谓立法根据是指立法主体制定某一具体部门法的根据或基础问题,包括立法的法律根据与立法的事实根据。法律文本中设置立法根据条款的目的在于保障立法的合法性、明确法的效力等级以及实现法的可操作性。[①] 当然,对《信托业法》来说,立法根据条款的基础与依据显然与金融法的其他立法尤其是金融监管方面的专门立法是相一致的,其特别之处在于,这里的立法根据会与信托法观念、信托立法模式以及金融监管权的分配存在更多的关联。我国现行法律文本中的立法根据条款很少单独设置,往往放在第一条立法目的后半段中,有的立法甚至在这方面存在着明显缺失,如《银行业监督管理法》和《证券投资基金法》即缺少立法根据的规定,这在《信托业法》的制定中需要引起一定注意,避免遗漏立法根据。

问题在于,该法的立法根据究竟是《银行业监督管理法》还是《信托法》,抑或是《宪法》或者《立法法》?这个问题值得考量。笔者认为,其实这些立法均构成了《信托业法》的重要依据,其中《银行业监督管理法》针对信托公司监管适用作出了规定,《信托法》对信托当事人、信托行为等作出了规定,《宪法》对社会主义市场经济体制作出了规定,《立法法》对法律制定范围作出了规定。只是,从立法技术角度看,不可能把《宪法》和这些法律都同时写进《信托业法》的立法根据中。虽然很多法律把《宪法》作为其立法根据,但《宪法》的规定过于原则,纲领性特征过于突出,相较于《银行业监督管理法》和《信托法》而言,其与信托业的关联度稍次一些。至于《立法法》,虽然其确定了制定法律的事项范围,但实践中尚未被直接列入各项具体法律的立法根据中。因此,《宪法》和《立法法》都

[①] 汪全胜、张鹏:《法律文本中"立法根据"条款的设置论析》,载《中南民族大学学报》(人文社会科学版)2012 年第 4 期。

不宜直接作为《信托业法》的立法根据。《银行业监督管理法》的内容主要针对的是银行业，虽然该法在适用范围上也涉及了信托公司的监管，但也只局限于明确中国银监会对信托公司的监管地位，具体监管要求和措施则主要靠《信托公司管理办法》。综合考虑上述因素，笔者建议将《信托法》列为《信托业法》的立法根据，这样更能体现两部法律之间的关系，表明前者的规定对后者而言同样是适用的，前者属于一般法，后者着重规定了营业信托，属于营业信托领域的特别法。按照立法惯例，我国《信托业法》的立法根据也可规定在第一条"立法目的"中，具体可以表述为："为了加强对信托业的监督管理，规范监督管理行为，防范和化解信托业风险，保护商业信托中委托人、受托人和受益人的合法权益，促进信托业健康发展，根据《信托法》，制定本法。"

2. 适用范围。《信托业法》的适用范围主要是针对其时间效力、空间效力、对人效力和对事效力作出规定。其中，最重要的是对"信托业"的界定需要打破现有信托公司集合的看法。当然，对"信托业务"的含义并不用刻意改变，需要改变的是从事信托业务的主体范围，因此，笔者建议采用"信托机构"这一概念，在适用范围上就"信托机构"给出明确定义。很显然，这里的"信托机构"已经把信托公司包含在内，但却并不局限于专营信托业务的信托公司，也包括了兼营信托业务的其他金融机构。同时，对跨国信托的协议管辖也应作出规定。这样，该法的适用范围可以分为3款，并表述为："中华人民共和国境内的信托机构从事信托业务活动，适用本法；中华人民共和国境外的信托业务，信托当事人约定适用本法的，适用本法。本法所称信托机构，是指依照《中华人民共和国公司法》和本法设立的专营或兼营信托业务的金融机构。本法所称信托业务，是指信托机构以营业和收取报酬为目的，以受托人身份承诺信托和处理信托事务的经营行为。"

3. 监管目标和监管原则。有学者提出，信托业监管法的目标应定位于保护投资者（受益人）利益、维护信托市场公平竞争和促进信托业金融功能发挥；信托业监管法的基本原则包括维护信托业整体效益原则和兼顾各方主体利益公平原则。[①] 众所周知，金融安全观、金融效率观、金融公平观和金融秩序观是金融法治中的核心价值观。对外开放以来，我国金

---

① 李勇：《信托业监管法律问题研究》，中国财政经济出版社2008年版，第47—48页。

融业经历了以效率优先为主到以安全优先为主的转变。《银行业监督管理法》明确提出了银行业监督管理的目标，即促进银行业的合法、稳健运行，维护公众对银行业的信心，保护银行业公平竞争，提高银行业竞争能力。[①] 这一监管目标的表述在我国整个金融业监管体系中颇具代表性，对信托业监管目标的确定具有一定的参考意义。笔者认为，从治理信托业监管乱象的现实出发，我们确实应把保护投资人合法权益放在首位，同时要把保护信托业公平竞争、维护信托市场秩序稳定纳入监管目标范围。至于促进信托业金融功能发挥，实为该法的核心功能与作用，不宜列为监管目标。另外，信托业法的基本原则是贯穿于营业信托监管全过程的基本指导方针，是实现信托业监管目标的重要保证。因此，其概括应能够充分、全面地反映信托业监管活动的客观要求，并能指导信托业监管立法与实践活动。所谓维护信托业整体效益原则和兼顾信托业各方主体利益公平原则，说简单点，就是有效原则和公平原则。在笔者看来，这样概括似不够全面，信托业监管机构对信托业实施监督管理，应当遵循依法、公开、公平、公正和有效原则。依法监管是信托业监管实现法治化的根本要求，而强化公开、公平和公正监管，则是提高监管透明度和公信力的重要保证。另外，有效监管体现了对监管效果的重视，这里不但注重对信托机构公司治理不到位和内控不严风险的防范，而且注重增强信托资金运用的安全性、稳健性和使用效益。

4. 监管体制。我国现行金融体制为分业经营、分业监管体制，中国人民银行、银监会、证监会和保监会均拥有不同类型金融机构和金融市场的金融监管权，监管权力的横向分配主要基于不同类型金融机构的机构性质。对信托业监管而言，目前的监管权力虽基于机构监管已经配置给了银监会，但这种体制已难以适应混业经营中功能监管的要求。对信托业监管而言，引入功能监管的主要意义在于构建以信托业务为标准来划分监管权力，进而代替以机构为标准的监管权力分配方式。加强金融宏观审慎管理制度建设，加强统筹协调，改革并完善适应现代金融市场发展的金融监管框架，明确监管职责和风险防范处置责任，构建货币政策与审慎管理相协调的金融管理体制，是未来我国金融监管体制改革的重要目标。在信托业监管改革中，强化综合监管和功能监管是必然趋势，立法本身需要突破现

---

① 参见《中华人民共和国银行业监督管理法》第4条。

有监管体制，这就意味着要把银监会、证监会和保监会手中对专营和兼营信托业务的监管权力统一交由新的监管机构，由该监管机构按照功能监管的具体要求和标准对各个专营和兼营信托业务的金融机构实施审慎管理。这应是我国信托业监管改革的一种理想模式。功能监管所强调的重点，是监管规则在不同信托机构之间的一致性和监管活动在不同监管机构之间的协调性，这需要把监管权力进行必要的集中，以减少协调监管的成本。笔者建议，在整合现有监管资源的基础上，通过《信托业法》明确规定成立专门的信托业监督管理委员会，该机构独立于目前的"一行三会"，由该机构对信托业实施功能监管，从而避免目前的令出多门和各行其是，为专营和兼营信托业务的金融机构提供公平竞争的监管环境。

5. 监管协调机制和监管国际合作。信托业监管改革并不是单纯为了取消当前分业监管体制下各监管机构之间的分工，而是为了增强各种金融机构在信托业务创新中监管规则的有机协调，使信托业发展与银行业、证券业和保险业之间保持良性互动，进而为信托业务创新提供必要的监管支持和法律保障。建立新机构对信托业实施功能监管，必然涉及该机构与现有"一行三会"之间如何协调的问题。《信托业法》需要把监管协调放在重要位置，把功能监管置于机构监管之上，优先保护信托业务的功能监管，把是否属于信托业务以及是否违反信托业监管规定的认定权和处罚权交给新机构，避免同一金融机构在交叉金融业务方面因多头监管可能存在的监管冲突，以期顺利完成从现有的机构监管向理想的功能监管的过渡。同时，基于跨国信托的存在，加强对跨国信托监管的国际合作也是总则立法中需要考虑的问题。由于我国尚未申请加入《海牙信托公约》，对信托的认定和保护往往取决于信托当事人在管辖权方面的合意选择。信托监管的国际合作以信托监管权的国际分工为前提，在跨国信托的信托当事人缺乏合意选择的情形中，各国监管机构必须通过签署协议共同安排相关监管活动，收集和使用监管信息，尽量减少管辖权冲突。在缺乏协议的情形下，我国《信托业法》可以基于属人管辖权和属地管辖权在法律条文中做出明确规定。

在金融国际化和信托混业经营的大背景下，信托业监管改革所涉及的跨国信托监管问题，可以从巴塞尔银行监管体系中获得重要启示。纵观巴塞尔银行监管体系，我们不难得出这样的一个结论，即该体系是以银行监管权在银行机构的母国与东道国之间进行配置的。① 在欧盟金融服务法中，最低限度协调原则是相互承认原则和母国控制原则的基础，它们相互衔接、相互配合，共同构成了欧盟金融服务市场一体化的法律支柱。② 从长远看，在分业监管走向统一监管的过程中，在建立集中统一的金融监管委员会之前，只有按照"巴塞尔"协议的要求，积极适应全球化背景下金融业高效运行和公平竞争的综合形势，适当调整和缩小政府监管的领域，并采取国际通行的综合监管方法和手段，建立健全对金融机构非现场和现场检查制度，建立和完善对金融机构内部控制的综合性指标评价体系③，从合规监管转向合规监管与风险监管并重，建立和完善金融风险预警系统和市场化的风险化解机制以及风险损失补偿机制，并注意发挥行业自律、审计监督和社会监督的作用，与国际惯例实现全面接轨，重视各国以及地区之间的监管协调，这样才能真正发挥有效监管的作用，有效督促金融机构按照安全性、流动性和效益性的原则开展业务经营活动，进而维护我国的金融安全。

三、《信托业法》的分则安排

《信托业法》分则部分应该借鉴《银行业监督管理法》的立法经验，借鉴《巴塞尔协议Ⅲ》的基本理念和精神④，规定专营信托机构、兼营信

---

① 黎四奇：《离岸银行业务对巴塞尔银行监管体系的挑战与反思》，载《法学评论》2006年第5期。

② 刘轶：《论欧盟金融服务法中的最低限度协调原则》，载《环球法律评论》2007年第3期。

③ 如2004年12月25日中国银监会发布了《商业银行内部控制评价试行办法》，并于2005年2月1日起施行。该规定旨在规范和加强商业银行内部控制的评价，督促其进一步建立内部控制体系，健全内部控制机制，为全面风险管理体系的建立奠定基础。按照该规定，商业银行的内部控制评价包括过程评价和结果评价两个方面。其中，过程评价是对内部控制环境、风险识别与评估、内部控制措施、监督评价与纠正、信息交流与反馈等体系要素的评价；结果评价是对内部控制主要目标实现程度的评价。

④ 巴塞尔协议是国际清算银行（BIS）的巴塞尔银行业条例和监督委员会的常设委员会——"巴塞尔委员会"于1988年7月在瑞士的巴塞尔通过的"关于统一国际银行的资本计算和资本标准的协议"的简称。该协议第一次建立了一套完整的国际通用的、以加权方式衡量表内与表外风险的资本充足率标准，有效地扼制了与债务危机有关的国际风险。《巴塞尔协议Ⅲ》是2008年全球金融危机的直接催生物，2010年获得通过。《巴塞尔协议Ⅲ》规定，新规将在2016年1月至2019年1月间分阶段执行。其中，各银行须在2013年1月至2015年1月期间执行新的一级资本规定；而资本防护缓冲资金规定则须在2016年1月至2019年1月间执行。根据协议要求，商业银行必须上调资本金比率，以加强抵御金融风险的能力。

托机构、监督管理机构、监督管理职权、监督管理措施以及法律责任等内容。信托业的有效监管体系构建需要紧紧围绕审慎监管要求而展开，在审慎监管标准、持续监管手段、监管信息要求、对问题信托机构的处理等方面做出周密安排。审慎监管是对信托机构最低审慎标准的法律控制，要求所有被监管的信托机构必须遵守。从具体监管制度看，分则安排主要包括市场准入制度、市场退出制度、合规监管制度、风险监管制度、信息披露制度、监管评级制度、监管责任制度和监管处罚制度等。

1. 市场准入制度。有学者指出，日益复杂的市场准入社会关系需要多个法律部门综合调整。其中，民商法中的市场准入是一种权利确认及有关权利行使和交易的一般性制度安排；行政法对市场准入的调整明确了政府机构的法律地位、职责、权力和对权力的约束；经济法中的市场准入则是对民商法所确认和保障的权利在特定情况下的一种矫正，是在特定情形下对特定事物的公权干预形式；国际经济法中的市场准入主要是指一国企业、产品、服务或投资等如何从实质上进入另一国市场。[①] 信托业的市场准入是从经济法角度来谈的，是对金融机构进入信托市场从事信托业务经营的具体控制，它是有效监管的首要环节。无论是专营信托机构，还是兼营信托机构，但凡要从事信托业务，都必须符合《信托业法》所确立的法定准入标准，否则监管机构不能授予其经营牌照。这里的法定标准，主要应从金融机构的股权结构、董事和其他高级管理人员任职资格、经营计划、内部控制以及包括资本金在内的财务状况等方面作出限制性规定。除审批新设机构外，监管机构还应掌握关于信托机构未来直接或间接的投资，以及超出一定限额的所有权增加和变化的任何信息。

2. 市场退出制度。金融机构市场退出是金融发展中不可避免的现象，也是金融稳定和提高金融市场效率的客观要求。信托机构的市场退出涉及对问题信托机构的处理，以便监管机构在信托机构未能满足审慎要求或者当投资人的资金安全受到威胁时能够及时采取纠正措施。对已不再具备继续生存能力的信托机构作出市场退出处理。信托机构的市场退出应遵循市场化原则，充分考虑对委托人和受益人利益的合法保护，并由监管机构全程参与进行必要的监督管理。截至目前，我国依然没有建立起完善的金融机构市场退出机制。处理好金融稳定、金融效率与社会净福利的关系，是

---

① 戴霞：《市场准入的法学分析》，载《广东社会科学》2006年第3期。

我国金融市场退出机制建设必须面对的问题。① 笔者认为，《信托业法》应明确信托机构市场退出的主持机构和具体职责，并应视不同情况分别采取解散、撤销以及破产三种退出方式，完善相关程序规则。

3. 合规监管制度。所谓合规监管，是指监管部门对信托机构执行有关政策、法律、法规的情况所实施的监管，它主要是检查信托机构业务经营是否符合金融政策和金融法律法规的要求，强调的是信托机构行为的"合规性"，而对信托机构经营中潜在的风险及其安全隐患则欠考虑。传统的监管理论认为，只要制定好市场游戏规则，并确保市场参与者遵照执行，就能实现监管目标。然而，随着金融业的创新和变革，这种监管理论的缺点也不断被暴露：一是金融法规的制定与实施往往滞后于实际情况的变化，而且在相当一段时间内保持不变，因而市场敏感度低，不能及时反映和抵御金融机构所面临的风险；二是该监管方式侧重于事后的补偿与处罚，不能起到风险的预测与防范作用，在金融风险可能造成的破坏性日益增大的情况下，这种事后措施往往于事无补；三是金融法规的制定如过于严格，一方面增大了监管成本，另一方面也限制了金融机构的自由，造成了效率损失。②

4. 风险监管制度。风险监管旨在强化对信托机构整体风险的早期识别、预警和控制，从而提高监管机构对信托经营过程中的信用风险、市场风险和操作风险等重大风险的管控能力。在《信托业法》的制定中，从合规监管走向合规监管与风险监管并重，是预防和控制信托业系统性风险的关键所在。作为金融监管的两种不同方式，二者的区分主要是从监管内容上展开的。相比之下，风险监管重在通过监管，观察金融机构的经营管理及其业务活动是否在合理的风险范围之内，确认经营风险所在，并督促金融机构制定出控制风险的措施和办法，从而避免金融机构承担过大风险而导致经营失败，实现金融业的谨慎稳健经营。③ 对风险监管而言，主要是通过对风险的识别、衡量与控制，以最少的成本将风险导致的各种不利后果减少到最低限度。应该看到，金融创新为单个投资者提供了因转移价

---

① 杨德勇：《稳定与效率：中国金融业市场退出研究》，载《当代经济科学》2004年第3期。
② 曹龙骐主编：《金融学》，高等教育出版社2003年版，第538—539页。
③ 马卫华：《WTO与中国金融监管法律制度研究》，中国人民大学出版社2002年版，第132页。

格等市场因素变动所产生的市场风险保护，如期货与期权为单纯进行证券组合的投资者弥补了其无法避免的系统性风险的缺陷，但是，相对于整体经济体系而言，这种所谓的系统性风险手段在为单个市场主体提供市场风险保护的同时却将风险又转移给了另一市场主体。换言之，风险本身并没有消除而只是发生了转移，风险仍然存在于金融市场体系当中。因此，在鼓励金融创新的同时，必须加强对金融创新所导致的更加集中、更加隐蔽的金融风险的控制，加强对金融风险的监测管理，使金融监管的重点转移到对金融风险和不正当竞争行为的监督上来。比如：加强对不良资产比率、资产流动性比率、盈亏状况、内部控制制度完善程度及市场风险水平等风险指标的监测，建立起相对完善的评估、预警、监测、消化和防范金融风险的监测体系，以及对高风险金融企业进行整顿、救助和市场退出的监管制度。[1] 风险监管较之于合规监管的最大优点在于，它侧重于对风险的提前防范，能够及时并有针对性地提出监管措施，从而最大限度减少金融风险的发生，降低金融风险带来的损失。

笔者认为，正确处理合规监管和风险监管之间的关系非常重要。前者尽管存在一些缺陷和不足，但其在确保金融法律、法规的执行和实施方面却有着自己的独到之处，对于充分发挥金融法的功能和作用，促使金融法律规范的要求在社会经济生活中获得实现具有重要意义，因此不能偏废。后者可以使金融法所赋予的法律权利被各类主体所享用，所课以的积极法律义务被各类主体所履行，包含消极法律义务的禁令被各类主体所遵守，从而有效维护金融法调整机制的正常运行。如果金融法的规定不能在现实生活中得到贯彻，不能真正发挥作用，金融法就会无异于一纸空文，失去其应有的现实意义。前者实质上属于金融法律监督，金融法律监督是金融法耦合机制中的一个重要手段，监督即意味着制约，它促使进行各类金融活动的主体依法办事，依法经营，否则就要接受法律制裁。金融法律监督在整个金融法调整的全过程、各环节都发挥着耦合作用，通过金融法律监督可以发现问题，及时纠正违法现象，并通过其威慑力促使人们自觉遵守法律，促使执法者严格执法，从而保障金融法的实现。随着金融创新的不断发展，金融监管方式从注重合规监管开始向合规监管与风险监管并重的方向转变，通过制定和监测金融机构资本充足率、资产质量、流动性、盈

---

[1] 曾筱清：《金融全球化与金融监管立法研究》，北京大学出版社2005年版，第94页。

利性和管理水平等指标来实施监管，及时预测和防范潜在的金融风险。各国在强调政府监管的同时，还通过制定统一的会计标准、提高信息披露的要求以及社会中介信用评级等来加强对金融机构的外部监管。

5. 信息披露制度。信息披露重在提高信托机构经营活动的透明度，借此强化对信托机构的市场监督和约束。所谓提高透明度，是指要求信托机构披露法定信息，提高信息披露质量，让社会公众方便、快捷地获取有关资本充足情况、风险状况等重要信息，以加大市场约束力度。同时，广义上也要求监管部门提高履行职责的透明度，规范自己的监管行为，接受公众监督，进而增强市场信心。我国现行金融监管法律如《证券法》《证券投资基金法》等对信息披露制度的要求已经日益完善，这为《信托业法》的制定提供了很好的借鉴。在《信托业法》中，信息披露制度应以投资者为导向，规范信息披露格式和内容，要求信托机构及时、充分、真实、规范地披露信息，更好地保护营业信托中委托人和受益人的利益。

6. 监管评级制度。这些年来，中国银监会在对信托公司实施监管的过程中，为实现持续监管、分类监管和风险预警，提高监管效率和监管有效性，对信托公司设立了一整套经营风险和经营管理质量的监管评价体系，并以此为标准对信托公司实行量化评价，确定其风险级别，相应的评价结果被分为六个等级，其中最高级为一级，最低级为六级。信托公司监管评级的内容包含五个组成部分，即公司治理、内部控制、合规管理、资产管理能力和盈利能力。[①] 不难看出，监管评级是风险监管的重要基础，是系统分析和评价信托公司经营和管理风险的标准化工具，也是提高监管效率的重要保证。通过系统完整的评级办法，可以清晰地向信托业表明监管机构对信托公司审慎经营的各项要求，树立衡量优质信托公司的标杆，帮助信托公司对照检查自身经营水平和风险管理能力，进而引导和督促信托公司健康发展。这一制度在实践中被证明是风险监管的有效工具，在《信托业法》的分则部分应当继续保留该制度，并根据专营和兼营信托机构作出科学化、差异化的评级安排。

7. 监管责任制度。金融监管机构的监管权力与监管责任的非均衡化，

---

① 我国信托公司监管评级要素的五个部分，其英文分别为 Corporation Governance、Internal Control、Compliance Management、Asset Management、Profitability，因此英文简称为 CICAP。其中的核心要素是公司治理和资产管理。按照规定，信托公司综合评级结果不得高于核心要素的评级结果。

是世界各国的通病，也是历次金融危机的根本原因之一。我国金融监管责任的缺失主要体现在履行审慎监管和行使自由裁量权时，对监管机构和监管人员缺乏相应的制衡，导致监管权力与监管责任的非对称现象。为了解决这一问题，有学者提出，首先是完善金融监管机构履职的责任立法，其次是建立金融监管机构履职的评价体系，最后是明确金融监管机构履职责任追究主体。① 笔者认为，《信托业法》作为信托业监督管理基本法，主要规范的是监管机构的监管行为，因此针对监管机构和监管人员的法律责任是不可缺失的。在这一制度的构建中，既需要建立和完善信托监管机构履职评价标准体系，也需要列举具体的违法情形并明确责任追究主体。

8. 监管处罚制度。监管处罚属于行政处罚范畴，由监管机构对被监管机构的各类违法违规行为依法进行处罚，从而保证有效实现监管职责，维护金融市场秩序。《信托业法》的分则中必须设定监管处罚制度，明确对被监管的信托机构实施行政处罚的种类和原则，以及实施处罚的基本程序。该制度的重点在于，确认信托机构的违法违规行为类型及其对应的罚则。从金融监管法的依法监管原则出发，监管处罚制度的设计和完善，必须坚持处罚法定原则，做到处罚依据法定、处罚主体法定和处罚程序法定，对于没有法定依据或者不遵守法定程序的监管处罚，在效力上应归为无效。目前我国的金融监管法律体系仍待完善，就信托监管处罚制度而言，应主要针对违反机构及人员监管规定进行处罚和违反审慎经营规则及违规经营行为进行处罚。其中，前者包括未经批准擅自设立信托机构、擅自设立分支机构、擅自变更注册登记事项、擅自终止信托机构，未经批准擅自变更股东、转让股权，虚假出资或抽逃出资，未经任职资格核准擅自任命或实际变更董事、高级管理人员等；后者则包括违反金融许可证管理规定非法出租、出借、伪造、变造、转让、损坏金融许可证或者不按规定换领金融许可证，遗失金融许可证不报告，未在营业场所公示金融许可证，另外还有违反业务监管规定非法从事信托业务活动，违反风险和内控等审慎经营规则从事经营活动，违反信息报送和信息披露监管规定弄虚作假、拒绝监管统计检查等，以及拒不配合监管或者拒不执行监管处罚决定等。

---

① 巫文勇：《金融监管机构的监管权力与监管责任对称性研究》，载《社会科学家》2014年第2期。

四、《信托业法》的附则条款

附则条款一般是法律文本的附属部分，主要对实施日期、有关专门术语以及与过去相关法律的关系等内容作出规定，一般不对实质性内容作出规定，即不对权利与义务作出规定。从立法的实践来看，那些在总则和分则中都不合适列入的内容，就放在附则中。法律的附则与法律的附件不同，附则尽管是位于法律、法规的最后，但属于法律、法规的组成部分，与法律、法规的其他组成部分具有同等的法律效力；而附件则属于法律条文之外的内容。

从立法实践来看，附则作为法律的附带条款，主要可以对以下内容作出规定：一是关于名词、术语的定义。对法律、法规中的专（行）业名词、术语和需要定性、定量的名词、术语进行必要的解释，可以使有关规定更加准确，便于人们理解和贯彻执行。这种解释，一般出现在附则中，当然，也可以放在总则或在需要解释的内容出现时随即加以说明，还可以由实施细则（或办法）去解释。二是法律、法规的适用范围。适用范围一般放在总则中，但也有少数放在附则中，经常放在附则中的是一些有关"参照适用""比照适用"的规定。三是关于解释权的规定，即在附则中明确规定有权解释该法律、法规的机关。从近年的立法实践来看，解释权一般在法律、行政法规中不写。四是关于授权制定实施细则或具体办法的规定，即在附则中明确有权制定实施细则或具体办法的机关。五是关于制定变通或者补充规定的授权规定。六是关于与有关国际公约、条约关系的规定以及与其他法律、法规的关系的规定。七是关于实施时间的规定。所有的法律、法规不论是否设立了附则一章，都有实施时间的规定，并且只要设有附则一章，其实施时间一般都放在附则中规定。八是其他不适合在总则和分则中规定的内容。由于我国目前对附则的内容没有统一的规定，因此上述内容并不是每个法律、法规的附则中都必须予以一一规定的，对哪些内容进行规定应当根据实际需要确定。笔者认为，《信托业法》的附则条款主要应对相关法律概念进行解释，并明确解释机构及其解释效力，规定该法生效的时间等内容。

第二节 信托业的经营资格与法定许可

在金融市场上，信托机构之间的分分合合是激烈市场竞争中常见的现象。目前，金融市场上不但能见到银行收购信托，也能见到信托收购银行，还能看到通过不同金融控股平台持有各类金融牌照进而实现分业体制下的变相混业经营。当然，每年上演的并购大战以及信托机构之间的恶性竞争中，各个主角无外乎看中的是信托制度本身的优势，都在力争把信托平台、信托制度和信托工具的资产管理、资源整合以及投融资连接功能发挥到最大可能。无论信托机构如何命名，诸如信托公司、信托银行、公司信托部等各类信托机构，都需要依法取得信托业务的经营资格和法定许可，并受到《信托业法》等相关法律规定的限制。

一、专营信托业务的信托机构资格与市场准入退出许可

（一）信托公司的经营资格

从理论上讲，机构监管与功能监管并无绝对优劣之分，作为金融市场的两种监管方法，其各有存在的价值和适用的领域，在金融监管体系中可以共存共生，并非简单的非此即彼关系。就金融监管立法来说，对二者进行适当协调和有机结合，可以使金融市场监管的内涵更加丰富，定位更加清晰，目标更加明确，手段更加灵活。[①] 虽然前文强调了信托业监管改革要从机构监管转向功能监管，但并不是说用功能监管简单代替机构监管。事实上，在信托业监管改革中机构监管仍不可或缺。对专营信托业务的信托机构资格进行法律确认，体现了机构监管的实质要求。从实践看，专营信托业务的信托机构在我国目前只有信托公司，《信托业法》对专营信托业务的信托机构资格进行规定，在实质内容上应参照《信托公司管理办法》现行规定，进而明确信托公司的设立条件。对信托业的市场准入制度而言，专营信托业务的信托机构资格是其核心内容。

设立信托公司，应当采取有限责任公司或者股份有限公司的形式，并且应当经中国银监会批准，领取金融许可证。[②] 从现有规定看，信托公司的设立条件包括：（1）有符合《公司法》和中国银监会规定的公司章程；（2）有具备中国银监会规定的入股资格的股东；（3）具有规定的最低限额的注册资本；（4）有具备中国银监会规定任职资格的董事、高级管理

---

① 廖凡：《功能监管与机构监管应"双剑合璧"》，载《经济日报》2012年2月13日第6版。

② 参见2007年《信托公司管理办法》第6条和第7条的规定。

人员和与其业务相适应的信托从业人员；（5）具有健全的组织机构、信托业务操作规程和风险控制制度；（6）有符合要求的营业场所、安全防范措施和与业务有关的其他设施；（7）中国银监会规定的其他条件。[①] 从机构监管要求看，信托公司的设立、变更和终止均在监管范围内。就其变更而言，信托公司有下列情形之一的，应当经中国银监会批准：（1）变更名称；（2）变更注册资本；（3）变更公司住所；（4）改变组织形式；（5）调整业务范围；（6）更换董事或高级管理人员；（7）变更股东或者调整股权结构，但持有上市公司流通股份未达到公司总股份5%的除外；（8）修改公司章程；（9）合并或者分立；（10）中国银监会规定的其他情形。[②] 当然，信托公司已经或者可能发生信用危机，严重影响受益人合法权益的，中国银监会可以依法对该信托公司实行接管或者督促机构重组。

信托市场的核心要素是机构、业务和人员。上述规定和要求，体现了中国银监会多年来在信托公司监管方面所形成的"管法人"与"管风险"、"管内控"与"提高透明度"四位一体的监管理念，同时也具体明确了专营信托业务的信托公司的机构资格要求。这里的"管法人"，强调的是对法人机构的监督和管理，注重对法人机构总体风险的把握、防范和化解，意味着应按照法人机构的整体风险情况来分配监管资源，对高风险机构实施高密度监管，相反对低风险机构则实行低密度监管。这样做的主要原因，在于防止发生系统性风险，通过加强信托公司内部控制，重在指导和监督信托公司不断完善其公司治理和内控机制，进而形成对每个信托公司整体风险的监测、预警和有效控制。

（二）信托公司的市场准入许可

市场准入是金融市场实施机构监管的首要关注点，金融机构的设立和执业资格的获得，必须要有严格的法律规范，以此保证金融市场竞争的起点公平及其稳健运行。信托公司是我国专营信托业务的信托机构，对信托公司的经营资格进行必要限制，目的在于加强机构监管，促使信托公司形成有效的内部法人治理结构。信托公司作为公司，既需接受公司法理论的

---

① 参见2007年《信托公司管理办法》第8条规定。

② 参见2007年《信托公司管理办法》第12条规定。信托公司法人机构变更事项包括：变更名称，变更股权或调整股权结构，变更注册资本，变更住所，修改公司章程，分立或合并，以及银监会规定的其他变更事项。

指导和《公司法》的规范，更需突出金融市场对信托公司的特殊要求，并通过《信托业法》加以确认。

1. 申请设立的许可条件。信托公司进入金融市场，专门从事信托业务，只有完全符合法律规定的条件才能予以工商登记，发给营业执照。从世界范围看，两大法系在信托机构设立途径方面的规定并不完全相同。以美国为代表的银行和信托业混业经营的普通法国家，目前信托业多由银行特别是大银行兼营，许多名称为信托公司的机构实质也是以银行业务为主，因而其信托经营机构设立途径主要由银行向主管机关申请。以日、韩和我国台湾地区为代表的信托业与银行业分业经营的大陆法地区，设立信托营业机构主要途径是由发起人向金融主管机关申请。[1]

在我国，信托公司在分业经营、分业监管体制下一直实行牌照管理，新设机构必须取得法定许可才能设立和营业。2015年初，中国银监会进行监管架构改革，新成立了信托监督管理部，以加强信托机构监管，提升监管专业化水平，引导信托行业健康发展。与此相适应，2015年6月5日中国银监会颁布实施了新修订的《非银行金融机构行政许可事项实施办法》，把信托公司从该办法中移除了出去，并同时颁布实施专门的《信托公司行政许可事项实施办法》。通过明确权责、明晰流程，就有关信托公司行政许可事项作出了新的调整，从而适应了信托业监管和发展的新需要。信托公司的机构设立、机构变更、机构终止、调整业务范围和增加业务品种、董事和高级管理人员任职资格，以及法律、行政法规规定和国务院决定的其他行政许可事项，须经银监会及其派出机构行政许可。[2]

《信托公司行政许可事项实施办法》对信托公司法人机构规定了具体的设立条件，包括：（1）有符合《公司法》和银监会规定的公司章程；（2）有符合规定条件的出资人，包括境内非金融机构、境内金融机构、境外金融机构和银监会认可的其他出资人；（3）注册资本为一次性实缴货币资本，最低限额为3亿元人民币或等值的可自由兑换货币；处理信托事务不履行亲自管理职责，即不承担投资管理人职责的，最低限额为1亿元人民币或等值的可自由兑换货币；（4）有符合任职资格条件的董事、高级管理人员和与其业务相适应的合格的信托从业人员；（5）具有健全

---

[1] 李勇：《信托业监管法律问题研究》，中国财政经济出版社2008年版，第129页。
[2] 参见中国银监会《信托公司行政许可事项实施办法》（2015年6月5日）第4条。

的组织机构、管理制度、风险控制机制；（6）具有与业务经营相适应的营业场所、安全防范措施和其他设施；（7）建立了与业务经营和监管要求相适应的信息科技架构，具有支撑业务经营的必要、安全且合规的信息系统，具备保障业务持续运营的技术与措施；（8）银监会规章规定的其他审慎性条件。[①] 与之前规定相比，第（7）项条件为新增内容，从而顺应了互联网金融发展的新趋势。

这里重点就其中的出资人条件展开分析，能否取得信托公司的股东资格关键要看出资人是否能满足相应条件。具体说来，境内非金融机构作为信托公司出资人时的具体条件包括：（1）依法设立，具有法人资格；（2）具有良好的公司治理结构或有效的组织管理方式；（3）具有良好的社会声誉、诚信记录和纳税记录；（4）经营管理良好，最近2年内无重大违法违规经营记录；（5）财务状况良好，且最近2个会计年度连续赢利；（6）最近1个会计年度末净资产不低于资产总额的30%；（7）入股资金为自有资金，不得以委托资金、债务资金等非自有资金入股；（8）单个出资人及其关联方投资入股信托公司不得超过2家，其中绝对控股不得超过1家；（9）承诺5年内不转让所持有的信托公司股权（银监会依法责令转让的除外）、不将所持有的信托公司股权进行质押或设立信托，并在拟设公司章程中载明；（10）银监会规章规定的其他审慎性条件。[②] 对于境内金融机构，其作为信托公司出资人时应当具有良好的内部控制机制和健全的风险管理体系，符合与该类金融机构有关的法律、法规、监管规定以及上述条件，但其中的第（6）项条件除外。[③] 就境外金融机构作为信托公司出资人而言，则应当具备以下条件：（1）最近1个会计年度末总资产原则上不少于10亿美元；（2）具有国际相关金融业务经营管理经验；（3）银监会认可的国际评级机构最近2年对其作出的长期信用评级为良好及以上；（4）财务状况良好，最近2个会计年度连续盈利；（5）符合所在国家或地区法律法规及监管当局的审慎监管要求，最近2年内无重大违法违规经营记录；（6）具有良好的公司治理结构、内部控制机制和健全的风险管理体系；（7）单个出资人及其关联方投资入股的信托公司

---

① 参见中国银监会《信托公司行政许可事项实施办法》（2015年6月5日）第6条。
② 参见中国银监会《信托公司行政许可事项实施办法》（2015年6月5日）第7条。
③ 参见中国银监会《信托公司行政许可事项实施办法》（2015年6月5日）第8条。

不得超过2家，其中绝对控股不得超过1家；（8）承诺5年内不转让所持有的信托公司股权（银监会依法责令转让的除外）、不将所持有的信托公司股权进行质押或设立信托，并在拟设公司章程中载明；（9）所在国家或地区金融监管当局已经与银监会建立良好的监督管理合作机制；（10）具有有效的反洗钱措施；（11）所在国家或地区经济状况良好；（12）银监会规章规定的其他审慎性条件。[①] 需要注意的是，境外金融机构作为出资人投资入股信托公司，应当遵循长期持股、优化治理、业务合作、竞争回避的原则。银监会作为监管机构，可根据金融业风险状况和监管需要，调整境外金融机构作为出资人的条件。无论是境内非金融机构还是境内金融机构，抑或是境外金融机构，若有以下情形之一，则不得作为信托公司的出资人：（1）公司治理结构与管理机制存在明显缺陷；（2）关联企业众多、股权关系复杂且不透明、关联交易频繁且异常；（3）核心主业不突出且其经营范围涉及行业过多；（4）现金流量波动受经济景气影响较大；（5）资产负债率、财务杠杆率高于行业平均水平；（6）代他人持有信托公司股权；（7）其他对信托公司产生重大不利影响的情况。[②] 监管机构之所以对信托公司的出资人提出上述种种要求，主要原因在于避免不法公司利用监管漏洞，大肆从事违法违规投机活动，从而给投资人利益、信托行业信誉和金融市场稳定造成严重危害。[③]

总体上看，现行有关信托公司的市场准入条件可操作性强，相应的监管标准更契合实际，有关出资人条件的列举逻辑结构清晰，做到了系统性和重点性的有机统一，量化指标也使许可标准更易把握，这样有利于信托公司严格有序地进入市场，避免信托市场的恶性竞争。应该说，这些立法经验为我国《信托业法》的制定奠定了良好基础，在《信托业法》中可以吸收和保留。

2. 最低注册资本及其变更许可。目前，按照规定，信托公司注册资本最低限额为3亿元人民币或等值的可自由兑换货币，注册资本为实缴货

[①] 参见中国银监会《信托公司行政许可事项实施办法》（2015年6月5日）第9条。
[②] 参见中国银监会《信托公司行政许可事项实施办法》（2015年6月5日）第10条。
[③] 我国对于信托公司重要股东的出资人资格审查过去未曾予以重视，严格信托公司出资人条件对规范信托公司运作意义重大。2004年发生的德隆事件就是一个十分惨痛的教训，德隆集团利用所控制的金信信托、伊斯兰信托将信托资金擅自拆入股市，以承诺高额利息为条件开展理财业务以及其他不按信托合同运用信托资金的违规行为，社会影响十分恶劣。

币资本。处理信托事务不履行亲自管理职责，即不承担投资管理人职责的，最低限额为1亿元人民币或等值的可自由兑换货币。申请经营企业年金基金、证券承销、资产证券化等业务，应当符合相关法律法规规定的最低注册资本要求。对于一些特殊的信托业务来讲，最低注册资本限额则有所提高。例如，信托公司申请特定目的信托受托机构资格，注册资本应不低于5亿元人民币或等值的可自由兑换货币，且最近2年年末按要求提足全部准备金后，净资产不低于5亿元人民币或等值的可自由兑换货币。[①] 又如，信托公司申请受托境外理财业务资格，则注册资本应不低于10亿元人民币或等值的可自由兑换货币。[②] 中国银监会根据信托公司行业发展的需要，可以调整信托公司注册资本最低限额。信托公司申请变更注册资本，应当具备以下条件：（1）变更注册资本后仍然符合银监会对信托公司最低注册资本和净资本管理的有关规定；（2）增加注册资本涉及新出资人的，新出资人应当符合有关出资人的限制性条件；（3）银监会规章规定的其他审慎性条件。信托公司申请变更注册资本的，由银监分局或所在城市银监局受理、审查并决定。银监分局或银监局自受理之日起3个月内作出批准或不批准的书面决定。由银监局决定的，应将决定抄报银监会；由银监分局决定的，应将决定同时抄报银监局和银监会。变更注册资本涉及变更股权或调整股权结构的，由银监分局或所在城市银监局受理并初步审查，银监局审查并决定。银监局自受理之日或收到完整申请材料之日起3个月内作出批准或不批准的书面决定，并抄报银监会。现行规定既包含了实质性内容，也包含了程序性内容，这使监管机构对信托公司注册资本实施监管有了具体依据。针对信托公司注册资本问题，有学者提出对信托机构课以巨额资本金要求的必要性需要反思，而且所有信托机构一律按同一资本金要求合理性值得探讨。[③] 关于这一问题，笔者持赞同态度。我国《公司法》分别在2006年和2013年修改中相继对公司注册资本制度进行了改革，2006年取消了按照公司经营内容区分最低注册资本额的规定，同时实质性地扩大了股东出资的范围，使各种投资资源和社会财富得到了充分利用，最大限度地满足了股东和公司的投资需求，2013年则取

---

① 参见中国银监会《信托公司行政许可事项实施办法》（2015年6月5日）第38条。
② 参见中国银监会《信托公司行政许可事项实施办法》（2015年6月5日）第41条。
③ 参见李勇《信托业监管法律问题研究》，中国财政经济出版社2008年版，第152页。

消了公司设立的最低限额,将注册资本实缴登记制改为认缴登记制,放宽了注册资本登记条件,这些立法变化给信托公司注册资本改革传递出了新的信号,即需要认真研究信托公司注册资本的功能作用,科学区分其固有业务和信托业务,为避免实践中巨额资本金的无谓浪费和使用的低效率,着力提高其对信托财产的管理能力和经营效率,应适当降低信托公司注册资本最低限额。通常说来,信托公司自有资金越多,其自有资金的成本压力和盈利压力也就越大,信托制度的特色在于弹性设计,能够灵活适应不同的社会需求,为此对主营不同业务的信托公司有必要采取差别化的注册资本最低限额制度,以满足不同地区信托公司发展要求。

3. 董事和高级管理人员任职资格许可。一般而言,公司董事和高级管理人员的选任是通过市场机制由公司自主来完成。但信托公司作为金融机构,其经营行为直接关系到委托投资人的财产安全和保值增值,直接影响到整个社会经济稳定和金融市场秩序,基于信息不对称以及市场惩罚机制本身的事后性特征,国家有必要对信托公司董事和高级管理人员的市场进入提出系统的监管要求,建立统一适用的刚性标准。这种任职资格标准的建立,通过基于学历要求、职业经历及业绩、信托业务培训和考试以及无禁止事项等体现出来。目前,我国对信托公司的董事、高级管理人员实行任职资格审查制度。未经中国银监会任职资格审查或者审查不合格的,不得任职。

从任职资格审查制度的适用对象看,主要包括:(1)信托公司董事长、副董事长、独立董事、其他董事会成员以及董事会秘书;(2)信托公司总经理(首席执行官、总裁)、副总经理(副总裁)、风险总监(首席风险官)、财务总监(首席财务官)、总会计师、总审计师(总稽核)、运营总监(首席运营官)、信息总监(首席信息官)、总经理助理(总裁助理)等高级管理人员;(3)其他虽未担任上述职务,但实际履行上述所列董事和高级管理人员职责的人员。[①]

从任职资格标准看,具体包括:(1)具有完全民事行为能力;(2)具有良好的守法合规记录;(3)具有良好的品行、声誉;(4)具有担任拟任职务所需的相关知识、经验及能力;(5)具有良好的经济、金融等从业记录;(6)个人及家庭财务稳健;(7)具有担任拟任职务所需

---

① 参见中国银监会《信托公司行政许可事项实施办法》(2015年6月5日)第53条。

的独立性;(8)能够履行对金融机构的忠实与勤勉义务。① 具体到良好的守法合规记录、良好的品行声誉以及良好的经济金融等从业记录条件来说,下列情形视为不符合条件:(1)有故意或重大过失犯罪记录的;(2)有违反社会公德的不良行为,造成恶劣影响的;(3)对曾任职机构违法违规经营活动或重大损失负有个人责任或直接领导责任,情节严重的;(4)担任或曾任被接管、撤销、宣告破产或吊销营业执照机构董事或高级管理人员的,但能够证明本人对曾任职机构被接管、撤销、宣告破产或吊销营业执照不负有个人责任的除外;(5)因违反职业道德、操守或者工作严重失职,造成重大损失或恶劣影响的;(6)指使、参与所任职机构不配合依法监管或案件查处的;(7)被取消终身的董事和高级管理人员任职资格,或受到监管机构或其他金融管理部门处罚累计达到2次以上的;(8)不具备规定的任职资格条件,采取不正当手段以获得任职资格核准的。② 就其中个人及家庭财务稳健、拟任职务所需的独立性以及能够履行对金融机构的忠实与勤勉义务来说,下列情形列入禁止范围:(1)截至申请任职资格时,本人或其配偶仍有数额较大的逾期债务未能偿还,包括但不限于在该信托公司的逾期债务;(2)本人及其近亲属合并持有该信托公司5%以上股份,且从该信托公司获得的授信总额明显超过其持有的该信托公司股权净值;(3)本人及其所控股的信托公司股东单位合并持有该信托公司5%以上股份,且从该信托公司获得的授信总额明显超过其持有的该信托公司股权净值;(4)本人或其配偶在持有该信托公司5%以上股份的股东单位任职,且该股东单位从该信托公司获得的授信总额明显超过其持有的该信托公司股权净值,但能够证明授信与本人及其配偶没有关系的除外;(5)存在其他所任职务与其在该信托公司拟任、现任职务有明显利益冲突,或明显分散其在该信托公司履职时间和精力的情形。③

此外,对信托公司董事来说,还应当具备以下条件:(1)具有5年以上的经济、金融、法律、财会或其他有利于履行董事职责的工作经历,其中拟担任独立董事的还应是经济、金融、法律、财会等方面的专业人

---

① 参见中国银监会《信托公司行政许可事项实施办法》(2015年6月5日)第54条。
② 参见中国银监会《信托公司行政许可事项实施办法》(2015年6月5日)第55条。
③ 参见中国银监会《信托公司行政许可事项实施办法》(2015年6月5日)第56条。

士；(2) 能够运用信托公司的财务报表和统计报表判断信托公司的经营管理和风险状况；(3) 了解拟任职信托公司的公司治理结构、公司章程以及董事会职责，并熟知董事的权利和义务。① 而对于信托公司独立董事来说，则需要排除下列情形：(1) 本人及其近亲属合并持有该信托公司1%以上股份或股权；(2) 本人或其近亲属在持有该信托公司1%以上股份或股权的股东单位任职；(3) 本人或其近亲属在该信托公司、该信托公司控股或者实际控制的机构任职；(4) 本人或其近亲属在不能按期偿还该信托公司债务的机构任职；(5) 本人或其近亲属任职的机构与本人拟任职信托公司之间存在法律、会计、审计、管理咨询、担保合作等方面的业务联系或债权债务等方面的利益关系，以致妨碍其履职独立性的情形；(6) 本人或其近亲属可能被拟任职信托公司大股东、高管层控制或施加重大影响，以致妨碍其履职独立性的其他情形；(7) 本人已在其他信托公司任职的。②

从学历要求和从业经验年限看，信托公司董事长、副董事长应当具备本科以上学历，从事金融工作5年以上，或从事相关经济工作10年以上（其中从事金融工作3年以上）；信托公司董事会秘书，则应当具备本科以上学历，从事信托业务5年以上，或从事其他金融工作8年以上。③ 对信托公司高级管理人员来说，这方面的条件分别为：(1) 担任总经理（首席执行官、总裁）、副总经理（副总裁），应当具备本科以上学历，从事信托业务5年以上，或从事其他金融工作8年以上；(2) 担任运营总监（首席运营官）和总经理助理（总裁助理）以及实际履行高级管理人员职责的人员，任职资格条件比照总经理（首席执行官、总裁）、副总经理（副总裁）的任职资格条件执行；(3) 担任财务总监（首席财务官）、总会计师、总审计师（总稽核），应当具备本科以上学历，从事财务、会计或审计工作6年以上；(4) 担任风险总监（首席风险官），应当具备本科以上学历，从事金融机构风险管理工作3年以上，或从事其他金融工作6年以上；(5) 担任信息总监（首席信息官），应当具备本科以上学历，从事信息科技工作6年以上。④ 需要说明的是，拟任人如果未达到上述学

---

① 参见中国银监会《信托公司行政许可事项实施办法》（2015年6月5日）第57条。
② 参见中国银监会《信托公司行政许可事项实施办法》（2015年6月5日）第58条。
③ 参见中国银监会《信托公司行政许可事项实施办法》（2015年6月5日）第59条。
④ 参见中国银监会《信托公司行政许可事项实施办法》（2015年6月5日）第60条。

历要求,但取得国家教育行政主管部门认可院校授予的学士以上学位的,视同达到相应学历要求。拟任人未达到上述学历要求,但取得注册会计师、注册审计师或与拟(现)任职务相关的高级专业技术职务资格的,视同达到相应学历要求,但其任职条件中相应从业年限要求应当增加4年。①

从任职资格审查程序看,信托公司申请核准董事和高级管理人员任职资格,应当向银监分局或所在城市银监局提交申请,由银监分局或银监局受理并初步审核,银监局审查并决定。银监局自受理之日或收到完整申请材料之日起30日内作出核准或不予核准的书面决定,并抄报银监会。②

笔者认为,上述规定不可谓不细,现行规定针对信托公司董事和高级管理人员的任职资格所提出的要求是综合性的,全面体现了监管机构对信托公司董事和高级管理人员的资格监管内容,其中既包含了民事行为能力和道德方面的要求,也包含了学历和专业方面要求,以及职业经历要求,同时也列举了诸多禁止事项。未来的《信托业法》应继续坚持这样的规定,并在此基础上借鉴国际上银行和保险业的经验,实行任前诚信承诺制度。具体说来,在授予资格前要求拟任信托公司董事和高级管理人员的申请人就以下内容作出承诺:申请材料真实可靠、没有遗漏或隐瞒;遵守中国法律、行政法规和监管机构的各项规定,遵守公司章程和行业规范,恪守诚信,审慎勤勉,忠实尽责;维护所管理信托财产的合法权益,在发生利益冲突时,坚持信托财产受益人利益优先;认真履行信托合同和公司制度规定的职责,防范和化解经营风险,提高经营管理效率;在信托投资等业务活动中合规运作,不从事不正当关联交易、利益输送等活动,不从事损害信托财产受益人利益的活动。③

4. 申请设立的程序规则。信托公司的设立分为筹建和开业两个阶段。在筹建阶段,应当由出资比例最大的出资人作为申请人向拟设地银监局提交申请,由银监局受理并初步审查、银监会审查并决定。银监会自收到完整申请材料之日起4个月内作出批准或不批准的书面决定。信托公司的筹建期为批准决定之日起6个月。未能按期完成筹建的,应当在筹建期限届满前1个月向银监会和拟设地银监局提交筹建延期报告。筹建延期不得超

---

① 参见中国银监会《信托公司行政许可事项实施办法》(2015年6月5日)第61—62条。
② 参见中国银监会《信托公司行政许可事项实施办法》(2015年6月5日)第63条。
③ 参见李勇《信托业监管法律问题研究》,中国财政经济出版社2008年版,第155页。

过一次，延长期限不得超过3个月。申请人应当在规定期限届满前提交开业申请，逾期未提交的，筹建批准文件失效，由决定机关注销筹建许可。进入开业阶段后，应当由出资比例最大的出资人作为申请人向拟设地银监局提交申请，由银监局受理、审查并决定。银监局自受理之日起2个月内作出核准或不予核准的书面决定，并抄报银监会。申请人应当在收到开业核准文件并领取金融许可证后，办理工商登记，领取营业执照。信托公司应当自领取营业执照之日起6个月内开业。不能按期开业的，应当在开业期限届满前1个月向拟设地银监局提交开业延期报告。开业延期不得超过一次，延长期限不得超过3个月。未在规定期限内开业的，开业核准文件失效，由决定机关注销开业许可，发证机关收回金融许可证，并予以公告。[①] 根据现有规定，未经中国银监会批准，擅自设立信托公司的，由中国银监会依法予以取缔；构成犯罪的，依法追究刑事责任；尚不构成犯罪的，由中国银监会没收违法所得，违法所得五十万元以上的，并处违法所得一倍以上五倍以下罚款；没有违法所得或者违法所得不足五十万元的，处五十万元以上二百万元以下罚款。[②] 从上述程序规则不难看出，建立严谨的审批许可程序意义重大，它不仅有利于减轻申请人负担，而且有利于提高监管机构的审批效率，显著增强信托公司市场准入许可工作的透明度。当然，就《信托业法》而言，对申请人提交的文件内容、格式等要求还需细化，同时要完善相应的救济制度，使申请人在未获许可或者受到处罚时有申辩解释的机会，通过行政复议或行政诉讼，监督监管机构是否滥用自身权力，进而有效保护申请人的投资自由。

（三）信托公司的市场退出许可

市场退出是信托公司主动或被动退出金融市场，从而消灭其法人资格的行为。退出的方式有多种类型：（1）按照退出原因不同，可以分为自主解散退出、被撤销退出和破产退出；（2）按照退出主导机制不同，可以分为市场主导退出和行政主导退出；（3）按照退出主体的主观意愿不同，可以分为主动退出和被动退出。现有立法主要是根据第一种分类方法作出了规定。从具体规定看，信托公司法人机构满足以下情形之一的，可以申请解散：（1）公司章程规定的营业期限届满或者其他应当解散的情形；

[①] 参见中国银监会《信托公司行政许可事项实施办法》（2015年6月5日）第11—15条。
[②] 参见中国银监会2007年《信托公司管理办法》第58条。

(2) 股东会议决定解散;(3) 因公司合并或者分立需要解散;(4) 其他法定事由。信托公司解散,应当向所在地银监局提交申请,由银监局受理并初步审查,银监会审查并决定。银监会自收到完整申请材料之日起3个月内作出批准或不批准的书面决定。信托公司因分立、合并出现解散情形的,与分立、合并一并进行审批。信托公司有以下情形之一的,向法院申请破产前,应当向银监会申请并获得批准:(1) 不能清偿到期债务,并且资产不足以清偿全部债务或者明显缺乏清偿能力,自愿或应其债权人要求申请破产的;(2) 已解散但未清算或者未清算完毕,依法负有清算责任的人发现该机构资产不足以清偿债务,应当申请破产的。信托公司向法院申请破产前,应当向所在地银监局提交申请,由银监局受理并初步审查,银监会审查并决定。银监会自收到完整申请材料之日起3个月内作出批准或不批准的书面决定。[①] 这里不难看出,在信托公司的退出方式中,无论是自行解散还是申请破产,虽都属于市场主导退出和主动退出,但均须经过监管机构的核准许可。现有立法对被撤销退出这样的行政主导退出、被动退出同样作出了规定。按照规定,信托公司有违法经营、经营管理不善等情形,不予撤销将严重危害金融秩序、损害公众利益的,由中国银监会依法予以撤销。[②] 从监管角度看,被撤销退出体现了监管权在信托公司市场退出中的主动、合理运用,往往是因为信托公司发生重大违法违规行为或经营状况恶化等情形,若继续经营则有可能给债权人和投资者造成更大损害,甚至影响金融稳定,这样才由监管机构直接决定取消信托公司经营资格而导致的市场退出方式。在行政主导退出中,还需要注意对接管和重组的制度安排。根据规定,信托公司已经或者可能发生信用危机,严重影响受益人合法权益的,中国银监会可以依法对该信托公司实行接管或者督促机构重组。[③] 这里的接管和重组往往是基于信托公司经营陷入困境,可能发生信用危机等情况,从而把信托公司的经营管理权强行转移到监管机构手中,其目的在于恢复信托公司的经营能力。另外,责令暂停业务、责令停业整顿等虽属于经营责任范畴,和被撤销退出一样具有惩罚性质,但从结果看仍未跳出市场退出的本质,这种临时性处置在一定程度上限制了信托公司的

[①] 参见中国银监会《信托公司行政许可事项实施办法》(2015年6月5日)第31—35条。
[②] 参见中国银监会2007年《信托公司管理办法》第61条。
[③] 参见中国银监会2007年《信托公司管理办法》第55条。

经营资格，有利于维护金融市场稳定，保护信托受益人利益，因此在立法中也应作出相应规定。① 总之，无论基于何种退出方式，最终结果都会产生信托公司法人资格的消灭。市场退出许可是监管机构依法干预信托市场的重要方式，在此过程中需要注重发挥市场机制的作用，有效调动被监管者及其相关利益主体对监管权进行监督的积极性。在我国信托业发展历史上，20世纪90年代中银信托的"撤销+重组型退出"和广东国际信托的"破产型退出"都是信托公司市场退出方面的典型案例。在未来的《信托业法》中，信托公司的市场退出许可制度应在现有立法基础上进一步完善，确立监管机构在信托公司市场退出中保护受益人利益的特殊作用，坚持信托财产独立性原则，发挥信托制度的"破产隔离"功能，注意吸收《商业银行法》关于接管的立法经验，使各种退出方式的可操作性显著增强，并对债权债务清理做出周密细致的规定，将许可权交给统一后的信托业监管机构。

二、兼营信托业务的信托机构资格及其许可

在我国金融领域，信托制度的普惠化正在成为一种不可逆转的趋势，这主要从兼营信托业务机构在数量上的不断增多表现出来。商业银行、证券公司、基金公司和保险公司等涉足信托业务后，其竞争领域主要集中在理财市场上，不同理财产品的信托属性充分体现了信托的灵活性与创造性，这些机构理财产品的竞争优势也分别体现了分业监管所形成监管政策红利以及企业激励约束机制。从我国现行金融法律体系看，法律法规并未禁止兼营信托业务的信托机构开展信托业务。② 无论商业银行，还是证券

---

① 信托公司违反审慎经营规则的，中国银监会责令限期改正；逾期未改正的，或者其行为严重危及信托公司的稳健运行、损害受益人合法权益的，中国银监会可以区别情形，依据《中华人民共和国银行业监督管理法》等法律法规的规定，采取暂停业务、限制股东权利等监管措施。未经中国银监会批准，信托公司擅自设立分支机构或开展禁止业务的，由中国银监会责令改正，有违法所得的，没收违法所得，违法所得50万元以上的，并处违法所得一倍以上五倍以下罚款；没有违法所得或者违法所得不足50万元的，处50万元以上200万元以下罚款；情节特别严重或者逾期不改正的，责令停业整顿或者吊销其金融许可证；构成犯罪的，依法追究刑事责任。参见中国银监会2007年《信托公司管理办法》第54、59条。

② 我国信托业实施金融牌照管理，按照2007年《信托公司管理办法》第7条第2款之规定，未经中国银监会批准，任何单位和个人不得经营信托业务，任何经营单位不得在其名称中使用"信托公司"字样。该款同时规定"法律法规另有规定的除外"，这为兼营信托业务的信托机构开展信托业务提供了具体依据。

公司、基金公司或保险公司，兼营信托业务必然带来风险控制等一系列问题。目前，我国对兼营信托业务的金融机构及其资格并无明确限制，按照现有法律规定，兼营信托业务的金融机构的业务资格即专营银行、证券、基金或保险业务资格。

（一）商业银行

商业银行是指依照《商业银行法》[①]和《公司法》设立的吸收公众存款、发放贷款、办理结算等业务，并依法投保存款保险[②]的企业法人。目前，商业银行的信托经营资格并无特别规定，实践中其信托业务资格实际沿用了银行业务资格。按照《商业银行法》的规定，设立商业银行，应当经国务院银行业监督管理机构审查批准。未经国务院银行业监督管理机构批准，任何单位和个人不得从事吸收公众存款等商业银行业务，任何单位不得在名称中使用"银行"字样。具体说来，设立商业银行，应当具备下列条件[③]：（1）有符合《商业银行法》和《公司法》规定的章程；（2）有符合《商业银行法》规定的注册资本最低限额；（3）有具备任职专业知识和业务工作经验的董事、高级管理人员；（4）有健全的组织机构和管理制度；（5）有符合要求的营业场所、安全防范措施和与业务有关的其他设施。设立商业银行，还应当符合其他审慎性条件。就注册资本最低限额来说，设立全国性商业银行的注册资本最低限额为10亿元人民币。设立城市商业银行的注册资本最低限额为1亿元人民币，设立农村商业银行的注册资本最低限额为5千万元人民币。注册资本应当是实缴资

[①] 该法于1995年5月10日由第八届全国人民代表大会常务委员会第十三次会议通过，目前为止修正过两次，共9章95条。一是根据2003年12月27日第十届全国人民代表大会常务委员会第六次会议《关于修改〈中华人民共和国商业银行法〉的决定》第一次修正；二是根据2015年8月29日第十二届全国人民代表大会常务委员会第十六次会议《全国人民代表大会常务委员会关于修改〈中华人民共和国商业银行法〉的决定》第二次修正。

[②] 我国《存款保险条例》于2014年10月29日国务院第六十七次常务会议通过，2015年2月17日公布，自2015年5月1日起施行。按照该条例第2条第1款规定，在中华人民共和国境内设立的商业银行、农村合作银行、农村信用合作社等吸收存款的银行业金融机构，应当依照规定投保存款保险。因此，虽然《商业银行法》规定商业银行是指依照该法和《中华人民共和国公司法》设立的吸收公众存款、发放贷款、办理结算等业务的企业法人。但笔者认为，在给商业银行下定义时，应将按规定投保存款保险列入商业银行的重要特征。

[③] 参见《中华人民共和国商业银行法》第12条。

本。① 国务院银行业监督管理机构根据审慎监管的要求可以调整注册资本最低限额，但不得少于上述规定的限额。设立商业银行，申请人应当向国务院银行业监督管理机构提交下列文件、资料：（1）申请书，申请书应当载明拟设立的商业银行的名称、所在地、注册资本、业务范围等；（2）可行性研究报告；（3）章程草案；（4）拟任职的董事、高级管理人员的资格证明；（5）法定验资机构出具的验资证明；（6）股东名册及其出资额、股份；（7）持有注册资本百分之五以上的股东的资信证明和有关资料；（8）经营方针和计划；（9）营业场所、安全防范措施和与业务有关的其他设施的资料；（10）国务院银行业监督管理机构规定的其他文件、资料。② 商业银行的董事、高级管理人员实行任职资格审查制度。在确认或变更董事和高级管理人员时，应当报经国务院银行业监督管理机构审查其任职资格。有下列情形之一的，不得担任商业银行的董事、高级管理人员：（1）因犯有贪污、贿赂、侵占财产、挪用财产罪或者破坏社会经济秩序罪，被判处刑罚，或者因犯罪被剥夺政治权利的；（2）担任因经营不善破产清算的公司、企业的董事或者厂长、经理，并对该公司、企业的破产负有个人责任的；（3）担任因违法被吊销营业执照的公司、企业的法定代表人，并负有个人责任的；（4）个人所负数额较大的债务到期未清偿的。③ 任何单位和个人购买商业银行股份总额百分之五以上的，应当事先经国务院银行业监督管理机构批准。经批准设立的商业银行，由国务院银行业监督管理机构颁发经营许可证，并凭该许可证向工商行政管理部门办理登记，领取营业执照。商业银行的组织形式、组织机构适用《公司法》的规定。④ 商业银行的分立、合并，应当经国务院银行业监督管理机构审查批准。商业银行有法定事项变更，也应当经国务院银行业监督管理机构批准。这些法定事项包括：（1）变更名称；（2）变更注册资本；（3）变更总行或者分支行所在地；（4）调整业务范围；（5）变更持有资本总额或者股份总额百分之五以上的股东；（6）修改章程；（7）国务院银行业监督管理机构规定的其他变更事项。⑤ 商业银行已经或者可能

---

① 参见《中华人民共和国商业银行法》第13条。
② 参见《中华人民共和国商业银行法》第14、15条。
③ 参见《中华人民共和国商业银行法》第27条。
④ 参见《中华人民共和国商业银行法》第16、17条。
⑤ 参见《中华人民共和国商业银行法》第24条。

发生信用危机,严重影响存款人的利益时,国务院银行业监督管理机构可以对该银行实行接管。商业银行因解散、被撤销和被宣告破产而终止。

目前,对商业银行而言,比较有利的混业经营模式是金融控股公司以及银行母公司模式①,因此兼营信托业务通常也受制于这两种形式。作为母公司的银行,其资格条件同上所述。对于金融控股公司来说,由于现有法律法规缺乏专门性规定,故导致其资格条件的确定陷入一定困难,实践中在判断时主要依赖于《公司法》对于控股所作出的规定。

(二) 证券公司

证券公司是指依照《公司法》和《证券法》规定设立的经营证券业务的有限责任公司或者股份有限公司。在我国,证券公司的市场准入同样实行许可制度。按照《证券法》规定,设立证券公司,必须经国务院证券监督管理机构审查批准。未经国务院证券监督管理机构批准,任何单位和个人不得经营证券业务。② 从设立条件看,设立证券公司的法定条件包括:(1) 有符合法律、行政法规规定的公司章程;(2) 主要股东具有持续盈利能力,信誉良好,最近三年无重大违法违规记录,净资产不低于人民币2亿元;(3) 有符合证券法规定的注册资本;(4) 董事、监事、高级管理人员具备任职资格,从业人员具有证券从业资格;(5) 有完善的风险管理与内部控制制度;(6) 有合格的经营场所和业务设施;(7) 法律、行政法规规定的和经国务院批准的国务院证券监督管理机构规定的其

---

① 胡再勇:《我国商业银行跨业兼营模式选择及实施路径》,载《银行家》2006年第10期。

② 参见《中华人民共和国证券法》第122条。现行《证券法》于1998年12月29日由第九届全国人民代表大会常务委员会第六次会议通过,至今共修订了三次,共12章240条。一是根据2004年8月28日第十届全国人民代表大会常务委员会第十一次会议《关于修改〈中华人民共和国证券法〉的决定》第一次修正;二是2005年10月27日第十届全国人民代表大会常务委员会第十八次会议第二次修订通过,2005年10月27日中华人民共和国主席令第43号公布,自2006年1月1日起施行;三是根据2013年6月29日第十二届全国人民代表大会常务委员会第3次会议通过,2013年6月29日中华人民共和国主席令第5号公布,自公布之日起施行的《全国人民代表大会常务委员会关于修改〈中华人民共和国文物保护法〉等十二部法律的决定》第三次修正。编者注:修改内容见根据2014年8月31日第十二届全国人民代表大会常务委员会第10次会议通过,2014年8月31日中华人民共和国主席令第14号公布,自公布之日起施行的《全国人民代表大会常务委员会关于修改〈中华人民共和国保险法〉等五部法律的决定》修改的《中华人民共和国证券法(2014年修正本)》。

他条件。① 从业务类型看，经国务院证券监督管理机构批准，证券公司可以经营下列部分或者全部业务：（1）证券经纪；（2）证券投资咨询；（3）与证券交易、证券投资活动有关的财务顾问；（4）证券承销与保荐；（5）证券自营；（6）证券资产管理；（7）其他证券业务。② 证券公司必须在其名称中标明证券有限责任公司或者证券股份有限公司字样。从注册资本金看，证券公司经营上述第（1）项至第（3）项业务的，注册资本最低限额为人民币5千万元；经营第（4）项至第（7七）项业务之一的，注册资本最低限额为人民币1亿元；经营第（4）项至第（7）项业务中两项以上的，注册资本最低限额为人民币5亿元。证券公司的注册资本应当是实缴资本。国务院证券监督管理机构根据审慎监管原则和各项业务的风险程度，可以调整注册资本最低限额，但不得少于上述规定的限额。③ 从审批程序看，国务院证券监督管理机构应当自受理证券公司设立申请之日起6个月内，依照法定条件和法定程序并根据审慎监管原则进行审查，作出批准或者不予批准的决定，并通知申请人；不予批准的，应当说明理由。证券公司设立申请获得批准的，申请人应当在规定的期限内向公司登记机关申请设立登记，领取营业执照。证券公司应当自领取营业执照之日起15日内，向国务院证券监督管理机构申请经营证券业务许可证。未取得经营证券业务许可证，证券公司不得经营证券业务。④ 从许可事项看，证券公司设立、收购或者撤销分支机构，变更业务范围或者注册资本，变更持有百分之五以上股权的股东、实际控制人，变更公司章程中的重要条款，合并、分立、变更公司形式、停业、解散、破产，必须经国务院证券监督管理机构批准。证券公司在境外设立、收购或者参股证券经营机构，必须经国务院证券监督管理机构批准。从董事、监事和高级管理人员的任职资格看，证券公司的董事、监事、高级管理人员，应当正直诚实，品行良好，熟悉证券法律、行政法规，具有履行职责所需的经营管理能力，并在任职前取得国务院证券监督管理机构核准的任职资格。但是，有《公司法》第147条规定的情形或者下列情形之一的，不得担任证券公司的董事、监事、高级管理人员：（1）因违法行为或者违纪行为被解

---

① 参见《中华人民共和国证券法》第124条。
② 参见《中华人民共和国证券法》第125条。
③ 参见《中华人民共和国证券法》第127条。
④ 参见《中华人民共和国证券法》第128条。

除职务的证券交易所、证券登记结算机构的负责人或者证券公司的董事、监事、高级管理人员,自被解除职务之日起未逾 5 年;(2)因违法行为或者违纪行为被撤销资格的律师、注册会计师或者投资咨询机构、财务顾问机构、资信评级机构、资产评估机构、验证机构的专业人员,自被撤销资格之日起未逾 5 年。① 就证券公司从业人员而言,因违法行为或者违纪行为被开除的证券交易所、证券登记结算机构、证券服务机构、证券公司的从业人员和被开除的国家机关工作人员,不得招聘为证券公司的从业人员。国家机关工作人员和法律、行政法规规定的禁止在公司中兼职的其他人员,不得在证券公司中兼任职务。

(三) 基金公司

基金公司是证券投资基金管理公司的简称,通常也被称为基金管理公司,是依照《证券投资基金法》②和《公司法》设立的依法担任基金管理人③的有限公司和股份公司。我国的基金业包括公募基金和私募基金两类。目前,我国对基金管理公司也实行严格的市场准入和退出许可制度。设立管理公开募集基金的基金管理公司,应当具备下列条件,并经国务院证券监督管理机构批准:(1)有符合《证券投资基金法》和《公司法》规定的章程;(2)注册资本不低于 1 亿元人民币,且必须为实缴货币资本;(3)主要股东应当具有经营金融业务或者管理金融机构的良好业绩、良好的财务状况和社会信誉,资产规模达到国务院规定的标准,最近 3 年没有违法记录;(4)取得基金从业资格的人员达到法定人数;(5)董事、监事、高级管理人员具备相应的任职条件;(6)有符合要求的营业场所、安全防范设施和与基金管理业务有关的其他设施;(7)有良好的内部治理结构、完善的内部稽核监控制度、风险控制制度;(8)法律、行政法规规定的和经国务院批准的国务院证券监督管理机构规定的其他条件。④

---

① 参见《中华人民共和国证券法》第 131 条。
② 现行《证券投资基金法》于 2003 年 10 月 28 日由第十届全国人民代表大会常务委员会第五次会议通过,目前已经修订过两次,共 15 章 154 条。一次是根据 2012 年 12 月 28 日第十一届全国人民代表大会常务委员会第三十次会议修订,另一次是根据 2015 年 4 月 24 日第十二届全国人民代表大会常务委员会第十四次会议《全国人民代表大会常务委员会关于修改〈中华人民共和国港口法〉等七部法律的决定》修正。
③ 在我国,基金管理人包括依法设立的基金公司和合伙企业两类。其中,公开募集基金的基金管理人,由基金管理公司或者经国务院证券监督管理机构按照规定核准的其他机构担任。
④ 参见《中华人民共和国证券投资基金法》第 13 条。

就董事、监事和高级管理人员的任职条件看，分为消极条件和积极条件两个方面。在消极条件方面，有下列情形之一的，不得担任公开募集基金的基金管理人的董事、监事、高级管理人员和其他从业人员：（1）因犯有贪污、贿赂、渎职、侵犯财产罪或者破坏社会主义市场经济秩序罪，被判处刑罚的；（2）对所任职的公司、企业因经营不善破产清算或者因违法被吊销营业执照负有个人责任的董事、监事、厂长、高级管理人员，自该公司、企业破产清算终结或者被吊销营业执照之日起未逾5年的；（3）个人所负债务数额较大，到期未清偿的；（4）因违法行为被开除的基金管理人、基金托管人、证券交易所、证券公司、证券登记结算机构、期货交易所、期货公司及其他机构的从业人员和国家机关工作人员；（5）因违法行为被吊销执业证书或者被取消资格的律师、注册会计师和资产评估机构、验证机构的从业人员、投资咨询从业人员；（6）法律、行政法规规定不得从事基金业务的其他人员。① 在积极条件方面，公开募集基金的基金管理人的董事、监事和高级管理人员，应当熟悉证券投资方面的法律、行政法规，具有3年以上与其所任职务相关的工作经历，其中高级管理人员还应当具备基金从业资格。② 公开募集基金的基金管理人的董事、监事、高级管理人员和其他从业人员，其本人、配偶、利害关系人进行证券投资，应当事先向基金管理人申报，并不得与基金份额持有人发生利益冲突。为此，公开募集基金的基金管理人应当建立上述规定人员进行证券投资的申报、登记、审查、处置等管理制度，并报国务院证券监督管理机构备案。公开募集基金的基金管理人的董事、监事、高级管理人员和其他从业人员，不得担任基金托管人或者其他基金管理人的任何职务，不得从事损害基金财产和基金份额持有人利益的证券交易及其他活动。公开募集基金的基金管理人的董事、监事、高级管理人员未能勤勉尽责，致使基金管理人存在重大违法违规行为或者重大风险的，国务院证券监督管理机构可以责令更换。从许可程序看，国务院证券监督管理机构应当自受理基金管理公司设立申请之日起6个月内依照《证券投资基金法》第13条规定的条件和审慎监管原则进行审查，做出批准或者不予批准的决定，并通知申请人；不予批准的，应当说明理由。基金管理公司变更持有百分之五以上

---

① 参见《中华人民共和国证券投资基金法》第15条。
② 参见《中华人民共和国证券投资基金法》第16条。

股权的股东，变更公司的实际控制人，或者变更其他重大事项，应当报经国务院证券监督管理机构批准。国务院证券监督管理机构应当自受理申请之日起 60 日内做出批准或者不予批准的决定，并通知申请人；不予批准的，应当说明理由。① 公开募集基金的基金管理人违法经营或者出现重大风险，严重危害证券市场秩序、损害基金份额持有人利益的，国务院证券监督管理机构可以对该基金管理人采取责令停业整顿、指定其他机构托管、接管、取消基金管理资格或者撤销等监管措施。②

目前从法律规定看，基金公司作为专营信托业务的金融机构之一，其与信托公司的区别主要表现在组织形式、业务范围、产品投资门槛、产品流动性、监管机构、法律适用等方面。

(四) 保险公司

保险公司是依照我国《保险法》和《公司法》设立的经营商业保险业务的金融机构。作为金融业的重要组成部分，保险公司在我国同样实行严格的市场准入和退出制度。设立保险公司应当经国务院保险监督管理机构批准。国务院保险监督管理机构审查保险公司的设立申请时，应当考虑保险业的发展和公平竞争的需要。③ 设立保险公司应当具备的条件包括：(1) 主要股东具有持续盈利能力，信誉良好，最近 3 年内无重大违法违规记录，净资产不低于人民币 2 亿元；(2) 有符合《保险法》和《公司法》规定的章程；(3) 有符合《保险法》规定的注册资本；(4) 有具备任职专业知识和业务工作经验的董事、监事和高级管理人员；(5) 有健全的组织机构和管理制度；(6) 有符合要求的营业场所和与经营业务有关的其他设施；(7) 法律、行政法规和国务院保险监督管理机构规定的

---

① 参见《中华人民共和国证券投资基金法》第 14 条。
② 参见《中华人民共和国证券投资基金法》第 26 条。
③ 参见《中华人民共和国保险法》第 67 条。现行《保险法》于 1995 年 6 月 30 日由第八届全国人民代表大会常务委员会第十四次会议通过，共 8 章 185 条，目前已经修订过四次。一是根据 2002 年 10 月 28 日第九届全国人民代表大会常务委员会第三十次会议《全国人民代表大会常务委员会关于修改〈中华人民共和国保险法〉的决定》第一次修正；二是根据 2009 年 2 月 28 日第十一届全国人民代表大会常务委员会第七次会议第二次修正；三是根据 2014 年 8 月 31 日第十二届全国人民代表大会常务委员会第 10 次会议《全国人民代表大会常务委员会关于修改〈中华人民共和国保险法〉等五部法律的决定》第三次修正；四是根据 2015 年 4 月 24 日第十二届全国人民代表大会常务委员会第十四次会议《全国人民代表大会常务委员会关于修改〈中华人民共和国计量法〉等五部法律的决定》第四次修正。

其他条件。设立保险公司，其注册资本的最低限额为人民币2亿元。国务院保险监督管理机构根据保险公司的业务范围、经营规模，可以调整其注册资本的最低限额，但不得低于上述规定的限额。保险公司的注册资本必须为实缴货币资本。① 从许可程序看，申请设立保险公司，应当向国务院保险监督管理机构提出书面申请，并提交下列材料：（1）设立申请书，申请书应当载明拟设立的保险公司的名称、注册资本、业务范围等；（2）可行性研究报告；（3）筹建方案；（4）投资人的营业执照或者其他背景资料，经会计师事务所审计的上一年度财务会计报告；（5）投资人认可的筹备组负责人和拟任董事长、经理名单及本人认可证明；（6）国务院保险监督管理机构规定的其他材料。国务院保险监督管理机构应当对设立保险公司的申请进行审查，自受理之日起6个月内做出批准或者不批准筹建的决定，并书面通知申请人。决定不批准的，应当书面说明理由。申请人应当自收到批准筹建通知之日起1年内完成筹建工作；筹建期间不得从事保险经营活动。筹建工作完成后，申请人具备《保险法》第68条规定的设立条件的，可以向国务院保险监督管理机构提出开业申请。国务院保险监督管理机构应当自受理开业申请之日起60日内，做出批准或者不批准开业的决定。决定批准的，颁发经营保险业务许可证；决定不批准的，应当书面通知申请人并说明理由。② 保险公司在中华人民共和国境内设立分支机构，应当经保险监督管理机构批准。保险公司分支机构不具有法人资格，其民事责任由保险公司承担。保险监督管理机构应当对保险公司设立分支机构的申请进行审查，自受理之日起60日内做出批准或者不批准的决定。决定批准的，颁发分支机构经营保险业务许可证；决定不批准，应当书面通知申请人并说明理由。经批准设立的保险公司及其分支机构，凭经营保险业务许可证向工商行政管理机关办理登记，领取营业执照。保险公司及其分支机构自取得经营保险业务许可证之日起6个月内，无正当理由未向工商行政管理机关办理登记的，其经营保险业务许可证失效。③ 保险公司在中华人民共和国境外设立子公司、分支机构，外国保险机构在中华人民共和国境内设立代表机构，应当经国务院保险监督管理机

---

① 参见《中华人民共和国保险法》第68、69条。
② 参见《中华人民共和国保险法》第70—73条。
③ 参见《中华人民共和国保险法》第74、76—78条。

构批准。但外国保险机构在中国的代表机构不得从事保险经营活动。[1] 保险公司有下列情形之一的，应当经保险监督管理机构批准：（1）变更名称；（2）变更注册资本；（3）变更公司或者分支机构的营业场所；（4）撤销分支机构；（5）公司分立或者合并；（6）修改公司章程；（7）变更出资额占有限责任公司资本总额百分之五以上的股东，或者变更持有股份有限公司股份百分之五以上的股东；（8）国务院保险监督管理机构规定的其他情形。[2] 保险公司因分立、合并需要解散，或者股东会、股东大会决议解散，或者公司章程规定的解散事由出现，经国务院保险监督管理机构批准后解散。经营有人寿保险业务的保险公司，除因分立、合并或者被依法撤销外，不得解散。保险公司解散，应当依法成立清算组进行清算。[3] 保险公司有《企业破产法》第2条规定情形的，经国务院保险监督管理机构同意，保险公司或者其债权人可以依法向人民法院申请重整、和解或者破产清算；国务院保险监督管理机构也可以依法向人民法院申请对该保险公司进行重整或者破产清算。[4] 经营有人寿保险业务的保险公司被依法撤销或者被依法宣告破产的，其持有的人寿保险合同及责任准备金，必须转让给其他经营有人寿保险业务的保险公司；不能同其他保险公司达成转让协议的，由国务院保险监督管理机构指定经营有人寿保险业务的保险公司接受转让。保险公司依法终止其业务活动，应当注销其经营保险业务许可证。[5] 从任职资格条件看，保险公司的董事、监事和高级管理人员，应当品行良好，熟悉与保险相关的法律、行政法规，具有履行职责所需的经营管理能力，并在任职前取得保险监督管理机构核准的任职资格。保险公司高级管理人员的范围由国务院保险监督管理机构规定。有《公司法》第146条规定的情形或者下列情形之一的，不得担任保险公司的董事、监事、高级管理人员：（1）因违法行为或者违纪行为被金融监督管理机构取消任职资格的金融机构的董事、监事、高级管理人员，自被取消任职资格之日起未逾5年的；（2）因违法行为或者违纪行为被吊销执业资格的律师、注册会计师或者资产评估机构、验证机构等机构的

---

[1] 参见《中华人民共和国保险法》第79、80条。
[2] 参见《中华人民共和国保险法》第84条。
[3] 参见《中华人民共和国保险法》第89条。
[4] 参见《中华人民共和国保险法》第90条。
[5] 参见《中华人民共和国保险法》第92、93条。

专业人员，自被吊销执业资格之日起未逾5年的。保险公司的董事、监事、高级管理人员执行公司职务时违反法律、行政法规或者公司章程的规定，给公司造成损失的，应当承担赔偿责任。①

（五）兼营信托业务经营资格的结论

通过以上法律规定不难看出，我国目前针对商业银行、证券公司、基金公司和保险公司同样建立起了严格的市场准入和退出制度，兼营信托业务的金融机构在机构监管方面有着和信托公司一样明确的具体标准和要求。这些标准和要求既涉及了机构设立条件和注册资本，也涉及到了董事、监事和高级管理人员的任职资格限制，对申请设立的程序规则也多提出了许可方面的特别要求。相比之下，有些机构的个别准入标准甚至高于信托公司。但从兼营信托业务的经营资格看，其核心仍是解决信托机构主体资格的合法性问题，而是否获得信托业务许可则是判断兼营信托机构主体资格合法性的核心标准。不同金融机构因经营范围不同，在设立条件、注册资本、董事和高级管理人员任职资格以及许可事项和程序等方面并非采用完全"同一"的标准要求，这样做的目的更多在于增强不同金融机构各自核心业务的监管针对性和有效性，预防与合理控制金融体系风险。虽然这些金融机构的监管机构和监管标准不同，但在实践中并未妨碍各自利用信托工具开展理财业务，这为当前信托业监管改革提出了一个重要命题，即信托经营资格是否必须在不同金融机构之间实现"同一化"？兼营信托业务是否需要取得信托业务许可牌照？信托业监管究竟是选择机构监管还是选择功能监管？在立法模式上究竟是维持既有分散立法现状还是制定专门的《信托业法》？

笔者认为，信托经营资格的"同一化"既无必要，也不现实。尽管机构监管不可或缺，但在专营和兼营信托业务的金融机构之间，监管改革的重心不在于信托市场准入条件的同一化方面，相反应体现现实关怀和不同金融机构业务结构的差异性，将监管改革举措更多聚焦于监管机构的统一和监管方法的再造上，用功能监管的方法打通分业监管、分业经营金融体制下的监管壁垒，这比用绝对的机构监管方法同化信托兼营机构应该更为科学，更为有效。在严格的金融许可制度下，金融机构的信托经营资格采用完全"同一"的标准并无实际意义，许可制已为商事信托的营业公

---

① 参见《中华人民共和国保险法》第81、82条。

开提供了足够保证,现有机构监管标准虽不"同一"但却大同小异,金融投资者和金融消费者在选择信托产品时只要认真查看所选机构是否获得了信托业务许可,即可明确判断信托机构主体资格的合法性问题。当然,对于兼营信托业务的金融机构而言,兼营信托业务也必须取得信托牌照,这是纠正当前金融理财市场乱局和制定《信托业法》时必须予以强调的地方。换言之,在《信托业法》中需要对专营和兼营信托业务的许可权、许可事项和许可程序作出明确规定,避免兼营信托业务脱离监管。至于具体信托产品的风险如何,监管机构如何合理控制信托产品的各类风险,就不再是信托经营资格方面的问题,而是功能监管需要重点考量的因素和内容,兼营信托业务的金融机构需要接受功能监管的跟进,在这一层面上,机构监管和功能监管所形成的双重监管在所难免,对信托业务采用统一标准实施监管是信托业监管改革必须坚持的底线。

第三节 信托业的业务范围与经营规则

一、信托公司经营范围及其业务划分

金融机构的营业范围是金融机构权利能力的法律体现,作为一种资格或权能,其必须经金融监管机关核准后方能取得。金融机构也必须在核准的经营范围内从事经营,其行为才受法律保护。[1] 如何确定信托公司的经营范围,如何深化对信托公司的业务分类监管,这是《信托业法》制定中无法回避的重要问题。

(一) 现有规定

在我国,信托公司的经营范围由其章程确定,但必须报经中国银监会的批准,接受中国银监会的监管。信托公司的业务范围并不局限于信托业务,还包括其固有业务。其中,前者系其以营业和收取报酬为目的,以受托人身份承诺信托和处理信托事务的经营行为;后者则是其运用自身资本

---

[1] 李勇:《信托业监管法律问题研究》,中国财政经济出版社2008年版,第135页。

金所发生的业务。① 根据《信托公司管理办法》的规定，信托公司可以申请经营下列部分或者全部本外币业务：（1）资金信托；（2）动产信托；（3）不动产信托；（4）有价证券信托；（5）其他财产或财产权信托；（6）作为投资基金或者基金管理公司的发起人从事投资基金业务；（7）经营企业资产的重组、购并及项目融资、公司理财、财务顾问等业务；（8）受托经营国务院有关部门批准的证券承销业务；（9）办理居间、咨询、资信调查等业务；（10）代保管及保管箱业务；（11）法律法规规定或中国银监会批准的其他业务。② 信托公司经营外汇信托业务，应当遵守国家外汇管理的有关规定，并接受外汇主管部门的检查、监督。此外，信托公司可以根据《信托法》等法律法规的有关规定通过开展公益信托活动，积极推动各项社会公益事业的发展。从上述规定可以看出，我国《信托公司管理办法》把信托公司界定为主要经营信托业务的金融机构[3]，目的在于突出信托专业化经营特色，但并未排除信托公司对多样化经营的有限选择。对信托公司而言，其对多样化经营的选择限于其固有业务以及法律法规规定或中国银监会批准的其他业务。有学者评价说，《信托公司管理办法》对信托公司经营范围的界定具有合理性，既规范了信托公司的信托行为，又扩展了信托公司兼营非信托业务的范围。④

从信托实践看，信托公司主要基于信托财产的性质划分其信托业务类型，如资金信托（含外汇信托）、动产信托、不动产信托（如房地产信托）、有价证券信托、知识产权信托、表决权信托等。需要强调的是，信托实践中需要避免把信托业的业务等同于信托业务。⑤ 这主要是因为现行《信托公司管理办法》未将信托公司经营的信托业务与兼营的非信托业务区分开来，以不同条款分别加以规定。⑥ 虽然该办法把信托业务和非信托

---

① 参见中国信托业协会编著《信托公司经营实务》，中国金融出版社2012年版，第12、16页。

② 参见《信托公司管理办法》第16条。

③ 《信托公司管理办法》第2条明确规定："本办法所称信托公司，是指依照《中华人民共和国公司法》和本办法设立的主要经营信托业务的金融机构。本办法所称信托业务，是指信托公司以营业和收取报酬为目的，以受托人身份承诺信托和处理信托事务的经营行为。"

④ 文杰：《信托公司法研究》，华中科技大学出版社2010年版，第48页。

⑤ 参见吴世亮、黄冬萍《中国信托业与信托市场》，首都经济贸易大学出版社2013年版，第243页。

⑥ 参见文杰《信托公司法研究》，华中科技大学出版社2010年版，第48页。

业务在同一条文里进行了列举式规定，明确了信托公司的具体经营范围，但这样规定容易产生不必要的误会，即把信托业的业务简单等同于信托业务。如何规范表达信托公司经营范围及其业务类型属于立法技术问题，尤其是其中的立法表达技术。在日本以及我国台湾地区的立法和有关规定中，信托公司经营的信托业务与兼营的非信托业务往往使用两个不同条文分别加以规定，这样既有利于分清信托公司的本业和从业，更好地突出信托本业，也有利于避免产生误解，值得我国制定《信托业法》时进行借鉴。从信托机构与其他金融机构业务分工关系看，各国关于信托机构业务范围的规定有多样化经营和专业化经营两类。前者以美国最为典型，允许信托机构在信托业务之外经营银行、证券甚至保险业务；后者则以日本以及我国台湾地区等最为典型，明确规定信托机构只准承受法定的财产信托和与信托相关的兼营信托业务。当然，日本和我国台湾地区的信托机构经营范围实质上非常丰富，除了以担任受托人管理信托财产而衍生出法定的资金信托、财产与权利信托等品种外，还包括担任投资基金管理人、证券发行承销与其他投资银行业务、保管、担保和广泛的代理业务，等等。[①]

从固有业务看，信托公司可以开展存放同业、拆放同业、贷款、租赁、投资等业务。投资业务限定为金融类公司股权投资、金融产品投资和自用固定资产投资。[②] 这样规定，体现了信托公司在开展专业化经营过程中对多样化经营的自主选择权。业务进入监管是强化信托业监管的一种表现，我国和日本一样，在把个人排除在营业信托主体之外的同时，通过实施许可严格监管信托公司的业务准入。究其原因，这与我国对信托机构的定位以及人们的信托观念不无关系，总体上看，信托公司被看作是补充金融市场结构空白的专业主体，其地位排在银行、证券公司和保险公司之后，因而在业务进入监管方面国家倾向于作出严格限定和明确说明。

无论是信托业务还是固有业务，信托公司在开展业务活动中必须依法接受必要限制。就其信托业务而言，信托公司不得有下列行为：（1）利用受托人地位谋取不当利益；（2）将信托财产挪用于非信托目的的用途；（3）承诺信托财产不受损失或者保证最低收益；（4）以信托财产提供担

---

① 参见李勇《信托业监管法律问题研究》，中国财政经济出版社2008年版，第136—137页。

② 参见2007年《信托公司管理办法》第20条。

保；（5）法律法规和中国银监会禁止的其他行为。信托公司开展固有业务，则禁止存在下列行为：（1）以固有财产进行实业投资，但中国银监会另有规定的除外；（2）开展除同业拆入业务以外的其他负债业务，且同业拆入余额超过其净资产的20%，但中国银监会另有规定的除外；（3）对外担保余额超过其净资产的50%；（4）向关联方[①]融出资金或转移财产；（5）为关联方提供担保；（6）以股东持有的本公司股权作为质押进行融资。需要注意的是，在我国，信托公司的异地经营受到了一定限制。关于对信托公司异地业务的限制，目前是通过限制信托公司设立分支机构和限制其异地开展集合信托业务而达到限制目的。从规范效果看，这在一定程度上限制了市场竞争，避免了过度竞争。当然，信托公司无论是异地设立分支机构还是推介信托计划，都并没有被绝对禁止，只要经过特别审批许可即可开展异地经营活动。具体到一家信托机构而言，其能否开展异地经营，完全由中国银监会根据金融市场发展状况自由裁量决定。

从未来监管改革的走向看，笔者认为，信托业应继续鼓励和保护业务创新，鉴于这些年实施的分类监管业已初见成效，在由机构监管转向功能监管的过程中，我国需要适当缩小信托业务的监管范围，用好有限的监管资源，把监管重点放在集合资金信托等信托业务上，推动信托机构在信托业务及其固有业务上积极创新。同时，要逐步打破地域保护，有效提升监管信息整合与协调能力，进一步改革经营地域限制，适当放开异地经营活动，使那些业绩良好、资本充足、内控严格的信托机构可以展业异地，不断提高信托业的整体竞争力。

（二）改革趋势

为贯彻落实《信托法》的要求，保护信托当事人合法权益，加强对信托公司的监督管理，推动信托公司创新实践，促进信托业的持续健康发展，中国银监会在总结过去十几年我国信托业发展及信托公司监管实践经验的基础上，代国务院起草了《信托公司条例（征求意见稿）》，于2015年4月上旬向各大信托公司征求意见。该征求意见稿把分类经营与差异化监管制度作为解决近年来信托公司风险事件频发的一种风险缓释机制，并基于财务状况、内部控制和风险管理水平等标准，把信托公司分为成长类、发展类和创新类三种类型，按分类经营原则开展业务。从经营范围

---

① 这里所谓的信托公司关联方，按照《公司法》和企业会计准则的有关标准界定。下同。

看，成长类信托公司可以从事以下业务：（1）受托办理单一资金信托、动产信托、不动产信托、有价证券信托及其他财产或财产权信托等信托业务；（2）依照信托文件的约定，采取投资、出售、存放同业、买入返售、租赁、贷款等方式运用信托财产；（3）办理财务顾问、居间、咨询、资信调查等业务，代保管及保管箱业务；（4）固有业务可以开展存放同业、拆放同业、贷款、租赁、投资等业务；（5）法律、行政法规规定或国务院银行业监督管理机构批准的其他业务。① 发展类信托公司除可以从事成长类信托公司各项业务外，还可以从事以下业务：（1）受托办理集合资金信托业务；（2）资产证券化业务；（3）设立专业子公司；（4）开展担保业务；（5）从事同业拆入；（6）担任公益信托受托人，开展公益信托活动；（7）作为投资基金或者基金公司发起人从事投资基金业务，企业资产的重组、并购等业务，经国务院有关部门批准的证券承销业务。② 创新类信托公司除可以从事发展类信托公司各项业务外，还可以开展以下业务：（1）信托财产投资于股指期货等金融衍生品；（2）开展受托境外理财业务；（3）开展房地产信托投资基金业务；（4）发行金融债券、次级债券；（5）经国务院银行业监督管理机构认可或批准的其他创新业务。③ 该征求意见稿传递出了监管部门的最新改革思路，其把信托公司的业务范围直接和其考评结果挂钩，试图通过建立相应的考核和评估体系，并根据相关考核和评估结果调整信托公司的经营范围，加强对重点信托公司的监督管理。问题在于，该条例适用范围只限于信托公司，而且成长类、发展类和创新类的划分依据并不明确，如何同现有的信托公司评级结果进行挂钩，是否需要综合考虑近3年的评级结果，这些都有赖于进一步明确。最重要的是，兼营信托业务的金融机构并不适用该条例，因此专门针对信托公司制定管理条例，无法从根本上解决大信托时代的信托业监管问题。从长远看，信托业监管改革需要依靠《信托业法》从根本上全面系统地解决信托业务划分及其创新问题。就专营信托业务的信托公司而言，《信托业法》需要对其经营范围及其创新空间作出明确规定。

---

① 参见《信托公司条例（征求意见稿）》第17条。
② 参见《信托公司条例（征求意见稿）》第18条。
③ 参见《信托公司条例（征求意见稿）》第19条。

二、信托公司新型业务准入监管

前文已经重点介绍分析了我国当前信托公司所开展的基础设施信托、房地产信托、证券投资信托等主流业务。众所周知，信托公司可以根据市场需要，按照信托目的、信托财产的种类或者对信托财产管理方式的不同设置信托业务品种。对信托公司而言，业务创新是一个永恒主题，新型业务准入监管体现出监管机构在信托公司业务创新中的监管跟进，这在《信托业法》中需要进一步进行确认。

（一）企业年金基金管理业务

企业年金基金是根据依法制定的企业年金计划筹集的资金及其投资运营收益形成的企业补充养老保险基金。① 作为整个社会养老保障体系的第二支柱，企业年金不但关系到人们退休后的生活水平，而且关系到整个社会发展的和谐稳定。企业年金基金管理机构是指从事企业年金基金管理业务的法人受托机构、账户管理人、托管人和投资管理人等补充养老保险经办机构。② 在管理具体模式上，目前主要有全拆分模式和各类组合模式。其中，全拆分模式就是法人受托机构不可以兼任投资管理人、账户管理人和托管人，其他三者也互不兼任，各自都只承担各自职责范围内的相关责任；组合模式则指一家法人机构可以承接这四种角色中的两种或三种。③ 企业年金基金管理机构的资格规定在2015年修订的《企业年金基金管理机构资格认定暂行办法》中。按照规定，人力资源和社会保障部根据专家评审委员会评审结果及现场检查情况，会商中国银监会、中国证监会、中国保监会后，认定企业年金基金管理机构资格，并于认定之日起10个工作日内，向申请人颁发《企业年金基金管理资格证书》。证书制式由人力资源和社会保障部统一印制。④ 从具体的资格条件看，企业年金基金的

---

① 参见《企业年金基金管理办法》第2条。该办法于2011年2月12日由人力资源社会保障部、中国银监会、中国证监会、中国保监会令第11号公布，并根据2015年4月30日《人力资源社会保障部关于修改部分规章的决定》进行了修订，共10章88条。企业年金基金的受托管理、账户管理、托管、投资管理以及监督管理适用该办法。

② 《企业年金基金管理机构资格认定暂行办法》第2条。该办法于2004年12月31日由劳动和社会保障部令第24号公布，根据2015年4月30日中华人民共和国人力资源和社会保障部令第24号《人力资源社会保障部关于修改部分规章的决定》修正，共19条。

③ 王霄凌：《企业年金基金管理的中美比较》，载《商场现代化》2015年第27期。

④ 《企业年金基金管理机构资格认定暂行办法》第12条。

法人受托机构条件包括：（1）经国家金融监管部门批准，在中国境内注册；（2）具有完善的法人治理结构；（3）取得企业年金基金从业资格的专职人员达到规定人数；（4）具有符合要求的营业场所、安全防范设施和与企业年金基金受托管理业务有关的其他设施；（5）具有完善的内部稽核监控制度和风险控制制度；（6）近3年没有重大违法违规行为；（7）国家规定的其他条件。[①] 账户管理人的条件包括：（1）经国家有关部门批准，在中国境内注册的独立法人；（2）具有完善的法人治理结构；（3）取得企业年金基金从业资格的专职人员达到规定人数；（4）具有相应的企业年金基金账户管理信息系统；（5）具有符合要求的营业场所、安全防范设施和与企业年金基金账户管理业务有关的其他设施；（6）具有完善的内部稽核监控制度和风险控制制度；（7）国家规定的其他条件。[②] 托管人的条件包括：（1）经国家金融监管部门批准，在中国境内注册的独立法人；（2）净资产不少于50亿元人民币；（3）取得企业年金基金从业资格的专职人员达到规定人数；（4）具有保管企业年金基金财产的条件；（5）具有安全高效的清算、交割系统；（6）具有符合要求的营业场所、安全防范设施和与企业年金基金托管业务有关的其他设施；（7）具有完善的内部稽核监控制度和风险控制制度；（8）国家规定的其他条件。[③] 投资管理人的条件包括：（1）经国家金融监管部门批准，在中国境内注册，具有受托投资管理、基金管理或者资产管理资格的独立法人；（2）具有完善的法人治理结构；（3）取得企业年金基金从业资格的专职人员达到规定人数；（4）具有符合要求的营业场所、安全防范设施和与企业年金基金投资管理业务有关的其他设施；（5）具有完善的内部稽核监控制度和风险控制制度；（6）近3年没有重大违法违规行为；（7）国家规定的其他条件。

中国银监会专门针对信托公司申请企业年金基金管理业务资格作出了细化规定，具体说来，包括以下条件：（1）具有良好的公司治理和内部控制体系；（2）符合审慎监管指标要求；（3）监管评级良好；（4）最近2年无重大违法违规经营记录；（5）具有与开办企业年金基金管理业务相

[①] 参见《企业年金基金管理机构资格认定暂行办法》第5条。
[②] 参见《企业年金基金管理机构资格认定暂行办法》第6条。
[③] 参见《企业年金基金管理机构资格认定暂行办法》第7条。

适应的内部控制制度及风险管理制度；（6）具有与开办企业年金基金管理业务相适应的合格专业人员；（7）具有与业务经营相适应的安全且合规的信息系统，具备保障业务持续运营的技术与措施；（8）银监会规章规定的其他审慎性条件。[①] 信托公司申请企业年金基金管理业务资格，应当向银监分局或所在城市银监局提交申请，由银监分局或银监局受理并初步审查，银监局审查并决定。银监局自受理之日或收到完整申请材料之日起3个月内作出批准或不批准的书面决定，并抄报银监会。[②] 这里的问题在于，对信托公司来说，要取得企业年金基金管理业务资格，需要人力资源和社会保障部以及中国银监会的共同批准，具体的业务活动也要接受人力资源和社会保障部与中国银监会的双重监管。从企业年金基金管理机构资格认定的条件看，两家监管机构给出的标准并不完全一致，比如中国银监会就把重大违法违规记录的计算期间缩短为最近2年，这与人力资源和社会保障部所列的最近3年存在一定冲突。1991年至今，我国初步建立起由人力资源和社会保障部、中国银监会、中国证监会、中国保监会、财政税务部门以及社会中介机构组成的企业年金监管体系。在这个体系中，作为主导型监管部门的人力资源和社会保障部，要对企业年金基金的设立准入、投资运营以及资金安全进行多方位的监管，体系中的其余部门根据相关规定和基金管理管理主体的不同身份进行各自的监管。[③] 这种多头监管模式决定了监管政策上的互相掣肘和信息不对称，不利于企业年金基金的高效稳健运行。从长远看，完善信息披露和信息共享制度，加快构建企业年金基金协同监管机制，促进各监管部门之间的沟通与协调至关重要。

（二）特定目的信托

特定目的信托（Special Purpose Trust）是以资产证券化为特定目的而设立的信托。资产证券化（Asset Securitization）属于一种金融创新工具，是把缺乏流动性的资产转换为在金融市场上可以自由买卖的证券，并使其具有流动性的融资行为。其目的在于，将缺乏流动性的资产提前变现，以解决流动性风险。对发起人而言，资产证券化业务的吸引力主要在于可以突破自身主体信用的限制，以更低的成本融资，即便是非投资级的企业也

---

① 《信托公司行政许可事项实施办法》第36条。
② 《信托公司行政许可事项实施办法》第37条。
③ 参见石君《企业年金基金的监管》，载《经营与管理》2011年第6期。

可能发行 AAA 级的债券。对投资人而言，资产支持证券具有较好的安全性，其收益几乎不受发起人信用等级下降的影响。资产证券化过程中，发起人将资产"真实出售"给特殊目的载体（SPV），实现破产隔离，才使资产支持证券具有上述特性。其中的特殊目的载体，既可以是特定目的信托（SPT），也可以是特定目的公司（SPC），还可以是其他类型的特定目的实体（SPE）。不同的载体具有不同的特点和功能。以信托形式进行资产转让，可以有效实现破产隔离，即与委托人未设立信托的财产和受托人的固有财产实现完全的破产隔离。根据证券化的基础资产不同，可以分为不动产证券化、应收账款证券化、信贷资产证券化、未来收益证券化（如高速公路收费）、债券组合证券化等不同类型。在特定目的信托业务中，特定资产所有人即委托人将其资产作为信托财产转移给信托机构，资产所有人的受益权被分解并出售给投资者，信托机构根据信托资产证券化计划管理、处置信托财产，并针对信托财产向投资者分配盈利。特定目的信托的核心内容是信托法律关系，委托人通过资产证券化和信用增级获得融资。信托公司申请特定目的信托受托机构资格，应当具备以下条件：(1) 完成重新登记3年以上；(2) 注册资本不低于5亿元人民币或等值的可自由兑换货币，且最近2年年末按要求提足全部准备金后，净资产不低于5亿元人民币或等值的可自由兑换货币；(3) 自营业务资产状况和流动性良好，符合有关监管要求；(4) 具有良好的社会声誉和经营业绩；(5) 符合审慎监管指标要求；(6) 监管评级良好；(7) 最近2年无重大违法违规经营记录；(8) 具有良好的公司治理和内部控制制度，完善的信托业务操作流程和风险管理体系；(9) 具有履行特定目的信托受托机构职责所需要的专业人员；(10) 具有与业务经营相适应的安全且合规的信息系统，具备保障业务持续运营的技术与措施；(11) 已按照规定披露公司年度报告；(12) 银监会规章规定的其他审慎性条件。① 信托公司申请特定目的信托受托机构资格，应当向银监分局或所在城市银监局提交申请，由银监分局或银监局受理并初步审查，银监局审查并决定。银监局自受理之日或收到完整申请材料之日起3个月内作出批准或不批准的书面决定，并抄报银监会。获得特定目的信托受托机构资格的信托公司发行资产

---

① 《信托公司行政许可事项实施办法》第38条。

支持证券前应将产品情况向银监分局、银监局报告,并抄报银监会。① 当前我国经济体系中的资金存量巨大,但资金供需却存在明显的结构性失衡问题,由政策催生的民间借贷所带来的负面影响日益显现,部分资金和资产使用效率偏低。通过资产证券化,不但可以发挥其盘活存量、分散风险的积极影响,而且能够更好地服务于经济结构调整与产业转型升级,促进金融服务实体经济。从国际范围看,我国目前的资产证券化水平仍比较低,发展空间巨大。在我国,信托公司作为受托人的特定目的信托模式是当前法律体系最完备、管理运作最规范的资产证券化选择。未来信托公司要兼顾金融资产和企业资产两大类基础资产来源,利用私募和公募两种模式,不断提高业务专业能力,不断拓展资产证券化业务。

(三) 受托境外理财业务

所谓受托境外理财业务,系指境内机构或居民个人将合法所有的资金委托给信托公司设立信托,信托公司以自己的名义按照信托文件约定的方式在境外进行规定的金融产品投资和资产管理的经营活动。投资收益与风险按照法律法规规定和信托文件约定由相关当事人承担。信托公司申请受托境外理财业务资格,应当具备以下条件:(1)具有良好的公司治理、风险管理体系和内部控制;(2)注册资本不低于10亿元人民币或等值的可自由兑换货币;(3)经批准具备经营外汇业务资格,且具有良好的开展外汇业务的经历;(4)符合审慎监管指标要求;(5)监管评级良好;(6)最近2年无重大违法违规经营记录;(7)最近2个会计年度连续盈利;(8)配备能够满足受托境外理财业务需要且具有境外投资管理能力和经验的专业人才(从事外币有价证券买卖业务2年以上的专业管理人员不少于2人);设有独立开展受托境外理财业务的部门,对受托境外理财业务集中受理、统一运作、分账管理;(9)具备满足受托境外理财业务需要的风险分析技术和风险控制系统;具有满足受托境外理财业务需要的营业场所、安全防范设施和其他相关设施;在信托业务与固有业务之间建立了有效的隔离机制;(10)具有与业务经营相适应的安全且合规的信息系统,具备保障业务持续运营的技术与措施;(11)银监会规章规定的其他审慎性条件。② 信托公司申请受托境外理财业务资格,应当向银监分

---

① 《信托公司行政许可事项实施办法》第39、40条。
② 《信托公司行政许可事项实施办法》第41条。

局或所在城市银监局提交申请，由银监分局或银监局受理并初步审查，银监局审查并决定。银监局自受理之日或收到完整申请材料之日起3个月内作出批准或不批准的书面决定，并抄报银监会。信托公司取得受托境外理财业务资格后，开办受托境外理财业务前应当向所在地银监分局、银监局报告，并抄报银监会。① 信托公司开办受托境外理财业务，可以针对机构投资者和具有一定风险识别、判断和承担能力的自然人设立受托境外理财信托，包括受托境外理财单一信托产品和受托境外理财集合信托计划。在该类业务中，信托公司须遵守《信托公司受托境外理财业务管理暂行办法》②的规定，中国银监会负责信托公司受托境外理财业务的准入管理和业务管理，国家外汇局则负责信托公司受托境外理财业务涉及的外汇管理。

（四）股指期货交易等衍生产品交易业务

所谓股指期货（Stock Index Futures），就是以某种股票指数为基础资产的标准化的期货合约。买卖双方交易的是一定时期后的股票指数价格水平。在合约到期后，股指期货通过现金结算差价的方式来进行交割。作为期货交易的一种类型，股指期货交易与普通商品期货交易具有基本相同的特征和流程。该类交易是基于管理和规避系统性风险的需要而产生的。参与股指期货交易的目的在于，以一定的货币投入而承担、转移或管理一定的风险。在这一交易活动中，股票价格指数不过是未来特定时间内的股票市场发展变化的风险的表现形式。股票价格指数基本上代表了整个市场股票价格变动的趋势和幅度，每一时点的股票价格指数反映了该特定时点股票市场的风险，而且此种风险能够被量化为货币价值。尽管股票价格指数是虚拟的存在物，但其所代表的风险则是实际存在且能以货币予以表达的。股指期货合约的缔结，并不在于实现股票价值指数的转移占有，而是通过合约的缔结获得在未来特定时点规避或承担特定风险的机会。因此，股指期货交易实际上是双方当事人以一定的货币为代价，对未来风险的移转与承担达成合意，其标的为特定时期内的风险管理权。交易一方当事人让渡风险管理权，从而获得相应的报酬，另一方则取得风险管理权并给付一定的费用。在此交易中，股票价格指数并非双方交易的对象，与其它金

---

① 《信托公司行政许可事项实施办法》第42、43条。
② 该办法由中国银监会和国家外汇局共同制定，于2007年3月12日公布，共8章65条。

融产品一样，只是代表了某一具体类型的市场风险。信托公司申请股指期货交易业务资格，应当具备以下条件：（1）符合审慎监管指标要求；（2）监管评级良好；（3）最近2年无重大违法违规经营记录；（4）具有完善有效的股指期货交易内部控制制度和风险管理制度；（5）具有接受相关期货交易技能专门培训半年以上、通过期货从业资格考试、从事相关期货交易1年以上的交易人员至少2名，相关风险分析和管理人员至少1名，熟悉套期会计操作程序和制度规范的人员至少1名，以上人员相互不得兼任，且无不良记录；期货交易业务主管人员应当具备2年以上直接参与期货交易活动或风险管理的经验，且无不良记录；（6）具有符合《信托公司行政许可事项实施办法》第45条要求的信息系统；（7）具有从事交易所需要的营业场所、安全防范设施和其他相关设施；（8）具有严格的业务分离制度，确保套期保值类业务与非套期保值类业务的市场信息、风险管理、损益核算有效隔离；（9）申请开办以投机为目的的股指期货交易，应当已开展套期保值或套利业务1年以上；（10）银监会规章规定的其他审慎性条件。[①] 信托公司开办股指期货信托业务，信息系统应当符合以下要求：（1）具备可靠、稳定、高效的股指期货交易管理系统及股指期货估值系统，能够满足股指期货交易及估值的需要；（2）具备风险控制系统和风险控制模块，能够实现对股指期货交易的实时监控；（3）将股指期货交易系统纳入风险控制指标动态监控系统，确保各项风险控制指标符合规定标准；（4）信托公司与其合作的期货公司信息系统至少铺设一条专线连接，并建立备份通道。[②] 信托公司申请股指期货交易等衍生产品交易业务资格应当向银监分局或所在城市银监局提交申请，由银监分局或银监局受理并初步审查，银监局审查并决定。银监局自受理之日或收到完整申请材料之日起3个月内作出批准或不批准的书面决定，并抄报银监会。信托公司申请除股指期货交易业务资格外的其他衍生产品交易业务资格，应当符合银监会相关业务管理规定。[③] 股指期货属于场内衍生产品，具有产品简单、交易透明、清算集中、监管严格等特征，可以为股票市场提供充分的流动性和转移风险的通道，对稳定股市具有积极作用，

[①]《信托公司行政许可事项实施办法》第44条。
[②]《信托公司行政许可事项实施办法》第45条。
[③]《信托公司行政许可事项实施办法》第46、47条。

该类业务为信托公司等机构投资者提供了重要的风险管理工具。

(五) 发行金融债券和次级债券

金融债券是银行等金融机构作为筹资主体为筹措资金而面向个人发行的一种有价证券，是表明债权债务关系的一种凭证。金融债券能够有效地解决银行等金融机构的资金来源不足和期限不匹配的矛盾，有利于优化资产结构，扩大长期投资业务。金融债券按法定程序发行，承诺按约定利率定期支付利息并到期偿还本金。次级债券则是指偿还次序优于公司股本权益、但低于公司一般债务的一种债务形式。次级债里的"次级"，与银行贷款五级分类法（即正常、关注、次级、可疑、损失）里的"次级贷款"中的"次级"是完全不同的概念。次级债券里的"次级"仅指其求偿权"次级"，并不代表其信用等级一定"次级"。各种证券的求偿权优先顺序为：一般债务〉次级债务〉优先股〉普通股，求偿权优先级越高的证券，风险越低，期望收益也越低，反之亦然。信托公司发行金融债券、次级债券及依法须经银监会许可的债务工具和资本补充工具，除应当符合《公司法》规定的条件外，还应当具备以下条件：(1) 具有良好的公司治理、风险管理体系和内部控制，具备适当的业务隔离和内部控制技术支持系统；(2) 符合审慎监管指标要求；(3) 监管评级良好；(4) 最近2年内无重大违法违规经营记录；(5) 最近2个会计年度连续盈利，有稳定的盈利预期；(6) 无到期不能支付的债务；(7) 银监会规章规定的其他审慎性条件。[①] 信托公司申请发行金融债券、次级债券及依法须经银监会许可的债务工具和资本补充工具，应当向银监分局或所在城市银监局提交申请，由银监分局或银监局受理并初步审查，银监局审查并决定。银监局自受理之日或收到完整申请材料之日起3个月内作出批准或不批准的书面决定，并抄报银监会。[②] 对信托公司而言，该业务的准入无疑属于重大利好，它打破了信托公司不能负债经营的传统监管要求，有利于改变信托公司无法上市、无法负债经营的状况，进而完善信托公司的资本补充渠道。

(六) 其他新业务

这里所称其他新业务，是指上述业务以外的现行法律法规中已明确规定可以开办、但信托公司尚未开办的业务。信托公司申请开办其他新业

[①]《信托公司行政许可事项实施办法》第48条。
[②]《信托公司行政许可事项实施办法》第49条。

务，应当具备以下基本条件：（1）具有良好的公司治理、风险管理体系和内部控制；（2）符合审慎监管指标要求；（3）监管评级良好；（4）最近2年内无重大违法违规经营记录；（5）具有有效识别和控制新业务风险的管理制度；（6）具有开办新业务所需的合格管理人员和业务人员；（7）具有与业务经营相适应的安全且合规的信息系统，具备保障业务持续运营的技术与措施；（8）银监会规章规定的其他审慎性条件。① 信托公司开办其他新业务，应当向银监分局或所在城市银监局提交申请，由银监分局或银监局受理并初步审查，银监局审查并决定。银监局自受理之日或收到完整申请材料之日起3个月内作出批准或不批准的书面决定，并抄报银监会。信托公司申请开办现行法律法规未明确规定的业务，由银监会另行规定。②

三、兼营信托业务的准入监管

兼营信托业务的准入监管是《信托业法》需要统筹考虑的敏感问题。我国1986年《民法通则》第42条规定，企业法人应当在核准登记的经营范围内从事经营活动。1994年《公司登记管理条例》出台时对超出经营范围从事经营活动的行为给予了相应的行政处罚。③ 可见当时的法律法规对超范围经营是持否定态度的。20世纪90年代以来，法人超越经营范围的交易行为是否有效，一直是我国民商法学界探讨的热点话题。这其中对越权原则的讨论颇具价值。该原则是源自于英国的一项法律制度，其核心内容是指公司应当在章程规定的目的事业范围内活动，公司超越了其目的范围订立的合同或从事的其他行为被认为无效。越权原则确立的初衷是为了保护投资人的利益，但其弊害在于损害了交易的安全性与便捷性、减少了公司的发展机会。④ 我国企业法人营业执照中的经营范围与外国法人目的范围、目的事业是同义语，指工商行政管理部门在企业登记过程中准

---

① 《信托公司行政许可事项实施办法》第50条。
② 《信托公司行政许可事项实施办法》第51、52条。
③ 该条例第71条规定，公司超出核准登记的经营范围从事经营活动的，由公司登记机关责令改正，并可处以1万元以上10万元以下的罚款；情节严重的，吊销营业执照。2005年第一次修正该条例时，将该条删除。
④ 参见杜剑青《论法人超越经营范围经营的法律效力》，载《中山大学学报论丛》2007年第9期。

许企业从事生产经营活动的范围。① 为了躲避越权规则的束缚，企业界人士在目的条款上大做文章，多采用多目的性条款、概括性条款和主观性条款，以增加适应经济社会变化的灵活性和追求利益最大化的需要。法院对越权行为的态度也从绝对无效转为相对无效，甚至不视为无效。正是因为越权原则出现了以上的松动，所以现在各国对待法人越权经营普遍采取了有效确认原则（与无效原则相对应），即在加强股东对法人行为的内部控制，保障法人行为的目的性与正当性，强化法人经营管理人员的责任承担的前提下，超范围经营并不必然无效。② 这些年来我国司法审判实践对企业超范围经营行为效力认定上的松动即生动说明了这一问题。当事人超越经营范围订立合同，人民法院并不因此认定合同无效。但违反国家限制经营、特许经营以及法律、行政法规禁止经营的除外。③《公司法》④ 对公司经营范围的修改也呼应了这一点。1993 年《公司法》出台时，曾在其第 11 条第 3 款强调公司应当在登记的经营范围内从事经营活动。2004 年《公司法》修改后，该内容被删除。

公司作为一种营利性组织，必须以其组织章程规定的经营范围为基础进行经营活动。传统公司法中，对超范围经营活动，法律赋予其绝对无效的法律后果。随着经济的发展，体制的转变，经营范围的绝对性受到了质疑。有学者在分析了经营范围的功能及社会经济基础的变化后认为，我们可以借鉴

---

① 蔡立东：《论企业法人经营范围与民事能力》，载《法律科学》1993 年第 5 期。
② 杜剑青：《论法人超越经营范围经营的法律效力》，载《中山大学学报论丛》2007 年第 9 期。
③ 参见 1999 年 12 月 1 日最高人民法院审判委员会第 1090 次会议通过的《最高人民法院关于适用〈中华人民共和国合同法〉若干问题的解释（一）》第 10 条，该解释自同年 12 月 9 日施行。
④ 现行《公司法》于 1993 年 12 月 29 日由第八届全国人民大会常务委员会第五次会议通过，1993 年 12 月 29 日中华人民共和国主席令第 16 号公布，自 1994 年 7 月 1 日起施行，截至目前已经修正三次，共 13 章 219 条。第一次是根据 1999 年 12 月 25 日第九届全国人民代表大会常务委员会第十三次会议通过，1999 年 12 月 25 日中华人民共和国主席令第 29 号公布并自公布之日起施行的《全国人民代表大会常务委员会关于修改〈中华人民共和国公司法〉的决定》修正；第二次是根据 2004 年 8 月 28 日第十届全国人民代表大会常务委员会第十一次会议通过，2004 年 8 月 28 日中华人民共和国主席令第二十号公布并自公布之日起施行的《全国人民代表大会常务委员会关于修改〈中华人民共和国公司法〉的决定》修正；第三次是根据 2013 年 12 月 28 日第十二届全国人民代表大会常务委员会第六次会议通过，2013 年 12 月 28 日中华人民共和国主席令第八号公布并自公布之日起施行的《全国人民代表大会常务委员会关于修改〈中华人民共和国海洋环境保护法〉等七部法律的决定》修正。

发达国家的做法，采用相对无效原则，即不将其全盘否定，放宽限制，给公司充分的经营自由，同时兼顾政府的公共事务管理职能。① 从现有研究成果看，金融法学界专门针对兼营信托业务活动的法律后果的研究并不多，针对兼营金融业务的探讨则主要集中在有关金融集团、金融控股公司、金融混业经营等方面的研究成果中。实践中，银行兼营证券所涉及的投资银行业务等应否监管，应由哪家监管机构实施监管，其实就是金融监管法需要深入讨论的法律问题。笔者认为，加强对兼营信托业务的准入监管研究至关重要，一味采取自由放任的态度并不合时宜，而且对信托市场的稳健发展不利。

我国现行《公司法》规定，公司的经营范围由公司章程规定，并依法登记。②《公司登记管理条例》③ 对此作了同样规定，而且还进一步强调公司的经营范围用语应当参照国民经济行业分类标准。④ 按照规定，公司可以修改公司章程，改变经营范围，但是应当办理变更登记。公司的经营范围中属于法律、行政法规规定须经批准的项目，应当依法经过批准。⑤ 以商业银行为例，1995 年《商业银行法》出台时，其第 43 条用了两款对商业银行兼营信托作了禁止性规定，即"商业银行在中华人民共和国境内不得从事信托投资和股票业务，不得投资于非自用不动产。商业银行在中华人民共和国境内不得向非银行金融机构和企业投资。本法施行前，商业银行已向非银行金融机构和企业投资的，由国务院另行规定实施办法。" 2003 年对该条作了合并修改，规定"商业银行在中华人民共和国境内不得从事信托投资和证券经营业务，不得向非自用不动产投资或者向非银行金融机构和企业投资，但国家另有规定的除外。" 这样的修改，实际上对商业银行兼营信托业务留下了制度上的口子。实践中，中信集团、平安集团、中国光大集团等金融控股模式在各自金融实践中已经对金融混业经营作了积极尝试，以中国银行、中国建设银行和中国工商银行为代表

---

① 参见童列春、商燕萍《论公司经营范围的准确定位》，载《行政与法》2007 年第 10 期。
② 《中华人民共和国公司法》第 12 条。
③ 现行《公司登记管理条例》于 1994 年 6 月 24 日中华人民共和国国务院令第 156 号发布，现已修正两次，共 11 章 84 条。第一次是根据 2005 年 12 月 18 日中华人民共和国国务院令第 451 号公布并自 2006 年 1 月 1 日起施行的《国务院关于修改〈中华人民共和国公司登记管理条例〉的决定》修正；第二次是根据 2014 年 2 月 19 日中华人民共和国国务院令第 648 号公布并自 2014 年 3 月 1 日起施行的《国务院关于废止和修改部分行政法规的决定》修正。
④ 《中华人民共和国公司登记管理条例》第 15 条。
⑤ 《中华人民共和国公司法》第 12 条。

的银行母公司模式在金融混业经营方面也取得了重要经验。对金融机构而言，兼营信托业务意味着开展混业经营活动，商业银行等金融机构超越经营范围开展信托产品经营活动，其行为法律效力如何，关键取决于现行法律法规对信托经营行为的基本态度。笔者认为，金融混业经营在美国等高度发达的金融市场中所暴露出来的问题需要引起我国监管机构的警惕，金融混业经营的制度供给需要得到充分保障，尤其是监管制度跟进需要到位。否则，盲目发展混业经营很容易诱发系统性金融风险。前文已经分析了信托机构经营资格及其经营范围问题，既然现行法律规定对信托公司经营范围实施严格许可和限制，那么对兼营信托业务的其他金融机构而言，其在兼营信托业务时也必须得到同样的许可和限制。这既是坚持金融公平观的基本要求，也是维护金融安全和信托市场自由公平竞争秩序的根本保障。只是这种许可和限制不是在机构层面，而是在业务层面。信托公司的信托业务需要获得监管机构的许可，具体的许可条件同样适用于兼营信托业务的其他金融机构，这在《信托业法》中需要作出明确规定，不能让兼营信托业务的其他金融机构游离在信托监管机构的监管视野和监管范围之外。在这一方面，笔者建议，对兼营信托业务和专营信托业务的许可方式采取区别对待政策。换言之，监管机构对兼营信托业务的许可宜采取后置许可方式，以区别于专营信托业务的前置许可方式。其主要原因在于，目前我国实行的是分业经营、分业监管金融体制，机构监管权和业务监管权并不完全统一，而且《企业经营范围登记管理规定》①把许可经营项目已经区分为前置许可经营项目和后置许可经营项目，把兼营信托业务的金融机构的设立许可和兼营信托业务许可分开进行，更有利于金融机构开业后根据金融市场发展变化自主作出选择。未获得许可的兼营信托行为，应归入无效信托。对兼营信托业务的范围许可由信托监管机构根据兼营信托机构的内部控制和风险管理水平自主认定，并在经营范围表述方面需要进一步规范，使表述更加类型化和标准化。

有研究表明，商业银行在跨业兼营证券和信托业务时，当证券资产占总资产的比重较小时，全能银行的市场风险随着证券资产比重的上升而下降，但当证券资产的比重上升时，市场风险将随着证券资产比重的上升而

---

① 《企业经营范围登记管理办法》于2015年8月27日由国家工商行政管理总局令第76号发布，自2015年10月1日起施行，共17条。

上升,这表明银行混业经营证券业务反而会降低自身的风险分散化能力。而信托资产对全能银行系统性风险的影响与证券公司的作用类似。此外,证券资产和信托资产对全能银行利率风险的影响也类似于它们对市场风险的影响。[①] 需要特别说明的是,对兼营信托业务的金融机构来说,在兼营信托的同时必须建立风险隔离制度,通过完善自身风险内控体系,避免信托资金的混同和金融风险的传染,保障信托业务和信托财产的独立性。就国际经验来看,美国金融控股公司的"防火墙"和英国银行控股公司的"围栏"模式在这一方面均可以借鉴应用[②],进而有效防止金融风险的传递。

四、信托业经营基本法律规则与主要法律制度的厘清

在市场经济条件下,法律是预防和治理无序状态的首要的、经常起作用的手段。信托经营主体资格的取得以及信托业务的开展,离不开系统而完整的法律规则和法律制度的规范、制约和保护。如果说从身份到契约在初始的市场交易中是一个进步的话,从契约自由到市场行为规范化则是立法史上更大的一个进步。初始的市场交易呼唤契约自由,现代市场经济则要求减少交易成本,要求确保交易安全。要达到减少交易成本,确保交易安全的目的,唯一的途径就是市场行为规范化、程序化。[③]

(一)信托业经营:基本法律规则的确定

无论专营还是兼营信托业务,信托机构在经营中均应遵守信托业经营的基本法律规则。这里的"基本法律规则"并非指法律原则,二者之间存在着质的差别。[④] 按照德沃金的观点,法律规则与法律原则的差异是一种逻辑的区别。[⑤] 而所谓的"逻辑的区别",在这里的意思就是质的差别,

---

① 胡再勇:《我国商业银行跨业兼营模式选择及实现路径》,载《银行家》2006年第10期。

② 参见束兰根、刘涛《商业银行兼营投行业务的防火墙机制研究》,载《上海金融》2013年第6期。

③ 徐学鹿:《论市场经济的立法原则》,载《中国法学》1996年第1期。

④ 这些年来,国内关于法律原则的讨论已形成一种模式,讨论者都是从法律规则与法律原则分类的角度去研究两者在法律推理中的不同角色。针对这一问题,有学者提出应放弃分类学模式,不把法律规则和法律原则看作两种规范类型,而将其看作两种不同的规则理论。从规范类型的不同到规则理论的不同,这种探讨加深了对法律规则和法律原则区别的认识。参见刘叶深《法律规则与法律原则:质的差别?》,载《法学家》2009年第5期。

⑤ R. Dworkin, *Taking Rights Seriously*, Cambridge, Massachusetts: Harvard University Press, 1977, p. 24.

二者具有不同的质的规定性。① 这从适用方式、例外可否被完全列举以及是否具有重要性维度等方面表现出来。前者具有确定性，后者则存在模糊性，这一差别导致法律规则与法律原则的适用是不同的。法律原则赋予法官更多的判断权，而法律规则一般对法官有着更为严格的约束。② 前者的例外可以被完全列举，而且不具有重要性维度，这和后者形成鲜明对比。因此，从效果上看，前者可以严格约束法官的自由裁量权，而后者则赋予法官更大的自由裁量权。

换言之，信托业经营的基本法律规则是根据信托法律法规具体确定的，在实践中可以被直接适用。从现行的《信托法》和《信托公司管理办法》对受托人的要求看，这些基本法律规则包括：（1）信托机构管理运用或者处分信托财产，必须恪尽职守，履行诚实、信用、谨慎、有效管理的义务，维护受益人的最大利益。（2）信托机构在处理信托事务时应当避免利益冲突，在无法避免时，应向委托人、受益人予以充分的信息披露，或拒绝从事该项业务。（3）信托机构应当亲自处理信托事务。信托文件另有约定或有不得已事由时，可委托他人代为处理，但该机构应尽足够的监督义务，并对他人处理信托事务的行为承担责任。（4）信托机构对委托人、受益人以及所处理信托事务的情况和资料负有依法保密的义务，但法律法规另有规定或者信托文件另有约定的除外。（5）信托机构应当妥善保存处理信托事务的完整记录，定期向委托人、受益人报告信托财产及其管理运用、处分及收支的情况。委托人、受益人有权向信托机构了解对其信托财产的管理运用、处分及收支情况，并要求信托机构作出说明。（6）信托机构应当将信托财产与其固有财产分别管理、分别记账，并将不同委托人的信托财产分别管理、分别记账。（7）信托机构应当依法建账，对信托业务与非信托业务分别核算，并对每项信托业务单独核算。（8）信托机构的信托业务部门应当独立于公司的其他部门，其人员不得与公司其他部门的人员相互兼职，业务信息不得与公司的其他部门共享。（9）以信托合同形式设立信托时，信托合同应当载明以下事项：信托目的；委托人、受托人的姓名或者名称、住所；受益人或者受益人范

---

① 德沃金把"质"与"逻辑"等同使用是有理由的。因为逻辑与本体论有着紧密的联系，逻辑在运用的同时预设了本体论上的判断，虽然这些判断不是唯一的。在本体论层面上，不同的事物之所以不同，恰恰对应着它们质的不同。
② 参见陈景辉《原则、自由裁量与依法裁判》，载《法学研究》2006年第5期。

围；信托财产的范围、种类及状况；信托当事人的权利义务；信托财产管理中风险的揭示和承担；信托财产的管理方式和受托人的经营权限；信托利益的计算，向受益人交付信托利益的形式、方法；信托公司报酬的计算及支付；信托财产税费的承担和其他费用的核算；信托期限和信托的终止；信托终止时信托财产的归属；信托事务的报告；信托当事人的违约责任及纠纷解决方式；新受托人的选任方式；信托当事人认为需要载明的其他事项。以信托合同以外的其他书面文件设立信托时，书面文件的载明事项按照有关法律法规规定执行。（10）信托机构开展固有业务，不得有下列行为：向关联方融出资金或转移财产；为关联方提供担保；以股东持有的本公司股权作为质押进行融资。信托机构的关联方按照《公司法》和企业会计准则的有关标准界定。（11）信托机构开展信托业务，不得有下列行为：利用受托人地位牟取不当利益；将信托财产挪用于非信托目的的用途；承诺信托财产不受损失或者保证最低收益；以信托财产提供担保；法律法规和信托业监管机构禁止的其他行为。（12）信托机构开展关联交易，应以公平的市场价格进行，逐笔向中国银监会事前报告，并按照有关规定进行信息披露。（13）信托机构经营信托业务，应依照信托文件约定以手续费或者佣金的方式收取报酬，信托业监管机构另有规定的除外。信托机构收取报酬，应当向受益人公开，并向受益人说明收费的具体标准。信托机构违反信托目的处分信托财产，或者因违背管理职责、处理信托事务不当致使信托财产受到损失的，在恢复信托财产的原状或者予以赔偿前，不得请求给付报酬。（14）信托机构因处理信托事务而支出的费用、负担的债务，以信托财产承担，但应在信托合同中列明或明确告知受益人。信托机构以其固有财产先行支付的，对信托财产享有优先受偿的权利。因信托机构违背管理职责或者管理信托事务不当所负债务及所受到的损害，以其固有财产承担。（15）信托机构违反信托目的处分信托财产，或者管理运用、处分信托财产有重大过失的，委托人或受益人有权依照信托文件的约定解任该信托机构，或者申请人民法院解任该信托机构。（16）受托人职责依法终止的，新受托人依照信托文件的约定选任；信托文件未规定的，由委托人选任；委托人不能选任的，由受益人选任；受益人为无民事行为能力人或者限制民事行为能力人的，依法由其监护人代行选任。新受托人未产生前，信托业监管机构可以指定临时受托人。（17）信托机构经营信托业务，有下列情形之一的，信托终止：信托文件约定的终止事由发生；信托的存续违反信托目的；信托目的已经实现或者不能实现；信托当事人协商同意；信托期限届满；信托被解除；信托被撤销；全体受益人放弃信托受益权。信托终止的，信托机构应当依照信托文件的约定作出处理信托事务的清算报告。受益人或者信托财产的权利归属人对清算报告无异议的，信托机构就清算报告所列事项解除责任，但信托机构有不当行为的除外。

(二) 信托业经营：主要法律制度的厘清

经济发展史表明，在本来不认识的人之间建立相互之间的信任关系是交易范围扩大和经济发展的关键，而制度（institutions）作为博弈的规则（rules of games），是建立和维持人们之间信任的关键。张维迎教授认为，法律和信誉是维持市场有序运行的两个基本机制。[①] 江平教授则进一步指出，市场经济基本法律制度有四个方面，即主体制度、权利制度、行为制度和责任制度，这些制度构成了一个较完整的市场经济法律制度体系。[②] 具体说来，信托业经营的主要法律制度则同样包括上述四个方面。厘清信托业经营法律制度的类型，有利于在《信托业法》中系统建构信托业经营法律制度，对信托机构及其规范化发展而言具有重要的现实意义。

1. 信托经营主体制度。信托经营主体制度的核心是建立现代企业制度，而现代企业实际上是一种资本企业，因此在构建和完善信托经营主体制度中，必须确立和维护资本信用原则与资本真实原则，重视公司内部治理结构的科学化设计。信托经营主体制度的内容包括：（1）净资本管理制度。在我国，多年来中国银监会对信托公司实行净资本管理，在这方面已经积累了丰富经验。对信托机构实施净资本管理的目的，是确保信托机构固有资产充足并保持必要的流动性，以满足抵御各项业务不可预期损失的需要。信托机构应当根据自身资产结构和业务开展情况，建立动态的净资本管理机制，确保净资本等各项风险控制指标符合规定标准。（2）内部治理制度。信托机构应当建立以股东（大）会、董事会、监事会、经理等为主体的组织架构，明确各自的职责划分，保证相互之间独立运行、有效制衡，形成科学高效的决策、激励与约束机制。（3）高级管理人员任职资格审查制度。信托业监管机构应对信托机构的董事、高级管理人员实行任职资格审查制

[①] 张维迎：《法律制度的信誉基础》，载《经济研究》2002年第1期。
[②] 参见江平《市场经济法律制度体系》，载《国家行政学院学报》2001年第5期。

度。未经任职资格审查或者审查不合格的，不得任职。信托机构对拟离任的董事、高级管理人员，应当进行离任审计，并将审计结果报信托业监管机构备案。信托机构的法定代表人变更时，在新的法定代表人经信托业监管机构核准任职资格前，原法定代表人不得离任。（4）信托从业人员业务资格管理制度。信托业监管机构应对信托机构的信托从业人员实行信托业务资格管理制度。符合条件的，颁发信托从业人员资格证书；未取得信托从业人员资格证书的，不得经办信托业务。信托机构的董事、高级管理人员和信托从业人员违反法律、行政法规或信托业监管机构有关规定的，信托业监管机构有权取消其任职资格或者从业资格。

2. 信托经营权利制度。法律权利是主体为追求或维护利益而进行行为选择并因社会承认正当而受法律和国家承认并保护的行为自由。[①] 权利的价值与意义并不在于法律文本的客观宣告，而在于权利的主观行使与实现。[②] 众所周知，权利和义务是相辅相成的，没有无权利的义务，当然也没有无义务的权利。信托经营权利同样包含着义务内容，对信托机构而言，信托法律法规包含了对权利的承认和限制，基于权利而设定了义务，同时也基于义务而使权利获得了正当性。信托经营权利制度包括：（1）自主经营制度。信托机构的信托经营范围由其章程规定，这是由其企业性质所决定的基本要求，但该章程所确定的经营范围必须获得信托业监管机构的核准。在依法核准的经营范围内，信托机构开展信托经营活动不受任何单位和个人的干涉，可以自主定价，公平交易。（2）自由公平竞争制度。信托机构开展信托经营行为时享有自由公平竞争权，该权利受到《反不正当竞争法》和《反垄断法》的保护。（3）商业秘密保护制度。信托机构在信托经营活动中产生的技术信息和经营信息，一旦构成商业秘密即应受到法律保护。（4）依法结社制度。信托机构可以自愿加入信托行业自律组织，接受行业自律管理。（5）危机救助制度。信托机构已经或者可能发生信用危机，严重影响受益人合法权益的，信托业监管机构可以根据委托人、受益人或信托机构的申请依法对该信托机构实行接管或者督促机构重组。（6）权利救济制度。信托机构的经营权利遭受不法侵害时，可以通过法定途径获得相应救济。

[①] 北岳：《法律权利的定义》，载《法学研究》1995 年第 3 期。
[②] 范进学：《权利概念论》，载《中国法学》2003 年第 2 期。

3. 信托经营行为制度。法律是判断企业经营行为合法与否的唯一标准。信托经营行为制度旨在维护信托市场的交易安全，这方面的具体内容包括：（1）风险控制制度。信托机构应当按照职责分离的原则设立相应的工作岗位，保险公司对风险能够进行事前防范、事中控制、事后监督和纠正，形成健全的内部约束机制和监督机制。（2）内部控制制度。信托机构应当按规定制定本公司的信托业务及其他业务规则，建立、健全本公司的各项业务管理制度和内部控制制度，并报信托业监管机构备案。（3）财务会计制度。信托机构应当按照国家有关规定建立、健全本公司的财务会计制度，真实记录并全面反映其业务活动和财务状况。公司年度财务会计报表应当经具有良好资质的中介机构审计。（4）现场检查制度。信托业监管机构可以定期或者不定期对信托机构的经营活动进行检查；必要时，可以要求信托公司提供由具有良好资质的中介机构出具的相关审计报告。（5）非现场检查制度。信托机构应当按照信托业监管机构的要求提供有关业务、财务等报表和资料，并如实介绍有关业务情况。（6）监管谈话制度。信托业监管机构根据履行职责的需要，可以与信托机构董事、高级管理人员进行监督管理谈话，要求信托机构董事、高级管理人员就信托机构的业务活动和风险管理的重大事项作出说明。（7）信息披露制度。信托机构作为特殊的金融企业，建立和完善专门的信息披露制度是信托市场主体合理地最大限度地获得信息、解决信托市场信息不对称问题的主要途径。信息披露制度要求信托机构及时、真实、准确、完整地披露有关信息，不得有虚假陈述、误导或遗漏，使投资人在理性投资的基础上做出最优投资选择，强化市场约束，优化资源配置。

4. 信托经营责任制度。严格信托经营责任是信托业稳健发展的必然要求，信托机构必须对自己的经营行为负责，对委托人和受益人负责，对社会负责。这方面的法律制度包括：（1）信托赔偿准备金制度。信托机构每年应当从税后利润中提取一定比例作为信托赔偿准备金，但该赔偿准备金累计总额达到公司注册资本的一定比例时，可不再提取。信托机构的赔偿准备金应存放于经营稳健、具有一定实力的境内商业银行，或者用于购买国债等低风险高流动性证券品种。（2）监管处罚制度。信托机构违反审慎经营规则的，信托业监管机构可以责令限期改正；逾期未改正的，或者其行为严重危及信托公司的稳健运行、损害受益人合法权益的，信托业监管机构可以区别情形，依法采取暂停业务、限制股东权利等监管措施。这里的监管处罚责任通常属于行政责任，但如果信托机构的违法行为情节严重构成犯罪的，也可以追究信托机构及其主要责任人的刑事责任。（3）财产赔偿制度。信托机构在经营过程中应对自己的违约或侵权行为对外承担财产赔偿责任，这种责任属于民事责任。

第四节 信托业监管机构及其职权

一、信托业监管机构的重塑

（一）现行金融体制下的信托业监管机构

改革开放以来，我国的金融体制一直处在改革和转型过程之中，分业经营分业监管成为金融体制改革的核心目标，各类金融机构的大量涌现和一行三会监管模式的建立成为目前分业经营分业监管金融体制的真实写照。在分业经营分业监管体制下，专营和兼营信托业务的监管权被肢解，导致信托业监管机构呈现多头并立格局。"一行三会"表面上看分工明确，各负其责，但作为机构监管的产物，已难以适应大信托时代信托业走向混业经营的客观现实，如何有效监管专营和兼营信托业务进而有效控制风险，实现信托业的公平竞争，如何在有效控制风险中追求并实现金融效率，是当前信托业监管改革的重要命题，也是《信托业法》需要解决并明确回答的重要问题。

在现行多头监管的信托业监管体制下，中国银监会承担了对专营信托业务的信托公司以及兼营信托业务的商业银行的监管。我国《银行业监督管理法》第2条第1款规定，国务院银行业监督管理机构负责对全国银行业金融机构及其业务活动监督管理的工作。同时该条第2款规定，对在中华人民共和国境内设立的金融资产管理公司、信托投资[①]公司、财务公司、金融租赁公司以及经国务院银行业监督管理机构批准设立的其他金融机构的监督管理，适用该法对银行业金融机构监督管理的规定。这就明确了我国信托公司和商业银行的监管机构均为国务院银行业监督管理机构，即中国银监会。该会于2015年初新设信托监督管理部，专司对信托公司的监管职责，与此前承担信托监管责任的非银行金融机构监管部并列，这

---

① 此处的"投资"二字应删去，需要在修法时引起注意。

体现了中国银监会对信托公司实行精细化和规范化监管的改革取向。而商业银行则区分为大型银行、股份制银行、城市银行、外资银行和政策银行等分归大型银行部、股份制银行部、城市银行部、外资银行部以及政策银行部等不同内部部门进行监管。① 中国银监会虽在不断调整内设部门，但其改革方案仍未跳出机构监管的老路。中国证监会则对兼营信托业务的证券公司和证券投资基金公司进行监督管理。现行《证券法》授予了中国证监会对证券公司的监督管理权。② 现行《证券投资基金法》第11条规定，国务院证券监督管理机构依法对证券投资基金活动实施监督管理。③ 该规定从法律上明确了证券投资基金业的监管部门，成为中国证监会对证券投资基金管理公司进行监督管理的法律依据。实践中，中国证监会这些年来也在不断调整内部机构设置，通过做"加法"和"减法"，将一些功能类似的部门"合并同类项"，可喜的是，其内部机构改革已经开始注重从机构监管向功能监管的转变，目前该会下设有发行部、非公部、市场部、机构部、上市部、债券部、私募部、创新部等内部机构承担具体的监管职能。④ 单从机构监管角度看，其中的机构部负责对证券公司、基金公司等实施相应监管。对兼营信托业务的保险公司而言，中国保监会根据国务院授权履行行政管理职能，依照法律、法规统一监督管理全国保险市场，维护保险业的合法、稳健运行。现行《保险法》第9条规定，国务院保险监督管理机构依法对保险业实施监督管理。换言之，保险公司的监管机构是中国保监会，中国保监会下设财务会计部（偿付能力监管部）、财产保险监管部（再保险监管部）、人身保险监管部、保险中介监管部、保险资金运用监管部等承担具体监管职能。⑤ 总的来看，无论是专营信托业务的信托公司，还是兼营信托业务的其他金融机构，信托业的监管改革

---

① 参见中国银监会内设部门栏目，中国银监会官网，http://www.cbrc.gov.cn/index.html，2015年7月12日访问。

② 详见《中华人民共和国证券法》第十章证券监督管理机构的内容。

③ 2012年中国证监会颁行的《证券投资基金管理公司管理办法》在其第4条进一步规定，中国证监会及其派出机构依照《证券投资基金法》《公司法》等法律、行政法规、中国证监会的规定和审慎监管原则，对基金管理公司及其业务活动实施监督管理。

④ 参见中国证监会相关部门栏目，中国证监会官网，http://www.csrc.gov.cn/pub/newsite/，2015年7月12日访问。

⑤ 参见中国保监会机构简介栏目，中国保监会官网，http://www.circ.gov.cn/web/site0/tab5170/，2015年7月12日访问。

呼唤信托业监管机构的整合与重塑，只有这样才能实现在现有机构监管的基础上进一步发挥功能监管的效用，为信托业创造公平竞争的监管环境。

综上所述，我国当前的金融监管体制属于典型的机构型监管体制。该体制按照金融机构的牌照类型及法律属性，如商业银行、信托公司、证券公司、保险公司等，分别设立监管机构，不同的监管机构对各自的金融机构进行归口管理，各法定监管机构的监管高度专业化与分工化，其权力的边界只根据金融机构的性质划分，而不考虑所监管的金融机构是否从事跨行业的业务，即在体制设置与运转上严格遵循"分业设立与分业监管"的原则。[1] 多头并立是我国当前信托业监管体制的突出特点，这在信托机构跨业经营中已经形成掣肘，与混业经营的客观实际不相适应，与信托业的资产管理规模和市场地位难以匹配。

（二）信托业监管机构的整合与重塑

在现行信托业多头并立的监管格局下，公平竞争的市场监管条件并不充分，这在客观上增加了政府监管过程中更多的寻租机会，容易在结果上导致腐败乃至信托业经营风险的产生和传导效应。寻租是一种利用政府行政权力来阻碍生产要素在不同产业之间自由流动、自由竞争，进而攫取和维护既得利益的行为。寻租理论确立于20世纪70年代的美国，引入我国后，我国学者一般认为，租金是泛指政府干预或政府管制市场竞争而形成的级差收入，即超过机会成本的差价；而寻租则是指一切利用行政权力大发横财的行为。[2] 从金融监管实践看，寻租活动会以各种合法与非法的形式存在，如金融机构向政府争取优惠待遇，利用政府权力或政策维护自身利益，或者通过贿赂获得发展机会或超额利润等。信托业监管体制改革必然要求现有监管机构在监管职能、监管模式以及监管方式方面实现转变，使权力和利益重新得到调整和组合，使各监管机构官员的特权减少乃至消失。这主要是因为，巨大的利益反差会使某些官员可能通过"抽租"或"设租"方式来获取个人或小团体利益，即通过官员掌握和拥有的公共权力或政治影响力，来增加企业的利润或发展机会，由此所形成的利益，企业或与官员共享，或以贿赂作为制定政策的交换条件。这就打通了权钱交

---

[1] 参见黎四奇《对后危机时代金融监管体制创新的检讨与反思：分立与统一的视角》，载《现代法学》2013年第5期。

[2] 转引自张春魁《"寻租理论"述评》，载《学术研究》1996年第12期。

换的阻隔，意味着政府腐败的通道开启。[1] 从经济发展和社会效益的观点看，人们追求自身经济利益的行为大致可分为两大类：一类是增进社会福利的生产性活动，如制造活动、研究与开发活动，以及正常市场条件下的交易活动等；另一类是非生产性活动，它们非但不能增进社会财富，反而消耗了社会经济资源。而在当代经济发展中，最为普遍且后果严重的非生产性经济活动，是那些涉及权力与金钱交易的活动，即个人或利益集团为了牟取私利而对政府决策或政府官员施加影响的活动。[2]

寻租或腐败活动从某种意义上讲是一种制度现象，因此需要体制改革和制度创新。破解多头监管中的权力寻租行为并非易事，这需要对现有信托业监管机构实行整合与重塑。所谓整合，是指由系统的整体性及其系统核心的统摄、凝聚作用而导致的使若干相关部分或因素合成为一个新的统一整体的建构、序化过程。[3] 这在信托业监管改革中会主要表现为监管主体与监管功能的整合。前文已述，在《信托业法》制定中，需要将信托业监管权整合集中授予统一的信托业监管机构，实行"单一监管"而不是"多头监管"，并以《信托业法》的名义固定下来，才是优化监管的现实选择。问题在于，究竟是把信托业监管权统一收归中国银监会行使，还是在现有一行三会机构监管的基础上，新设专门的信托业监管机构实施功能监管，抑或还有其他第三种方式，如取消"一行三会"设置、建立统一的金融监管机构，目前为止这个问题尚未形成共识。

就我国信托业监管体制改革而言，重点是建立功能型监管体制。功能型监管体制作为对机构型监管体制的矫正，是依据金融机构提供的产品属性，而不是依其机构的性质来确定监管权力的归属。[4] 其产生的背景是金融机构之间的业务交叉日益扩大且已对传统的分业管理体制产生了严重挑战而导致大量的监管盲区。因此，应当根据金融体系的基本功能来规划金融监管体制，使金融监管更加具有连续性与一致性。[5] 在上述方案中，笔

---

[1] 参见臧乃康《论政府整合》，载《江苏社会科学》1996年第3期。
[2] 邹薇：《寻租与腐败：理论分析与对策》，载《武汉大学学报》（哲社版）2007年第2期。
[3] 黄宏伟：《整合概念及其哲学意蕴》，载《学术月刊》1995年第9期。
[4] 参见黎四奇《对后危机时代金融监管体制创新的检讨与反思：分立与统一的视角》，载《现代法学》2013年第5期。
[5] Robert C. Merton, *A Functional Perspective of Financial Intermediation*, Financial Management, 1995（6），pp. 23–41.

者倾向于第二种意见,即在保持一行三会的基础上新设专门的信托业监管机构,以此作为未来我国金融监管体制改革的"探路者"。这在表面上看是建立一种双峰型监管体制,但从实质上看,则完全是从现行机构型监管体制转向功能型监管体制,从分业监管转向混业监管的现实选择,表明监管重心要从事前审批转向事中和事后监管转移,进而在"多头监管"中逐步走向"单一监管"。在这一改革过程中,必须关注信托监管权力的分配与组织化能否达成利益的平衡,能否堵塞监管漏洞,能否确保信托业的可持续发展。一国金融监管体制的确立是一个创造性和实验性相结合的过程,信托业的快速发展不断倒逼金融监管体制推出新的改革措施。作为金融业的有机组成部分,信托业的资产管理规模已经远超证券业和保险业,中国银监会虽然专门成立了信托监督管理部,但其监管权并不涉及兼营信托业务的证券公司、基金公司和保险公司等,监管权的配置与信托业的发展极不相称。中国银监会名为信托业监管机构,但其监管对象只限于专营信托业务的信托公司,对兼营信托业务的其他金融机构来说鞭长莫及。中国证监会和中国保监会虽然有权监管兼营信托业务的信托机构,但在监管标准、监管能力、监管经验等方面显然不及中国银监会,监管中的有心无力导致兼营信托业务中的"脱法"现象在所难免,信托财产的独立性和安全性难以得到保证。需要强调的是,现行体制的最大弊端在于,机构型多头并立监管体制难以保证监管的权威性,监管资源配置不够科学,监管尺度不够统一,监管动力强弱不均,最终使得监管功能难以得到充分发挥,这在无形中削弱了金融监管的适应性和有效性。改革必然会有成本,但以最小的改革成本追求最大的改革收益是其中应该坚持的重要原则。基于同样的政治因素和法治因素考量,相比较而言,第一种方案成本最小,第二种方案成本适中,第三种方案成本最大。问题是,第一种方案不现实,不但中国银监会难以承担起对兼营信托业务的其他金融机构的准入监管职责,而且该方案很难获得中国证监会和中国保监会的同意。第三种方案过于理想化,是一个不易操作的"大手术",而且手术风险巨大,对现有金融体系的影响难以评估。采用第二种方案,保持一行三会的机构监管格局,有利于维持现有金融体系的稳定,既可以避免第三种方案所带来的"伤筋动骨",也可以实现第一种方案的功能监管目标。通过整合与重塑,意味着借助改革的分合措施增强信托业监管的内源性动力,系统地减少现行监管政策的冲突性和被动性,这样有利于培育和完善信托市场的基本结构,促进信托业务创新，进一步优化信托市场体系、信托组织体系、信托规则体系和信托支持系统。因此，笔者建议在《信托业法》中按照第二种方案，一方面维持现有机构监管的多头分立现状，另一方面把功能监管权力配置给专门成立的信托业监管机构，并把中国银监会对信托公司的机构监管权移交给该机构，使该机构成为混业经营中名副其实的信托业监管机构，中国银监会、中国证监会和中国保监会只保留兼营信托业务信托机构的机构监管权，新成立的信托业监管机构实际享有对信托公司的机构监管权以及所有信托机构的功能监管权，从而通过机构监管权力的"分"与功能监管权力的"合"有机统一起来，把功能监管纳入金融监管体制改革的应用实践。至于该机构的名称，建议采用中国信托业监督管理委员会，简称中国信监会。

（三）信托行业自律组织

除了上述政府监管部门，行业自律组织也是信托业监管的一个重要组成部分。行业自律组织是社会自律组织的一部分。社会自律组织的诞生及成长主要基于两种情形：市场自身的孕育与政府的职能剥离以及引导。[1] 因此，可以说自律组织是在政府作用逐渐淡化的情况下，通过对市场制度潜力的进一步挖掘，而生成的一种履行政府职能的替代物。[2] 行业自律组织的监管可以作为对政府监管的有效补充。与政府监管相比较，行业自律组织监管具有一定的优势。由于行业自律组织的成员多为行业中具备丰富实践经验的从业人员，因此行业组织的自律监管具有非常明显的专家监管的特征。另外，行业自律组织的成员对于行业中的具体情况比较了解，在信息获取方面可能比监管部门具有一定的优势，从而能够更早、更快地发现行业中存在的新问题，并对其进行自律监管。当然，行业自律组织的监管也有一定的劣势。由于行业组织不属于政府部门，只是一种自律性组织，因此其可以采取的监管措施、监管手段受到很大限制，在监管处罚方面缺乏制度上的刚性。

我国目前对信托业进行行业自律监管的组织是中国信托业协会[3]，该

---

[1] 王春娣：《社会自律组织研究》，载《江海学刊》2004年第6期。

[2] 庄序莹：《中国证券市场监管理论与实践》，中国财政经济出版社2001年版，第109页。

[3] 中国信托业协会（China Trustee Association）成立于2005年5月，是全国性信托业自律组织，是经中国银监会同意并在民政部登记注册的非营利性社会团体法人，接受业务主管单位中国银监会和社团登记管理机关民政部的指导、监督和管理。

协会履行下列行业自律职责：（1）组织会员签订自律公约及其实施细则，建立自律公约执行情况检查和披露制度，受理会员单位和社会公众的投诉，采取自律惩戒措施，督促会员依法合规经营，共同维护公平竞争的市场环境；（2）受主管部门委托，组织制定行业标准和业务规范，推动实施并监督会员执行，提高行业服务水平；（3）建立健全信托业诚信制度以及信托公司和从业人员信用信息体系，加强诚信监督，协助推进信托业信用体系建设；（4）制定从业人员道德和行为准则，对信托从业人员进行自律管理，组织信托从业人员资格考试和相关培训，提高从业人员素质；（5）对于违反信托业协会章程、自律公约、管理制度等致使行业利益受损的会员，可按有关规定实施自律性处罚，并及时告知中国银监会；（6）对涉嫌信托公司和从业人员违法违规的投诉案件和发现的业内涉嫌违法违规的行为，要及时报告中国银监会，并做好中国银监会批转投诉案件的调查处理工作。此外，该协会目前还承担行业维权、行业协调以及行业服务职责。[①] 需要说明的是，中国信托业协会的单位会员只限于信托公司，并不包含兼营信托业务的其他金融机构。兼营信托业务的商业银行、证券公司、基金公司、保险公司则分别由中国银行业协会[②]、中国

[①] 具体内容参见《中国信托业协会章程》，中国信托业协会网站，http://www.xtxh.net/xtxh/constitution/index.htm，2015年7月12日访问。

[②] 中国银行业协会（英文名称为China Banking Association，缩写为CBA）成立于2000年5月，是经中国人民银行和民政部批准成立，并在民政部登记注册的全国性非营利社会团体，是中国银行业自律组织。2003年中国银监会成立后，中国银行业协会主管单位由中国人民银行变更为中国银监会。该协会履行下列行业自律职责：（1）组织会员签订自律公约及其实施细则，建立自律公约执行情况检查和披露制度，受理会员单位和社会公众的投诉，采取自律惩戒措施，督促会员依法合规经营，共同维护公平竞争的市场环境；（2）受政府有关部门委托，组织制定行业标准、业务规范及银行从业人员资格考试，推动实施并监督会员执行，提高行业服务水平；（3）建立健全银行业诚信制度以及银行机构和从业人员信用信息体系，加强诚信监督，协助推进银行业信用体系建设；（4）制定银行从业人员道德和行为准则，对从业人员进行自律管理，组织银行从业人员的相关培训，提高从业人员素质；（5）对于违反银行业协会章程、自律公约、管理制度等致使行业利益受损的会员，可按有关规定实施自律性处罚，并及时告知中国银监会；（6）对涉嫌银行业金融机构和从业人员违法违规的投诉案件和发现的业内涉嫌违法违规的行为，要及时报告中国银监会，并做好中国银监会批转投诉案件的调查处理工作。此外，该协会还承担行业维权、行业协调及行业服务等其他职责。

证券业协会[1]、中国证券投资基金业协会[2]以及中国保险行业协会[3]实行自

---

[1] 中国证券业协会成立于1991年8月28日,是依据《证券法》和《社会团体登记管理条例》的有关规定设立的证券业自律性组织,属于非营利性社会团体法人,接受中国证监会和国家民政部的业务指导和监督管理,其英文名称为SECURITIES ASSOCIATION OF CHINA,缩写为SAC。该协会依据《证券法》的有关规定,行使下列职责:(1)教育和组织会员遵守证券法律、行政法规;(2)依法维护会员的合法权益,向中国证监会反映会员的建议和要求;(3)收集整理证券信息,为会员提供服务;(4)制定会员应遵守的规则,组织会员单位的从业人员的业务培训,开展会员间的业务交流;(5)对会员之间、会员与客户之间发生的证券业务纠纷进行调解;(6)组织会员就证券业的发展、运作及有关内容进行研究;(7)监督、检查会员行为,对违反法律、行政法规或者协会章程的,按照规定给予纪律处分。同时,该协会依据行政法规、中国证监会规范性文件规定,还行使下列职责:(1)制定证券业执业标准和业务规范,对会员及其从业人员进行自律管理;(2)负责证券业从业人员资格考试、执业注册;(3)负责组织证券公司高级管理人员、保荐代表人及其他特定岗位专业人员的资质测试或胜任能力考试;(4)负责对首次公开发行股票询价对象及其管理的股票配售对象进行登记备案工作;(5)行政法规、中国证监会规范性文件规定的其他职责。该协会的自律管理职责具体包括:(1)推动行业诚信建设,开展行业诚信评价,实施诚信引导与激励,开展行业诚信教育,督促和检查会员依法履行公告义务;(2)组织证券从业人员水平考试;(3)推动行业开展投资者教育,组织制作投资者教育产品,普及证券知识;(4)推动会员信息化建设和信息安全保障能力的提高,经政府有关部门批准,开展行业科学技术奖励,组织制定行业技术标准和指引;(5)组织开展证券业国际交流与合作,代表中国证券业加入相关国际组织,推动相关资质互认;(6)其他涉及自律、服务、传导的职责。

[2] 中国证券投资基金业协会于2010年10月开始筹建,2012年6月6日召开第一次会员大会暨成立大会,2012年7月获得成立登记批复,英文名称为Asset Management Association of China,缩写为AMAC。该协会是依据《证券投资基金法》和《社会团体登记管理条例》的有关规定设立的,由基金行业相关机构自愿结成的全国性、行业性、非营利性社会组织,从事非营利性活动。该协会职责范围包括:(1)教育和组织会员遵守有关法律和行政法规、维护投资人合法权益;(2)依法维护会员的合法权益,反映会员的建议和要求;(3)制定和实施行业自律规则,监督、检查会员及其从业人员的执业行为,对违反自律规则和协会章程的,按照规定给予纪律处分;(4)制定行业执业标准和业务规范,组织基金从业人员的从业考试、资质管理和业务培训;(5)为会员提供服务,组织投资者教育,收集、整理、发布行业数据信息,开展行业研究、行业宣传、会员交流、国际交流与合作,推动行业创新发展;(6)对会员之间、会员与客户之间发生的基金业务纠纷进行调解;(7)依法办理私募基金管理人登记、私募基金产品备案;(8)根据法律法规和中国证监会授权开展相关工作。

[3] 中国保险行业协会成立于2001年2月23日,是经中国保监会审查同意并在国家民政部登记注册的中国保险业的全国性自律组织,是自愿结成的非营利性社会团体法人。其英文全称为The Insurance Association of China(英文缩写"IAC")。该协会履行的行业自律职责包括:(1)督促会员依法合规经营。组织会员签订自律公约,制定自律规则,约束不正当竞争行为,维护公平有序的市场环境;(2)组织制定行业标准。受政府有关部门委托,依据有关法律法规和保险业发展情况,组织制定行业的质量标准、技术规范、服务标准和行规约约;(3)积极推进保险业信用体系建设。建立健全保险业诚信制度、保险机构及从业人员信用信息体系,探索建立行业信用评价体系;(4)开展会员自律管理。对于违反协会章程、自律公约、自律规则和管理制度、损害投保人和被保险人合法权益、参与不正当竞争等致使行业利益和行业形象受损的会员,可按章程、自律公约和自律规则的有关规定,实施自律性惩罚,涉嫌违法的可提请监管部门或其他执法部门予以处理;(5)其他与行业自律有关的事项。此外,该协会还承担行业维权、行业服务、行业交流、行业宣传等职责。

律管理。如此看来，目前的信托行业自律组织也只是狭义上的行业自律组织，如何把兼营信托业务的其他信托机构一并纳入其中实行统一的自律管理成为《信托业法》不容忽视的一大难题。如何解决这一问题？笔者认为，虽然中国信托业协会在行业自律中发挥着关键作用，但立法需要正视客观现实，上述协会成立时间有早有晚，彼此独立，采用"吸收合并"的方式达到统一的目标并不现实，但在维持各自独立地位的前提下开展信息共享和有机协调则完全可行，并且完全可以实现广义信托业的行业自律目标。关于《信托业法》如何协调中国信托业协会与中国证券投资基金业协会等其他行业自律组织的关系，笔者建议，《信托业法》应通过专门条文明确中国信托业协会的主导地位，并强调建立其与其他兼营信托业务的信托机构自律组织之间的信息共享协调机制。

二、信托业监管机构的职权限定

（一）中国信监会的性质定位

在我国，各个金融监管机构所拥有的金融监管权力相当广泛。以中国证监会为例，该会一方面行使对证券市场的监督管理权，另一方面在性质上又属于事业单位编制；虽名为委员会，又不实行合议制；在监管权的内容上，既包括典型行政权性质的审批权、核准权以及行政处罚权，也包括类似立法权的规章、规则制定权。由于中国证监会的这种特殊性，对于其监管权的职能、性质的认识，便容易产生分歧和误解。有学者强调，尽管存在这种特殊性，我国的证券监管权仍然是属于国家行政权的范畴，中国证监会所依法开展的证券监管活动，是依法行政的重要组成部分。[①] 其实，中国银监会和中国保监会与中国证监会的情况是相同的，在性质上它们虽然都定位为事业单位，但却都是国务院直属的正部级机构，并通过国务院的"三定方案"间接获得授权。在当前分业经营分业监管的金融体制和监管机制下，三会虽不是国家机关，但其金融监管权在性质上却属于一种纯行政权。从这些机构所获得的金融监管权的内容看，我国法律、法规所要求的大量与市场经济利益相关的规则制定、审批、核准、资格确认、业务许可，直至对违法违规行为的调查、处罚等权力，一应俱全，这

---

① 高西庆：《论证券监管权——中国证券监管权的依法行使及其机制性制约》，载《中国法学》2002 年第 5 期。

使得其行政权的性质得以充分显示,也难怪这些监管机构会被推到行政执法的前台,同时也合乎逻辑地被放到行政诉讼被告的位置上。这可以说是我国在这些年来行政体制改革中的一个重大创举,在显著减少国务院部门及其公务员数量的同时,并未弱化政府主导型的金融监管。笔者认为,中国信监会作为功能监管机构仍可继续保持这一模式,即把中国信监会在性质上定位为国务院直属的具有行政管理职能的事业单位,其工作人员不列入国家公务员序列,通过国务院的"三定方案"把信托业监督管理权授予其行使,将其作为专门的信托业监管机构。

(二)信托业监管机构的法定职权及其制约

作为行政权的信托业监管权,在本质上是一种综合性的经济管理权。经济管理权是经济管理主体依法对经济生活进行干预和管理的法律依据,并主要存在于市场规制和宏观调控行为中,其目的不在于使权力主体获利,而在于维护正常的经济秩序,促进经济持续协调发展。经济管理权的实质既是一种权利,更是一种义务和责任,是权责利效的统一,权力主体必须按照法律设定的权力行使的原则、手段和方式去行使,不得随意放弃权力、转让权力,也不得滥用权力。[1] 信托业监管机构在金融监管中所拥有的监管权力是以准立法权(行政立法权)、准司法权(行政司法权)和狭义监管权(行政执法权)为内涵的,故有人将这样的金融监管权称为"超级"金融监管权[2]。但也有学者清醒地认识到,我国金融监管立法中存在两方面的问题:一方面是对监管者的权力授权不明,多是一些原则性的规定,另一方面是对监管者权力具有制约功能的法律责任规定的不够。由于监管者的权力得不到相应的法律责任的有效制约,往往造成权力的滥用或权力的消极放弃。[3]

信托业监管机构的职权应在《信托业法》中得到明确限定。一般来说,信托业监管机构的法定职权主要包括规章规则制定权、市场准入审批权、现场检查权、非现场检查权、行政处罚权、危机救助权、市场退出监管权等。

1. 规章规则制定权。行政规章在现代法律体系中占有重要地位,其

---

[1] 徐孟洲:《耦合经济法论》,中国人民大学出版社2010年版,第139页。

[2] 参见高西庆《论证券监管权——中国证券监管权的依法行使及其机制性制约》,载《中国法学》2002年第5期。

[3] 曾筱清:《金融全球化与金融监管立法》,北京大学出版社2005年版,第226页。

不仅数量倍增而且涉及领域广泛,这是立法权分化、行政功能强化以及政府作用嬗变的结果。毫无疑问,作为实施具体行政行为的依据,行政规章已成为政府行政规制强有力的法律武器。[①] 在我国,行政规章分为部门规章和地方政府规章两种。前者系指国务院各部、委员会、中国人民银行、审计署和具有行政管理职能的直属机构,根据法律和国务院的行政法规、决定、命令,在本部门的权限范围内制定的规章。[②] 后者则指省、自治区、直辖市和设区的市、自治州的人民政府,根据法律、行政法规和本省、自治区、直辖市的地方性法规所制定的规章。[③] 信托业监管机构可以依照法律、行政法规制定并发布对信托机构及其业务活动进行监督管理的规章和规则,这在《信托业法》中应作出明确规定。虽然《立法法》对部门规章已经作出了必要的限制性规定[④],但为了最大限度地减少各个环节上的寻租,争取社会各界最大的支持与监督,以真正达到依法行政的目的,则对所有可能影响信托市场某一方面利益的政策文件和规章规则的出台,都必须广泛征求社会各方面的意见,尤其是征求那些利益可能受到影响的市场主体的意见。在意见较分散却又不得不做出决定的情况下,按照少数服从多数原则作出决定,并在一定范围内向信托市场主体作出解释。同时,还应加强对信托规章和规则事后评估机制的完善。行政规章是实施具体行政行为的直接依据,其通过对上位法律和行政法规已经确定的权利义务规范进行再次界定,使之细化为实施中的细则条款。由于这种细化操作为行政规章的制定主体提供了广泛的"自由空间",使行政主体有可能借此扩大职权,从而造成行政规章与上位法规定之间的不相一致甚至南辕

---

① 参见崔卓兰、于立深《行政规章的经济分析》,载《吉林大学社会科学学报》1999年第5期。
② 参见《中华人民共和国立法法》第80条。
③ 参见《中华人民共和国立法法》第82条第1款。
④ 这主要表现在两个方面:其一,部门规章规定的事项应当属于执行法律或者国务院的行政法规、决定、命令的事项,没有法律或者国务院的行政法规、决定、命令的依据,部门规章不得设定减损公民、法人和其他组织权利或者增加其义务的规范,不得增加本部门的权力或者减少本部门的法定职责;其二,涉及两个以上国务院部门职权范围的事项,应当提请国务院制定行政法规或者由国务院有关部门联合制定规章。参见《中华人民共和国立法法》第80条第2款和第81条。

北辙。① 因此，对信托监管规章和规则进行事后评估，在源头上遏制监管行为的违法和不当，应成为《信托业法》的重要内容。

2. 市场准入审批权和市场退出监管权。健全的金融监管体系是市场准入监管、业务运营监管、市场退出监管的有机综合。金融机构的市场准入控制是有效监管的首要环节，使金融机构的数量、结构、规模、分布符合国家经济金融发展规划和市场需要；业务运营监管是对金融机构的持续性监管，通过对其业务运营的合规性、资本充足性、流动性、清偿性、资产质量、内部控制机制等的监管确保其稳健经营；市场退出监管则是在金融机构不能满足监管当局的审慎要求时，监管当局根据问题的性质采取的适当干预。三者共同服务于金融监管的既定目标，促进金融机构平稳运行、安全功能的发挥以及市场竞争机制的良好运作。② 在《信托业法》中，信托机构的市场准入主要表现为信托牌照的发放，就信托公司而言，市场准入既包括机构许可也包括业务许可，而这方面的许可权应授予新设立的信托业监管机构，由该监管机构决定是否授予信托公司经营牌照。对兼营信托业务的信托机构而言，这里的市场准入则表现为业务许可，而不是机构许可，其机构许可权仍按机构监管权力划分保持现状，即分别归属于中国银监会、中国证监会或中国保监会，但涉及信托业务的开展则须从新设立的信托业监管机构取得许可。从市场运行的视角上分析，设置市场准入制度包括制定市场准入的条件、程序、范围以及违反准入规则的后果等，在很大程度上体现了政府规制市场、公权干预私权的韵味，但这需要弄清一个前提，就是这些所谓的规制或干预都是需要在厘清政府与市场的合理边界基础上展开，由此才能充分发挥市场配置资源的基础性，从而提高经济运行效率。③ 此外，市场退出监管是现代金融监管体系不可或缺的内容，市场经济的发展与信托市场的开放肯定会导致一些信托机构的主动或被动退出，《信托业法》对信托机构的市场退出监管需从业务退出和机构退出两个方面作出规定，并把监管权力在新成立的信托业监管机构与既有金融业监管机构之间按照市场准入审批权限进行合理分配。

---

① 参见崔卓兰、杜一平《我国行政规章的事后评估机制研究——规章制定权扩张与监督权萎缩的非对称性分析及其解决》，载《法学评论》2011年第5期。

② 参见温树英《构建我国金融机构市场退出的监管法律体系》，载《政治与法律》2002年第3期。

③ 焦玉良：《对市场准入制度的经济学分析》，载《改革》2004年第2期。

3. 现场检查权和非现场检查权。现场检查和非现场检查作为一对概念，是金融监管中针对金融业务经营活动开展持续性监管常用的两种方式，二者都具有金融法所规定的强制性特征。其中，现场检查系指由监管部门派专人深入金融机构内部进行实地检查，通过查阅、复制有关报表、文件、账册等资料以及询问调查，分析和评价金融机构经营状况的一种监管方式。该方式不但具有较强的直观性和深入性，而且具有较强的灵活性和及时性。通过现场检查，监管部门能够直接确认金融机构有关文件、资料的真实性和合规性，并对可能被转移、隐匿或者毁损的文件、资料进行封存和保全，通过调查询问有关人员，及时发现问题、纠正问题和处理问题，防止已出现的金融风险进一步扩散。非现场检查则指监管部门根据金融机构报送的有关经营活动的报表、数据和资料进行审查、整理和分析，并以此确定金融机构经营状况和风险程度的监管方式，它具有预警性、全面性、连续性和指导性等特征。非现场检查主要是通过对相关指标的综合分析，对金融机构的整体经营状况进行全面了解，发现问题后可以派专人进一步进行现场检查。对于非现场检查而言，其成效如何关键取决于所报数据是否具有真实性和及时性，以及是否建立了一套科学的评级体系。我国目前的非现场检查监管指标包括五大类，即资本充足性指标、盈利状况指标、资产质量指标、资产流动性指标以及合规性指标。总的来看，这五类指标体系虽然比较全面，而且也符合国际惯例，但还仅仅是五个相互关联的单项指标，尚未形成一个以此为基础的风险评估体系。如果能够建立起一种类似美国的金融机构监督体系（FIMS）[①]那样的综合风险评估体系，那么就可以对金融机构的风险做出综合测评，从而起到风险预警的作用。由于金融机构上报的资料具有连续性，因此，非现场检查可以不间断地对金融机构的经营状况以及一些特别关注的项目进行动态监督，这是现场检查方式所不具备的。非现场检查对金融风险的把握能力要高于现场检查，而且对现场检查具有一定的指导作用，但它属于静态分析，不能很好地揭示问题的深层次内容。相反，现场检查对局部的、专项的情况具有灵活、高效、准确的特点，能够深入细致地了解和发现被检查机构的一些隐

[①] 美国1993年采用的金融机构监督体系（FIMS），包括30个参数以及一些根据地区经济条件设立的附加参数，每个参数是一个财务比率，并用年变动率表示，然后用所设计的模型，通过计算机计算出每个参数的级别，最后评出综合级别。用该体系分析有问题的银行，准确率非常高。

蔽性问题，特别是对一些欺诈行为更为有效，但对宏观风险的分析和把握却明显不足，而且较之于非现场检查，其成本明显偏高，容易影响金融机构的正常经营。因此，监管部门对现场检查和非检查检查两种方式的运用，不能凭自己的主观好恶而任意偏废，只有将二者有机结合起来并充分发挥二者各自的优势，才能达到监管的最佳效果。目前，我国金融监管中的现场检查多偏重于合规性检查，而且现场检查人力不足，监管机构内部各职能部门重复检查的现象仍时常发生，现场检查有时流于形式，这在一定程度上影响了现场检查的监管效果。许多关键领域只能在现场进行评估，例如管理者的素质、法规的遵守程度、资产的质量以及内、外部控制的程序，等等。[①] 从现有立法看，《信托公司管理办法》针对信托公司在这方面作出了相应规定。按照规定，中国银监会可以定期或者不定期对信托公司的经营活动进行检查；必要时，可以要求信托公司提供由具有良好资质的中介机构出具的相关审计报告；信托公司应当按照中国银监会的要求提供有关业务、财务等报表和资料，并如实介绍有关业务情况。[②] 笔者认为，《信托业法》在规定现场检查权和非现场检查权时应注意以下两点：一是利用现场检查方式进行监管，必须正确处理合规性检查和风险性检查之间的关系，发挥非现场检查对现场检查的指导作用，同时，监管机构要统筹安排内部各职能部门的检查工作，做到时间紧凑、内容完整、结构互补、分工合理，并对外协调好与财税、审计部门的检查时间和检查频率，尽量减少对金融机构正常经营活动的干扰，避免使其疲于应付各种现场检查；二是对于非现场检查监管而言，其重点是建立金融机构统一的评级体系，给每个金融机构确定一个全面的或者综合的监管等级，并在日常的金融监管中给予不同程度的关注。一方面，要从法律上确保各类报表信息的真实性、完整性、准确性和及时性，对伪造、虚报、迟报、漏报等行为进行严厉制裁；另一方面，要借鉴美国的骆驼评级制度，建立并实行非现场检查合规性与风险性评级和披露制度，改进和完善非现场检查监督体系，通过公众舆论和市场力量，发挥非现场检查监管的预警作用。

4. 行政处罚权。所谓行政处罚，系指国家特定行政机关依法惩戒违

---

① 马卫华：《WTO 与中国金融监管法律制度研究》，中国人民大学出版社 2002 年版，第 132 页。

② 2007 年《信托公司管理办法》第 47 条。

反行政法律规定但尚未构成犯罪的个人、组织的一种行政行为。[1] 该行为属于行政制裁范畴。我国《行政处罚法》对行政处罚的实施机关、种类及其设定、管辖和适用、决定和执行以及法律责任等作出了明确规定。处罚法定原则是行政处罚需要坚持的首要原则，它要求处罚的依据、实施处罚的主体及其职权、处罚的程序等都必须是法定的。笔者认为，行政处罚的设定权是立法需要解决的关键问题之一，《信托业法》需要对信托业监管机构的行政处罚权作出设定，明确出现何种情况、在何种条件下应给予何种处罚，这是体现该机构虽属于国务院直属事业单位但却承担国务院具体行政管理职能的重要表现。这里以信托公司为例，现行《信托公司管理办法》中就中国银监会的行政处罚权是有具体规定的，即信托公司违反审慎经营规则的，中国银监会责令限期改正；逾期未改正的，或者其行为严重危及信托公司的稳健运行、损害受益人合法权益的，中国银监会可以区别情形，依据《银行业监督管理法》等法律法规的规定，采取暂停业务、限制股东权利等监管措施。[2] 只是这样的规定并不能直接移入《信托业法》，《信托业法》可以借鉴《银行业监督管理法》的立法技术，明确规定信托机构违反审慎经营规则后不同行政处罚措施及其适用的具体情形。需要强调的是，行政处罚并不是以实现法律上的义务为直接目的，而是以对违法行为人的惩戒为直接目的，因此，设定和实施行政处罚必须以事实为依据，与违法行为的事实、性质、情节以及社会危害程度相当。对信托业监管机构而言，这里的行政处罚不仅是一种法定职权，同时也是一种义务和责任。

5. 危机救助权。伴随着经济全球化和金融国际化，现代金融危机的爆发，无论是考察其诱因还是实现机制，或者考察其影响范围以及危害程度等，较之过去都发生了深刻变化，而且金融危机对经济的破坏程度愈演愈烈，这使得政府对金融危机的救助成为重要课题。尽管理论界对金融危机和问题金融机构是任由市场自发调节还是政府救助仍存在着争议，但从2007年美国金融危机爆发后各国的反应看，很多国家还是普遍采取了相应的救助措施。传统的救助模式分为三个层次，即政府救助、同业救助和

---

[1] 参见罗豪才主编《行政法学》，中国政法大学出版社1989年版，第156页。
[2] 2007年《信托公司管理办法》第54条。

自我救助。实践证明，政府救助是最直接、最及时、效果最明显的方式。① 因此，当金融危机成为一种公共危机的情况时，其中的政府救助往往首当其冲。就国外立法看，银行危机救助主要存在三种法律制度安排，即最后贷款人制度、存款保险制度和对陷入危机的银行实行接管或者组织并购制度。② 对信托公司而言，则主要是其中的接管和重组制度。《信托公司管理办法》针对信托公司的危机救助即明确规定，信托公司已经或者可能发生信用危机，严重影响受益人合法权益的，中国银监会可以依法对该信托公司实行接管或者督促机构重组。③《信托业法》对信托机构的危机救助也需要作出相应的规定，尤其是对专营信托业务的信托公司来说，这样的规定更显得重要。兼营信托业务的其他信托机构在各自的监管立法中已经有了相应规定，就信托业监管机构而言，其救助重心应放在问题信托公司身上，并以最小的救助成本取得最优的救助效果，制订出信托公司危机监测、识别、预警、救助方案，全面提高信托危机管理能力。

三、信托业监管机构的法律责任

（一）监管责任：立足于责任体系的完善

金融监管机构的监管权力与监管责任的非均衡化，是世界各国的通病，也是历次金融危机的根本原因之一。在我国，金融监管责任的缺失主要体现在履行审慎监管和行使自由裁量权时，对监管机构和监管人员缺乏相应的制衡，导致监管权力与监管责任的非对称。④ 为了解决这一问题，

---

① 王赟：《危机救助中的财政、金融政策协调研究——基于问题金融机构的视角》，西南财经大学博士学位论文，2010年，第2页。

② 徐孟洲、郑人玮：《论我国银行危机救助法律制度的改革与完善》，载《法学杂志》2004年第2期。

③ 2007年《信托公司管理办法》第55条。

④ 需要说明的是，1999年4月24日中国人民银行颁行了《中国人民银行金融监管责任制（暂行）》，通过14章95条，建立了总行、分行、中心支行和支行四级监管组织体系，实行"统一领导、分级监管、部门落实、责任到人、跟踪监控、加强考核"的工作制度，各司其职，各负其责。该规章强调中国人民银行对金融机构市场准入、营运、退出的全过程进行监管，取缔非法金融机构和非法金融业务活动，明确了对各级行长、监管职能部门和监管员的具体考评和奖惩办法。2004年12月17日发布的中国人民银行、中国银行业监督管理委员会公告［2004］第20号在其附件三中将该规章废止。该规章在我国金融监管立法史上有着重要价值，其通过建立金融监管责任制，专门明确了人行各级行及有关职能部门在金融监管方面的权力和责任。

有学者提出，首先是完善金融监管机构履职的责任立法，其次是建立金融监管机构履职的评价体系，最后是明确金融监管机构履职责任追究主体。[①] 笔者认为，这些意见对《信托业法》中法律责任的设计颇具价值。

就《信托业法》中的监管责任而言，除了常说的被监管信托机构所承担的法律责任外，更重要的是，需要强调信托业监管机构在履行职责中其本身因违法行为所应承担的责任。概括起来，信托业监管机构应当承担法律责任的违法情形主要包括：违反规定审查批准被监管机构的设立、变更、终止，以及业务范围和业务范围内的业务品种的；违反规定对被监管机构进行现场检查的；未依照规定报告突发事件的；违反规定查询账户或者申请冻结资金的；违反规定对被监管机构采取措施或者处罚的；违反规定对有关单位或者个人进行调查的；滥用职权、玩忽职守的其他行为等。针对这些违法行为，完善《信托业法》中的监管责任体系十分重要。

1. 关于直接责任、主要领导责任和重要领导责任的问题。在监管机构的法律责任划分与承担中，应依过错将责任具体分为直接责任、主要领导责任和重要领导责任三种类型。具体说来，监管承办人未经审核人、批准人批准，直接作出具体决定，导致职责过错行为发生的，应负直接责任；监管承办人弄虚作假、徇私舞弊，致使审核人、批准人不能正确履行审核、批准职责，导致职责过错行为发生的，承办人负直接责任；虽经审核人审核、批准人批准，但承办人不依照审核、批准的内容实施，导致职责过错行为发生的，承办人负直接责任。承办人提出的方案或者意见有错误，审核人、批准人应当发现而没有发现，或者发现后未予纠正，导致职责过错行为发生的，承办人负直接责任，审核人负主要领导责任，批准人负重要领导责任。审核人不采纳或者改变承办人正确意见，经批准人批准导致职责过错行为发生的，审核人负直接责任，批准人负主要领导责任；审核人不报请批准人批准直接作出决定，导致职责过错行为发生的，审核人负直接责任。批准人不采纳或者改变承办人、审核人正确意见，导致职责过错行为发生的，批准人负直接责任；未经承办人拟办、审核人审核，批准人直接做出决定，导致职责过错行为发生的，批准人负直接责任。承办人不履行规定职责的，负直接责任；审核人或者批准人指令承办人不履

[①] 巫文勇：《金融监管机构的监管权力与监管责任对称性研究》，载《社会科学家》2014年第2期。

行规定职责的，做出指令的人负直接责任；审核人做出的指令经批准人同意的，审核人负直接责任，批准人负主要领导责任。已发生的职责过错行为，是经集体研究、认定的，决策人负主要领导责任、持错误意见的人负重要领导责任、持正确意见的人不承担责任。上级机关改变下级机关作出的具体决定，导致职责过错行为发生的，上级机关负责人负主要领导责任。这里的"批准人"，一般指监管机构的主要领导及其副职人员；"审核人"一般指各监管机构内设部门的负责人及其副职人员；"承办人"一般则指具体承办监管事项的工作人员。

2. 关于监管机构的侵权责任问题。巴塞尔委员会的《有效银行监管核心原则》提倡给予监管机构法定的保护，以使其能有效地履行监管职能。[1] 我国有学者专门研究了银行监管机构的侵权责任问题，并强调给予监管机构责任豁免是银行监管机构独立性的重要保障。[2] 但也有学者指出，在许多国家，利益受损的股东或存款人针对监管者提起侵权之诉，银行法赋予监管者豁免是受害人败诉的主要原因。给予监管者一定程度的保护是必要的，但是这种保护不应使得受损方不能获得实质的救济。从经济、政策或正义层面来看，给予监管机构侵权责任的绝对豁免并不合适，绝对豁免与金融体系稳定、效率和正义的目标是背道而驰的。在维持效率的同时，应当分析受害人和监管机构在损害过程中的角色，而不能采取过于僵硬的绝对豁免的方式，以实现分配正义和纠正正义的统一。[3] 这种研究对信托业监管责任来说同样有着重要的参考意义。责任豁免看似能让监管机构更好地处置银行破产问题，实则削弱了其更审慎地履行职能的必要性，也影响了银行破产成本分担的公平性。[4] 关于信托业监管机构的侵权责任在《信托业法》中应否进行豁免，笔者认为，为防止滥用诉权同时强化社会监督，立法中对该问题应采用慎重态度，可以援引《国家赔偿法》有关行政赔偿的规定，严格赔偿条件和赔偿范围，责令监管机构承担适当的赔偿责任，以促使其更勤勉、更有效地履行监管职责，保护委托

---

[1] See *Principle of the Core Principles for Effective Banking Supervision*, Basel Committee on Bank Supervision, 1997, p. 4, p. 13.

[2] 周仲飞：《银行监管机构问责性的法律保障机制》，载《法学》2007年第7期。

[3] 苏洁澈：《论银行监管机构的侵权责任——以银行破产和英美法为例》，载《法学家》2011年第1期。

[4] 同上。

人和受益人的利益。

(二) 信托业监管中的司法介入

信托业监管的整合需要司法权的必要介入。司法介入是现行信托监管体制改善的补充性保障。如前所述，信托业监管改革如果仅限定在狭义的信托公司及其业务范围内则显然不能克服目前面临的挑战，相反，必须统一立法、重新定位信托业并采用更有效的监管工具。

"不完备法律"理论是金融监管理论学说中晚近出现的重要学说，该理论涉及经济学和法学的基本假设，对监管，特别是金融市场监管的存在提出了新的见解。该理论指出，从开始起，金融市场就不断充斥着丑闻和舞弊行为，尽管立法者一直试图通过颁布新的法律和强化执法制度，控制损害行为的发生，但依赖法庭执法的法律并没有对这类舞弊行为产生有效的阻吓。该理论认为，法律是不完备的，并且在不完备法律下被动式执法通常是不够的。法律的阻吓作用因其内在不完备性而削弱。法律的不完备性对立法和执法制度的设计有深刻的影响。法律不完备时，剩余立法权及执法权的分配方式会影响执法的有效性。在不完备法律下，对立法及执法权最优分配的分析，集中于可能作为立法者的立法机构、监管者和法庭，以及可能作为执法者的监管者和法庭。剩余立法权及执法权的最优分配取决于法律不完备性的程度及性质，对导致损害的行为进行标准化的能力，以及此种行为产生的预期损害和外部性的大小。在高度不完备的法律下，如果损害行为能加以标准化，并且该行为继续下去会产生大量的外部性，此时监管者优于法庭。重大的证券欺诈导致投资者对金融市场丧失信心便是一例。除此之外，由法庭拥有立法及执法权是最优的。这类例子包括公司法中有关信托义务原则的判决。[①] 我国金融监管体制改革实践表明，引入中国证监会、中国保监会以及中国银监会等专业监管机构以主动方式进行监管执法，可以改进法律效果，弥补法律不完备性的不足。

但从我国目前情况来看，司法机构仍面临着如何保证监管执法有效性

---

① 参见卡塔琳娜·皮斯托、许成钢《不完备法律（上）：一种概念性分析框架及其在金融市场监管发展中的应用》，载吴敬琏主编《比较》（第3辑），中信出版社2002年版，第111—112页。

的严峻问题。唐建"老鼠仓"案①至今仍留给我们许多思考。中国证监会在该案中虽看到了唐建所从事的与基金份额持有人利益相冲突的活动，严重违背了基金从业人员对受托管理的基金财产应负的忠实义务，但对于唐建和基金公司与受益人之间信托法律关系认定上的缺失以及对受益人救济不足方面的尴尬，则从一个侧面彰显了持续性信托监管统一立法以及司一监管法律规则，固然可以改善法律的不完备性，也可以增强有效执法的可能性与司法救济的可靠性。2010年底，最高人民法院出台关于非法集资的司法解释，即《最高人民法院关于审理非法集资刑事案件具体应用法律若干问题的解释》（法释〔2010〕18号），为实践中一直存在争议的非法集资刑事案件的审理工作提供了明确指导。有学者指出，该《解释》不但有助于法院审判工作，实际上也有助于民间融资活动的合法开展，但其中仍然存在着一些问题值得讨论。首先，该《解释》对于界定非法集资的关键要素仍然不够明确，交易的集资性质应当主要表现为"被动投资性"和交易的"公开性"。其次，这种模糊认识导致该《解释》对用于正常经营活动的集资的豁免和对在亲友和单位内部进行集资活动的豁免存在不足。此外，该《解释》对于公开转股行为的定罪过于严厉，将擅自发售基金份额行为定为非法经营罪也不符合法律解释的逻辑。②

---

① 2006年3月，唐建任职上投摩根研究员兼阿尔法基金经理助理，在执行职务活动，向有关基金二级股票池和阿尔法基金推荐买入"新疆众和"股票的过程中，使用自己控制的中信建投证券上海福山路营业部"唐金龙"证券账户先于阿尔法基金买入"新疆众和"股票，并在其后连续买卖该股。期间，唐建还利用职务权限，多次查询上投摩根阿尔法基金投资"新疆众和"股票的信息，充分掌握了该基金的投资情况。截至2006年4月6日全部卖出前，"唐金龙"证券账户累计买入"新疆众和"股票60903股，累计买入金额76.49万元；全部卖出所得金额105.45万元，获利28.96万元。此外，2006年4月至5月，唐建还利用福山路营业部"唐金龙"资金账户下挂的"李成军"证券账户、东方证券上海浦东南路营业部"李成军"证券账户连续买卖"新疆众和"股票的机会，为自己及他人非法获利123.76万元。总之，唐建任职上投摩根期间，利用职务便利通过其所控制的证券账户交易"新疆众和"股票，为自己及他人非法获利152.72万元。2008年4月8日，中国证监会作出处理决定，对唐建处以罚款50万元，没收违法所得，取消基金从业资格，并终身禁止从事证券业务或担任上市公司董事、监事、高级管理人员职务。详细内容参见《中国证监会行政处罚决定书》（2008）22号，http：//www.csrc.gov.cn/pub/zjh-public/G00306212/200804/t20080430_23123.htm；《中国证监会市场禁入决定书》（2008）9号，http：//www.csrc.gov.cn/pub/zjhpublic/G00306212/200804/t20080430_23121.htm。

② 彭冰：《非法集资行为的界定——评最高人民法院关于非法集资的司法解释》，载《法学家》2011年第6期。

但笔者认为，《信托业法》的制定并非一朝一夕即可完成之事。在这一过程中，司法适度介入信托监管权的整合，可以使《信托法》的执行和监管执法更具有现实性和针对性，使法律的调整功能更加有效。在"不完备法律"理论下，主动式执法以及灵活修改法则的权利使得监管者能够有效执法，这在英国金融市场监管的发展，以及其他法域包括德国和美国进行的比较分析中都得到了有力的证明。[①] 但同时，监管执法的主动性需要接受中立性司法的最后检验和校正。在监管机构不能完全监管或监管冲突的领域，法院等司法机构的介入会弥补监管不足，体现法治对经济社会现实需要的有力保障。当然，司法介入需要着力解决监管失灵和司法阻碍的双重弊端，因此，介入时机和介入程度的科学把握至关重要。其中的关键在于，要保障信托当事人充分行使自己的诉权，使其在权益受到侵害时，能够发动司法救济程序，并通过司法机制的干预促使信托业监管权的行使实现统一化和标准化，消除金融理财活动过程中出现的法律梗阻现象，克服信托业监管责任与监管权力之间所存在的非对称性。

第五节 问题信托机构的救助与市场退出

一、问题信托机构的界定及其法律规则体系

金融危机对金融市场危害极大，其直接后果就是导致资产价格的急剧下降和大量金融机构及企业的倒闭。问题信托机构的产生对金融市场和金融体系的负面影响同样很大，对问题信托机构的救助和退出需要严格的法律框架支持。何谓问题信托机构？如何界定问题信托机构？这一问题是制定《信托业法》中需要深入探讨的问题。

（一）问题信托机构的定义

应该说，问题信托机构是问题金融机构的一种类型。然而，国内学界在问题金融机构的含义上本身有着一些不同看法。譬如，有的认为，问题

[①] 参见卡塔琳娜·皮斯托、许成钢《不完备法律（下）：一种概念性分析框架及其在金融市场监管发展中的应用》，载吴敬琏主编《比较》（第4辑），中信出版社2003年版，第127—128页。

金融机构是指那些有问题的、除非立即采取必要的纠正措施或提供资金支援，否则短期内将破产、倒闭的金融机构[1]；也有的认为，问题金融机构是指经营管理上出现严重问题或因突发事件影响而面临挤兑倒闭或破产危险的金融机构[2]；还有认为，问题金融机构就是接近或已经丧失金融清偿能力的金融机构[3]；另有学者指出，所有的金融危机在本质上都是一致的，即为金融功能的弱化或丧失，而且引起金融危机的根本原因都是信用的丧失，故由此推断，金融功能弱化或丧失的金融机构即为问题金融机构。[4] 笔者认为，对问题金融机构的上述定义，表面看是不同的，但究其实质，这些定义均着力于揭示问题金融机构的主要特征，在一定程度上深化了对"问题金融机构"这一概念中所谓"问题"的理解和认识，体现了由表及里的认识过程。尤其是对接近或已经丧失金融清偿能力、金融功能弱化或丧失这些特征的提炼，直接简化了其中的"问题"实质，抓住了定义时的核心和关键，突出了金融机构的法人责任能力以及区别于其他市场主体的特殊功能。相比之下，前两种定义缺乏对"问题"本身的提炼，把定义重点放在了法律后果上；后两种定义方法非常接近，只是对"问题"本身的描述有所不同。当然，"问题"发生的原因会因人而异，有的系内因造成，如内部控制失灵与操作风险失控等，有的则属于外部原因，如不遵守监管规则而被监管者查处或受到同业风险的影响等。正因为如此，有学者将问题金融机构定义为由于盈利性、管理水平、流动性、市场敏感性等方面的原因而使偿付能力受到负面影响的金融机构。[5] 这一定义更加强调了责任能力丧失或接近丧失的原因，但并未跳出第三种定义方法。的确，从法人角度看，偿付能力是考察与评估金融机构是否存在问题，或者说是否稳健的一个客观性标准，这与信托业务功能能否正常发挥

---

[1] 这里对问题信托机构的定义，直接借用了对问题金融机构的定义。对问题金融机构的定义参见邢会强《问题金融机构处理中相关政府部门之职责划分》，载《首都师范大学学报》（社会科学版）2007年第1期。

[2] 参见徐安良《问题金融机构风险处置的国际经验及借鉴》，载《未来发展》2006年第11期。

[3] 王宝钢等：《问题金融机构市场退出的法律制度研究》，载《金融理论与实践》2011年第6期。

[4] 黎四奇：《问题金融机构界定法律问题透视》，载《湖南大学学报》（社会科学版）2015年第4期。

[5] 同上。

有着直接联系。故而相比之下，笔者更加赞同后两种定义。笔者建议，《信托业法》对问题信托机构的定义，重点需要突出问题信托机构的"问题"所在，至于其后果以及救助措施需要在条文中重点作出规定，但定义时可以省略。具体说来，问题信托机构与健康信托机构这一概念相对应，在法律上泛指接近或已经丧失清偿能力和信托业务功能的金融机构。

金融机构监管中对"问题金融机构"的解释应是扩大性的，已有研究中出现的破产金融机构、陷入困境的金融机构、失败的金融机构、违规经营的金融机构等不同概念即反映了问题金融机构的多样性，而且问题本身并不局限于资不抵债、支付能力丧失、挤兑、管理失灵或缺位、违法经营等严重风险。问题金融机构的出现，除了历史性、政策性的原因以外，很大程度上是因为国有金融机构委托代理链过长、层次过多所导致的所有者缺位以及内部人控制，这在银行、证券、保险和信托领域都有不同程度的存在。[①] 从实践看，我国自实行社会主义市场经济体制以来，一直在积极探索对问题金融机构的救助和处置。譬如，为提高四大国有商业银行的国际竞争力，不但专门成立了四家金融资产管理公司[②]，接收和处置四大商业银行的不良资产，而且向四大商业银行注入资本金，引进战略投资者，进行股份制改造和发行股票上市。这些处置措施，一方面增强了四大国有商业银行的资本金，另一方面也强化了其公司治理结构，及时化解了

[①] 参见檀江来《中国有问题金融机构处置研究》，复旦大学博士学位论文，2008年，第1页。

[②] 四家金融资产管理公司分别是长城、信达、东方和华融资产管理公司。这些资产管理公司成立的法律依据是2000年11月1日国务院第32次常务会议通过、同年11月10日公布并实施的《金融资产管理公司条例》。该条例在我国问题金融机构处置机制中具有深远意义，因为该条例的出台本身就是依法处置国有商业银行不良债务的产物。该条例第2条对金融资产管理公司的性质进行了定性，即经国务院决定设立的收购国有银行不良贷款，管理与处置因收购国有银行不良贷款形成的资产的国有独资非银行金融机构。其第10条规定，金融资产管理公司在其收购的国有银行不良贷款范围内，管理和处置因收购国有银行不良贷款形成的资产时可以从事下列业务活动：追偿债务；对因不良贷款形成的资产进行租赁或者以其他形式转让及重组；债权转股权，并对企业阶段性持股；资产管理范围内公司的上市推荐及债券、股票承销；发行金融债券，向金融机构借款；财务及法律咨询，资产及项目评估；中国人民银行、中国证监会批准的其他业务活动等。金融资产管理公司终止时，由财政部组织清算组，进行清算。在完成政策性不良资产收购任务后，2007年四家资产管理公司都已开始纯商业化资产运作。2010年国新资产管理公司（即中国国新控股有限责任公司）成立后，更偏重政策性国有资产的有关处置，而原有的4家金融资产管理公司更趋向商业化运作。

银行业风险。另外，通过关闭问题信托公司，对有严重问题的证券公司实行关闭和托管措施，建立投资者保护基金等，也解决了信托业和证券业发展中出现的问题。这些措施，都旨在恢复问题金融机构的资本实力和风险控制能力，恢复金融行业的市场信心，最终结果是要恢复金融机构的健康状态或者说是恢复金融机构的安全性，把对金融市场的破坏程度降到最低，对金融资产价值的破坏程度降到最小。

（二）问题信托机构的界定标准

有学者提出，在法律视角下界定问题金融机构，可从问题金融机构行为违法性、法律适用、权责机关和市场退出等角度论述。在特征上，问题金融机构表现为道德风险的高发性、法律处置的特殊性、权责机关介入处置的全程性以及问题金融机构退出的复杂性。[1] 问题金融机构虽然所涉法律问题众多，但其界定必然存在一个客观性标准，而该标准对监管机构而言应该一目了然，易于量化考核。就问题信托机构的界定而言，道理是相同的。其界定标准必须能够通过一定的指标进行衡量，而能够客观量化的指标恐怕主要是一些流动性指标和财务指标。无论是强调资不抵债，还是流动性丧失，抑或清偿能力丧失，都需要借助一定的定量分析才能完成确认过程。

公正而言，在已有的认识下，给偿付能力下一个概念并非什么难事，但是定量评价却是知易行难。在经济上，当未来的预期收入不确定时，在价值认定上其不可避免地掺杂有主观判断的因素。而且，现实地看，稳健程度欠佳的金融机构的所有者与管理者，在计算应收款项时表现得较为积极主动，反之在计算可能的呆账坏账时，却表现得很消极，常人为地推延记账。无论如何，在实践中财务标准是一个倍受青睐的微观标准。偿付能力表现为某一金融机构的资产负债表中的资本净值为正，其核算方法是资产扣减负债而得的差额。虽然在表面上，这一标准执行起来比较简明扼要，但是事实并非如此。财务标准是截取某一时间点的静态值来评估全体，它至多只能表明某一机构在某一特定的选取点的状态情况。从未来看，由此并不必定能得出该机构健康与否的结论，而且，在这其中，仍存在诸多应得到解答的疑惑，如用偿付能力作为衡量某一金融机构或稳健或

---

[1] 刘俊：《各国问题金融机构处理的比较法研究》，上海世纪出版集团2008年版，第35—38页。

问题的标志是否过于抽象与简单？价值评估中应该使用什么样的会计方法？如何选择评估参照点？这些都是比较复杂的问题。就资产评估来说，就存在市场价值法、账面价值法、现值与可实现价值三种方法，因此综合各种可能的因素，如盈利状况、管理水平、资本充足率、资产质量、流动性等来考察金融机构的偿付能力是评判金融机构是否问题化及问题化程度的必经途径。[①] 笔者认为，其中关键是普遍建立金融机构流动性风险[②]监管指标，包括流动性覆盖率和流动性比例。其中，流动性覆盖率旨在确保不同类型的信托机构具有充足的合格优质的流动性资产，能够在信托业监管机构规定的流动性压力情景下，通过变现这些资产满足未来至少一个月的流动性需求。通过流动性风险监管指标体系，形成有效的流动性风险识别、计量、监测和控制机制和完备的管理信息系统。

上述界定标准需要与处置问题信托机构的触发标准相联系。对问题信托机构的界定是处置问题信托机构的基本前提，监管当局干预的早晚如何把握，需要有分阶段的、递进的、清晰界限的触发标准。触发后随着问题的严重程度，需要区别对待问题严重程度不同的信托机构，应有一个递进的、规范明确的处置目标和手段，问题严重程度越高处置的强制性就应当越大，严重到一定程度时，则要进行强制接管。建立触发标准是使监管当局知道在什么情况下应该做什么事情，不能介入太早，以免发生过度干预；也不能太晚，错过最佳处置时机。在这个触发标准下，自由裁量区间不应过宽。[③]

这里的触发标准同时也是针对问题信托机构进行国家救助的具体边界。作为设定问题信托机构启动国家救助及不同救助方式选择的基本条件，笔者认为，触发标准应主要包括财务风险条件和系统重要性条件。负有求助责任的机构通过事先确定的、清晰的标准，对金融机构资本充足率、资产质量、盈利能力、流动性及市场风险敏感度等进行评估，并综合考虑金融机构的活跃程度、规模、关联性、可替代性和复杂性等指标，以

---

① 黎四奇：《问题金融机构界定法律问题透视》，载《湖南大学学报》（社会科学版）2015年第4期。

② 这里的流动性风险，是指信托机构无法以合理成本及时获得充足资金，用于偿付到期债务、履行其他支付义务和满足正常业务开展的其他资金需求的风险。

③ 参见韦颉《处置问题金融机构的一般原则与国际经验——银行业金融机构市场退出机制国际研讨会侧记》，载《中国金融》2007年第3期。

确立其面临的风险状况及危机程度，据此而作出求助选择。国家救助边界的界定，应坚持成本最低、显性救助、择优选择和谨慎实施四项基本原则，在救助与破产之间寻求平衡，以保障金融体系的稳定和金融消费者权益。①

（三）问题信托机构法律规则体系的完善

有关问题信托机构的救助和退出，无论在救助标准和救助措施上，还是在退出程序和后果上都应该是透明、公开的，从而避免监管决策的随意性和监管执法的模糊性。建立并完善问题信托机构救助和退出的法律框架，目的在于规范对问题信托机构的救助行为和退出机制，增强救助和退出的透明度。否则，缺乏处置战略、目标、手段和程序的透明度，无法兼顾债权人和投资者的意愿，无法保护债权人和投资者的利益，更无法公平、公正地对待债权人和受益人，势必会严重影响《信托业法》安全和公平价值的实现。

我国《公司法》②为问题信托机构的市场退出奠定了重要基础。如该法第10章"公司解散和清算"即用11个条文对公司解散、清算和破产等事项作出了详细规定。③目前，关于问题信托机构市场退出监管的法律规定散见于关于专营和兼营信托业务的各类金融机构的现有金融立法中，如《商业银行法》《银行业监督管理法》《证券投资基金法》《保险法》等。《商业银行法》的第7章"接管和终止"专门规定了商业银行的市场

---

① 巫文勇：《问题金融机构国家救助法律边界界定》，载《法学论坛》2015年第1期。
② 该法于1993年12月29日第八届全国人民代表大会常务委员会第五次会议通过，根据1999年12月25日第九届全国人民代表大会常务委员会第十三次会议《关于修改〈中华人民共和国公司法〉的决定》第一次修正；根据2004年8月28日第十届全国人民代表大会常务委员会第十一次会议《关于修改〈中华人民共和国公司法〉的决定》第二次修正；2005年10月27日第十届全国人民代表大会常务委员会第十八次会议修订；根据2013年12月28日第十二届全国人民代表大会常务委员会第六次会议《关于修改〈中华人民共和国海洋环境保护法〉等七部法律的决定》第三次修正，共有13章218条。
③ 按照《公司法》第180条的规定，公司因下列原因解散：（1）公司章程规定的营业期限届满或者公司章程规定的其他解散事由出现；（2）股东会或者股东大会决议解散；（3）因公司合并或者分立需要解散；（4）依法被吊销营业执照、责令关闭或者被撤销；（5）人民法院依照该法第182条的规定予以解散。该法第182条规定，公司经营管理发生严重困难，继续存续会使股东利益受到重大损失，通过其他途径不能解决的，持有公司全部股东表决权百分之十以上的股东，可以请求人民法院解散公司。就公司破产而言，该法第190条规定，公司被依法宣告破产的，依照有关企业破产的法律实施破产清算。

退出。该法第 64 条规定,商业银行已经或者可能发生信用危机,严重影响存款人的利益时,国务院银行业监督管理机构可以对该银行实行接管;接管的目的是对被接管的商业银行采取必要措施,以保护存款人的利益,恢复商业银行的正常经营能力;被接管的商业银行的债权债务关系不因接管而变化。在我国,商业银行因解散、被撤销和被宣告破产而终止,其中,商业银行因分立、合并或者出现公司章程规定的解散事由需要解散的,应当向国务院银行业监督管理机构提出申请,并附解散的理由和支付存款的本金和利息等债务清偿计划,经国务院银行业监督管理机构批准后解散;商业银行解散的,应当依法成立清算组,进行清算,按照清偿计划及时偿还存款本金和利息等债务,国务院银行业监督管理机构监督清算过程。[①] 商业银行因吊销经营许可证被撤销的,国务院银行业监督管理机构应当依法及时组织成立清算组,进行清算,按照清偿计划及时偿还存款本金和利息等债务。[②] 商业银行不能支付到期债务,经国务院银行业监督管理机构同意,由人民法院依法宣告其破产。商业银行被宣告破产的,由人民法院组织国务院银行业监督管理机构等有关部门和有关人员成立清算组,进行清算。商业银行破产清算时,在支付清算费用、所欠职工工资和劳动保险费用后,应当优先支付个人储蓄存款的本金和利息。[③]《银行业监督管理法》第 38 条和第 39 条对上述内容进行了重申。例如,第 38 条规定,银行业金融机构已经或者可能发生信用危机,严重影响存款人和其他客户合法权益的,国务院银行业监督管理机构可以依法对该银行业金融机构实行接管或者促成机构重组,接管和机构重组依照有关法律和国务院的规定执行。第 39 条规定,银行业金融机构有违法经营、经营管理不善等情形,不予撤销将严重危害金融秩序、损害公众利益的,国务院银行业监督管理机构有权予以撤销。2015 年新修正的《证券投资基金法》第 26 条规定,公开募集基金的基金管理人违法经营或者出现重大风险,严重危害证券市场秩序、损害基金份额持有人利益的,国务院证券监督管理机构可以对该基金管理人采取责令停业整顿、指定其他机构托管、接管、取消基金管理资格或者撤销等监管措施。2015 年《保险法》在其第 6 章 "保

[①] 2015 年《中华人民共和国商业银行法》第 69 条。
[②] 2015 年《中华人民共和国商业银行法》第 70 条。
[③] 2015 年《中华人民共和国商业银行法》第 71 条。

险业监督管理"中保险公司的整顿、接管、清算和破产等事项作出了具体规定。若被整顿、被接管的保险公司有《企业破产法》第2条规定情形，则国务院保险监督管理机构可以依法向人民法院申请对该保险公司进行重整或者破产清算。[1]

需要特别指出的是，我国《证券法》《信托法》并无相关证券公司与信托机构市场退出的规定。现行立法针对证券公司的救助和市场退出主要采用了行政法规的形式。《证券公司管理条例》规定，证券公司停止全部证券业务、解散、破产或者撤销境内分支机构的，应当在国务院证券监督管理机构指定的报刊上公告，并按照规定将经营证券业务许可证交国务院证券监督管理机构注销。[2]《证券公司风险处置条例》[3]则在其第2章"停业整顿、托管、接管、行政重组"、第3章"撤销"、第四章"破产清算和重整"和第5章"监督协调"对证券公司的救助和市场退出作出了详细规定。相比之下，有关信托公司的救助和市场退出规定最为简陋，主要规定在《信托公司管理办法》中。该办法第28条规定，对信托公司净资本等风险控制指标继续恶化，严重危及该信托公司稳健运行的，除采取第27条规定的相关措施外，中国银监会还可以采取下列措施：（1）责令调整董事、监事及高级管理人员；（2）责令控股股东转让股权或限制有关股东行使股东权利；（3）责令停业整顿；（4）依法对信托公司实行接管或督促机构重组，直至予以撤销。不难看出，目前有关问题信托机构及其救助和退出的法律规定虽已基本成体系，但仍有需要完善之处，尤其是关于信托公司的救助和市场退出规定不仅停留在部门规章层次，而且规定内容相当粗疏。笔者认为，由于我国《信托法》并不包含信托业监管内容，因此在制定《信托业法》中，需要细化和明确问题信托机构尤其是信托公司的认定标准及其处置规则，使整个法律规则体系变得更加严密、透明和一致，使司法体系与监管机构对问题信托机构的处置更趋协调。

---

[1] 参见2015年《中华人民共和国保险法》第148条。

[2] 参见2008年《证券公司监督管理条例》第17条第4款。该条例于2008年4月23日由国务院第6次常务会议通过，同年4月23日公布，并自同年6月1日起施行，共8章97条，对证券公司的市场准入与日常监管、组织机构的设置与高级管理人员的管理、基本业务规则与风险控制措施、客户资产的保护、监管机构的监管措施、法律责任作了规定。

[3] 该条例于2008年4月23日由国务院第6次常务会议通过，同年4月23日公布，自公布之日起施行，共7章63条。

二、问题信托机构的救助处置模式与救助方式

(一) 问题信托机构的救助处置模式

基于主导机构的性质，理论上可以把问题信托机构的救助处置分为行政模式与司法模式两种类型。其中，前者的主导机构是问题信托机构的监管部门，适用于《商业银行法》《银行业监督管理法》《证券投资基金法》《保险法》《证券公司风险处置条例》《信托公司管理办法》等法律法规和部门规章下的监管处置。这一模式通常在法庭外解决，信托机构的停业整顿、托管、接管、行政重组以及解散、撤销等都是通过该模式完成。该模式一方面突出了对问题信托机构本身的行政保护，另一方面也更加注重救助处置的效率性。后者由人民法院主导，着眼于彻底的清盘过程，主要适用于问题信托机构的破产终止。相比较而言，后者在程序上较前者要复杂和繁琐一些，并更加注重对问题信托机构相关权利人的司法保护。

(二) 问题信托机构的救助方式

金融业是一个高风险的脆弱行业，金融风险的"传染性"容易诱发系统性金融危机。加上法律的不完备性，使得各国不得不设置金融监管机构来对金融业实施监督管理，并在关键时候伸手救助。我国处理问题金融机构的历史已近十年，1995年出台的《中国人民银行法》规定了最后贷款人制度和接管制度，从而开启了对问题银行的救助先河。在实践中，我国被接管、关闭撤销、破产、并购的金融机构数量不少。可是，尽管我国的法治建设在不断进步，但在问题金融机构处理这一领域，仍存在着制度空白与立法层级过低等问题，有的制度虽已建立，但因制度设计过粗，在操作中又往往难以获得实效。从实践看，目前的救助方式主要有：

1. 注资。实践中，注资是各国政府普遍采取的一种方法。信托机构良性运营的基本前提之一就是要有足够的资本金，使其净资本维持在合理水平。众所周知，资本充足率是保证银行等金融机构正常运营和发展所必需的资本比率。各国金融监管当局一般都有对商业银行资本充足率的管制，其目的主要在于监测银行抵御风险的能力。当然，资本充足率有不同的计算口径，譬如有资本对存款的比率、资本对负债的比率、资本对总资产的比率以及资本对风险资产的比率等。对信托公司而言，其净资本指标同样可以达到相应目的。这里的净资本，系指根据其业务范围和公司资产

结构的特点,在净资产的基础上对各固有资产项目、表外项目和其他有关业务进行风险调整后得出的综合性风险控制指标。① 对信托公司实施净资本管理的目的,是确保信托公司固有资产充足并保持必要的流动性,以满足抵御各项业务不可预期损失的需要。对信托公司实行净资本管理,相当于对信托公司设定了类似银行资本充足率的指标,从而使信托公司可管理的信托资产规模与其净资本直接挂钩。通过注资,能使问题信托机构暂时摆脱经营中的流动性困境,提高其资本充足率。

2. 接管。现行金融法中,《商业银行法》和《保险法》都提到了接管,并作出了相应规定。理论上讲,接管是指监管机构根据法律授权对经营有严重问题(包括严重违规经营、资不抵债、无力支付等)时强行进入,接收和管制其债权债务和业务经营,防止其资产质量和业务经营的进一步恶化,以维持金融秩序,保护存款人和投保人的利益。接管的目的是对被接管的商业银行和保险公司采取必要措施(如冻结资产、清收债权、登记债务等),以保护债权人或保险受益人的利益,尤其是小额存款人和寿险投保人的利益,恢复金融机构的正常经营能力。但被接管的金融机构的债权债务关系不因为接管而改变。② 按照《商业银行法》规定,接管由国务院银行业监督管理机构决定,并组织实施。国务院银行业监督管理机构的接管决定应当载明下列内容:(1)被接管的商业银行名称;(2)接管由;(3)接管组织;(4)接管期限。接管决定由国务院银行业监督管理机构予以公告。接管自接管决定实施之日起开始。自接管开始之日起,由接管组织行使商业银行的经营管理权力。接管期限届满,国务院银行业监督管理机构可以决定延期,但接管期限最长不得超过2年。有下列情形之一的,接管终止:(1)接管决定规定的期限届满或者国务院银行业监督管理机构决定的接管延期届满;(2)接管期限届满前,该商业银行已恢复正常经营能力;(3)接管期限届满前,该商业银行被合并或者被依法宣告破产。③ 按照《保险法》规定,保险公司有下列情形之一的,国务院保险监督管理机构可以对其实行接管:(1)公司的偿付能力严重

---

① 参见2010年《信托公司净资本管理办法》第3条。按照该办法规定,信托公司净资本不得低于人民币2亿元。其中,净资本的计算公式为:净资本=净资产-各类资产的风险扣除项-或有负债的风险扣除项-中国银监会认定的其他风险扣除项。

② 参见乔炳亚《论中央银行对金融机构的接管问题》,载《金融研究》1997年第6期。

③ 参见《中华人民共和国商业银行法》第65—68条。

不足的；（2）违反该法规定，损害社会公共利益，可能严重危及或者已经严重危及公司的偿付能力的。被接管的保险公司的债权债务关系不因接管而变化。接管组的组成和接管的实施办法，由国务院保险监督管理机构决定，并予以公告。接管期限届满，国务院保险监督管理机构可以决定延长接管期限，但接管期限最长不得超过2年。接管期限届满，被接管的保险公司已恢复正常经营能力的，由国务院保险监督管理机构决定终止接管，并予以公告。①

3. 托管。托管目前在证券公司中运用较多。按照《证券公司风险处置条例》规定，证券公司有下列情形之一的，国务院证券监督管理机构可以对其证券经纪等涉及客户的业务进行托管；情节严重的，可以对该证券公司进行接管：（1）治理混乱，管理失控；（2）挪用客户资产并且不能自行弥补；（3）在证券交易结算中多次发生交收违约或者交收违约数额较大；（4）风险控制指标不符合规定，发生重大财务危机；（5）其他可能影响证券公司持续经营的情形。国务院证券监督管理机构决定对证券公司证券经纪等涉及客户的业务进行托管的，应当按照规定程序选择证券公司等专业机构成立托管组，行使被托管证券公司的证券经纪等涉及客户的业务的经营管理权。托管组自托管之日起履行下列职责：（1）保障证券公司证券经纪业务正常合规运行，必要时依照规定垫付营运资金和客户的交易结算资金；（2）采取有效措施维护托管期间客户资产的安全；（3）核查证券公司存在的风险，及时向国务院证券监督管理机构报告业务运行中出现的紧急情况，并提出解决方案；（4）国务院证券监督管理机构要求履行的其他职责。托管期限一般不超过12个月。满12个月，确需继续托管的，国务院证券监督管理机构可以决定延长托管期限，但延长托管期限最长不得超过12个月。被托管证券公司应当承担托管费用和托管期间的营运费用。国务院证券监督管理机构应当对托管费用和托管期间的营运费用进行审核。托管组不承担被托管证券公司的亏损。②

4. 整顿。我国《保险法》对整顿的规定比较典型。按照该法规定，保险公司未依照本法规定提取或者结转各项责任准备金，或者未依照本法规定办理再保险，或者严重违反该法关于资金运用的规定的，由保险监督

---

① 《中华人民共和国保险法》第144条。
② 《证券公司风险处置条例》第8—10条。

管理机构责令限期改正,并可以责令调整负责人及有关管理人员。保险公司逾期未改正的,国务院保险监督管理机构可以决定选派保险专业人员和指定该保险公司的有关人员组成整顿组,对公司进行整顿。整顿决定应当载明被整顿公司的名称、整顿理由、整顿组成员和整顿期限,并予以公告。整顿组有权监督被整顿保险公司的日常业务。被整顿公司的负责人及有关管理人员应当在整顿组的监督下行使职权。整顿过程中,被整顿保险公司的原有业务继续进行。但是,国务院保险监督管理机构可以责令被整顿公司停止部分原有业务、停止接受新业务,调整资金运用。被整顿保险公司经整顿已纠正其违反该法规定的行为,恢复正常经营状况的,由整顿组提出报告,经国务院保险监督管理机构批准,结束整顿,并由国务院保险监督管理机构予以公告。[①]

5. 破产重整。对普通企业而言,债务人或者债权人可以依照《企业破产法》规定,直接向人民法院申请对债务人进行重整。债权人申请对债务人进行破产清算的,在人民法院受理破产申请后、宣告债务人破产前,债务人或者出资额占债务人注册资本十分之一以上的出资人,可以向人民法院申请重整。人民法院经审查认为重整申请符合《企业破产法》规定的,应当裁定债务人重整,并予以公告。自人民法院裁定债务人重整之日起至重整程序终止,为重整期间。在重整期间,经债务人申请,人民法院批准,债务人可以在管理人的监督下自行管理财产和营业事务。此种情形下,已接管债务人财产和营业事务的管理人应当向债务人移交财产和营业事务,《企业破产法》规定的管理人的职权由债务人行使。管理人负责管理财产和营业事务的,可以聘任债务人的经营管理人员负责营业事务。在重整期间,对债务人的特定财产享有的担保权暂停行使。但是,担保物有损坏或者价值明显减少的可能,足以危害担保权人权利的,担保权人可以向人民法院请求恢复行使担保权。在重整期间,债务人或者管理人为继续营业而借款的,可以为该借款设定担保。债务人合法占有的他人财产,该财产的权利人在重整期间要求取回的,应当符合事先约定的条件。在重整期间,债务人的出资人不得请求投资收益分配。在重整期间,债务人的董事、监事、高级管理人员不得向第三人转让其持有的债务人的股权。但是,经人民法院同意的除外。在重整期间,有下列情形之一的,经

---

① 参见《中华人民共和国保险法》第139—143条。

管理人或者利害关系人请求，人民法院应当裁定终止重整程序，并宣告债务人破产：（1）债务人的经营状况和财产状况继续恶化，缺乏挽救的可能性；（2）债务人有欺诈、恶意减少债务人财产或者其他显著不利于债权人的行为；（3）由于债务人的行为致使管理人无法执行职务。[①] 我国《企业破产法》在其第 8 章"重整"中对重整计划的制订、批准和执行作出了详细规定。债务人不能执行或者不执行重整计划的，人民法院经管理人或者利害关系人请求，应当裁定终止重整计划的执行，并宣告债务人破产。人民法院裁定终止重整计划执行的，债权人在重整计划中作出的债权调整的承诺失去效力。债权人因执行重整计划所受的清偿仍然有效，债权未受清偿的部分作为破产债权。按照重整计划减免的债务，自重整计划执行完毕时起，债务人不再承担清偿责任。[②] 目前，信托机构的破产重整在我国现有金融立法中尚无明确规定，在从理论上讲同样存在破产重整的问题，因此需要《信托业法》扎实跟进，对信托机构破产整顿明确作出相应规定。

6. 强制性自救债。在金融机构倒闭尤其是具有系统重要性金融机构倒闭时，金融监管当局往往会面临一个两难境地：一方面，金融机构倒闭会引起各种溢出效应，甚至危及整个金融体系，从而不得不动用纳税人的钱予以救助；另一方面，动用纳税人的钱予以救助，使本应该承担损失的金融机构股东和债权人免遭了损失，从而产生道德风险，激怒纳税人。因此，既要保证问题金融机构不倒闭，使其或其中一部分能够正常提供金融服务，又要保证不适用（至少不先使用）纳税人的钱来救助问题金融机构，一个可行的方法就是迫使金融机构增强吸收损失的自救能力。自巴塞尔委员会、金融稳定理事会和 G20 峰会在 2007—2008 年全球危机后提出将强制性自救债作为处置问题银行的方法后，美国、英国、德国和欧盟等已将强制性自救债纳入其立法或立法草案。所谓强制性自救债，系指金融机构所持有的、一旦条件成就可以被监管当局强制核销或转为股权的债务工具。自救债须在金融机构股权先被强制核销用于弥补损失后才能启动。自救债的适用实际上包括了强制性的

[①] 参见 2006 年 8 月 27 日第十届全国人民代表大会常务委员会第二十三次会议通过，2006 年 8 月 27 日中华人民共和国主席令第五十四号公布，并自 2007 年 6 月 1 日起施行的《中华人民共和国企业破产法》第 70—78 条。

[②] 参见《中华人民共和国企业破产法》第 93、94 条。

股权核销、债权核销和债转股,以此提高金融机构资本金水平,增强其吸收损失的能力,从而保证其全部或核心业务能够得以继续。① 我国针对问题信托机构也需要作出相应规定。

据不完全统计,历史上已经运用的问题金融机构处理手段多种多样,但其中最重要的手段则仍是通过建立金融安全网②,把上述救助手段和解散、撤销、破产等市场退出手段有机结合。其基本原理是,金融安全网将风险拒之网外。如不成功,则用注资、接管、整顿、破产重整、强制性自救债等手段尽量使问题金融机构不至于倒闭破产。如仍不成功,则用解散、撤销、破产等手段使之淘汰出局,退出市场。

(三) 对问题信托机构救助处置的主要原则

对金融机构的危机处理和退出安排往往是金融市场关键环节,只有建立有效的退出机制,才能真正实现优胜劣汰的市场环境。金融机构的市场退出包括兼并、收购、接管甚至破产在内的各种手段。金融机构的破产通常成本较高,对社会经济冲击较大,而过度保护的后果则是道德风险引发的经营效率低下,劣币驱逐良币现象显著。因此一个运行有效的金融市场,需要审慎建立适合该市场特征的退出机制,追求监管效率上的成本与收益匹配。与此同时,在对有问题金融机构救助的同时,还尽可能建立与之相匹配的法人治理体系。其目的就是实现金融市场的长治久安,从根本上杜绝有问题金融机构的产生。

在对问题信托机构的监管实践中,我国应摒弃过去"重实质、轻程序"的做法,把救助处置全面纳入法治化的轨道。这就要求处理问题信托机构,必须在法律规定的程序和范围内实施救助处置,尊重程序理性,在具体方案中详细设计处理问题信托机构的手段、方式和程序,完善法律责任和责任追究、监督机制,制约处理机构及其工作人员的恣意行为,保持问题信托机构、债权人和处理机构及其工作人员之间权利(力)义务结构的平衡。③ 同时,在对问题信托机构的处置理念上,应确立"以救助

---

① 参见周仲飞《金融机构强制性自救债的法律问题》,载《现代法学》2015年第2期。

② 金融安全网包括金融监管当局的谨慎性监管制度、中央银行的最后贷款人制度和对金融机构的保险制度等。其中,存款保险制度、保险公司的再保险制度、保险人破产保证基金制度、证券投资者补偿基金制度、信托赔偿准备金制度等都十分重要。

③ 参见邢会强、李光禄《我国问题金融机构处理法律制度的完善论纲》,载《天津行政学院学报》2005年第4期。

为主，以市场退出为辅"①的监管思维。

笔者认为，对问题信托机构进行救助处置，具体应坚持以下原则。（1）"无形之手"优先原则。这要求在处理问题信托机构时，要充分尊重信托市场的选择，以市场化取向择优选择救助处置方案，避免行政手段的过度介入或滥用行政权力。（2）维护金融体系稳定原则。这要求处理问题信托机构时，以维护金融体系稳定和社会公众信心为首要目标，注意避免引发系统性风险，危及金融安全，导致社会动荡。（3）保护委托人和受益人原则。这要求处理问题信托机构的方案安排，必须注重保护信托关系中的委托人和受益人利益，充分发挥信托的制度功能。（4）防范道德风险原则。这要求在处理问题信托机构时，要防范问题信托机构的道德风险，设计激励相容的机制，阻止利己主义行为的不良影响。（5）保持竞争中性原则。这要求政府援助问题信托机构应注意尽量避免扭曲信托机构之间的竞争，人为破坏信托市场自由公平竞争。（6）公开透明原则。这要求在对问题信托机构处理时，要将问题信托机构的真实信息以及处理措施及时公之于众，不能故意隐瞒真实信息或故意告知虚假信息。（7）合理控制成本原则。在处理问题信托机构的过程中，往往涉及对公共资金的投入和运用，因此应以小成本、大效益为原则实施救助和处置，有效控制救助处置的资金投入。

诚然，信托的核心魅力在于信托法如何对待受托人的破产问题。我国在制定《信托法》时已经规定了受托人破产隔离制度，即对于机构受托人而言，受托人依法解散、被依法撤销、被宣告破产而终止，信托财产不属于其清算财产。② 破产隔离制度将信托财产由非信托财产中分离出来，坚持受托人必须在自己的固有财产和信托财产之间明确划分，禁止受托人将信托财产与自己的固有财产相混同，这对于确保信托财产的独立性和信托的连续性具有重大意义。然而，这一制度对于专营信托业务的信托公司来说，其适用自不待言，但对于兼营信托业务的商业银行、证券公司、基金公司、保险公司等来说，则难以获得保证，因为这些机构所开展的信托业务（主要为理财业务）并不属于民事信托，而作为营业信托又未受到

---

① 参见黎四奇《对我国有问题金融机构监管法律制度的实证分析》，载《河北法学》2005年第1期。

② 参见《中华人民共和国信托法》第16条第2款规定以及《信托公司管理办法》第3条规定。

严格监管，从而造成事实上的"脱法"信托大量存在，委托人和受益人的利益得不到真正保护。

三、问题信托机构的市场退出

金融机构的市场退出即金融机构退出市场，其具体是指《商业银行法》和《保险法》中专章提出的概念"终止"。"终止"可进一步解释为"停止经营、清理（或转让）债权并清偿（或转让）债务、关闭机构（其分支机构可以转让或关闭）、丧失独立法人资格"，从法律上讲，即是金融机构民事权利能力和行为能力的丧失，以及金融机构经营活动的停止。[①] 简言之，金融机构的市场退出意味着其丧失独立法人资格并停止经营活动。金融机构的市场退出有广义和狭义之分。广义的市场退出包括由于兼并、收购和重组等原因，使得被兼并收购的金融机构退出市场；而狭义的市场退出是指金融机构经营不善，资不抵债，发生支付困难，依法处置债权债务，终止法人资格。[②] 金融机构市场退出是一种状态、一个过程、一个法律行为和程序，是运用司法的、行政的、经济的和市场的手段，淘汰经营失败或严重违规的金融机构，并依法注销其工商和税务登记的机制，最终结果是债权债务关系终结和该金融机构法人资格归于消灭。[③]

市场退出同样会终止问题信托机构的民事权利能力和行为能力，使其丧失独立法人资格。究其实质，它确认了问题信托机构主体资格最终消灭的结果，在外在形式上表现为信托经营活动的终止，信托经营许可的撤销，债权债务关系的清算和终结。市场退出的目的在于，促使对濒临倒闭的信托机构及时进行清算，阻止社会资源继续被分配给这些无效益与低效率的问题信托机构从而达到社会有限资源的最优配置。依据不同标准，可以对问题信托机构的市场退出作出不同的分类。如依问题信托机构的主观意愿，可以将其分为主动退出和被动退出两种形式。前者指问题信托机构

[①] 乔炳亚：《论我国中央银行对金融机构的市场退出监管》，载《金融研究》1997年第11期。

[②] 参见韩龙《金融服务贸易规制与监管研究——基于入世过渡期后银行业局势的探讨》，北京大学出版社2006年版，第254页。

[③] 庞继英等：《金融机构市场退出问题研究》，中国金融出版社2008年版，第20—21页。

因分立、合并或者出现公司章程规定的事由等需要解散，在退出原因方面具有内在性，不受或较少受到外部强制力的影响；后者则指问题信托机构因被关闭、撤销或宣告其破产而导致主体资格的消灭，该类退出是源于外来强制力的结果。从处理债权债务关系方式的角度分析，问题信托机构的市场退出还可以分为债权债务终结式市场退出和债权债务整体转移式市场退出。从现有法律规定看，问题信托机构的市场退出主要有以下途径：

1. 依法撤销。例如，保险公司因违法经营被依法吊销经营保险业务许可证的，或者偿付能力低于国务院保险监督管理机构规定标准，不予撤销将严重危害保险市场秩序、损害公共利益的，由国务院保险监督管理机构予以撤销并公告，依法及时组织清算组进行清算。

2. 依法解散。例如，证券公司因分立、合并或者出现公司章程规定的解散事由需要解散的，应当向国务院证券监督管理机构提出解散申请，并附解散理由和转让证券类资产、了结证券业务、安置客户等方案，经国务院证券监督管理机构批准后依法解散并清算，清算过程接受国务院证券监督管理机构的监督。[①]

3. 依法破产。企业法人不能清偿到期债务，并且资产不足以清偿全部债务或者明显缺乏清偿能力的，依照《企业破产法》规定清理债务。企业法人有这一规定情形，或者有明显丧失清偿能力可能的，可以依照《企业破产法》规定进行重整。债务人有这一规定情形，可以向人民法院提出重整、和解或者破产清算申请。债务人不能清偿到期债务，债权人可以向人民法院提出对债务人进行重整或者破产清算的申请。企业法人已解散但未清算或者未清算完毕，资产不足以清偿债务的，依法负有清算责任的人应当向人民法院申请破产清算。[②] 对金融机构而言，《企业破产法》在其附则第134条专门就金融机构的破产问题作出了特殊规定："商业银行、证券公司、保险公司等金融机构有本法第2条规定情形的，国务院金融监督管理机构可以向人民法院提出对该金融机构进行重整或者破产清算的申请。国务院金融监督管理机构依法对出现重大经营风险的金融机构采取接管、托管等措施的，可以向人民法院申请中止以该金融机构为被告或者被执行人的民事诉讼程序或者执行程序。金融机构实施破产的，国务院

---

① 《证券公司风险处置条例》第61条。
② 参见《中华人民共和国企业破产法》第2条和第7条。

可以依据本法和其他有关法律的规定制定实施办法。"

从国外看,经历了从1998年《金融再生法》实施时限性措施到2000年《存款保险法》修订后确立永久性处理框架的改革历程,日本目前逐步形成通过存款保险机构进行限额保护和全额保护两种处理模式。泡沫经济崩溃后,日本政策当局根据具体情况,在实践中主要采取救助式并购、新设接盘银行、清算与业务转让、公共注资、临时国有化及日本银行特别融资等具体方式处理金融机构破产案例。[1] 我国目前已经建立存款保险制度,对存款保险公司的性质、投保人、保险费率、保险标的范围与保险限额及存款保险公司资金运用的情况等作出了详细规定。同时,鉴于在处理有问题金融机构时,该些机构已有的或潜在的争议、诉案及执行案件将会影响到金融监管当局所采取的监管措施。因此,这就需要我国法律为此配备一套司法保护体制,以便于保护债权人利益及提高对有问题机构的处理效率。这种司法保护体制应包括以下内容:对以有问题机构为被告的案件应予以中止受理与审理;对以有问题机构为原告与执行申请人的案件,继续受理、审理和执行;对以问题机构为被执行人的案件应予以中止执行等。[2]

综上所述,依法撤销和解散属于行政退出,依法破产则属于司法退出。从发展趋势看,加强行政退出与司法退出的衔接十分重要。问题信托机构的市场退出是一个系统工程,《信托业法》应对问题信托机构的市场退出程序作出原则性规定,以保证信托业监管机构全程参与问题信托机构的市场退出监管。在问题信托机构主动退出市场的情况下,信托业监管机构应全面审查其提请市场退出的理由是否成立,并对该机构进行现场稽核,以判断其债权债务的实际状况。其中,审查的重点是资产质量及其对债务的实际清偿能力。必要时,可委托中介机构(如注册会计师事务所)对该问题信托机构进行审计。最终,稽核报告或审计报告中的结论将成为信托业监管机构是否同意其市场退出申请的基础。无论是主动退出还是被动退出,公告是市场退出中的重要环节,信托业监管机构应督促问题信托机构按照《公司法》和《信托业法》等金融法律法规的要求及时公告,

---

[1] 刘瑞:《日本金融机构破产处理》,载《日本问题研究》2010年第1期。

[2] 黎四奇:《对我国有问题金融机构监管法律制度的实证分析》,载《河北法学》2005年第1期。

并及时进行债权登记。信托机构破产程序的启动,需要科学界定何为金融债权,并依法确认这种债权。立法除了界定清楚个人债权与机构债权之外,还应给司法机构通过判例法的形式来界定金融债权的品种与种类留下空间。①

第六节 《海牙信托公约》与我国信托冲突法律规则

一、《海牙信托公约》:历史地位及其影响

从世界范围看,20世纪以来,信托制度凭借其自身无与伦比的制度优势纷纷被一些大陆法系国家所认同,日本、韩国以及我国大陆及台湾地区均建立了信托制度,法国、德国等大陆法系国家也不甘落后。进入20世纪80年代后,承认信托的国家和不承认信托的国家相互之间的频繁交往,为建立明确而统一的信托制度提供了巨大的推动力。国际私法界对信托法律冲突给经济生活造成的诸多不便深感忧虑,由于建立国际信托公约的目标并非可望而不可即,有鉴于此,1980年召开的第十四届海牙国际私法会议便作出了关于制定一个国际信托公约的决定。②

根据这一决定,1982年5月,海牙国际私法会议常设办事处的两位秘书德耶尔先生(Mr. A. Dyer)和卢恩先生(Mr. H. van Loon)起草了一份报告,详细阐述了在承认信托的国家信托的功能作用以及信托所引起的国际私法问题。③ 此后为此专门成立了一个特别委员会,该委员会分别于1982年6月21—30日、1983年2月28日—3月11日、1984年10月24—28日举行了三次会议,参加会议的专家来自阿根廷、澳大利亚、奥

---

① 参见李曙光《新〈企业破产法〉与金融机构破产的制度设计》,载《中国金融》2007年第3期。

② Final Act of the Session, Part E, No3. See Acts and Documents of the Fourteenth Session, 1980, Book I. Miscellaneous matters, pp. 64, 167, 189, 230, 241.

③ A Dyer and H van Loon, *Report on Trusts and Analogous Institutions*, Preliminary Document No. 1, May 1982, Proceedings of the Fifteenth Session of the Hague Conference on Private International Law, 1984, Book II -Trusts-Applicable Law and Recognition, 10. The Report is a useful introductory source of reference on the treatment of the trust in domestic legal systems (10 – 65) and on the private international law of trusts in common law and civil law states (65 – 102).

地利、加拿大、丹麦、法国、联邦德国、希腊、爱尔兰、以色列、意大利、日本、卢森堡、荷兰、葡萄牙、西班牙、瑞典、瑞士、英国、美国和委内瑞拉。另外，以观察员身份参加特别委员会的还有国际统一私法协会（International Institute for the Unification of Private Law）、国际清算银行（Bank for International Settlement）、英联邦秘书处（Commonwealth Secretariat）以及拉丁公证员国际同盟（International Union of latin Notaries）。1982年11月，又成立了一个特别起草委员会，由该委员会起草了"关于信托的法律适用与承认草案"。1983年10月28日，特别委员会通过了"关于信托的法律适用及其承认的公约初稿"，并于1984年3月将该初稿和报告交有关国家的政府讨论，阿根廷、荷兰和联邦德国的政府以及国际清算银行和英联邦秘书处提供了其书面的反馈意见。[①]

1984年10月8—20日，第十五届海牙国际私法会议在荷兰海牙隆重召开，以代表身份参加会议的有下列32个国家：阿根廷、澳大利亚、奥地利、比利时、加拿大、塞浦路斯、捷克斯洛伐克、丹麦、埃及、芬兰、法国、联邦德国、希腊、爱尔兰、以色列、意大利、日本、卢森堡、挪威、荷兰、波兰、葡萄牙、西班牙、瑞典、瑞士、苏里南、土耳其、英国、美国、乌拉圭、委内瑞拉、南斯拉夫。巴拿马派出了一名观察员。世界清算银行、英联邦秘书处、拉丁公证员国际同盟以及国际土地登记和调查局（International Office for Land Registration and Surveys）派出的观察员们基于其实践经验向会议提出了其非常有价值的意见和建议。会议的一般性事务交由第一委员会负责，而关于信托公约的准备，这项列入会议议程表并确定要处理的唯一一项议题则交由第二委员会负责。会议成立了起草委员会，起草委员会又指定一个分会负责一般条款和最后条款。第二委员会共举行了14次会议，其间一旦需要即与起草委员会及其分会召开见面会。1984年10月19日，在海牙国际私法会议全体会议上，公约草案全案获得全票通过，第二天与会代表在包含公约在内的最后法案上正式签字。至此，世界上在信托领域最具权威性的国际公约——《关于信托的法律适用及其承认公约》（简称为《海牙信托公约》）（Convention on the Law Applicable to Trusts and on their Recognition）宣告诞生。该公约于1985年7月1日正式签订，1992年1月1日生效。

[①] 徐孟洲主编：《信托法》，法律出版社2006年版，第236页。

公约共有英文和法文两个文本，两种文本同属原本，具有同等效力，并合订在一册中存放于荷兰外交部档案库，经过核正无误的副本，则通过外交途径分送第十五届海牙国际私法会议的每一个会员国。[1]

简单地看，该公约在促使未承认信托的国家更广泛地承认信托方面，向前迈出了一大步。[2] 其对于法律规则的选择反映了各国利益上的差异，但合作、和谐与妥协仍然是时代发展的主旋律，因此公平地说，公约取得了一定的成功。在这一方面，该公约的做法是非常娴熟而富有革命性的[3]，这主要体现在三个方面：（1）该公约首先对信托进行了界定，详细地描述了其特征，解除没有信托制度国家对信托的茫然和困惑；（2）该公约非常注意维护没有信托制度国家现有的法律制度，具体参见其第13条的规定；（3）对于某些与其他法律关系相关联的事项，如继承、婚姻家庭、合同等相关联的事项，以及有关设立人据以转让信托财产的遗嘱、信托契约以及其他行为的有效性，该公约将它们规定为先决问题，排除在其适用范围之外。以上三点足以说明，该公约对没有信托制度国家法律的应有尊重，体现了其在各个具有不同法律制度的国家之间协调国家意志中所体现出的灵活性。[4]

尽管公约会在卢森堡实施，而且其在瑞士的实施前景也被看好[5]，然而从根本上去分析，《海牙信托公约》还是未能彻底克服大陆法系国家全面承认信托所面临的一些基本障碍，特别是英美法系国家对于信托财产的"双重所有权"理论，极大地冲击了大陆法系国家中一向为古罗马法学家所提出的，并作为这些国家法律理论基础之一的财产所有权观念。因为，在罗马法所有权的观念和制度中，所有权是一种完全的物权性权利，是所

---

[1] 《海牙信托公约》的英文本全文详见海牙国际私法会议的官方网站：http://www.hcch.net/index_en.php?act=conventions.text&cid=59，2015年5月20日访问。

[2] Jonathan Harris, *The Hague Trusts Convention: Scope, Application and Preliminary Issues*, Oxford-Portland Oregon, 2002, p.425.

[3] See Emmanuel Gailland and Donald T. Trautman, *Trusts in Non-Trust Countries: Conflict of Laws and the Hague Convention on Trusts*, The American Journal of Comparative Law, Vol.35, 1987, pp.307, 328.

[4] 参见戴庆康《国际信托的法律冲突与法律适用》，东南大学出版社2009年版，第160页。

[5] D. Hayton, *Some Major Developments in Trust Law*, Private Client Business, 2001, pp.361, 369–370.

有人就标的物为全面支配的物权，这些国家没有像英、美等国那样，明确区分财产的法定所有权与衡平法所有权，它们不承认同一财产所有权的分离，相反，它们坚定地维护财产所有权的一致性和唯一性。这也是有的国家放弃制定专门信托法的主要原因。在法国，《信托法》草案根本没有提及财产权益的分割，但是允许受托人将个人财产与受托财产分开；允许对非合同当事人的第三人设定有约束力的义务，从而让受益人获益。这样，似乎有可能建立一种在性质上非常接近信托的概念，与此同时又无须对同一财产的所有权进行分割。意大利承认《海牙信托公约》，但却没有采取任何立法行动引进信托制度。意大利的律师们普遍建议意大利法院应当尽快以更加灵活的方式解释对意大利境内资产所设立的信托，以实现相应的信托目的。也有人批评说，原本发挥着连接大陆法系和英美法系桥梁作用的信托公约已经跟不上信息网络化时代的前进脚步，固然这座桥梁的安全系数没有问题，但其路径狭窄，已经不能满足规模庞大的信托制度的快速发展，应考虑对《海牙信托公约》进行修订或重新制定一项新的国际信托公约，扩大国际信托的适用范围，增加调整跨国界或地区电子商务存在的涉外信托问题，特别是电子商务中信托财产的支配权、管理权以及收益权的界定的法律适用。[1]

总之，信托会跨越国界，信托观念在世界上的广泛传播不但引起了英美法系国家的关注，而且在大陆法系国家也产生了深远影响。某种意义上可以说，涉外信托业的发展已成为一个国家或地区市场经济发达与否的重要标志。《海牙信托公约》试图解决国际间发生的信托法律冲突，并为解决这些冲突提供了一些可兹接受的规则，以期平衡和协调各国信托立法的差异，为大陆法系国家承认和运用信托提供普遍机会。[2] 正如有的学者所言，"传统民法法系国家面对信托在商业领域的广泛运用，已经或多或少地引进或发掘信托理念。与此同时，信托制度内在的扩张力导致过度的处分自由，对固有的制度造成相当程度的冲击和破坏。如何在财富所衍生的权力与处分自由之间寻求一种平衡的控制机制是21世纪信托法所追求的价值目标。"[3]

---

[1] 参见王金玉《涉外信托关系法律适用新论》，法律出版社2011年版，第159页。
[2] 徐孟洲主编：《信托法》，法律出版社2006年版，第247页。
[3] 张天民：《失去衡平法的信托——信托观念的扩张与中国〈信托法〉的机遇和挑战》，中信出版社2004年版，第416—417页。

二、《海牙信托公约》：从结构、内容到主要特征

（一）公约结构

《海牙信托公约》包括前言和正文，正文部分共有 32 个条文，并分为五大章。前言表达了公约的缔约目的，即由于信托是一种独特的法律制度，所以各国希望对信托的法律适用及其承认方面的重要问题作出统一的规定。[①] 正文部分的五章分别是：（1）第一章"范围"，该章通过 5 个条文规定了公约的适用范围，辨析了其覆盖的制度——信托，界定了其与其他制度的关系，并最终规定当冲突法规则指向的法律没有规定信托时公约不予适用。（2）第二章"适用的法律"，该章的 5 个条文主要规定了确定信托适用法律的两个规则，即主观联系规则和客观联系规则，前者应依委托人的意愿确定，后者则应适用与信托有最密切联系的法律。该章还规定了适用信托的法律之具体适用范围，信托的有关事项适用其他法律的可能性以及信托适用法律的调整或改变。（3）第三章"承认"，该章只有 4 个条文，内容集中于对信托的承认上。该章列举了承认一项信托所具备的最低构成条件，并指明了信托公开登记时的具体形式。在该章的规定中，既有对不合适的信托不予承认的准许，也有对更有益于承认信托的法律规则的保护，而这些规则不是公约所确立的规则。对该章的适用可以通过缔约国法律对信托效力的保留而受到限制。（4）第四章"一般条款"，该章从第 15 条到第 25 条一共有 11 个条文。该章的法律规则分归不同的类型，第 15、16 条规定了在适用法院地冲突规则和直接适用规则的情况下，允许法院地适用那些不适用于信托而适用于其他事项的强制性法律规则。第 17、18 和 19 条则是关于反致的例外、公共政策的例外以及公约对一国财政事项效力的例外等规定。第 20、21 和 22 条分别规定了公约的条款可扩展适用于法院判决所宣布的信托及其相反情形，将第三章规定仅适用于依缔约国法律支配其有效性的信托的允许，以及公约生效之前或生效之后所创立的信托之溯及力。第 23 条和第 24 条则是关于区际冲突问题，即由若干领土单位组成的国家在第 25 条规定的对已有的或将来的公约优先适用的同时对同样问题的处理。（5）第五章"最后条款"，从第 26 条到第 32 条主要规定了有关公约的保留及其撤回、签字、批准、加入、生效、废

[①] 戴庆康：《国际信托的法律冲突与法律适用》，东南大学出版社 2009 年版，第 134 页。

除、通知等习惯规则。

(二) 公约内容

《海牙信托公约》的内容包括以下五个方面:[1]

1. 公约的适用范围。该公约旨在解决和信托有关的两个紧密联系的问题,即确定信托适用的法律之法律规则选择与信托的承认。第1条至第5条规定了该公约的适用范围。其中,第1条即明确规定:"本公约规定信托的法律适用并调整信托的承认。"该条一方面指出了信托是公约所要处理的法律制度,另一方面也说明了公约的两个目的,即决定信托适用的法律和限定信托的承认。按照其第2条第1款的规定,信托一词是指委托人为了受益人的利益或为了特定目的而将财产交给受托人控制,并在其生前或死后发生法律效力的法律关系。该条第2款明确了信托具有的三项特征,即:(1)信托财产构成一项独立的基金,不属于受托人的固有财产;(2)信托财产的所有权在名义上属于受托人或受托人的代理人;(3)受托人在其受托权限范围内,有权也有义务按照信托条款以及法律的特别规定,管理、使用、处分信托财产。该条第3款指出,委托人保留某些权利和权力以及受托人自己作为受益人的事实,并不一定与信托的存在相矛盾。按照该公约第3条至第5条的规定,其并不适用于与据以移转财产给受托人的遗嘱或其他行为的效力有关的先决事项,也不适用于该公约第二章所指定的法律未规定的信托或者没有规定案件所涉及的信托类型,而只适用于自愿设立、并且有书面证据加以证明的信托。

2. 信托的法律适用。该公约的第6条至第10条规定了信托的法律适用问题。对于如何选择适用信托的准据法,该公约充分体现了当事人意思自治的原则。按照公约规定,一项信托应适用委托人所选择的法律,但该选择必须是明示或默示地规定在设定信托或书面证明信托的文件中,必要时须根据案件的情况予以解释。如果这样选择的法律未对信托或对案件所涉及的信托类型作出规定,则该项选择无效,信托应适用与其有最密切联系的法律;[2] 如果委托人没有选择信托适用的法律,信托应当适用与其有最密切联系的法律,包括委托人指定的信托管理地、信托财产所在地、受

---

[1] 徐孟洲主编:《信托法》,法律出版社2006年版,第238—242页。

[2] See article 6 of Convention on the Law Applicable to Trusts and on their Recognition.

托人居所地或营业地以及信托目的地及其实现地。① 有关信托效力、信托解释、信托执行以及信托管理等事项均由所确定适用的法律决定，尤其是下列事项均应适用所确定的法律：（1）有关受托人的指定、辞任、免职，受托人的行为能力和权限，受托人职责的转移；（2）受托人相互间的权利义务；（3）受托人全部或部分地转让其权力或义务的权利；（4）受托人管理、处分信托财产、在信托财产上设定担保利益或者取得新财产的权力；（5）受托人的投资权力；（6）对于信托期限的限制以及对信托收益积累权力的限制；（7）受托人与受益人之间的关系，包括受托人对受益人承担的个人责任；（8）信托变更或终止；（9）信托财产的分配；（10）受托人对信托管理情况的报告义务等。② 但是，有关信托的可分割事项，特别是信托管理事项，在适用该章规定时可以适用与所确定的法律不同的法律。在这个问题上，公约进一步规定，有关信托有效性的法律应决定该法和调整信托可分割事项的法律是否可以被其他法律所替代。③ 这样的规定，确立了信托在法律适用方面分割方法的灵活运用。

3. 信托的承认。该公约的第11条至第14条规定了信托的承认。公约规定，按照所选择的法律设立的信托应当作为信托而予以承认，这种承认至少意味着，信托财产为独立的财产，受托人有权以受托人的身份起诉或被诉，有权在公证人员或其他任何履行官方职责的人员面前以受托人的身份出现或行事。在适用于信托的法律所要求或所规定的范围内，承认信托尤其意味着，受托人的个人债权人不得对信托财产主张请求权；受托人无力支付债务或破产时信托财产不构成受托人财产的一部分；信托财产不得被视为受托人或其配偶的婚姻财产的一部分，在受托人死亡时也不得被视为受托人的遗产；如果受托人违反信托，将信托财产与其个人固有财产混同或转让信托财产的，则可恢复原状，但根据法院地法律选择规则确定的法律仍应支配持有信托财产的第三方的权利和义务。④ 如果受托人希望登记信托财产，则不管是动产还是不动产，抑或登记信托财产的权利证明文件，只要该登记不为登记国法律所禁止或不与登记国法律相冲突，则受

---

① See article 7 of Convention on the Law Applicable to Trusts and on their Recognition.
② See article 8 of Convention on the Law Applicable to Trusts and on their Recognition.
③ See article 9 and 10 of Convention on the Law Applicable to Trusts and on their Recognition.
④ See article 11 of Convention on the Law Applicable to Trusts and on their Recognition.

托人有权以受托人身份登记,或以其他方式公开信托关系的存在。① 除了法律选择、信托管理、受托人惯常居所地外,一项信托如果其他重要因素都与没有信托制度或者没有案件所涉及信托类型的国家具有更密切的联系,则任何国家都可以不承认该信托。② 另外,公约并不妨碍适用更有利于信托承认的法律规则。③

4. 公约的解释和保留。该公约对公约中的"法律"一词作出了解释,即公约中的"法律"系指一国除了冲突法规则以外的现行有效的其他法律规则。④ 公约规定,其并不妨碍根据法院地冲突法规则所指向的法律规定的适用,特别是有关下列事项,不能通过当事人的自主行为排除其适用:(1)对未成年人和无民事行为能力人的保护;(2)婚姻的人身效力和财产效力;(3)遗嘱继承权和法定继承权,特别是配偶和亲属不可剥夺的份额;(4)财产所有权和设定在财产上的担保利益的转让;(5)资不抵债时对债权人的保护;(6)对善意第三人其他方面的保护。⑤ 如果这样做的结果致使信托无法得到法院的承认,则法院应该试用其他方法使信托目的得以实现。不管冲突法规则如何规定,公约并不妨碍法院地那些适用国际性案件的法律规则(即直接适用规则)的适用。如果另一国家与案件有足够密切的联系,则在例外情况下可以给予该国具有前述性质规则以同样的效力,对此,任何缔约国可以声明保留。⑥ 按照公约的规定,如果公约条款的适用与公共政策(公共秩序)明显不一致时,则可以不予考虑⑦,公约不得损害各国对财政事项享有的权利⑧。任何缔约国均可以在任何时候声明将公约的条款扩展适用于司法判决所宣布的信托,但此声明应当通知荷兰外交部,并自其收到之日起生效。⑨ 任何缔约国可以提出保留,仅将公约第三章的规定适用于信托有效性由缔约国法律所调整的信

---

① See article 12 of Convention on the Law Applicable to Trusts and on their Recognition.
② See article 13 of Convention on the Law Applicable to Trusts and on their Recognition.
③ See article 14 of Convention on the Law Applicable to Trusts and on their Recognition.
④ See article 17 of Convention on the Law Applicable to Trusts and on their Recognition.
⑤ See article 15 of Convention on the Law Applicable to Trusts and on their Recognition.
⑥ See article 16 of Convention on the Law Applicable to Trusts and on their Recognition.
⑦ See article 18 of Convention on the Law Applicable to Trusts and on their Recognition.
⑧ See article 19 of Convention on the Law Applicable to Trusts and on their Recognition.
⑨ See article 20 of Convention on the Law Applicable to Trusts and on their Recognition.

托。① 从信托设立的日期来看，不管信托设立于什么日期，公约均予适用，但缔约国可以保留权利，不将公约适用于对该国生效日期之前设立的信托。② 如果某一缔约国由不同的领土单位组成，而且每个领土单位又各自有其有关信托的法律规则，那么为确定根据公约适用的法律，对于该国法律的任何援用都应解释为援用案件所涉及的有关领土单位现行有效法律③，而且该国没有义务将公约适用于仅仅发生在这些领土单位之间的法律冲突④。按照公约的规定，公约不影响缔约国参加的并载有受公约支配之事项的条款的任何其他国际文件的效力。⑤

5. 公约的签字、批准、加入、生效以及废除等。按照公约的规定，任何国家在签字、批准、接受、认可或加入时，或者根据公约第29条的规定做出声明时，做出对第16、21和22条规定的保留，除此之外，公约不允许对其他条款作出保留。任何缔约国可以在任何时候，撤回其已经作出的保留，该保留应于通知撤回后第3个日历月的第1天终止效力。⑥ 公约向第15届海牙国际私法会议开会时的会员国开放签字，公约的批准、接受或认可应经过相应程序，批准书、接受书或认可书应交存于荷兰外交部。⑦ 其他任何国家均可以在公约生效后加入公约，加入书同样应交存荷兰外交部。对于加入国来说，其加入只在其与接到第32条规定的通知后12个月内未提出异议的那些缔约国之间生效。异议应由缔约国于加入后，在其批准、接受或认可公约时提出，任何此类异议都应通知荷兰外交部。⑧ 如果一国具有两个以上的领土单位，而在这些领土单位中适用不同的法律制度，则该国在签署、批准、接受、认可或加入时，应声明公约应扩展于所有领土单位，或仅适用于其中的一个或几个领土单位，并有权在任何时候提出另一项声明以修正前项声明并作出更改，任何此类声明都应通知荷兰外交部并应明确说明公约适用的领土单位，否则，公约应扩及适

---

① See article 21 of Convention on the Law Applicable to Trusts and on their Recognition.
② See article 22 of Convention on the Law Applicable to Trusts and on their Recognition.
③ See article 23 of Convention on the Law Applicable to Trusts and on their Recognition.
④ See article 24 of Convention on the Law Applicable to Trusts and on their Recognition.
⑤ See article 25 of Convention on the Law Applicable to Trusts and on their Recognition.
⑥ See article 26 of Convention on the Law Applicable to Trusts and on their Recognition.
⑦ See article 27 of Convention on the Law Applicable to Trusts and on their Recognition.
⑧ See article 28 of Convention on the Law Applicable to Trusts and on their Recognition.

用于该国所有的领土单位。① 按照公约规定，公约应在第27条述及的第3份批准书、接受书、认可书或加入书交存后的第3个日历月的第1天起生效。此后，公约的生效日期依不同情况而定，对于嗣后批准、接受、认可或加入的各国，自交存其批准书、接受书、认可书后第3个日历月的第1天起生效；对于加入国，则自第28条规定的期限届满后第3个日历月的第1天起生效；对于根据第29条扩展适用的特定领土单位，则自该条规定的通知作出后第3个日历月的第1天起生效。② 对于公约的废除，公约规定任何缔约国可以正式书面通知公约的存放处即荷兰外交部而退出公约，该项退出于存放处收到该通知书之日或于通知书规定的更晚的日期起6个月期满后的第1天起生效。③ 荷兰外交部应将下列各项事项通知该次会议的会员国和依照第28条加入公约的缔约国：（1）第27条规定的签署、批准、接受和认可；（2）根据第30条规定公约开始生效的日期；（3）根据第28条的加入以及对加入提出的异议；（4）第29条规定的扩展适用；（5）第20条规定的声明；（6）第26条规定的保留或撤销；（7）根据第31条退出公约的情况。④

(三) 公约特征

《海牙信托公约》具有十分鲜明的特征，这主要体现在以下四个方面：⑤（1）从该公约的成员国来看，这些成员国被分为两大派，一派是承认并建立了信托制度或类似制度的国家，另一派则恰好相反，该两派成员国对公约的预期明显不相同。（2）从该公约的目的来看，该公约的制定不是为了解决有关信托的所有法律问题，而是解决仅就英美法系衡平法院发展起来的信托这一独特的法律制度，在跨国设立时如何适用法律以及是否承认信托的最重要问题。该公约不是要将信托制度直接导入以前不承认信托的国家，它只是规定了关于信托的承认与法律适用问题的共同规则，当然一定意义上它为大陆法系国家移植信托制度提供了一个基本框架。（3）从该公约的内容来看，该公约的规定只限定在信托适用的法律和承认方面，对大部分普通法系国家来说，信托是其内国法的有机组成部分，

---

① See article 29 of Convention on the Law Applicable to Trusts and on their Recognition.
② See article 30 of Convention on the Law Applicable to Trusts and on their Recognition.
③ See article 31 of Convention on the Law Applicable to Trusts and on their Recognition.
④ See article 32 of Convention on the Law Applicable to Trusts and on their Recognition.
⑤ 徐孟洲主编：《信托法》，法律出版社2006年版，第236—237页。

但对于绝大部分大陆法系国家而言，信托却属于未知的领域。相比较而言，其他海牙公约多是关于用不同国家有关收养、离婚、赡养义务或买卖合同的国家私法规则处理法律冲突、管辖权冲突或者法院判决的承认和执行，或者其他诸如此类的事项，而且多是通过国籍或住所地原则来求得各国家之间的一致，较为特殊的是，《海牙信托公约》是在大陆法系国家和英美法系国家之间建起了一座桥梁，以加深大陆法系国家对信托的理解和认识。（4）从该公约的应用来看，该公约证明了在特殊情况下赋予法官自由裁量权的积极意义，但在这些法官眼里，法律应该仅仅由绝对积极和严格的规则而构成。该公约实际上为有关信托的解释和应用留下了一定空间，因为规定由此产生的信托的所有细节，其本身就是不可能的。例如，如果可以将公约适用于某个信托，而且这样做也没有问题，但同时某个大陆法系国家所存在的类似制度也同样获得其相应标准的满足，这时问题的解决在法官手里就会变得比较困难。在这种情况下，法官要做的就是严格区分信托与这些制度，分析其构成要件和功能，判断最终是否适用公约的规定。

具体到法律适用规则而言，传统法律适用规则具有以下特点：（1）适用范围的宽泛性、概括性和笼统性；（2）准据法确定方法的明确化和机械化；（3）连接点的单一性；（4）对实体法内容以及法律适用结果的忽视；（5）冲突规范的双边性。[①] 与传统法律适用规则形成鲜明对比的是，《海牙信托公约》体现了适用范围的明确化、法律适用的灵活性以及对实体法的考虑。[②] 该公约适用范围的明确化主要体现在其第1条和第2条中，在一般的国际私法公约中很少有对公约适用范围作出如此详尽的规定。究其原因，主要是信托并不是世界各国都有的制度，许多国家的法官对信托了解较少，详细描述信托的法律特征有利于这些法官识别并把握信托关系的确定性。该公约通过其第8条的规定，实现了信托准据法适用范围的明确化，即其第6条和第7条规定的法律应支配信托的有效性、解释、效力及其管理，而且该条还列举了准据法尤其应适用的具体事项，如受托人的辞职、委派或撤换，受托人的行为能力，受托人职责的转移等等。该公约在法律适用的灵活性，主要体现在分割方法和软性连接点规则

[①] ［日］松岗博：《国际取引と国际私法》，东京晃洋书房1993年版，第238页。
[②] 戴庆康：《国际信托的法律冲突与法律适用》，东南大学出版社2009年版，第137页。

的广泛适用上。在《海牙信托公约》中，明确采取了信托当事人意思自治原则，同时采用了最密切联系原则，对于法院地和第三国强行性法律也可直接适用。该公约对实体法的考虑体现了冲突法的实体化现象，其更加关注实体法政策和目的，注意法律适用所产生的实体效果。这主要表现在，其一方面强调尽量使信托有效原则，另一方面也优先考虑某些特定的实体法的目的。具体说来，该公约第5、6、7、14条的规定生动体现了尽量使信托有效的原则，其在未成年人和无行为能力人的保护、合同关系中弱方当事人的特殊保护、交易安全、婚姻家庭关系等实体法方面的考虑，均体现了其对实体法价值的重视。笔者认为，这样做改变了传统法律选择规则上的中立、客观立场，体现了法官对法律的选择不应当仅仅是"规则的选择"，而更应当是"结果的选择"，也就是对实体法的选择。[①]

三、我国信托冲突法：法律规则的确立及其评析

我国虽不是《海牙信托公约》的缔约国，但却是已经承认信托并专门颁行了《信托法》的大陆法系国家。面对《海牙信托公约》，我国需要在深刻认识公约内容及其价值的基础上，通过建立和完善自身信托冲突法律规则，以妥善处理国际信托法律冲突。如前所述，《海牙信托公约》的制定不是为了解决有关信托的所有法律问题，而是为了解决信托在跨国设立时如何适用法律以及是否承认信托这一最重要问题，该问题的重要性随着经济全球化和金融国际化的深入已日渐突出。该公约确定了信托适用法律的两个规则，即主观联系规则和客观联系规则，并为有关信托的解释和应用留下了一定空间，证明了在特殊情况下赋予法官自由裁量权的积极意义。笔者认为，加入《海牙信托公约》与建立完善我国信托冲突法律规则并不矛盾，其不仅有利于我国选择确认适用于信托的具体法律规则，而且有利于我国将信托适用的事实情形规定最低的承认标准。

尽管我国在加入世界贸易组织后及时出台了《信托法》，但遗憾的是该法并没有对我国涉外信托法律关系的法律适用做出规定，信托冲突法的一度缺失给我国法院审理相关涉外信托纠纷留下了制度空白。虽然现行《信托法》没有对涉外信托关系的法律适用做出专门规定，但这绝不意味着调整涉外信托关系的国际私法规则可有可无。事实上，随着我国对外开

---

① 参见韩德培主编《国际私法问题专论》，武汉大学出版社2004年版，第24页。

放的深入开展,尤其是入世后我国经济开始全面融入经济全球化进程之中,我国国际民商事交往包括涉外信托业务已日渐频繁;另外,深受英国法影响的香港特别行政区早已设立了相对完善的信托法律制度,我国台湾地区也制定了相关的信托法律规范。因此,无论是在国际经济技术交往中,还是在区际民商事交往中,我国都特别需要调整涉外信托关系的法律适用的冲突规范。[①] 因此,笔者认为,科学构建并完善我国的信托冲突法,是进一步完善我国信托法律制度的重要内容,也是我国加入《海牙信托公约》并充分利用其规定的重要基础。

我国《信托法》所建立的契约信托和遗嘱信托均以书面的信托文件为必要条件,这与《海牙信托公约》只适用于自愿设立、并且有书面证据加以证明的信托相一致。按照该公约第6条第2款规定,如果所选择的法律未对信托或对有关信托所属类别作出规定,则该项选择无效。在信托的承认问题上,这样的规定显然十分有利于我国的国家主权行使和国家利益保护。因此,按照《海牙信托公约》的基本精神构建我国信托冲突法,在金融业全面开放的新形势下有着前瞻性的重要意义,并且符合目前大信托时代的发展潮流。2010年《涉外民事关系法律适用法》[②] 的出台,被誉为我国涉外民事法律适用立法的一次质变飞跃,标志着我国更加公平地保护中国人和外国人在民事交往、商事交易过程中的合法权利,更加公平地对待中国法律和外国法律。国际私法基本的立法模式有三种:分散式立法、专章专编式立法和法典式立法,而后者被学者认为是我国国际私法立法应该努力的方向。[③] 因此说,这是我国第一次通过专门立法来建构民事法律适用法的体系框架,并由此形成了在国际私法领域的"新规则系统"[④] 和"旧规则系统"[⑤] 并存的独特结构,并在适用范围方面涵盖了民

[①] 李广辉、李红:《试论中国国际信托关系的法律适用》,载《河北法学》2005年第5期。

[②] 该法由第十一届全国人民代表大会常务委员会第十七次会议于2010年10月28日通过,同日公布,自2011年4月1日起施行,共8章52条。

[③] 徐冬根、薛凡:《中国国际私法完善研究》,上海社会科学院出版社1998年版,第152—155页。

[④] 这里所谓的"新规则系统",是指由新颁布的《涉外民事关系法律适用法》的全部内容所构成的规则系统。

[⑤] 这里所谓的"旧规则系统",是指在《涉外民事关系法律适用法》颁布之前,我国通过《民法通则》《合同法》《继承法》等民事立法中的相关条款和最高人民法院所作相关司法解释所建立起来的规则系统。

事主体、婚姻家庭、继承、物权、债权、知识产权等不同领域。此前，有关信托的国际私法规则应该如何规定，究竟是规定在单行法中还是规定在统一的国际私法典中，或者是在民法典中规定学界一直存在着不同观点。① 针对信托适用法律问题，该法专门规定，当事人可以协议选择信托适用的法律；当事人没有选择的，适用信托财产所在地法律或者信托关系发生地法律。② 该法把"经常居所地"作为"属人法"的联结因素，规定自然人的民事权利能力和民事行为能力适用经常居所地法律，从而回应了当前国际人员流动频繁的现实。最高人民法院此后制定的司法解释③中，重点明确了新旧规则系统的适用关系。

笔者认为，我国现有信托冲突法规则一定程度上体现了《海牙信托公约》所确立的重要原则。《海牙信托公约》第6条第1款规定："信托应依财产授予人所选择的法律。该项选择必须是明示的或默示地规定在设定或书面证明信托的文件的条款中，必要时，须根据案件的情况予以解释。"④ 该规定确立了信托法律适用中的当事人意思自治原则。我国现行信托冲突法规则同样实行了当事人意思自治，强调由委托人在信托合同或信托遗嘱中进行明示，凡是当事人自由选择适用的信托准据法，法官在审理案件时应当予以尊重，除非这种选择在结果上违反了我国法律的强行性规定或者损害了社会公共利益。我国《涉外民事关系法律适用法》明确规定，中华人民共和国法律对涉外民事关系有强制性规定的，直接适用该强制性规定。⑤ 外国法律的适用将损害中华人民共和国社会公共利益的，适用中华人民共和国法律。⑥ 同时，当事人没有选择时，适用信托财产所

---

① 相关讨论参见李双元、徐国建主编《国际民商新秩序的理论建构——国际私法的重新定位与功能转换》，武汉大学出版社1998年版，第288页；李光辉、李红《试论中国国际信托关系的法律适用》，载《河北法学》2005年第5期；耿勇《评〈民法（草案）〉第九编第42条》，载《当代法学》2003年第9期；戴庆康《国际信托的法律冲突与法律适用》，东南大学出版社2009年版；等等。
② 参见《中华人民共和国涉外民事关系法律适用法》第17条。
③ 《最高人民法院关于适用〈中华人民共和国涉外民事关系法律适用法〉若干问题的解释（一）》于2012年12月10日由最高人民法院审判委员会第1563次会议通过，2012年12月28日公布，自2013年1月7日起施行，共21条。
④ 卢峻主编：《国际私法公约集》，上海社会科学院出版社1986年版，第286页。
⑤ 《中华人民共和国涉外民事关系法律适用法》第4条。
⑥ 《中华人民共和国涉外民事关系法律适用法》第5条。

在地法律或者信托关系发生地法律的规定体现了另一重要原则即最密切联系原则。《海牙信托公约》第7条第1款规定："如适用的法律未经选择，信托应依与之有最密切联系的法律。"① 该规定确立了信托法律适用中最密切联系原则，该原则是前述当事人意思自治原则的重要补充。按照我国《涉外民事关系法律适用法》的规定，该法和其他法律对涉外民事关系法律适用没有规定的，适用与该涉外民事关系有最密切联系的法律。② 涉外民事关系适用外国法律，该国不同区域实施不同法律的，适用与该涉外民事关系有最密切联系区域的法律。③ 不能查明外国法律或者该国法律没有规定的，适用中华人民共和国法律。④ 不难看出，我国现行信托冲突法规则同样体现了该原则，直接赋予法官一定的自由裁量权，补充当事人意思能力的不足或瑕疵。如果委托人没有作出准据法选择或者选择无效时，法官应当根据具体情况适用与该信托有最密切联系的国家或地区的法律，当然该法所明确的适用范围只限于信托财产所在地法律和信托关系发生地法律。这也就是说，该法把信托财产所在地和信托关系发生地作为解决信托法律适用的两个联结点。通常而言，最密切联系原则中的法律适用范围包括委托人指定的信托管理地、信托财产所在地、受托人住所地或营业地以及信托目的地及其实现地。目前最密切联系原则已经成为世界各国和地区处理国际民商事关系时的普遍性原则，故其在我国信托冲突法中也受到了相应的重视。需要说明的是，无论是适用信托委托人自由选择的法律，还是适用法官依据最密切联系原则确定的法律，根据《海牙信托公约》第8条第1款⑤的规定，有关信托效力、信托解释、信托执行以及信托管理等事项均由所确定适用的法律来决定，这样使信托准据法的适用范围更为明确。虽然我国尚未加入《海牙信托公约》，但最高人民法院司法解释的规定，对涉外信托而言，当事人在合同中援引尚未对中华人民共和国生效的国际条约的，人民法院可以根据该国际条约的内容确定当事人之间的权利义务，但违反中华人民共和国社会公共利益或中华人民共和国法律、行政

---

① 卢峻主编：《国际私法公约集》，上海社会科学院出版社1986年版，第286页。
② 《中华人民共和国涉外民事关系法律适用法》第2条第2款。
③ 《中华人民共和国涉外民事关系法律适用法》第6条。
④ 《中华人民共和国涉外民事关系法律适用法》第10条第2款。
⑤ 该款规定："第6、7条规定的法律应支配信托的有效性、解释、效力及其管理。"参见卢峻主编《国际私法公约集》，上海社会科学院出版社1986年版，第286页。

法规强制性规定的除外。[①] 这其实为该公约在国内的适用创造了一定机会。

经过三十多年的改革开放和快速发展，我国现已成为全球最开放的市场之一，与此同时日渐频繁的涉外民商事交往也导致我国涉外民事争议案件的数量呈现急剧上升趋势。遗憾的是，我国现有信托冲突法律规则并未确立准据法分割原则。《海牙信托公约》第9条规定："适用本章时，信托的某一可分割事项，特别是管理事项，可依不同的法律。"[②] 该规定确立了信托法律适用时的准据法分割原则。以美国为首的普通法国家极力推崇该方法，而大陆法系的国家对此表示出强烈的不信任，这样两极分化的局面并不出人意料。分割方法在美国冲突法中占有非常重要的地位，但是，在具体的案件中如何运用分割方法解决法律适用问题却也没有十分明确的指引，这就要求法官必须有相当高的自由裁量权以及深厚的推理能力，才能很好地把握进而运用该方法，而这一点正是普通法的优势。相对而言，这与大陆法的法律制度基础有着天然的差别，所以，这也正是大陆法国家对该原则积极性不高的原因之一。[③] 虽然分割方法作为冲突法中一种处理复杂案件的方法，长期以来未得到应有的重视，但随着传统冲突法理论的改造，分割方法在处理复杂冲突法案件中却发挥出越来越重要的作用。[④]《海牙信托公约》第10条还规定："适用于信托有效性的法律应决定该项法律或支配信托某一可分割事项的法律能否为另一法律所替代。"[⑤] 这样一来，对信托的某一可分割事项不仅可以用不同的法律进行调整，对准据法进行分割，而且特别把信托准据法的变更问题给单独提了出来，并规定由适用于信托有效性的法律进行调整。《海牙信托公约》所建立的这一准据法分割原则有着非常重要的意义，其生动地体现了信托灵活性的内在要求。允许对信托准据法按照信托事项的不同进行分割处理，是信托冲

---

① 《最高人民法院关于适用〈中华人民共和国涉外民事关系法律适用法〉若干问题的解释（一）》第9条。

② 卢峻主编：《国际私法公约集》，上海社会科学院出版社1986年版，第287页。

③ 赵林林：《分割方法在信托法律适用问题上的应用——以〈信托的法律适用及其承认公约〉为视角》，载《黑龙江省政法管理干部学院学报》2015年第3期。

④ 参见徐伟功、蔡鑫《美国冲突法中的分割方法评析》，载《武汉大学学报》（哲学社会科学版）2008年第3期。

⑤ 卢峻主编：《国际私法公约集》，上海社会科学院出版社1986年版，第287页。

突法适应信托法律实践的根本性要求。只有对信托法律关系不同性质的具体方面做具体分析，分别适用适当的法律，才能达到个案公正的目的，从而更有利于对信托当事人权益的保护。若依据适用于信托有效性的法律，支配信托有效性的法律和支配信托管理的法律都不可为另一法律所替代，那么这就有排他性的效力，除非信托文件中有相反的规定。在这种情况下，如果掌握信托财产的信托人的居住国法律允许受托人变更支配信托有效性和管理的法律，那么就不能适用该国法支配该信托的有效性和管理问题。[①] 许多美洲国家从实用主义出发，以支配管理的法律来确定有效性事项和管理事项的划分，即便如此，用另一种法律替代支配有效性的法律也不能损害依支配有效性的法律受益人所享有的权利。[②] 在我国的司法实践中，有法官曾建议采用分割制的方法适用法律，即将信托纠纷分为不同类型：信托效力的纠纷，信托管理的纠纷以及信托构成及解释的纠纷，由法院根据不同纠纷的类型，有针对性地选择准据法。[③] 笔者认为，在我国信托法冲突法规则完善过程中，这样做确实有着一定的积极意义。有学者指出，目前我国适用分割方法存在着理论层面、立法层面和司法层面三重障碍[④]，时机尚不成熟，但笔者认为，这些障碍都是可以排除和克服的，而且需要我们积极创造条件，并做出必要准备。就《信托业法》而言，可以进一步补充完善信托冲突法规则，由立法机关就信托合同或信托遗嘱、信托财产、信托当事人、信托管理方法、信托变更、信托终止等事项进行特殊处理，分别确定其相应的准据法。[⑤] 以此为根据，进一步确立如何进行分割、何种情形下进行分割以及法官自由裁量权的范围等。

在国际私法上，冲突规范是由国内法或国际条约规定的，指明某一涉外民商事法律关系应适用何种法律的规范，它又叫法律适用规范或法律选

[①] David Hayton, *The Hague Convention*, International and Comparative Law Quarterly, Vol. 36, 1987.

[②] 耿勇：《国际信托法律适用的统一冲突法——〈关于信托的法律适用及其承认的公约〉评介》，载《河南省政法管理干部学院学报》2000年第3期。

[③] 参见肖明、邓志伟《涉外信托的法律冲突及法律适用》，载《法律适用》2002年第6期。

[④] 参见徐伟功、蔡鑫《美国冲突法中的分割方法评析》，载《武汉大学学报》（哲学社会科学版）2008年第3期。

[⑤] 席月民：《简论我国信托冲突法的科学构建》，载《中国社会科学院院报》2008年6月12日第3版。

择规范。[1] 根据系属不同，其可以分为四种类型，即单边冲突规范、双边冲突规范、重叠适用的冲突规范以及选择适用的冲突规范。其中的单边冲突规范是用来直接规定适用某国法律的规范，其既可指出适用内国法，也可指明适用外国法或某一特定国家的法律。我国《信托法》第3条规定："委托人、受托人、受益人（以下统称信托当事人）在中华人民共和国境内进行民事、营业、公益信托活动，适用本法。"如何正确理解该条规定，是构建我国信托冲突法不容回避的一个关键问题。从表面上看，其类似于单边冲突规范，但实际并不是。因为这一规范明确指出了适用我国的某一部法律，而从单边冲突规范的含义来看，是指明适用某一国法律的规范而非指明适用某一国某一部法律的规范，至于适用哪一部法律应由法院根据案件具体情况及法律关系的特点来判断。[2] 在国际私法上，冲突规范的结构分为范围和系属，系属是规定冲突规范中范围所适用的法律，而且国际上已形成一些固定的系属公式，如属人法、物之所在地法、最密切联系地法等。即便是单边冲突规范，也明确规定适用"中国法"、"美国法"等某一特定国家的法。我国《信托法》第3条直接使用"本法"，从信托冲突规范角度看，是一个很不规范的用语。因此，基于该条表述以及其在整部《信托法》中的位置，很难将其纳入冲突规范的范畴。可问题是，能否将这一条款直接理解为我国法律对于信托法律适用的强制性规定而直接适用呢？换言之，是否在中华人民共和国境内所为的信托活动，都必须适用该法呢？在冲突法上，直接适用的法是指在国际性民商事案件中，涉及该国具有强制适用效力的法律规范，无须援引法院地冲突规范而必须径自直接适用于该案件。[3] 其目的是在涉外民商事交往中更好地保护国家和社会利益，绕过传统的法律选择规范而直接适用本国的某部法，因此，受直接适用的法所调整的涉外民商事法律关系一般都与一个国家的主权或社会重大利益有关。然而信托是平等民事主体间所进行的普通的民事行为，其中既不存在作为弱势一方的当事人群体，信托行为也不涉及国家社会的重大利益，故没有必要也没有理由对其法律适用作出这样的强制性规定。笔者认为，我国《信托法》第3条只是有关该法空间效力的规定，而不是具体的信托冲突法规

---

[1] 韩德培主编：《国际私法》，高等教育出版社、北京大学出版社2000年版，第93页。

[2] 吴一鸣：《论我国信托的法律适用——兼评我国〈信托法〉第3条》，载《当代法学》2002年第2期。

[3] 肖永平：《冲突法专论》，武汉大学出版社1999年版，第162页。

范。当然，该条即使作为对《信托法》空间效力的规定也仍然存在着缺陷，因其未规定"法律另有规定的除外"，结果很容易让人将其误读为国际私法上的强制性规则。《海牙信托公约》在第 16 条规定了法院地强制性规则的优先适用效力，同时也规定了法院地以外国家的强制性规则的优先适用性，只要该国与案件有足够密切的联系。[①]

　　信托业的发展离不开良好的业务经营规则和信托法律环境。只有建立和健全信托法律法规体系，才能保障我国信托业的稳定、健康和有序发展。国际经验表明，只有在良好的法制环境下，通过规范化管理，信托才能在金融服务业中发挥其不可替代的筹资优势，为国民经济发展提供金融支持。信托冲突法规则的缺失，给我国涉外信托纠纷的司法救济带来了极大的不便和困惑。为此，笔者建议尽快修改我国的《信托法》，同时制定一部适合混业监管的《信托业法》，在两部法律的总则或附则部分按照前述原则科学构建我国的信托冲突法，同时积极着手加入《海牙信托公约》，并完善相关信托业务专门立法，以妥善处理国际信托法律冲突。

　　[①] 《海牙信托公约》第 16 条规定："不管冲突法规则如何规定，本公约不妨碍法院地法即使对国际性案件也必须适用的法律条款的适用；如果另一国家与案件有足够密切的联系，那末，在例外情况下，可以给予该国具有前款述及的性质的规则以效力。任何缔约国可通过保留方式，声明其将不适用本条第二款。"参见卢峻主编《国际私法公约集》，上海社会科学院出版社 1986 年版，第 288—289 页。

第六章

信托业法与相关法律的关系

本章旨在探讨信托业法与其他相关法律之间的区别和联系，以便实践中更好地执行信托业法。本章共分为三节，分别论证信托业法及其与信托法、公司法、银行业监督管理法、证券投资基金法、证券法以及保险法之间的关系，通过比较分析，澄清理论认识上的混乱和误解，进一步增进信托业法与这些法律之间的协调与配合。

第一节 信托业法的性质与地位

一、信托业法应当属于公法与私法调整机制的耦合法

在查士丁尼的《学说汇纂》的前言中选用了罗马法学家乌尔比安的一句话，"有关罗马国家的法为公法，有关私人的法为私法"。[1] 源于罗马法的公法与私法的划分，长期以来在我国法学界只作为一种历史上存在过的法律划分方法而予以介绍，其科学性、合理性和现实性并不被承认。现代法学一般认为，凡涉及公共权力、公共关系、公共利益和上下服从关系、管理关系、强制关系的法，即为公法，而凡属个人利益、个人权利、自由选择、平权关系的法即为私法。[2] 我国社会主义市场经济体制确立以来，在构建与其相适应的法律体系的理论和实践中，公法与私法的划分重新得到了重视。[3] 我国著名法学家王家福等人曾明确指出，区分公法私法

---

[1] 参见朱景文《比较法导论》，中国检察出版社1992年版，第183页。
[2] 张文显主编：《法理学》，高等教育出版社、北京大学出版社1999年版，第56—57页。
[3] 参见陈甦主编《证券法专题研究》，高等教育出版社2006年版，第39页。

的必要性在于市场经济本身的性质,区分公法与私法是建立市场经济法律体系的前提。

关于区分公私法的标准,约有三种学说:其一为利益说,即以规定国家利益者为公法,以规定私人利益者为私法;其二为意思说,即规制权力者与服从者的意思为公法,规制对等者的意思为私法;其三为主体说,即公法主体至少有一方为国家或国家授予公权者,私法主体法律地位平等。其中第三说为学者通说。[1] 公私法的区别,是现代法秩序的基础,是建立法治国的前提。在现代国家,一切法律规范,无不属于公法或私法之一方,且因所属不同而不同其效果。但我们必须认识到,公法与私法的划分是大陆法系的历史传统,从经济法在近代法律构造更化中的地位发微看,作为公私法融合的经济法是市民社会与政治国家互动的产物。市民社会不是一个独立的概念,它在与国家的相对关系中获得自身的规定性。国家对市民社会的渗透或统合的政治性是不可否认的。市民社会与国家是一对合体中的不可分割的两个分体。[2] 经济法是包括公法与私法在内的法律分支,私法与公法观念的相互渗透正是经济法的精髓。[3] 经济法既区别于民法,也区别于行政法,经济法中的法律规范既包含私法内容,也包含公法内容,因此把经济法简单归入私法或简单归入公法均不妥。就信托业法而言,笔者认为其具有经济法的部门法属性,应当属于公法与私法调整机制的耦合法。

所谓耦合,通常是指物理学上两个或两个以上的体系或两种运动形式之间通过相互作用而彼此影响以至联合起来的现象。[4] 在社会科学领域,我们也可以把两种社会现象通过某种条件,使二者有机结合起来发挥作用的客观事物,称为耦合。[5] 在对经济关系的法律调整中,公法与私法耦合是指公法与私法相互独立又相互依存,私法调整手段与公法调整手段的互相借用。一般层面的表现就是公法的私法化和私法的公法化,更深层次的

---

[1] 参见中国社会科学院法学研究所社会主义市场经济法律体系课题组《建立社会主义市场经济法律体系的理论思考和对策建议》,载《法学研究》1993年第6期。

[2] 张世明:《经济法学理论演变研究》,中国民主法制出版社2009年版,第54页。

[3] Goldschmidt, Hans, *Reichswirtschaftsrecht*, Berlin, 1923, S. 14.

[4] 中国社会科学院语言研究所词典编辑室编:《现代汉语词典》,商务印书馆2005年版,第1012页。

[5] 参见徐孟洲《论市场机制与宏观调控的经济法耦合》,载《法学家》1996年第2期。

结合即因市场机制与宏观调控机制的耦合，直接导致了公私耦合法的诞生。[①] 公法与私法耦合是社会主义市场经济和法治国家的客观要求，在经济、政治以及法理方面有着深层次的理论基础。

信托市场是我国金融市场的有机组成部分，其中的高收益与高风险始终相伴而生，该市场运行状况的好坏事关整个国民经济与社会机体的健康。准确定位信托业法，在理论和实践两方面均有着十分重要的意义。它不但有助于深化对信托业法本身部门法属性的理解和认识，而且有助于科学设计信托业法中的具体法律规范，合理运用不同类型规范解决信托经营及其监管实践的具体问题，防止以偏概全，故意忽视或漠视不同利益主体的法律地位及其利益分化。

信托业法具有经济法的社会公共性、经济政策性、政府主导性以及公法和私法的融合性特性。[②] 其着眼于对信托业有效监管的法律保护，对信托业监管机构的定位及其职责厘定，即生动体现并诠释了其中的公法因素。前文已述，无论是专营还是兼营信托业务的信托机构，其经营资格的取得和丧失均涉及信托业监管机构的法定许可，信托业监管机构的法定职权如规章规则制定权、市场准入审批权、现场检查权、非现场检查权、行政处罚权、危机救助权以及市场退出监管权等，无不体现了国家对信托市场的干预意志，在法益目标上直指对社会公共利益的保护。因此，信托业法的公法属性不容置疑。但如果据此将信托业法直接定位为公法，恐怕会有失偏颇。我们必须注意到，信托业法同时具有私法性的一面。这是因为，信托业法所调整的社会关系中同样包含有委托人、受托人与受益人等平等主体之间基于信托行为所产生的信托关系，只是这里的受托人是专营或兼营信托业务的信托机构，信托机构的经营范围和经营规则不单单体现着信托机构自身的私益，而且也会关系到不同信托产品中委托人和受益人的私益。信托业法中系统构建的信托经营主体制度、信托经营权利制度、信托经营行为制度和信托经营责任等，即全面而完整地体现了信托机构作为商事主体对私人利益与私人意志的价值追求。以其中的信息披露制度为例，该制度通过为信托机构设置强制性的信息披露义务，借以平衡信托市

---

① 徐孟洲：《耦合经济法论》，中国人民大学出版社2010年版，第36页。
② 有关经济法的上述特征，参见王晓晔主编《经济法学》，社会科学文献出版社2010年版，第15—21页。

场不同信托当事人之间的利益关系，促使信托市场主体合理地最大限度地获得信息，从而解决信托市场信息不对称问题，进而有效保护投资人（委托人）的合法权益，保障投资人在理性投资的基础上能够作出最优投资选择。尽管信托业法中占主导地位的仍是信托业监管机构与信托机构之间基于信托经营及其监管行为所产生的具有经济性和管理性的经济管理关系，但事实上，这种经济管理关系不但包含有信托机构的私益内容，也包含有信托监管机构所代表的公益内容，并非公私法划分中所强调的单纯的公共利益或单纯的私人利益。可以说，法益的复合性是信托业法的显著特征，信托业法所调整的法益既有专营或兼营信托业务的信托机构之间的私益，也有不特定多数的投资人（委托人）、受益人以及信托团体的社会化利益，同时还有国家在维护公平竞争、实施公共管理中的国家利益和社会公共利益。在主体上，信托业法把信托机构、投资人、受益人等私主体与国家这一公权力主体全部囊括其中，注重合理平衡国家利益、社会公共利益与私人利益，在法律调整方法上有机结合了集中与自由两种方法，把公法因素与私法因素平等置于自身体系之中。因此，笔者认为，与其纠结于公私法的分野边界如何确定，不如实事求是地认定信托业法属于公法与私法调整机制相互融合的公私耦合法，并且是经济法中市场规制法[①]的重要组成部分。

二、信托业法包含有商法成分

商法即商事法，是调整商事关系的法律规范的总和，是民法的特别法。商法所调整的商事关系是平等的商事主体之间的社会经济关系，是商事主体基于营利动机而建立的；并且发生在持续的营业之中。[②] 大体上说，商事关系是一定社会中通过市场经营活动而形成的社会关系，主要包括两部分：一是商事组织关系，二是商事交易关系。[③] 信托业法所调整的社会关系具有商事关系的性质，其中的经营主体是典型的商事主体，无论是专营信托业务的信托机构还是兼营信托业务的信托机构均基于营利动机

---

① 市场规制法是一个集合概念，泛指调整市场规制关系的法律规范系统。所谓市场规制关系，即指国家在干预和规制市场主体和市场监管主体的行为过程中所发生的社会关系，主要包括生产经营规制关系、市场竞争关系和市场监管关系。
② 王保树主编：《中国商事法》，人民法院出版社1996年版，第3—4页。
③ 王卫国主编：《商法》，中国广播电视大学出版社2008年版，第1页。

而建立，并且营业性特征十分明显。在信托业法调整的社会关系中，基于信托业务经营的商事组织关系和商事交易关系同时并存，因而信托业法包含有商法成分。

在我国现有法律体系中，民商合一是其中一大突出特色。民商合一的源流可以追溯到罗马私法。由于古代商法规范被包容在罗马私法中，所以形成了两法合体、民商不分的情况。但因近代商法直接从中世纪商人法的基础上发展而来，民商合一是在商法作为一种独立的法律体系的地位已经奠定后并相对于民商分立现象而出现的概念，因此现代意义上的民商合一是从19世纪中叶在西方开始发展起来的。在我国，至今尚未颁布民法典，更谈不上民商分立中所谓的商法典。需要强调的是，在构建现代私法体系时，民商合一并不否认商法以单行法规的形式独立存在，民商分立也不意味着必须制定单独的商法典。这些年来我国一直积极致力于民法典的编纂，虽然到目前为止民法典仍在积极起草过程中，但商法制度的建立对当代中国的经济乃至政治格局的变化却已产生深远影响。它不但从制度上保障了我国社会主义市场经济体制的完整性和稳定性，而且为我国改革开放和外向型经济发展奠定了重要基础。

信托业法包含有商法成分，必然要体现商法的性质和特征[①]。首先，商法调整行为的营利性特征，在信托业法中有着集中展现，信托机构的信托经营活动无不以营利为基本出发点，信托业法需要保障信托市场主体的营利活动，使其能够通过合法经营行为在信托市场上获得经济利益。其次，商法调整对象的特定性，即商主体和商行为的特性在信托业法中也得到了全面展示，信托业法仅适用于履行了信托营业登记从而具有信托经营资格的信托机构这样的商事主体，适用于营业信托这样的商事信托，并不适用于普通受托人的民事信托行为。再次，商法规范的技术性和易变性特征在信托业法中也能觅得答案，信托机构的信托经营行为与资产证券化、权利证券化运动密切相关，相关经营和交易规则必须为确保信托市场的交易效率而具有可操作性和技术性，从而使信托机构的经营行为有章可循，同时信托交易活动的内容和形式会随着信托产品创新活动必然发生变化，因此相应的修法活动相对会比较频繁。复次，商法的公法性特征是私法公

[①] 有关商法的特征参见范健主编《商法》，高等教育出版社、北京大学出版社2002年版，第6—7页。

法化的一种表现形式，在商法规范体系中，私法规范是核心，但同时也包含有大量的公法性条款，信托业法体现了公权力对信托市场的干预，因此具有鲜明的公法性兼容私法性的特征。当然，信托业法中的公法因素，目的不是限制交易、妨碍交易，而是通过建立和维护良好的市场秩序保障交易、促成交易。最后，商法的国际性特征在信托业法中也有明显反映，跨国信托的出现以及信托业法对跨国信托的规制即体现了信托业法的国际性特征。总之，信托业法中关于信托机构设立、变更、终止以及经营规则的内容，均清楚地表达了其中所具有的商法成分，与商法的特征具有一致性。另外，信托业法对信托机构内部治理与经济效率的强调，以及对维护交易公平和保障交易安全的重视，与商法的基本原则[①]也是完全吻合的。

三、信托业法应当属于金融法

金融作为现代经济的核心，在一国经济中居于举足轻重的地位，并具有提高资源配置效率、增加社会财富的积极作用。金融法是调整金融关系和金融管理关系的法律规范系统。[②] 金融法作用于金融市场，金融市场是资金融通的场所，是金融资产买卖交易而形成的资金供求的总和，一般应具备市场主体、交易对象、交易工具以及交易价格四个要素。[③] 金融法所调整的金融关系和金融管理关系广泛而复杂，既有横向的平等主体之间的金融业务关系，又有纵向的带有行政隶属性的金融监管、调控关系；既涉及微观的经济个体，又涉及整个国家的经济全局和社会公众的基本生活，具有广泛的公共性、全局性、社会性。因而，这种关系为传统民法、行政法，乃至传统商法所无法调整，而必须采取新的法律部门——经济法的调整方法，即运用综合的、多样的调整方法和调整手段进行规范。所以在我国，一般认为金融法应属于经济法的范畴，是经济法的子部门法。[④] 从金融法的内部结构看，金融法包括了金融机构组织法、金融宏观调控法、金融监督管理法和金融业务经营法四个组成部分。[⑤] 信托市场是金融市场的

---

① 有关商法的基本原则参见王卫国主编《商法》，中国广播电视大学出版社2008年版，第9—18页。
② 徐孟洲：《金融法》，高等教育出版社2007年版，第7页。
③ 参见强力《金融法》，法律出版社2004年版，第9—10页。
④ 参见朱大旗《金融法》，中国人民大学出版社2007年版，第9—10页。
⑤ 参见席月民主编《金融法学的新发展》，中国社会科学出版社2013年版，第46—47页。

有机组成部分，信托业法所调整的社会关系是金融关系以及金融管理关系之一种，其内容结构中的信托机构组织法、信托监督管理法以及信托业务经营法典型地反映了金融法的体系成分，因此，笔者认为，信托业法应当属于金融法。

　　信托业的出现是金融创新和金融自由化的必然结果，是金融市场适应市场需求变化和发展的一种积极反应。在现代市场经济条件下，为突破管制、转嫁风险或预防风险，快速适应市场供需变化，金融业在金融工具、金融方式、金融技术、金融机构、金融市场等方面不断谋求、探索并实现一些创造性的变革。当然，金融创新是一个庞大的体系，它与金融自由化、金融风险、金融监管之间有着密切关系，并广泛涉及金融产品与金融服务创新、金融体系与金融组织机构创新、金融市场与金融工具创新，以及金融制度与金融监管创新等诸多领域。这些年来，财富管理的巨大需求和市场空间的高速增长，已经引起了国内外金融机构的注意，各类金融机构纷纷寻求市场定位，拓展市场份额，以满足个人财富增长后避损、获利、分散风险的需求。证券投资基金信托、企业年金信托、社保基金信托、住房公积金信托、保险资金信托以及商业银行个人理财信托等新型业务的开发与创新，客观上适应了社会主义市场经济体制下经济自由和经济民主的内生需求，并不断越过支撑信托产业的信托公司，受到众多其他金融机构的青睐，我们不得不承认，中国已经快速迈入了"大信托时代"。随着营业信托的实践形式的不断丰富和发展，新的法人型营业信托受托机构也将不断涌现，信托公司和基金公司只是其中比较典型的受托机构，但并不是唯一的受托机构。① 在未来的政策取向中，信托业将作为一个理财市场的大概念被逐渐清晰化和明确化。我们必须深刻认识到，金融创新是推动金融业和金融市场的根本动力，也是金融业和金融市场演变以及发展的关键因素，其对金融法的规范和约束提出了新的挑战，对金融法的保护提出了新的要求，对金融法的发展具有促进作用。在这一过程中，信托业法的细分化是当代国际信托立法的一个显著特点。国外信托业之所以发达，与其重视信托业法的立法不无关系。以英国为例，其不但有《受托人法》，而且有《慈善受托人社团法》《司法受托人法》以及《公共受托

---

① 朱小川：《营业信托法律制度比较研究——以受托人信用为中心》，法律出版社2007年版，第432页。

人法》等。① 从世界范围看，信托业法的细分，适应并反映了现代信托业发展的客观变化，并为各类信托机构的分化提供了法律支持。

改革开放以来，信托业在拓宽金融服务渠道、完善金融信用体系方面发挥出了重要作用，为我国国民经济发展提供了多层次、多形式、跨领域、跨地区的金融服务。之所以强调信托业法应当属于金融法，主要是必须强调用金融法的基本框架、基本原理、基本关系、基本制度、基本操作来分析论证信托业法。信托业法的金融法属性使其与商业银行法、证券法、证券投资基金法、保险法等表现出共性的一面，并在整个金融法体系中占有了独特地位。信托业法的主体内容属于金融监管法范畴。首先，其监管对象是信托业。广义的信托业泛指专营和兼营信托业务的所有信托机构及其信托业务，狭义的信托业则专指信托公司及其信托业务。作为商业受托人，无论是专营还是兼营信托业务的信托机构都属于信托业监管的对象。其次，其监管主体是法律规定的信托业监管机构。对于这一点的理解，应当把注意力集中在"法律规定"上。信托业的监管机构必须是法律授权对信托业进行监管的机构，未经法律的授权，任何机构不得擅自对信托业进行监管。再次，其监管依据是信托业监管法律法规。信托业监管的依据必须是信托业监管方面的法律法规。也就是说，信托业监管机构必须在法律法规规定的职权范围内依照法律法规规定的程序对信托业监管对象进行监管。强调这一点，目的主要是防止信托业监管机构滥用监管权限，对信托业进行不当干预，影响信托机构的合法权利。最后，其监管内容主要是对信托机构及其业务活动进行监督和管理。信托业监管的内容包括对信托机构设立、变更、终止的监管、信托机构业务范围、业务活动的监管等。笔者认为，改革是对未来最重要的投资②，信托业监管改革必须全面纳入国家金融体制的系统化改革之中，并快速适应金融创新和金融发展的新形势和新要求，这就要求把《信托业法》的制定作为当前金融法治建设的重要任务，实现立法与改革相衔接，推进形成完备的金融法律规范体系和严密的金融监管体系，让该法成为促进信托业监管改革、体现社会主义市场经济条件下金融治理规律的重要保障，成为我国金融国际化中

---

① 席月民：《当代国际信托立法的特点及启示》，中国法学网，http://www.iolaw.org.cn/showArticle.aspx? id = 2247，2015 年 8 月 20 日访问。

② 周其仁：《改革的逻辑》，中信出版社 2013 年版，第 257 页。

协调国内法律规则与国际法律规则的典范。

四、信托业法应当属于实体法与程序法的有机结合

实体法和程序法的划分，是根据法律规定的内容不同所作的重要分类。其中，实体法是指以规定和确认权利和义务或职权和职责为主的法律；程序法是指以保证权利和义务得以实现或职权和职责得以履行的有关程序为主的法律。当然，这种分类是就法律本身主要方面的内容而言的，它们之间也有一些交叉，实体法中也可能涉及到一些程序规定，程序法中也可能有一些涉及权利、义务、职权、职责等内容的规定。① 这种分类，便于我们把握不同性质法律规范的特征、效力和功能，在立法、执法和司法实践中更准确地认识、理解和适用法律。

实体法与程序法代表实体权利和实现实体权利的程序的两个维度，它们是一个国家法治的两个相互依赖的方面，可以分析法治本身变革的程度。② 后者在保持独立性的基础上，对前者具有工具性的保障价值。信托业法是专门针对金融业中的信托业实施监督管理的法律规范系统，是用来专门解决信托业监管改革与监管实施问题的，需要通过立法来确立新型信托业监管体制、监管机构、监管事项、监管方法以及监管程序，这就对《信托法》的制定提出了更为明确的技术性要求。程序并不与特定的实质内容固定在一起，程序法具有很强的技术性。从技术构成来讲，程序实际上是由时间和空间要求所构成的，程序以法定时间和法定空间方式作为基本要素。其中，法定时间要素包括时序和时限，时序是法律行为的先后顺序，时限是法律行为持续时间的长短；法定空间方式则包括两个方面，即空间关系和行为方式。较之实体性权利义务，程序法关于实现权利义务的步骤、顺序和方式等时空要素的规定，在内容上必定是具体、明确的，具有更强的可操作性。程序的基本功能之一，就是通过程序的时空要素来指引人们的法律行为按照一定的指向和标准在时间上得以延续，在空间上得以进行。在这个意义上，程序实际上具有一种"游戏规则"的性质和功能，即只规定保障游戏正常进行的外部规则，而不涉及对游戏结果的评判。③ 信托业法

---

① 参见张文显主编《法理学》，高等教育出版社、北京大学出版社1999年版，第55页。
② 朱景文：《中国特色社会主义法律体系：结构、特色和趋势》，载《中国社会科学》2011年第3期。
③ 万毅：《程序法与实体法关系考辩——兼论程序优先理论》，载《政法论坛》2003年第6期。

中既包含实体法规范，也包含程序法规范，该两类规范性质不同、功能互补，在信托业法中的地位与比重大体相当。具体说来，关于信托机构权利义务的法律规范和信托监管机构的权力和职责的法律规范等，属于实体法规范；关于信托机构市场准入和退出许可、信息披露程序、信托监管机构现场检查、问题信托机构救助等法律规范，则属于程序法规范。

在理解信托业法属于实体法与程序法相结合这一特征时，需要避免陷入不必要的误区。有学者强调指出，无论是实体法还是程序法，都是指调整同一性质的法律行为以及由行为主体所体现的同一性质的社会关系的法律。只有调整同一社会关系的法律之间才存在实体法与程序法关系。在这一前提下，所谓实体法是指为履行特定职能或实现特定利益，赋予组织或个人职能性权力或利益性权利的法律；程序法则是为实现职能性权力或利益性权利而制定的关于行为的方式、步骤和时间、顺序的规定的法律。[1] 笔者赞同这一观点，信托业法中的程序法规范并不包含民事诉讼、刑事诉讼以及行政诉讼等方面的诉讼法规范，不能打破法律部门的划分标准来定义这里的实体法与程序法。与复杂、多样的实体公正不同，程序公正的内涵具有确定性，这导源于程序以及程序法本身所固有的自治性、形式性、刚性和安定性特征。[2]

在我国，越来越多的人开始认识到程序法的重要性，程序法不仅具有保障实体法实现的附属性，而且具有自身的独立意义，即通过程序正义实现实质正义。信托业法中的程序性规范，可以确保信托投资者权益得到充分保障，可以确保信托市场经营主体得到公平对待，也可以促使信托业监管机构依法监管，从而确保信托市场的公平性价值与秩序性价值的真正实现。程序设置的立法本意，除了有效地维护公正与秩序，亦包括提高效率。[3] 由于程序的设置与信托市场的效率直接关联，一旦程序设置不当，则会降低信托市场的资源配置效率，因此必须在市场需求与监管供给之间寻求合理的平衡点，使各种程序简繁适度、层次适当、安全便捷。信托市场监管的各种程序必须在设置方面实现全面公开，在运作上必须完全透明，不应存在法律规则之外的程序。此外，信托业法的程序性规则需要本

---

[1] 李颂银：《走出实体法与程序法关系理论的误区》，载《法学评论》1999年第5期。
[2] 万毅：《程序法与实体法关系考辩——兼论程序优先理论》，载《政法论坛》2003年第6期。
[3] 陈甦主编：《证券法专题研究》，高等教育出版社2006年版，第44页。

着节约成本原则来设计,尽量减少程序本身运作中的费用以及发生腐败的可能。在区分实体法和程序法,认识程序法在实现实体权利的重要意义的同时,还应该看到二者之间的相互联系与相互渗透以及二者的统一性。程序本身就有实体性的意义,某些程序的瑕疵或程序的违反可能导致行为本身的不成立或者无效。[①]

第二节 信托业法与信托法的关系

在信托业法与其他相关诸法的关系中,其与信托法的关系无疑是最重要也是最密切的。这里所言的"信托业法"和"信托法",并不局限于两个单行法律,而是泛指立法体系中所出现的分别调整信托监管关系和信托关系的法律规范系统。信托法调整的是信托关系,其不但规定了信托当事人及其权利义务,而且规定了信托的设立、变更和终止,另外还就信托法律关系的客体——信托财产作出了专门规定,因此其在调整信托关系、规范信托行为、保护信托当事人的合法权益以及促进信托事业的健康发展方面奠定了其作为信托基础法的重要地位。信托业法则调整的是信托监管关系,相应的法律规定专门针对的是专营和兼营信托业务的商业信托机构以及信托监管行为。单从受托人角度看,两部法律的关系是一般法与特别法的关系。明确信托业法与信托法的联系与区别,对于我们正确认识二者各自的规定性、立法宗旨以及制度实现机制,有着十分重要的意义。

一、信托业法与信托法的联系

信托业法与信托法之间的联系,一方面源自二者在调整对象上天然的关联性,不能把信托机构的信托经营活动以及信托业监管机构的信托监管活动与信托基本原理割裂开来,实践中必须正确厘定信托监管关系与信托关系之间的界限;另一方面源自二者在法律规制对象上的交叉与重合,营业信托机构因为同时面临双重的法律约束,故而在法律适用方面必须确定何者优先适用的顺序。

---

① 朱景文:《中国特色社会主义法律体系:结构、特色和趋势》,载《中国社会科学》2011年第3期。

（一）立法宗旨的同向性

立法宗旨是一部法律的灵魂，主要为立法活动指明方向并提供理论依据，其对于确定法律原则、设计法律条文、处理解决不同意见等具有重要的指导意义。从一部法律的整体构造看，繁密的法律条文规则之间必须形成一个有机体系，其中法的目的条款具有极其重要的地位，这是因为，制定法的传统观念一般强调法律体系在逻辑上的严密性、完整性和自足性，其中法的目的条款构成了该法的灵魂，它指明该法的立法价值取向，指导人们构建该法的基本框架和具体制度，进而影响和辐射全部法条并指导司法实践活动。当不同的法律规范之间发生冲突或有疑义时，可以采用目的解释方法对相关条文进行法律解释。

《信托法》的出台，开宗明义地明确了其立法宗旨，即"为了调整信托关系，规范信托行为，保护信托当事人的合法权益，促进信托事业的健康发展。"[①] 该法不但以立法形式承认了信托制度，用专门法律调整信托关系，规范和保护信托当事人的信托行为及其合法权益，而且确认了信托业的地位，着力于促进信托活动和信托事业的健康发展。从世界范围看，信托制度在财产管理、资金融通、投资理财和发展社会公益事业等方面具有突出功能，已被许多国家引入其法律体系之中。我国信托业的发展历史虽然较短，但也已积累出了诸多经验，实践证明，信托业是我国金融业的重要组成部分，其在弥补银行信用不足、动员社会闲散资金、拓宽社会投资渠道、完善金融服务体系、促进社会主义市场经济健康发展等方面发挥了积极作用。信托业法的立法宗旨和信托法的立法宗旨保持了紧密的同向性，这主要是因为《信托法》是《信托业法》的立法根据。我国现行《信托公司管理办法》即规定，该办法的目的是加强对信托公司的监督管理，规范信托公司的经营行为，促进信托业的健康发展。[②] 前文已述，我国《信托业法》的立法目的可以表述为"为了加强对信托业的监督管理，规范监督管理行为，防范和化解信托业风险，保护商业信托中委托人、受托人和受益人的合法权益，促进信托业健康发展，根据《信托法》，制定本法。"这样表述，可以很好地处理信托业法与信托法之间的联系。信托业法的定位是实现信托业的有效监管，具体的监管对象就是商业信托中的

[①] 《中华人民共和国信托法》第1条。
[②] 参见《信托公司管理办法》第1条。

信托机构及其经营行为,以此达到依法保护商业信托中委托人、受托人和受益人的合法权益,并促进信托业健康发展的最终目的。不难看出,信托业法通过引入外部监管,使信托法所调整的信托关系和信托活动在商业信托领域可以更好地发挥实际作用,使信托法的立法目的在商业信托领域变成现实,最终建立和维护应有的信托市场秩序。

当然,立法宗旨与立法的指导思想密切联系,可以说是一个事物的两个方面。从立法宗旨可以推导出立法的指导思想,从立法的指导思想也可以看出一部法律的立法宗旨。但细究起来,立法宗旨和立法的指导思想又有一定的区别,如针对性、侧重点等方面会有所不同。这在《信托业法》的制定中必须注意仔细甄别,把该法的立法宗旨与立法指导思想作出必要区分。比如,针对立法实践中的专家代表性不足问题,信托业法的立法指导思想就需要坚持从实际出发,广开言路,决不能只凭立法者的主观想象。相反,如果脱离实际进行立法,就必然遭到实践的否定。因此,立法工作一定要从实际出发,以马克思主义为指导,运用马克思主义的立场、观点和方法,来分析研究立法中的实际情况,解决好立法工作中存在的实际问题,这样立法才有生命力。[①] 再比如,针对立法实践中长期存在的"宜粗不宜细"问题,信托业法的立法指导思想就应当坚持"宜粗则粗、宜细则细",把侧重点放在信托业监管的制度建构上,增强该法的可操作性,尽量避免法律条文太过简疏而需要依靠实施条例增强可操作性的流弊。

(二) 规制对象的重合性

信托业法与信托法在规制对象方面的重合性,主要体现在二者的适用范围和适用事项上。我国《信托法》明确规定,"委托人、受托人、受益人在中华人民共和国境内进行民事、营业、公益信托活动,适用本法。"[②] 这样规定,把信托法的主体适用范围明确限定在委托人、受托人和受益人这样的信托当事人范围内,而且把民事信托、营业信托和公益信托等信托活动纳入适用事项范围之内。该法同时规定,受托人采取信托机构形式从事信托活动,其组织和管理由国务院制定具体办法。[③] 这为《信托业法》

[①] 李培传:《论我国立法工作的指导思想》,载《中国法学》1988年第1期。
[②] 《中华人民共和国信托法》第3条。
[③] 《中华人民共和国信托法》第4条。

的出台提供了重要的连接点和法律依据，也同时表明了在规制对象上二者之间的重合性特征。① 就《信托业法》而言，前文已述，其适用范围可以表述为"中华人民共和国境内的信托机构从事信托业务活动，适用本法；中华人民共和国境外的信托业务，信托当事人约定适用本法的，适用本法。本法所称信托机构，是指依照《中华人民共和国公司法》和本法设立的专营或兼营信托业务的金融机构。本法所称信托业务，是指信托机构以营业和收取报酬为目的，以受托人身份承诺信托和处理信托事务的经营行为。"这也就是说，信托业法的适用范围和适用事项主要限于信托机构及其信托业务，而且对涉外信托而言，实行当事人意思自治。这样规定，使得信托业法与信托法的规制对象发生必要重合，也就是说信托业法和信托法均适用于营业信托，尤其是信托业法把适用范围严格锁定在营业信托，从而更加突出信托业法对信托业自身发展的特殊意义。当然，信托法的重心在于构建信托基本制度，信托业法的重心则在于构建信托监管基本制度，虽然二者均适用于营业信托，但各自定位仍明显不同。对信托机构而言，不但其设立、变更和终止要适用信托业法的特别规定，而且其经营许可和经营规则也要适用信托业法的特别规定，信托业法为信托机构及其业务开展作出了全面系统的监管规定，这些内容正是信托法所缺乏的；信托法为信托机构的业务经营提出了最基本的义务要求，也给予了信托机构最基本的权利自由，从信托设立到信托变更和终止，信托机构都需要按照信托法的规定行使自己的权利并履行自己的义务，确保信托财产的独立性，确保所开展的信托业务及其创新符合信托法对信托的基本定义。所以，作为信托市场重要主体的信托机构，既要受到信托业法的规制，也要受到信托法的规制。但凡信托业法有特别要求的，则需要首先适用信托业法；信托业法未规定的事项，则适用信托法；两部法律对同一事项的规定如若发生冲突，则应按照特别法优于一般法的原则来处理。

（三）法律价值的兼容性

在法律推理中，价值判断具有发现、比较、选择、归类、定性、量裁、导向等功能，这些功能对于法律推理来说是不可缺少的。没有价值判

---

① 虽然该法明确授权国务院制定有关信托机构的组织和管理办法，但至今为止国务院并未据此出台相关行政法规，2007年的《信托公司管理办法》只属于部门规章。即便如此，《信托公司管理办法》显然属于信托业法的组成部分，是信托业法的法律渊源之一，该条表明了信托法和信托业法之间的密切关系，其联系的纽带就是信托机构及其信托活动。

断就没有法律推理，有什么样的价值判断就有什么样的法律推理。可以说，价值判断是法律推理的灵魂。① 法治经济和法治社会的建设离不开法律价值的选择。法律是价值需求的规范形式，是价值追求的记载和保障工具。人类的价值追求由于其自身性质和法律特征的决定，取得了通过法律这种规范形式的表达。法律价值是基于主体对客体（自然物及社会）的价值需求而规定于法律中的，法律价值不同于法律的价值，后者是基于主体对法律本身的价值需求（权利需求、义务需求、责任需求）而产生于主体运用、遵守、履行法律规范的行为中。② 前者侧重于揭示法律自身所具有的价值因素，即法律在形式上应当具备哪些值得肯定的或"好"的品质以及法律效力如何，后者则侧重于发现法律所追求的社会目的和社会理想，指称法律在发挥其社会作用过程中能够保护和增加哪些价值，如人身安全、财产安全、公民自由、社会公共福利、经济可持续发展、环境保护和改善等，从而其更加注重的是法律的功效。从实证角度考察，法律价值表明了法律效力与法律功效的有机统一，法律价值的生成决定于法律效力，而法律价值的实现决定于法律功效。③ 从价值体系结构上看，法律价值是由法的目的价值、评价标准以及形式价值三种成分所组成的价值系统。其中，目的价值系统在整个法律价值体系中占据突出的地位，它是法的社会作用所要达到的目的，反映着法律制度所追求的社会理想；评价标准系统是用来证成目的价值的准则，也是用以评价形式价值的尺度；形式价值系统则是保障目的价值能够有效实现的必要条件，离开了形式价值的辅佐，目的价值能否实现就要完全由偶然性的因素来摆布。需要强调的是，法的目的价值、评价标准和形式价值之间是相互依存、不可分离的关系，失去任何一方，都会导致法律价值体系的瘫痪和死亡。④

信托业法和信托法在法律价值的追求上具有鲜明的兼容性，并呈现出多元化、有序化和趋同化的显著特征，其主要原因在于二者规范的对象都指向了信托行为和信托关系，信托是二者发生联系的核心纽带。从信托制度发展史来看，隐含了个人对社会的抗争性，从而巧妙地规避社会加诸财产转移上

---

① 张继成：《价值判断是法律推理的灵魂》，载《北京科技大学学报》（社会科学版）2001年第1期。

② 参见谢晖《价值法律化与法律价值化》，载《法律科学》1993年第4期。

③ 贺海仁、杨保军：《法律价值：效力与功效》，载《法律科学》1991年第2期。

④ 参见张文显主编《法理学》，高等教育出版社、北京大学出版社1999年版，第211页。

的种种限制与负担，赋予个人以最大限度的财富支配自由。[①] 法律价值目标是多维而不是一维的。从信托业法和信托法的目的价值看，安全价值是二者共同追求的基本价值，安全价值有其特定的内涵和外延[②]，其重要意义在信托业法和信托法中都值得关注。信托业法要求信托机构的设立必须有安全保障设施，信托法规定信托财产必须保持严格的独立性，诸如此类的规定都彰显的是法律的安全价值。此外，秩序、公平、效率也是二者共同追求的重要价值。人类社会是以法律秩序为重要纽带而生存发展的。法律秩序是由法律所确立和维护的，以一定社会主体的权利和义务为基本内容的，表现出确定性、一致性、连续性的，具有特殊强制力的一种社会状态。法律秩序为社会主体提供安全保障，为社会关系提供依循的界限和规则，使社会可以据以稳定、繁盛和持续发展。[③] 信托业法和信托法在法律价值方面的共性多于区别，其区别主要表现在法律价值的排序会基于各自的立法目的和宗旨不同而有所调整，比如信托业法就更加注重法律的效率价值，而信托法则更加关注其公平价值。但不管怎么说，安全、秩序、公平和效率是二者共同追求的目的价值，其在形式价值方面都更加强调法律规范本身的明确性、严谨性、实用性以及稳定性等，而且在法律价值评价标准中，二者也都关注对信托当事人合法权益的保护以及对信托事业健康发展的保障。

（四）法律概念的互通性

现代法治无疑应归功于近代欧洲大陆的法律形式主义，这其中法律概念发挥着关键作用。法律中充满着概念，法律是概念筑起的大厦，法律概念是法律帝国的基石，信托业法和信托法也不例外。诸如信托、信托当事人（包含委托人、受托人和受益人）、信托财产、信托目的、信托合同、信托期限、信托受益权、信托报酬、信托机构等都是信托业法和信托法中的反复使用的重要概念。和任何概念一样，每个法律概念都有其相对确定的意义中心。虽然法律概念被赋予了规范性内容，因而它的意义大多是一种人为的设定，但当这种设定已经获得法律共同体的认可时，它的意义就被相对固定下来。在形式主义法学的理论体系中，每一法律概念都具有恒定的意义，因而在法律解释中并不存在法律适用结果是否妥当的问题，法

[①] 陈赤：《中国信托创新研究——基于信托功能视角的分析》，西南财经大学出版社2008年版，第24页。

[②] 安东：《论法律的安全价值》，载《法学评论》2012年第3期。

[③] 周旺生：《论法律的秩序价值》，载《法学家》2003年第5期。

律操作的所有环节只需按照法律的既定设计进行。而法律的规范功能之发挥，也正是以法律概念的这一特征为前提。不少法律问题的解决，其实都是建立在概念基础之上。因此，要认真寻找概念和问题的内在联系。一般认为，法律概念有三大功能，即认识功能、表达功能以及改进法律、提高法律科学化程度的功能。[1] 关于信托法治的所有问题，几乎都可归结为围绕信托业法和信托法中的法律概念而进行的符合逻辑的价值分析。法律概念分析的目的，是揭示并说明法律作为一类事物之独特性所在，借此深化人们对法律的理解。[2] 哈特在其《法律概念》一书中就谈到了概念分析与理论疑难的关系。[3] 虽然法律的概念是抽象的，但是无论怎样抽象，它都必须能够很好地解释法律实践。因此，在对相关法律概念的解释上，信托业法和信托法应对同一概念作出同样解释，尽力避免因不同解释所造成的逻辑混乱和价值紊乱。法律概念会因具体术语的模糊性特征而影响其功能发挥，有学者指出，对概念法学的误解与偏见，直接模糊了我们对法律概念的认识。而在对概念法学进行辩护时，我们发现，法律概念所拥有的价值储藏及意义演进功能，竟然成为法治框架内合法性与妥当性冲突的根源。因而，法治的最根本问题，也就演变为对法律概念的解读问题。[4] 无论是信托业法还是信托法，在借用对方的法律概念时，必须重视立法解释与司法解释的实际应用，使具体概念的含义始终保持相互一致，一旦发生冲突应服从立法解释。在借鉴国外立法经验时，对国外相关信托法和信托业法创造的概念，在翻译或引入时也需要注意其基本含义的提炼和归纳，并在法律条文中给出科学解释，避免发生"南橘北枳"现象。

（五）制度更新的联动性

信托业法和信托法联系紧密，一旦一部法律发生制度更新，则对另一部法律来说就会产生联动效应，需要作出相应的跟进。这主要是因为我国采取了《信托法》与《信托业法》分开立法的模式，从而不可避免地导致两部法律在制度更新方面的联动性。如前所述，信托业法与信托法的关系是特别法与一般法的关系，信托法是信托业法的立法根据。我国《信

---

[1] 蒋德海：《法律概念和正义——试论法律概念的方法论意义》，载《东方法学》2012年第2期。

[2] 刘叶深：《法律概念分析的性质》，载《法律科学》2011年第1期。

[3] H. L. A. Hart, *The Concept of Law*, Oxford University Press, 1961, pp. 1–5.

[4] 吴炳新：《法律概念与法治——兼为概念法学辩护》，载《山东大学学报》2004年第4期。

托法》自 2001 年颁行以来在信托实践中发挥了重要作用，但有分析表明，在我国信托法中，双重所有权的法系冲突问题悬而未决，受托人容易沦为委托人的代理人，委托人和受益人容易出现对峙僵局，瑕疵承继制度矫枉过正，信托财产公示制度有名无实，没有合理的市场退出机制。这些立法缺陷是中国信托业陷入低迷状态的重要原因，也是信托制度在我国没有顺利实现本土化的突出表现。[①] 有学者提出，应当将关于讨债信托与诉讼信托无效的规定从我国《信托法》中删除。其基本理由是，该法关于讨债信托无效规定的适用将致使已成为政策工具的公司债信托与金融不良债权信托成为无效信托，故该规定在目前已成为"推动公司债券发行"与"剥离国有商业银行金融不良债权"这两项我国现阶段的重要金融改革政策所要达到的目标的法律障碍，甚至关于该规定已成为后面一项政策目标实现的法律障碍，已有司法判例佐证；该法关于诉讼信托无效的规定完全没有必要存在于其中，因为在我国并不存在从国家有效规制金钱债权代替行使行为角度看需要该规定的法律背景与社会背景，况且将该规定保留在该法中对债权人明显不利。[②] 这些研究指出了我国信托法目前存在的主要问题，对信托业法而言同样有着重要价值。信托业法主要规范商业信托，而商业信托具有诸多有别于民事信托的组织性特征，在外部关系上，商业信托为一个独立于受益人、受托人等的组织体，这与普通民事信托有着明显区别，同时在内部关系上，商业信托存在众多的当事人，通常需以组织化的机制进行运营治理，正是因为信托法在此方面缺少专门适用于商业信托的法律规则，例如未设关于受益人会议及表决制度等，才使得信托业法的制定尤显重要。尽管目前我国尚未制定专门的《信托业法》，进而对商业信托作出统一化规定，但《信托法》的修改已经提上议事日程。笔者相信，《信托法》的修改会有助于推动《信托业法》的出台，有助于增强信托制度的竞争力，增加投资人对信托市场和信托产品的选择机会。

二、信托业法与信托法的区别

信托业法与信托法之间尽管存在着密切联系，但毕竟分别归于不同的

---

① 于海涌：《中国信托业陷入低迷的法律分析——写在〈信托法〉实施以后》，载《政法论丛》2011 年第 5 期。

② 参见张淳《我国信托法关于讨债信托与诉讼信托无效的规定应当删除》，载《南京大学法律评论》2014 年第 2 期。

法律部门，是两个相对独立的法域，并具有不同的质的规定性，因此厘定二者之间的区别，有利于更加深刻地认识信托业法的地位、特点、机制、功能和作用。信托业法不但规范信托机构的组织治理及其信托经营行为，而且规范信托业监管机构的地位、职责及其监管行为，在性质上应归于经济法部门。而信托法则旨在确定信托当事人的权利义务，规范信托行为，在性质上应归于民商法部门。信托业法的实现机制与信托法是不同的，信托法的实现主要依靠信托当事人意思自治，不需要专门的执法机构负责其实施，而信托业法则相反，其通过设立信托业监管机构并赋予其专门的执法处罚权，来专门负责信托业法的实施，全面监管信托市场情况。一旦发现违反信托业法的行为，信托业监管机构有权主动予以制止并进行相应处罚。二者的区别，可以从两个法律部门的发展历史、法益目标、价值取向、调整对象、调整方法、基本原则、基本理念、理论假设以及国际化程度等[①]角度进行分析，这里重点从信托业法的特征入手展开比较分析。

(一) 信托业法更加关注信托机构的内控性与合规性

信托业法和信托法在规制对象上具有一定的交叉和重合，即都针对信托机构作出了相应的规定。但与信托法相比，信托业法更加关注信托机构的内控性与合规性。这主要体现在：（1）信托机构的设立、变更和终止主要规定在信托业法中，信托业法不但调整信托机构的外部关系，而且调整信托机构的内部关系，着眼于完善信托机构的内部治理结构以及市场准入与退出标准，对信托机构的董事、监事以及高级管理人员、从业人员的

---

① 具体说来，从发展历史看，经济法产生于20世纪初，没有民商法的发展历史长；从法益保护和调整功能方面看，民商法注重私益保护，而经济法注重公益或社会整体利益的保护，民商法保护的是存量利益，而经济法保护的是增量利益；从价值取向、调整宗旨和层次等方面看，民商法强调意思自治，而经济法在尊重意思自治的同时强调限制意思自治，民商法强调平等保护而经济法强调偏重保护，民商法侧重从微观保障自由交易、自由竞争以提高效率来促进人们的利益，而经济法则侧重于（并非全部）从宏观、从利益协调方面减少社会经济震荡的破坏以提高效率从而促进人们的利益，民商法主要重视经济目标，而经济法不仅重视经济目标而且重视社会目标和生态目标；从理论假设上看，民商法所假设的市场整体源于古典经济学，而经济法所假设的市场整体源于现代经济学，民商法建基于政府外在于市场的假设，而经济法则建基于政府内在于市场的假设，民商法认为市场主体是平等、均质的"经济人"，而经济法则认为市场主体是不平等、非均质、有个性的"经济人"兼"社会人"；从国际化程度看，民商法的国际化程度远高于经济法，经济法的本土特色更为突出；从稳定性看，经济法更新速度快，没有民商法稳定；等等。这些区别以及具体分析方法同样可以应用于分析信托业法与信托法之间的区别。

任职资格作出必要限制，实施有效的机构监管与数量控制，而信托法只是强调信托机构的受托人地位及其权利义务，对信托机构的内部关系不作调整。信托业法对信托机构内部组织管理的关注，目的在于监督信托机构建立与实施内部控制体系，对经营风险进行事前防范、事中控制、事后监督和纠正的动态管理。（2）信托机构的经营规则主要规定在信托业法中，并构成信托业法的基本制度，如自主经营制度、净资本管理制度、内部控制制度、财务会计制度、现场检查制度、非现场检查制度、监管谈话制度、信息披露制度等，这些法律规则和制度是信托业监管机构实施功能监管时的判断依据，信托机构的经营行为必须符合规定要求，而信托法对信托机构的经营要求主要体现为受托人的义务，并不专门针对信托机构的经营行为作出特别规定。信托业法对信托机构组织性与合规性的关注，与其立法宗旨有着直接关系，虽然其与信托法在立法宗旨上表现出同向性的特征，但其重点仍在于加强对信托业的监督管理，通过规范信托业监督管理行为，达到防范和化解信托业风险的目的，进而保护商业信托中委托人、受托人和受益人的合法权益，促进信托业健康发展。

（二）信托业法更加强调信托合同的标准性与格式性

信托业法和信托法对信托合同虽然都做出了规定，但相比之下，信托业法更加强调信托产品的标准性与格式性，强调对信托投资人的利益保护，而有关信托合同的必备条款、信托登记、无效信托合同等基本法律问题则由信托法进行规范。这里所说的"格式性"，意指在信托合同的表现形式方面格式合同或格式条款在信托业务中的广泛应用；所谓的"标准性"，则主要强调的是信托合同的必备内容需要完全符合信托业法的规定，而且这些内容具有一定的法律强制力，是信托机构推出信托产品时必须综合考量的合同安排。

我国《信托法》在"信托的设立"一章中明确规定了信托设立的方式、信托合同的内容、信托登记以及无效信托合同等。按照规定，设立信托，应当采取书面形式，书面形式包括信托合同、遗嘱或者法律、行政法规规定的其他书面文件等。[①] 信托书面文件应当载明下列事项：（1）信托目的；（2）委托人、受托人的姓名或者名称、住所；（3）受益人或者受益人范围；（4）信托财产的范围、种类及状况；（5）受益人取得信托利益的形

---

① 参见《中华人民共和国信托法》第8条。

式、方法。此外，可以载明信托期限、信托财产的管理方法、受托人的报酬、新受托人的选任方式、信托终止事由等事项。[1] 对于信托财产，有关法律、行政法规规定应当办理登记手续的，应当依法办理信托登记。未办理信托登记的，应当补办登记手续；不补办的，该信托不产生效力。[2] 至于无效信托，主要包括以下情形：（1）信托目的违反法律、行政法规或者损害社会公共利益；（2）信托财产不能确定；（3）委托人以非法财产或者法律规定不得设立信托的财产设立信托；（4）专以诉讼或者讨债为目的设立信托；（5）受益人或者受益人范围不能确定；（6）法律、行政法规规定的其他情形。[3] 然而，信托业法对信托合同的规定有所不同，比如按照现行《信托公司管理办法》规定，以信托合同形式设立信托时，信托合同应当载明以下事项：（1）信托目的；（2）委托人、受托人的姓名或者名称、住所；（3）受益人或者受益人范围；（4）信托财产的范围、种类及状况；（5）信托当事人的权利义务；（6）信托财产管理中风险的揭示和承担；（7）信托财产的管理方式和受托人的经营权限；（8）信托利益的计算，向受益人交付信托利益的形式、方法；（9）信托公司报酬的计算及支付；（10）信托财产税费的承担和其他费用的核算；（11）信托期限和信托的终止；（12）信托终止时信托财产的归属；（13）信托事务的报告；（14）信托当事人的违约责任及纠纷解决方式；（15）新受托人的选任方式；（16）信托当事人认为需要载明的其他事项。而以信托合同以外的其他书面文件设立信托时，书面文件的载明事项按照有关法律法规规定执行。[4] 可见，信托业法的要求明显高于信托法的规定，一些在信托法中属于可以载明的选择性条款在信托业法中都变成了信托合同应当载明的必备条款。另外，信托公司因处理信托事务而支出的费用、负担的债务，以信托财产承担，但应在信托合同中列明或明确告知受益人。[5] 由于信托机构开发的信托产品通常涉及众多投资者，比如集合资金信托计划等，因此，信托机构通常会采用格式合同来完成交易。格式合同可以节省时间，有利于事先分配风险，降低交易成本，但其弊端在于可能会有失公平，提供格式合同的一方可能会利用其优越的

---

[1] 参见《中华人民共和国信托法》第9条。
[2] 参见《中华人民共和国信托法》第10条。
[3] 参见《中华人民共和国信托法》第11条。
[4] 参见我国《信托公司管理办法》第32条。
[5] 参见我国《信托公司管理办法》第38条。

经济地位损害交易对手利益。为保护众多投资者利益，信托业法通常会更加强调信托产品及其信托合同的标准化和格式化，对合同内容与形式提出严格要求，甚至提供常规业务的信托合同示范文本，在确保信托当事人合法权益的前提下，保障市场交易效率目标的实现。

（三）信托业法更加注重信托信息的公开性与关联性

信息披露制度是信托业法的一项重要制度，也可称为公示制度、公开披露制度或信息公开制度。该制度旨在保障投资者利益，使信托机构的经营行为接受社会公众的监督，要求信托机构在开展信托业务活动时要依照法律规定将其自身的财务状况、各类风险管理状况、公司治理、年度重大关联交易及重大事项等信息和资料向信托业监管机构报告，并向社会公开或公告，以便使投资者充分了解情况。在内容上，分为信托机构整体经营状况的信息披露和具体信托业务的信息披露。在形式上，既可以表现为信托计划说明书，也可以表现为定期报告和临时报告。相比较而言，信托法强调受托人对委托人与受益人的信息提供义务，以此保障委托人和受益人的信托知情权。按照规定，委托人和受益人有权了解受托人对信托财产的管理运用、处分及收支情况，并有权要求受托人做出说明；委托人有权查阅、抄录或者复制与其信托财产有关的信托账目以及处理信托事务的其他文件。受托人必须保存处理信托事务的完整记录。[1] 受托人应当每年定期将信托财产的管理运用、处分及收支情况，报告委托人和受益人。受托人对委托人、受益人以及处理信托事务的情况和资料负有依法保密的义务。[2] 然而，信托业法对受托人的要求更为严格[3]，更加注重信托机构在信托信息方面的公开性与关联性。这主要体现在三个方面：一是使获取信息的人员范围超出了信托法上的委托人和受益人，那些潜在委托人或者社会公众以及信托业监管部门也可以获取和了解相关信息，在信息披露对象

---

[1] 《中华人民共和国信托法》第20、49条。

[2] 《中华人民共和国信托法》第33条。

[3] 就信托公司来说，信息披露的现行政策法规依据主要有2005年《信托投资公司信息披露管理暂行办法》、2005年《关于做好2005年度信托投资公司信息披露工作有关问题的通知》、2007年《信托公司受托境外理财业务管理暂行办法》、2009年《关于修订信托公司年报披露格式 规范信息披露有关问题的通知》、2009年《信托公司集合资金信托计划管理办法》、2009年《信托公司证券投资信托业务操作指引》、2009年《信托公司私人股权投资信托业务操作指引》、2010年《信托公司净资本管理办法》等。参见中国信托业协会编著《信托公司经营实务》，中国金融出版社2012年版，第333—335页。

方面实现了从委托人与受益人向社会公众和监管部门的扩大；二是信托机构提供的信息范围也相应扩大，并不局限于受托人对信托财产管理运用、处分及收支情况，所披露的信息已经涉及信托机构本身财务和经营情况以及信托产品投资行业的整体状况和未来风险等；三是除了法律法规所要求的强制性信息披露外，信托机构也可以自愿披露相关信息，细化或补充强制性披露内容，从而实行强制性和自愿性相结合的信息披露原则。这种变化，有助于使投资者在获得充分的信息揭示的基础上做出理性选择。

以信托公司开展的结构化信托业务为例，该业务是指信托公司根据投资者不同的风险偏好对信托受益权进行分层配置，按照分层配置中的优先与劣后安排进行收益分配，使具有不同风险承担能力和意愿的投资者通过投资不同层级的受益权来获取不同的收益并承担相应风险的集合资金信托业务。在该业务中，投资者应是具有风险识别和承担能力的机构或个人，其中，享有优先受益权的信托产品投资者被称为优先受益人，享有劣后受益权的信托产品投资者则被称为劣后受益人。信托公司开展结构化信托业务，应当严格遵循充分信息披露原则，在开展结构化信托业务前应对信托投资者进行风险适应性评估，了解其风险偏好和承受能力，并对本金损失风险等各项投资风险予以充分揭示，对劣后受益人就强制平仓、本金发生重大损失等风险进行特别揭示。同时，信托公司还应就结构化信托产品的开发与所在地银行业监督管理机构建立沟通机制，并按季报送上季度开展的结构化信托产品情况报告，报告至少包括每个结构化信托产品的规模、分层设计情况、投资范围、投资策略和比例限制以及每个劣后受益人的名称及认购金额等。① 对于信托机构而言，信息披露的内容必须做到真实、准确、完整，而且任何信息都需要注意时效性问题，不同的信息披露需要遵循不同的时间规则。另外，对有关投资风险需要向投资者简要披露信托产品投资对象及其所属行业、市场竞争和盈利等方面的现状及前景，进行必要的风险揭示。这样，一方面有利于市场投资者深入了解信托机构及其信托产品的整体风险，另一方面也可为监管部门提供更多的信息，加强信托机构的市场约束，逐渐减少信托市场的信息不完全和不对称，实现信托市场的透明与规范。信息披露制度对建立和完善信托市场的信誉机制至关

---

① 参见 2010 年 2 月 5 日发布的《中国银监会关于加强信托公司结构化信托业务监管有关问题的通知》（银监通 [2010] 2 号）。

重要，可以减少信息不对称对市场交易活动所带来的不利影响。需要强调的是，信托市场建立信誉机制，不能仅靠信托机构的自圆其说，还必须依靠会计师事务所、律师事务所等第三方机构的评估与监督。

(四) 信托业法更加偏重信托监管的有效性与创新性

信托业法与信托法的一个显著区别，就是其紧紧围绕信托监管问题，构建和完善信托机构有效监管体系。信托法多为任意性规范，赋予了委托人、受托人和受益人必要的法定权利，其所确立的信托设立制度、信托财产制度、受托人制度和受益人制度等为信托机构开展信托业务奠定了重要基础，推动了我国财产管理市场的规范化发展。如前所述，多年来，中国银监会在金融监管实践中通过总结经验教训确立了四项监管理念，即管法人、管风险、管内控和提高透明度[①]，从而把机构监管与风险监管有机结合，进而增强了信托业监管的针对性。对信托业法而言，法律规范则多为强制性规范，其立法重心是确立信托监管体制，明确监管机构、监管职权、监管措施、监管手段、监管程序、监管责任等方面的规定，虽然也有权利和权力方面的内容，但更多的是信托业监管机构和信托机构的法定义务，具体涉及有效监管前提条件、市场准入监管要求、审慎监管标准和要求、持续监管手段、监管信息要求、对问题信托机构的处理等不同内容。有效监管是信托业法的核心原则，信托业法不但需要为监管机构确立明确的责任和目标框架，而且要保证监管机构具有执法的独立性和自主性，给监管机构配备充足的人员、资金和技术等资源，确保其监管权力行使的法律效力，并对监管机构之间的信息交流和保密作出安排。有效监管扎根于信托业监管制度体系之中，市场准入监管是实现有效监管的首要环节，对信托机构实行牌照管理是市场准入监管中的基本要求，加强对信托机构股权转让的审查与严格牌照发放条件同等重要。审慎监管是对信托机构最低审慎标准的控制，是信托业监管的第二个重要环节，信托业法要对审慎监管中的净资本充足率、信用风险控制、市场风险控制、操作风险控制、流动性风险控制、声誉风险控制以及内部控制等规定具体监管标准，并要求所有信托机构认真遵守。持续监管是对信托机构日常业务的监管，主要通过现场检查和非现场检查来完成，信托业法需要确认信托机构根据统一的财务会计准则和做法保持完整的会计记录，确保监管信息的准确性、完整性和及时性，实行严格的信息披露制度，这是信托业监管中另一个重要

---

① 参见中国信托业协会编著《信托监管与自律》，中国金融出版社2012年版，第10—16页。

环节。最后，对不能满足审慎要求或已威胁到投资者利益的信托机构采取纠正措施，对已不再具备继续生存能力的信托机构进行市场退出处理。当然，在所有救助办法都失败后，信托业法需要赋予监管机构必要权力以关闭或参与关闭有严重问题的信托机构，从而保护整个金融体系的稳健运行与自由公平竞争。另外，就创新性而言，信托业法需要对信托监管体制机制创新、理念创新、制度创新等作出鼓励性规定，依法促进和保护信托监管的理论和实践创新。

(五) 信托业法更加突出信托市场的安全性与效率性

虽然信托业法和信托法的价值取向彼此兼容，并呈现出多元化、有序化、趋同化的显著特征，但细究起来，二者之间仍然存在着一些区别。前文提到，信托业法和信托法在法律价值方面的共性多于区别，其区别主要表现在法律价值的排序会基于各自的立法目的和宗旨不同而有所调整。信托业法着眼于信托市场及其监管，对安全价值与效率价值的追求要胜于信托法；信托法则着眼于信托行为和信托关系，对公平价值与秩序价值的追求要强于信托业法。这样的描述并不是绝对的，因为信托业法同样追求法律的公平和秩序价值，反过来讲，信托法也同样追求法律的安全与效率价值。这里重点探讨一下上述目的价值分别在信托业法和信托法中的排序。

法的目的价值构成了法律制度所追求的社会目的，反映着法律创制和实施的宗旨，它是关于社会关系的理想状态是什么的权威性蓝图，也是权利义务的分配格局应当怎样的权威性宣告。[1] 引入有序范畴，使我们可以唯物主义地来理解"目的"这一范畴。有序不但可以影响因果关系，也可以改变必然与偶然的关系，而且还可作用于现实和可能的关系。从有序性对因和果、必然和偶然、可能和现实的作用来看，有序性揭示了因果、必然和偶然、可能和现实范畴的历史性。我们需要注意的是，事物联系的有序性往往通过类似比例、排列、位置、次序、行为方式、结构等不同方式表现出来，随着联系的有序性由低级向高级发展，物质世界也由低级向高级发展。因此可以说，有序性是稳定性的基础，也是整体性的基础。[2] 有序性在法律的目的价值体系中维护着自身的构成，使法律本身产生一定的抗干扰性，并显示出自身的独立性，以此维护法律本身的稳定性。有序

---

[1] 参见张文显主编《法理学》，高等教育出版社、北京大学出版社1999年版，第211页。
[2] 参见陈志良《谈略有序性和稳定性、整体性的关系》，载《中州学刊》1983年第1期。

性同样可以维护法律本身的整体性，之所以如此，就在于它把法律目的价值的各个部分联结起来，而在联结的过程中创造了"新质"存在的运动形式，弥补了原来各种因素的缺陷，进而形成了一个在法律目的价值的相互关系中才能存在的"系统质"。

正是基于信托业法和信托法的目的价值均是多元的，如何认识其有序性即成为其中关键。我们不得不承认，任何法律制度的目的价值系统都不能不具有内在的统一性，这种统一性集中地体现在目的价值的有序性之上。换言之，信托业法和信托法的多元目的价值是按照一定的位阶排列组合在一起，当低位阶的价值与高位阶的价值发生冲突并不可得兼时，高位阶的价值就会被优先考虑。尽管这种位阶顺序具有一定的弹性，而且必须联系具体的条件和事实才能最后确定，然而，若没有此种有序性，诸多的目的价值之间就会经常发生无法控制的对立和冲突。[①] 笔者认为，在信托业法的目的价值序列中，信托市场的安全性是信托业法首先追求的法律价值，即安全价值在信托业法价值序列中居于第一层级，这主要是因为金融开放和金融创新所带来的金融风险已经高度威胁到本国金融市场的安全，也同时影响到国际金融系统的安全。基于金融体系内在脆弱性理论[②]和金融体系的负外部性理论[③]，我

---

① 参见张文显主编《法理学》，高等教育出版社、北京大学出版社1999年版，第212页。

② 所谓金融体系的内在脆弱性，系指由于内因和外因的作用，金融组织、金融市场和金融监管这三个金融子系统功能耦合的稳健性状态受到破坏，使金融体系丧失全部或部分功能的状态。金融脆弱性是金融业的本性，是由金融业高负债经营的行业特点所决定的。参见曾筱清《金融全球化与金融监管立法研究》，北京大学出版社2005年版，第29页。

③ 外部性（Externalites）是马歇尔在其1890年出版的《经济学原理》中提出的概念。外部性是指一个经济人的活动对其他经济人产生有利或者是有害的影响，而施加这种影响的经济人不能从其他单位获得收益或付出代价。外部性包括正外部效应（溢出效益）和负外部效应（溢出成本）。前者是指某个经济人的行为给其他经济人带来了福利，但其他经济人不必为此向带来福利的那个经济人支付任何费用，从而无偿地享受福利；后者是指某个经济人的行为给其他经济人带来了损害，但却不必为这种损害承担任何责任，可以不进行赔偿。例如，当某一银行机构经过研究开发出一种新型金融工具如大额可转让定期存单后，其他银行机构很快学着推出了这种新型金融工具，并从中受益，但它们不必向最先开发这种新型金融工具的银行机构支付任何报酬，这就是金融市场的正外部性；当问题银行出现挤兑并传染给健康银行，导致健康银行出现损失时，受害的健康银行不能通过市场交易向问题银行讨回损失，这就是金融市场的负外部性。无论哪种情况，均属于私人成本与社会成本不一致，并且这种不一致并没有明确的制度纠正，或者说市场机制本身无法纠正。外部性的出现会导致产品供给过多或者供给不足，结果便出现了市场失灵，即资源配置效率受损，难以实现帕累托优化配置。

们必须深刻认识金融开放和金融创新对金融安全所造成的不利影响，并对金融市场进行特别保护，通过防范和化解金融风险来维护金融体系的稳定。信托市场的效率性是信托业法追求的第二层级法律价值。金融效率就是资金融通的效率[①]，包括金融竞争效率和金融监管效率，是金融关系的主体为实现金融竞争的目标或在金融监管的目标过程中，消耗经营成本或监管成本与金融效益的比较或评价。衡量金融效率高的标准就是以最低的金融成本实现金融资源的最佳配置。[②] 信托市场的效率性是信托业法同样关注的重要问题，但究竟是安全优先还是效率优先，学界一直存在着争议。笔者认为，信托业法应把效率价值放到第二位，主要理由是目前的信托市场已经成为混业经营的金融市场，现行分业监管体制虽有利于提升效率价值，但却隐藏着重大的风险隐患，为了我国金融业的稳定发展，信托业法应把金融安全价值放在首位，并改革监管体制，强调"无盲区、无缝隙"的全面监管理念，兼顾金融效率、公平与秩序价值。公平和秩序同样是信托业法追求的重要价值目标，但二者分别居于信托业法目的价值体系的第三层次和第四层次。只有公平地处理和安排信托机构与委托人、受益人以及信托机构与信托业监管机构之间的权利义务和责任，才能充分调动各方市场主体的积极性，维持其对信托市场的信心。在此基础上，也才能建立和维护自由、公平的信托市场秩序。上述法律价值在信托法中的序列则颠倒了过来，即公平优先，秩序次之，安全随后，兼顾效率。总之，与信托法相比，信托业法更加突出信托市场的安全性与效率性。

三、信托业法与信托法的立法协调

信托业法与信托法既有联系又有区别，正因为如此，在营业信托与民事信托的立法完善和法律适用上，需要二者作出必要的协调。信托业法主要规范营业信托，信托法主要规范民事信托。民事信托是信托的基本形式，民事信托的基本理论是整个信托制度的基础。在市场经济社会里，民事信托的充分发展，有助于人们培养信托观念，促进营业信托的发达。反过来，营业信托的发达会彰显民事信托的存在价值，使作为工具的信托和作为产业的信托相得益彰。

[①] 王振山：《金融效率论》，经济管理出版社2000年版，第28页。
[②] 曾筱清：《金融全球化与金融监管立法研究》，北京大学出版社2005年版，第39页。

在我国，民事信托和营业信托的区分，并无立法上的明确界限。虽然我国《信托法》第3条确立了"民事信托＋营业信托＋公益信托＝信托"的分类模式①，但立法本身并未对民事信托和营业信托的概念给出更进一步的解释和规定。《信托公司管理办法》第2条对"信托业务"的定义实际上为营业信托作了立法注脚，即营业信托系指信托公司以营业和收取报酬为目的，以受托人身份承诺信托和处理信托事务的经营行为。在学理上，人们一般按照受托人从事的信托业务是否为商业行为，把信托划分为民事信托和营业信托。②民事信托和营业信托都属于私益信托，界定是否属于民事信托，其着眼点在于受托人是否属于营业性的受托人，即委托营业性受托人的信托一般为营业信托，委托非营业性受托人的信托一般为民事信托。在设立信托的目的上，民事信托以完成一般的民事行为为目的，通常是以个人财产为抚养、赡养、继承等目的而设立，而营业信托则以营利为目的。③也有人提出，二者的划分标准不应局限于受托人身份和行为目的内容，而应该是受托人承受信托是否超越了被动性管理或处分信托财产的情形，该行为是否具有反复性、继续性。④和营业信托相比，民事信托更加注重当事人的意思自治，能够确保委托人意志的实现。与代理等制度相比，民事信托财产的独立性和受托人的法定义务可以使信托财产更为安全。过去，信托观念及其运用在我国长期处于误解和歧义之中，民事信托鲜为人知。现在，信托法制的逐步完善使信托的独特价值逐步受到了市场认同和接受。我国虽无信托传统，但众多先富起来的人已开始运用营业信托管理财产，营业信托呼唤着民事信托的勃兴，民事信托的勃兴无疑会给营业信托营造和烘托环境，培育信托文化观念，并从根本上推动信托业的发展。

营业信托作为商业信托，实践中总是表现为一组合约的联结，并在多方利益的博弈中创造出内生性合理秩序。营业信托以信托合同为载体，追求特定的商业目的，主旨在于维护个人的经济自由和个体财富的增值。信托法和信托业法的基本价值包含了自由基础上的公平、秩序、安全和效率，信托法的规则体系着眼于方便信托当事人选择建立公平的信托关系，而不

---

① 该条规定，委托人、受托人、受益人（以下统称信托当事人）在中华人民共和国境内进行民事、营业、公益信托活动，适用本法。
② 参见徐孟洲主编《信托法学》，中国金融出版社2004年版，第9页。
③ 参见霍玉芬《信托法要论》，中国政法大学出版社2003年版，第57页。
④ 张军建：《信托法基础理论研究》，中国财政经济出版社2009年版，第65页。

是委托人单凭自己意图即可决定受托人的利益、义务和责任等问题。然而，信托法所确立的交易规则能否减低交易成本、增加缔约人的有限理性并维护市场交易秩序，这在现代市场经济条件下是有疑问的。现代契约理论的核心是不完全契约理论，即由于个人的有限理性，外在环境的复杂性、不确定性，以及信息的不对称性和不完全性，契约当事人或契约的仲裁者无法证实或观察一切，造成契约条款是不完全的，这就需要设计不同的机制以对付契约条款的不完全性，并处理由于不确定事件所引发的有关契约条款的问题。[1] 虽然经济学中的契约概念与法律规定的合同概念并不完全相同，但其在范围上包含了具有法律效力的合同在内。然而，与普通合同迥然相异的是，信托合同是中长期合同和关系合同，存在着诸多漏洞，仅靠信托法和合同法并不足以保障各方预期。作为信托合同的模本机制和漏洞补充机制，信托业法是补充而不是代替信托各方的合同安排。从这一点来看，信托业法与信托法的关系十分密切，二者在立法上的协调至关重要。

从当年我国制定信托法的初衷看，主要在于规范当时信托业的无序行为与已出现的某些特种信托（诸如证券投资信托），但因立法上存在的争议，最终并未采取网罗各类特种信托的"大一统"模式，而是集中就信托的一般原理与共通性问题作出了规定，成为信托关系的基本法，而将当时尚未成型的信托业与特种信托留待特别法做出具体规定。十余年来，除《证券投资基金法》及其附属规章适用于证券投资信托外，其余的特别立法有：以 2005 年《信贷资产证券化试点管理办法》和 2005 年《金融机构信贷资产证券化试点监督管理办法》为主导的一系列规章与其他规范性文件，适用于银行信贷资产证券化信托；2014 年《私募投资基金监督管理暂行办法》和 2014 年《证券公司及基金管理公司子公司资产证券化业务管理规定》等，适用于证券公司、基金管理公司子公司等相关主体为受托人的资产证券化信托；2009 年《信托公司集合资金信托计划管理办法》，适用于以信托公司为受托人的集合资金信托；2006 年《保险资金间接投资基础设施项目试点管理办法》，适用于受托人将委托人的保险资金作为信托财产投资于基础设施项目的信托。就营业信托的法律规制而言，这些规定分别出自

---

[1] ［美］科斯、哈特、斯蒂格利茨等：《契约经济学》，李凤圣主译，经济科学出版社 1999 年版，"译者前言"第 14 页。需要说明的是，在我国，"合同"一词是纯粹的法律用语，经济学中"契约"在英文中与合同一样同为"contract"，契约一词更多体现了自愿协作和自由合意的本质。

不同的金融监管机构，相互之间缺乏统一性、系统性和协调性，从而造成实质相当但形式不同的营业信托所享受的政策待遇不同，所受到的监督管理要求不同，最终无法摆脱一事一法、临事定制的固有局限，使营业信托产品的开发、销售和管理欠缺前瞻性与开放性，难以为营业信托创新提供事先保障。整体上看，现有信托监管法律体系对营业信托特殊性的关注仍显不足，缺少为营业信托量身定做的适当规范。与日本信托法相比较，我国对于受托人义务的规定未顾及营业经营之特性，显得过于严厉，而且欠缺营业信托合并、改组规则，与现实需要不相适应。

有学者提出，《信托法》宜尽快从法律关系的性质着手而不是仅仅从主体着手来进行完善，以便使各个金融机构在混业趋势下找准自己的发展方向，监管机构亦能抓住风险源头，在保证市场公平的前提下，实现《信托法》对资产管理市场开放和发展的促进作用。[①] 但笔者认为，简单地修改《信托法》事实上并不可行。信托业法的强行法性质，对于信托法而言，具有重要的填补作用。信托业法的中心价值是安全、效率、公平和秩序，是基于社会本位的理念，通过国家调节机制弥补市场机制的不足，从而促进和保障信托业的整体发展及与其他金融业的融合。信托业法有利于减低交易成本，增加交易双方的有限理性，提高投资者的平等地位，维护市场交易秩序，与信托法在保护投资人利益的目标上是一致的，只是二者的法律调整机制和救济方式不同而已。从内容看，该法应该规定信托业监管目标、基本原则，规定金融信托机构的设立、变更与终止，规定金融信托机构的业务种类、范围和经营规则，规定信托业的监督管理机构及其职权，规定行业自律组织的地位作用，规定法律责任等。[②] 营业信托的法律规范在我国已经日趋庞杂，现行信托法对营业信托日渐力不从心，营业信托单独立法势在必行。

新加坡 2005 年修改的《商业信托法》[③] 即属于一个立法典型。新加

[①] 潘耀明、康锐：《信托之困境抑或信托业之困境——论我国〈信托法〉下的资产管理市场》，载《上海财经大学学报》2007 年第 2 期。

[②] 席月民：《我国信托业监管改革的重要问题》，载《上海财经大学学报》2011 年第 1 期。

[③] 该法具体内容可参见《商业信托法》（Business Trusts Act），新加坡法律在线，http://statutes.agc.gov.sg/aol/search/display/view.w3p；age=0；query=DocId%3Aac191a7f-6c43-4d4c-ba3f-543ef0aafdce%20Depth%3A0%20Status%3Ainforce；rec=0；whole=yes，2015 年 8 月 25 日访问。

坡商业信托①的主要形成原因,是由于新加坡政府意欲积极发展新加坡,使其成为国际金融中心,因此试图提出创新的金融商品,以吸引投资者将资金注入。商业信托的设计,让投资人可透过认购商业信托单位(unit)而直接投资信托项下所管理的资产,且商业信托的信托单位与股票或其他有价证券相同,可在新加坡股票交易所(Singapore Stock Exchange,SGX)交易,因此变现性佳。商业信托最大的一个特色在于,只要董事会认为商业信托有能力清偿债务,就可以直接将现金盈利分配与信托单位所有权人,而无须会计上有盈余,因此特别适合前期需要大量稳定资金的投资活动,例如航运或基础建设项目。② 在新加坡,商业信托的主要投资资产标的为建筑物、船舶、港口、电厂等基础建设及不动产,以新加坡相当重要的一家商业信托公司 K-Green 为例,该公司即是以信托方式投资环保相关建设为主要业务。新加坡商业信托所分配的利益均占 8%—10%,正因为稳定的获利使商业信托成为投资人最大的诱因,也成为商业信托蓬勃发展的主要推手。③

从我国具体国情看,必须正确处理好信托业法与信托法的关系,使信

---

① Section 2 of Business Trust Act: "business trust" means — (a) a trust that is established in respect of any property and that has the following characteristics: (i) the purpose or effect, or purported purpose or effect, of the trust is to enable the unitholders (whether by acquiring any right, interest, title or benefit in the property or any part of the property or otherwise) to participate in or receive profits, income or other payments or returns arising from the management of the property or management or operation of a business; (ii) the unitholders of the trust do not have day-to-day control over the management of the property, whether or not they have the right to be consulted or to give directions in respect of such management; (iii) the property subject to the trust is managed as a whole by a trustee or by another person on behalf of the trustee; (iv) the contributions of the unitholders and the profits or income from which payments are to be made to them are pooled; and (v) either — (A) the units in the trust that are issued are exclusively or primarily non-redeemable; or (B) the trust invests only in real estate and real estate-related assets specified by the Authority in the Code on Collective Investment Schemes referred to in section 284 of the Securities and Futures Act (Cap. 289) and is listed on a securities exchange; or (b) a class or description of trust that is declared by the Authority, by notice published in the Gazette, to be a business trust for the purposes of this Act, but does not include the types of trusts specified in the Schedule.

② Shanker Iyer & Richard Ellard, *Business Trust-A New Business Structure*, Asia-Pacific Tax Bulletin July/August 2006, p. 317; Jake Robson, *Singapore Business Trust*, Norton Rose Fulbright publications, September 1, 2010.

③ Jonathan Kwok, *Growing Hunger for Business Trusts*, SG Forums, June 18, 2012, http://sg-forums.com/forums/2092/topics/454228, visited on June 23, 2015.

托法的修改与亟待制定的信托业法保持协调，整合利用目前各类信托监管法规规章中的有益经验，对营业信托的内容加以增补和完善。随着金融性资产的不断增加，营业信托使现代信托法奠基于有偿性、营利性、契约性和财产性的观念之上。信托制度内在的扩张力导致过度的处分自由，对固有的制度造成相当程度的冲击和破坏。[1] 笔者认为，以审慎监管为基础的信托业法，应依营业信托的特性不断扩充现有交易规则，解决市场信息不对称问题，规范信息成本和交易成本，控制受托人的道德风险，尽量用强制性规定去补充和完善商业信托合同，必要时可以合理排除信托法的相关规定，激励与约束并重，以强化信托业的合规经营，维护市场公平竞争，切实保护投资人利益。

第三节　信托业法与相关法的关系

一、信托业法与公司法

（一）基于商事组织地位的考量：商业信托 vs. 公司

由于信托制度本身所具有的独特性，信托型商事组织模式在世界范围内已经被越来越多地得到运用。信托移植进入我国后，其功能价值首先在商事领域得到了发现和挖掘，这为信托法的修改和完善提出了新的课题。从国外看，信托法并不是一个一成不变的体系，在商业信托与公司竞争的过程中，信托法与公司法也经历了一个互相竞争、互相影响和互相转化的过程。[2] 在两种制度相互借鉴的过程中，公司和信托这两种形式在美国已经趋同，原因是，一方面，商业信托法律已对信托进行规范化和明确化；另一方面，公司法由于强制规范的减少而日益变得契约化。但是，商业信托仍不能取代公司的位置，因为在制造业和其他一些产业领域，公司模式更能适应投资人的需求，而商业信托则更适合金融业；商业信托是否足以

---

[1] 张天民：《失去衡平法的信托——信托观念的扩张与中国〈信托法〉的机遇和挑战》，中信出版社2004年版，第297页。

[2] 施天涛、周勤：《商事信托：制度特性、功能实现与立法调整》，载《清华法学》2008年第2期。

确保受益人承担有限责任仍然存在疑问。① 即使在商业信托最为发达的美国，商业信托的组织性和准人格性仍然没有得到普遍的承认。在目前的法律环境下，投资于商业信托可能要面对不能得到有限责任保护的风险。当然，一国的商事组织法是一个有机的系统，各种商事组织各有长短，应形成互相补充、良性竞争的格局。公司法以拥有诸多强行规定与任意规定为特色，并积累大量学说与判例，可为当事人节省缔约成本与纠纷解决成本。合伙企业法以独特的所有权结构和激励约束机制见长。商业信托则凭借极度的灵活性成为许多新型交易的优选，信托在我国金融市场的良好表现即是明证。商业信托不但成为资产证券化交易中普遍使用的工具，而且也成为金融市场结构性共同基金所偏爱的形式。

问题在于，公司是企业法人，有独立的法人财产，享有法人财产权，换言之，公司在我国是典型的商事组织并具有独立人格，而信托目前还不是。目前来看，资产证券化交易应是既可以采取信托形式也可以采取公司形式的适例。商业信托有着和公司接近的治理机制，但在税收方面，商业信托比公司更具有优势，其税收成本要明显低于公司。当有避税要求又有破产隔离必要的情形下，商业信托可以替代公司。营业信托的发达为信托的商事组织化提供了发展契机，信托财产的独立性虽然已经得到信托法的保障，但商业信托与公司相比较仍缺乏独立的法律主体地位和人格。即便如此，实务中并不耽误信托的具体应用及其备受青睐。我国公司法、合伙企业法经过近年的改革和完善，灵活性大为强化，但距离实务界需求仍有相当距离。从当代商业信托法的发展趋势看，商业信托已经日益灵活化和弹性化。有学者撰文分析了商业信托是否是比公司更好的一种商事组织形式，是否现有的法律已经足以处理商业信托问题等。② 笔者认为，信托业法的制定，无疑会为进一步促进商业信托活动提供重要保障，与此同时也必将促进公司法与合伙企业法的发展完善。

（二）明显区别

信托业法与公司法的区别是显而易见的，二者在调整对象、立法目的、基本原则、实现机制等方面有明显不同。公司法调整公司在设立、组

---

① 参见［美］亨利·汉斯曼、［意］乌哥·马太《信托法的作用：比较法与经济分析》，焦津洪译，载吴敬琏主编《比较》（第9辑），中信出版社2003年版。

② 参见史提芬 I. 舒尔茨《作为商事组织的商业信托和公司：比较法学者的研究课题》，倪受彬译，载《证券法苑》2012年第6卷，第410—425页。

织、经营、解散、清算过程中所形成的对内和对外关系，其立法目的是规范公司的组织和行为，保护公司、股东和债权人的合法权益，维护社会经济秩序，促进社会主义市场经济的发展。信托业法的调整对象是信托业监督管理关系，其立法目的是加强对信托业的监督管理，规范监督管理行为，防范和化解信托业风险，保护商业信托中委托人、受托人和受益人的合法权益，促进信托业健康发展。公司法的基本原则包括鼓励投资原则、公司自治原则、公司及利益相关者保护原则、股东平等原则、权力制衡原则、股东有限责任原则以及公司社会责任原则。[1] 信托业监管机构对信托业实施监督管理，则需要遵循依法、公开、公平、公正和有效原则，这些原则构成了信托业法的基本原则。按照传统的部门法律的分类，公司法属于私法的范畴。但是，随着社会经济生活的发展，公司法出现了公法化的倾向。[2] 这主要表现在，体现国家干预原则的规范在公司法中出现并增多。相应地，公司法成为一种强制性规范与任意性规范相结合的法律。违反公司法的强制性规定不仅要归为无效，而且要追究行政责任和刑事责任。我国《公司法》第十章专门规定了"法律责任"，对公司、发起人、股东、董事、监事、清算组成员等违反公司法规定的法律责任，特别是行政责任作了具体规定。然而，信托业法既不完全属于私法，也不完全属于公法，而是属于公法与私法调整机制的耦合法。公司法没有专门的执法机构，公司登记机关并不负责公司法的实施，而信托业法有专门的执法机构，信托业监管机构专门负责信托业法的实施。

（三）密切联系

我们必须承认，公司法的一些性质和特征与信托业法具有相似性，这使得两部法律的联系更为紧密。比如，公司法兼具组织法与活动法的双重性质，但以组织法为主；信托业法同样兼具组织法与活动法的双重属性，但却以活动法为主。公司法中公司的设立、变更与终止，公司章程、权利能力和行为能力，公司组织机构和法律地位等规范，都体现了组织法的性质。信托业法中针对信托机构的设立、变更与终止以及内部治理等内容，也体现了组织法的性质，但其更多内容是关于信托业务经营及其监管的法律规则，这更多地体现了活动法的性质。又如，公司法兼具实体法与程序

---

[1] 参见赵旭东主编《公司法学》，高等教育出版社2006年版，第47—50页。

[2] 同上书，第42页。

法的双重性质，以实体法为主；而信托业法同样兼具实体法与程序法的双重性质，但其实体法规范与程序法规范地位和比重大体相当。公司法除规定参与公司活动各种主体的资格条件、权利义务以及法律责任外，还规定了保障权利实现、追究法律责任的程序。信托业法专门针对金融业中的信托业实施监督管理，立法内容涉及新型信托业监管体制、监管机构、监管事项、监管方法以及监管程序等诸多方面，其实体法规范与程序法规范性质不同、功能互补，彼此的地位与条文数量大体相当。再如，公司法和信托业法均兼具强行法与任意法的双重性质，并以强行法为主。随着社会的不断发展，公司的设立和活动越来越不仅仅是股东个人的事情，而是直接影响社会利益的事情，这正是公司法具有强制性与严格性的原因。信托业法作为信托市场监督管理之法，其社会性特征更为突出，因此为保护社会整体利益，其强行法规范也就比任意法规范更多一些。最后，公司法和信托业法也同样兼具国内法与涉外法的双重性质，并以国内法为主。公司法是本国发展经济的重要法律之一，就其本质而言是一种国内法；但从另一个角度来看，公司法又是国际经济贸易交往中必须考虑的重要法律，这就使得公司法具有了一定的国际性，但主要还是国内法。信托业法在经济全球化和金融国际化过程中必然要处理涉外信托监管问题，因此在国内法性质的基础上，也具有一定的国际性。

公司法为所有类型公司的设立、变更和终止以及内部治理提供了最基本的法律规则。信托业法同样有关于专营和兼营信托业务的金融机构的设立、变更和终止的规定，但其规定属于特别规定，与公司法之间属于特别法与一般法之间的关系。换言之，当信托业法中没有规定时，相应的信托机构应适用公司法的规定。对信托机构而言，信托业法关于信托机构的业务范围、治理结构、风险控制、信托财产保护等规定，在实践中应该优先适用。信托业法与公司法规定不一致的地方，适用信托业法的具体规定。这样看，也可以说信托业法是公司法的一个例外规定。金融机构的特许权价值对股东、管理层风险承担行为具有一定影响，借鉴美国信托业经营制度的历史演进经验，创造和维护信托业的特许权价值，是进一步完善我国信托业经营规则的必由之路。[1]目前，我国专营信托业务的信托公司仍处在转型阶段，即从一个提供融资平台服务的机构向专业性理财和财富管理

---

[1] 廖强：《制度错位与重建：对我国信托业问题的思考》，载《金融研究》2009年第2期。

的机构转变。实践中，信托公司等信托机构对公司法的适用实际上不言而喻。信托业法同样需要关注信托机构的公司治理结构问题。从法学的角度讲，公司治理结构是信托机构监管的重要方面，其为维护股东、公司债权人以及社会公共利益，保证公司正常有效地运营提供了权力结构化支撑，并表现为由法律和公司章程规定的有关公司组织机构之间权力分配与制衡的制度体系。[①] 公司的治理结构是由公司的法律地位、产权结构以及多元利益主体结构所决定的，直接涉及公司组织机构的现代化、法治化问题。

除信托机构的法律适用外，表决权信托是信托业法与公司法产生交集的又一个典型领域。表决权信托作为获取公司控制权的一种重要手段，是美国公司法上比较活跃的制度。但是，它的命运经历了从否定到争议再到肯定的过程。表决权信托的成立要符合三个要件，即采取书面形式、不能超期并进行登记、公示。[②] 设立表决权信托的目的和意义体现在：（1）改善组织经营，确保企业稳定发展，保障债权人的权益，协助企业重整，防止其他企业对本企业的控制；（2）集中股权，避免公司股权频繁变动带来的不利影响；（3）企业改组时，将表决权转移给可以信赖的信托机构，并且在订立信托契约时载明，该信托在企业完成改组、债务得到清偿时才告终止；（4）为保持公司经营方针、作风的连贯性，确保企业管理上稳定发展而设立；（5）防止竞争者获得本公司的控制权；（6）改善公司的治理结构，维护设定表决权信托的中小股东权利以及公司的整体利益。[③] 笔者认为，我国应当在信托业法中建立表决权信托制度。针对表决权信托的特性，通过对表决权信托证书持有人及受托人权利和义务的分析，不难发现表决权信托的基本构造是以公司法和信托法为共同基础的，信托业法的监管规定起到了一定的补充作用。实践中，需要注意的是正确处理事实上的虚假表决权信托。

另外，为公司法规则的强制性或任意性寻求一个抽象的法理判断标准，已经成为世界各国公司法理论学说和公司立法共同面临的基础性命题。我国新《公司法》诸多法条用语的"暧昧"和"含糊"，反映了立法者对这一问题的认识不够清晰，对相关公司法规则的属性的设计亦迟疑

---

① 有关公司治理结构的含义，参见崔勤之《对我国公司治理结构的法理分析》，载《法制与社会发展》1999年第2期。

② 梁上上：《论表决权信托》，载《法律科学（西北政法学院学报）》2005年第1期。

③ 徐孟洲主编：《信托法》，法律出版社2006年版，第152页。

不决，造成了不少负面影响。尽管公司法对市场的适应性品格经常使其任意性与强制性规则的界限游移不定，但仍然存在一个相对合理的基础性判断标准。立法时应本着公司法的标准合同机制和合同漏洞补充机制之理念，对公司法规则予以类分，并区分初始章程和后续的章程修改，努力探求公司法任意性与强制性规则的法理判断标准，在两类规则的动态均衡中保持公司法的实质正当性。[1] 笔者认为，其实这一问题在信托业法中也同样存在，任意性与强制性规则的合理区分，是政府之手与市场之手在信托业发展中互动中逻辑基础，过多的强制性规范会限制信托机构的自由，因此，和公司法自由精神[2]一样，信托业法也需要确立科学的自由主义精神，并以此为基础构建其制度规则。公司是一组合约的联结，在公司立法中，立法者只有按照合同的规则和市场的路径来进行公司立法，公司法规则才能获得正当性。[3] 对信托业法而言，其规则的制定同样需要补充和弥补信托合同的漏洞，两者在立法中的合同理念是相通或相同的。

二、信托业法与银行业监督管理法

（一）金融监管法的分业立法模式

我国尚无统一的金融监管法，《银行业监督管理法》的出台是金融立法主动适应分业监管金融体制的必然结果。我国加入世界贸易组织后，银行业面临的外部竞争压力逐步增强，如何在经济全球化和金融市场一体化的国际环境中，提高银行业金融机构的风险管理水平和国际竞争能力，成为我国社会经济与金融发展中亟须解决的问题。在这种背景下，2003年12月27日第十届全国人民代表大会常务委员会第六次会议审议通过了《银行业监督管理法》，并自2004年2月1日起施行。2006年10月31日该法被修正，并自2007年1月1日起施行。该法在修正时赋予了监管者对银行业客户和关系人的相关调查权，这有利于提高监管有效性。[4] 可以

---

[1] 罗培新：《公司法强制性与任意性边界之厘定——一个法理分析框架》，载《中国法学》2007年第4期。

[2] 有学者从立法政策上提出了公司人格自由主义、公司设立自由主义、公司资本自由主义和公司治理自由主义以及公司交易自由主义。参见施天涛《公司法的自由主义及其法律政策——兼论我国公司法的修改》，载《环球法律评论》2005年第1期。

[3] 罗培新：《公司法的合同路径与公司法规则的正当性》，载《法学研究》2004年第2期。

[4] 赵培显：《银行业监管中相关调查权运用探析》，载《金融发展研究》2012年第4期。

说，这部法律是我国金融业发展史和金融法律制度史上的里程碑事件，其不仅标志着我国金融分业监管的法律框架基本形成，而且表明了我国实施依法治国、依法加强对银行业的有效监管、控制和化解金融风险的坚定决心。[1] 该法分6章52条，从银行业监管角度规范监管和被监管者的权利和义务，对银行业监管目标、监管对象、监管原则、监管独立性、监管者保护、监管协调机制、监管机构的设置与要求、监管机构的具体职责、监管机构的权限、法律责任等作了明确规定。从其立法宗旨看，其旨在加强对银行业的监督管理，规范监督管理行为，防范和化解银行业风险，保护存款人和其他客户的合法权益，促进银行业健康发展。

信托业法和银行业监督管理法性质相同，但处于并列地位，二者都属于我国金融法体系中的金融监管法范畴，是金融监管法的有机组成部分，共同建构了金融监管法的分业立法模式。从法律名称看，《银行业监督管理法》体现了准确、精炼、醒目的特点，彰显了金融立法的规范性和科学性要求。虽然《银行业监督管理法》在立法过程中大量吸收和借鉴了国际上银行监管的先进理念和立法经验，既明确了监管职责，强化了监管手段和措施，也对监管权力的运作进行了规范和约束，但是从该法的体系布局、逻辑结构观察，其对监管权力的运作规范和约束规范的技术处理，仍有较大的改进空间，这为《信托业法》的制定提供有益探索和立法借鉴。对《信托业法》而言，其名称就是《信托业监督管理法》的简称，这一名称延续了《银行业监督管理法》的命名技术，不但反映了监管规则的主要内容，而且反映了监管规则效力等级，同时也反映了监管规则的适用范围，代表着我国金融监管立法现有技术的成熟性一面。该法不仅要解决信托业监管机构的授权合理判断问题，而且需要考虑如何与《银行业监督管理法》进行规则协调，以及如何与国际信托法律规则实现接轨。我们完全可以预言，基于业已形成的国家治理背景，银行业监督管理法和信托业法必将共同服从现代法的价值取向和法治精神，形成更加有效的金融监管法律规则体系，更加注重监管法律规则的真实执行与能动运作，严格实行监管职权法定原则，坚持监管权责的一致性与程序的正当性。

（二）共性与差异

信托业法与银行业监督管理法的共性在于，二者都属于金融监管法，

---

[1] 参见黄毅《银行监管法律研究》，法律出版社2009年版，第130页。

都强调政府监管的有效性及其监管职权的法定性,都体现了监管机构的独立性、专业性以及可问责性,并由监管机构负责其各项法律制度的实施。从世界发达国家金融监管体制改革的基本经验看,信托业法和银行业监督管理法是分业监管体制下的最优立法模式,这种模式不仅契合了金融发展规律,使信托业与银行业的监管活动各有所归,而且根植于一国宏观政府环境,不断改善和优化监管结构,直接聚焦监管机构、监管职责及其运行机制。

银行是金融的核心,金融又是现代经济的核心。银行体系是否合法、稳健运行,直接关系到整个金融、经济乃至社会的稳定和发展。信托业不同于银行业,因此信托业法与银行业监督管理法的区别在于,二者适用的对象范围不完全相同,具体监管标准也不完全相同。当然,这主要源于机构监管与功能监管的不同定位。有些人认为,银行业监督管理法负责全国银行业金融机构及其业务活动,也适用于在中华人民共和国境内设立的金融资产管理公司、信托公司、财务公司、金融租赁公司以及经国务院银行业监督管理机构批准设立的其他金融机构,以及经国务院银行业监督管理机构批准在境外设立的金融机构和前两种金融机构在境外的业务活动。因此,信托业法应该是银行业监管法的组成部分或者说是银行业监督管理法的特别法,这种认识是错误的。实践中,我们必须把握好二者的区别,不能因为银行业监督管理法中出现了信托公司,就故意混淆其关系。

需要指出的是,银信合作业务涉及了信托业法与银行业监督管理法的共同规制。从近年来的监管政策效果看,银信合作监管尚存在执行不到位、政策不公平、不合理等问题。对未来我国银信合作监管政策的制定,需要注意银信合作政策变化所引发的蝴蝶效应,注意跨业金融产品的监管、银信合作产品中的投资者保护、监管政策的市场指导性以及监管政策合法性等方面的挑战。[1] 在新的政策环境下,信托公司的业务模式必然与监管部门的指向趋同,由被动管理型向主动管理型业务转变。2010年以来,根据国际惯例和我国信托业当前发展阶段的现实情况,中国银监会制定了一系列监管制度和业务规范,特别是2011年正式实施的《信托公司净资本管理办法》对我国信托业的发展产生重大影响,开启了我国信托

---

[1] 朱小川:《近年银信合作监管政策的变化、效果及挑战》,载《上海金融》2011年第7期。

公司新形势下业务模式二次转型的帷幕。①

三、信托业法与证券投资基金法

(一) 地位考量：从属关系还是并列关系

基金是现代金融市场的重要工具，它对推动资本市场和货币市场的发展、提高投资效率等具有其他金融工具无法替代的作用。一方面，它具有集合投资优势，满足了大众的投资需求，加上基金的分散与组合投资功能，可以极大地降低投资风险；另一方面，基金可以改善证券市场上的投资主体结构和主体资产结构，从而有利于证券市场的长期繁荣与稳定。2003年10月28日，《证券投资基金法》由全国人大常委会进行表决获得通过，自2004年6月1日起施行。这是继《证券法》后我国证券市场上第二部法律。《证券投资基金法》的颁布和实施，是我国基金业和资本市场发展史上的一个重要里程碑，标志着我国基金业进入崭新发展阶段。② 从实践看，基金业的发展实践倒逼法律制度作出与时俱进的调整，不但需要扩大适用范围，统一监管标准，而且需要立足于推动业务创新，在放松管制的同时加强监管导向。历经2012年和2015年的两次修改，现行《证券投资基金法》共有15章154条，目前在体系结构和条文数量方面都成为金融监管立法方面新的标杆。

基金业和信托业的关系，一直是我国金融市场的一个重要问题。从国际范围看，在投资基金中，以证券投资为主要业务的称为证券投资基金，相对应的是风险和产业投资基金。证券投资基金根据不同标准，又有公司型与信托型、开放式与封闭式③之分。其中，公司型基金与信托型基金的主要区别有以下几点：(1) 立法基础不同，前者依照公司法组建，后者

---

① 邢成：《我国信托公司业务模式的二次转型》，载《中国金融》2011年第16期。

② 截至2015年5月底，我国境内共有基金管理公司96家，其中合资公司46家，内资公司50家；取得公募基金管理资格的证券公司7家，保险资管公司1家。以上机构管理的公募基金资产合计7.36万亿元。数据来源：证券投资基金市场数据（2015年5月），中国证券投资基金业协会网站，http://www.amac.org.cn/tjsj/xysj/jjgssj/389424.shtml，2015年8月17日访问。

③ 在我国，按照现行《证券投资基金法》第45条规定，基金的运作方式可以采用封闭式、开放式或者其他方式。采用封闭式运作方式的基金简称封闭式基金，是指基金份额总额在基金合同期限内固定不变，基金份额持有人不得申请赎回的基金；采用开放式运作方式的基金简称开放式基金，是指基金份额总额不固定，基金份额可以在基金合同约定的时间和场所申购或者赎回的基金。

依照信托法组建;(2)资格不同,前者具有法人资格,后者没有法人资格;(3)投资者地位不同,前者是公司股东,后者则是信托合同规定的受益人;(4)资本结构不同,前者可以向投资者发行普通股、优先股和公司债,后者发行的是信托受益凭证;(5)融资渠道不同,前者可以向银行借款,后者一般不向银行举债;(6)投资顾问设置不同,前者多数情况下由基金自身担任,或者不设投资顾问,自行操作运用,后者会设投资顾问。此外,公司型基金中筹集的资金作为公司的资产,按公司章程进行资金运用,收益按股利分配给投资人,信托型基金的资产是信托财产,按信托合同运作,依照信托合同规定向受益人进行分配。[1] 在各国法制中都存在不同种类的证券投资基金,如日本、韩国和我国台湾地区称为证券投资信托,主要是封闭式契约型,投资对象以有价证券为限;美国称为投资公司,是开放式公司型的投资基金,规定以证券投资为主;在英国和我国香港特别行政区称为集合投资计划,多不限定投资对象。从基金的组织形式看,基金既可以采取信托形式,也可以采取公司形式,理论上而言证券投资基金法并非只规范信托型证券投资基金。但我国主流观点从"实体"角度来归纳,认为证券投资基金与风险和产业投资基金存在重大差异因而不宜统一立法,事实上,虽然把证券投资基金简单等同于没有实体的信托型投资基金,其严谨性有待考量,但可以肯定的是,我国目前的证券投资基金法就是信托型证券投资基金法。[2] 按照现行证券投资基金法的规定,基金应当进行组合投资,其投资运作应当按照资产组合的方式进行[3]。这完全符合信托工具的重要特征,但需要强调的是,基金的投资方向受到了证券投资基金法的严格限制,即只能投资于上市公司的股票与债

---

[1] 参见柳志伟主编《基金业立法和发展:比较与借鉴》,中国政法大学出版社2003年版,第7页。

[2] 现行《证券投资基金法》第2条规定:在中华人民共和国境内,公开或者非公开募集资金设立证券投资基金,由基金管理人管理,基金托管人托管,为基金份额持有人的利益,进行证券投资活动,适用本法;本法未规定的,适用《中华人民共和国信托法》《中华人民共和国证券法》和其他有关法律、行政法规的规定。从该条规定不难看出,基金业务除了适用《证券投资基金法》,也适用《信托法》和《证券法》。这表明,目前的证券投资基金采用的是信托形式,属于信托型基金,与此相适应,《证券投资基金法》是《信托法》的特别法。

[3] 现行《证券投资基金法》第71条规定:基金管理人运用基金财产进行证券投资,除国务院证券监督管理机构另有规定外,应当采用资产组合的方式。资产组合的具体方式和投资比例,依照本法和国务院证券监督管理机构的规定在基金合同中约定。

券以及国务院证券监督管理机构规定的其他证券及其衍生品种。[①] 当基金从一种金融工具发展成为一种崭新的金融产业，基金业的独立性也就一目了然了。不过，这只是从信托型基金发展角度看所得出的结论。基金业发展的逻辑起点是产业（创业）投资基金。从金融创新的角度讲，在一定意义上，无论何种基金都应当是资本市场的一个组成部分。广义的资本市场基金可以分为股票投资基金、债券投资基金、产业（创业）投资基金（产业资本）等。资本市场的发展和基金业的发展，其最终目的都应服务于一国产业结构调整的总体战略部署，使各种市场要素的配置更趋合理。针对我国目前的具体情况，在适度发展证券投资基金的同时，不应忽略发展产业（创业）投资基金和货币基金。过度发展证券投资基金不仅不利于实体经济的发展，而且可能会导致深度经济泡沫。[②] 换言之，我国目前的基金业与信托业之间形成了事实上的从属关系，两个金融行业之间理论上的并列关系并未形成。基于此，证券投资基金法和信托业法一样，都是信托法的特别法，但它们相互之间貌似并列关系，实为从属关系。这样的立法选择，同样是源自金融分业监管体制的现实需要。

（二）监管协调

信托型基金是我国目前基金业的典型组织形式，基金公司的业务创新无法脱离证券投资基金法与信托法的双重规制。基金公司作为信托机构，有关其业务活动和监管的法律规则主要集中在证券投资基金法中，从这一意义上讲，证券投资基金法为信托业法的制定提供了宝贵的立法经验。信托业法的立法滞后，已经严重影响了专营信托业务的信托公司与其他兼营信托业务的信托机构的协调发展。事实证明，证券投资基金法现已远远地走在了信托业法的前面，《证券投资基金法》的颁行和修改，夯实了基金业的制度基础，优化了基金业的发展环境，拓展了基金业改革创新的空

[①] 现行《证券投资基金法》第72条规定：基金财产应当用于下列投资：（1）上市交易的股票、债券；（2）国务院证券监督管理机构规定的其他证券及其衍生品种。同时，该法第73条规定：基金财产不得用于下列投资或者活动：（1）承销证券；（2）违反规定向他人贷款或者提供担保；（3）从事承担无限责任的投资；（4）买卖其他基金份额，但是国务院证券监督管理机构另有规定的除外；（5）向基金管理人、基金托管人出资；（6）从事内幕交易、操纵证券交易价格及其他不正当的证券交易活动；（7）法律、行政法规和国务院证券监督管理机构规定禁止的其他活动。

[②] 柳志伟主编：《基金业立法和发展：比较与借鉴》，中国政法大学出版社2003年版，第137页。

间，强化了依法治理证券市场、依法监管以及对投资者的依法保护。作为基金业基础性制度顶层设计和整体安排的总纲领、财富管理行业规范的新标杆，其对增强行业的公信力和市场的吸引力，促进培育养成专业、长期、理性的投资文化，对于推动资本市场的稳定健康发展，无疑具有非常重要而深远的意义。[1]

对信托要转移财产所有权这一本质特征，我国信托法采取了刻意回避的态度，简单地使用"委托给"一带而过，这为证券投资基金法和信托业法的应用留下了一定的制度缺陷。由于我国目前的证券投资基金采用的是信托形式，因此相关内容与信托业法必然在理论上形成互动。从内容看，证券投资基金法是对集合资金信托的一种特别规定。正是基于这一点，我们说证券投资基金法与信托业法之间是一种从属关系，而不是并列关系。我国证券投资基金法针对证券投资基金信托这一特殊的信托行为，确立了基金中持有人（投资人）、管理人、托管人三方主体的信托法律关系。根据信托关系中委托人、受托人、受益人的关系架构，基金中将持有人设定为受益人兼委托人，管理人和托管人设定为受托人。将基金财产设定为信托财产，具有独立的信托财产的特征。[2] 我国证券投资基金法长期以来选择信托型基金形式，无论是公募基金还是私募基金，基金公司的基金业务与信托公司的信托业务之间不可避免地产生了同质化竞争，信托业监管改革不能无视这一现实，有效整合监管资源并强化功能监管是制定《信托业法》必须坚持的重要理念。目前的基金业和信托业在监管问题上各自独立，中国证监会和中国银监会彼此均拥有部门规章的制定权，每年均会出台针对基金公司和信托公司的专门规定和监管政策。中国证券投资基金业协会和中国信托业协会作为各自的行业自律组织，同样彼此独立，互相缺乏有效沟通。《信托业法》的长期缺位对信托业发展而言无疑是件可悲的事情，多头监管与监管竞争在信托市场上似乎已经司空见惯、见怪不怪了，但其中的问题并未因为我们视而不见而自然消失，监管割据使大信托的乱象仍然继续存在，风险仍然在不断积聚，《信托业法》的缺位已经成为制约营业信托良性互动的瓶颈。我们需要看到，我国受托理财市场

---

[1] 参见蔡宗琦《新基金法推动财富管理行业健康发展——中国证监会祝贺〈证券投资基金法〉修订通过》，载《中国证券报》2012年12月31日第A04版。

[2] 刘培培、刘军霞：《证券投资基金法与相关法律的衔接与完善》，载《金融教学与研究》2006年第2期。

在监管制度安排方面存在着严重问题,中国银监会和中国证监会必须进一步统一监管政策;监管信托公司的方式应不同于监管银行的方式,对信托公司的监管重点主要应体现在两个方面:一方面是监管金融机构的信托活动要忠实遵循信托文件的结构要素;另一方面是监督受托人忠实尽责地履行信托合同。[1] 笔者认为,制定《信托业法》是保障我国营业信托健康发展的前提和基础,但不能因为《证券投资基金法》的存在而使《信托业法》沦落为信托公司法,统筹信托业法与证券投资基金法的关系,核心问题就是统筹信托业监管改革,把监管权集中由一家监管机构行使,并通过立法与改革的互动巩固改革成果。

立法中,我们需要正确处理好《信托业法》的制定与《证券投资基金法》以及《信托法》的修改的同步关系。笔者认为,《信托业法》的立法与《证券投资基金法》的修法、《信托法》的修法应实行联动,并同步进行,避免由于出台时间不同、起草工作机构之间沟通不畅引发的相互间的不协调问题。其中的关键在于,要划清各自的调整范围,协调其立法理念与制度设计。目前《证券投资基金法》的修改虽已完成,但在基金的组织形式上并未形成突破,《信托法》的修改正在进行中,《信托业法》的制定亟待提上议事日程。有学者提出,我国信托型基金的内在结构决定了资产保管人与基金管理人之间必然存在着职权运用上的张力与冲突,任何试图让二者协调并达致和谐与平衡的做法都只是空想。通过澳大利亚修法的视角再次证明,在信托体制下,资产保管人与基金管理人之间权力配置的矛盾深深地内生于信托制度之中,根本无法彻底根除。鉴于此,适时引入公司型基金,成为遏制基金丑闻并推动我国基金业稳健发展的重要举措。[2] 显然,《证券投资基金法》的修改仍有很大空间,需要重点关注和研究公司型基金和产业(创业)基金问题。总体上看,整体规划、统筹兼顾应该成为今后金融立法中坚持的首要原则,减少法律规则之间的冲突是提高执法和司法效率的前提,只有这样才能有效克服新法与已有法律之

---

[1] 夏斌:《发展我国统一信托市场的两大问题》,载《中南大学学报》(社会科学版)2007年第2期。

[2] 李海龙:《对我国共同基金监督机制的法学反思——澳大利亚修法的启示》,载《财经科学》2011年第1期。

间的不协调，消弭前后法律规则间无谓的侵蚀。[1] 另有学者建议，在我国信托法中增设"社会保障基金投资信托"一章，规定社会保障基金为具有公益性质的事业单位法人，且社会保障基金投资信托以这种基金为委托人与受益人，这种信托的投资对象限于股票与金融资产，有资格担任这种信托的受托人的人限于信托公司与基金管理公司，这种信托的有关当事人负有分散投资义务与确保投资收益不低于法定的最低收益率的义务，对这种信托的国家监督适用存在于其他法律中的关于社会保障基金投资的国家监督制度。[2] 其实，信托法在实施过程中遇到的新情况、新问题并不局限于营业信托业务创新品种，土地信托、家族信托等新兴信托类型如何规定，如何处理慈善信托与公益信托的关系，如何重新审视信托合同的无效情形，如何办理信托登记等都面临着修改和完善，笔者认为，《信托法》的修改与《证券投资基金法》的修改和《信托业法》的制定应形成良性互动关系，《信托法》作为信托基本法，需要在修改中完成系统升级，充分吸收十余年来的实践创新成果。

四、信托业法与证券法

（一）从差异性到共同性

资产证券化和权利证券化是现代市场经济中常见现象，随着证券技术的发展，证券的经济功能和法律功能得到了充分展现。证券是投资者权利的载体，投资者的权利是通过证券记载，并凭借证券获取相应收益的。与一般民法上的证券相比，证券法上的证券具有资本性、公开性、市场性、批量性、标准性和程序性。[3] 我国证券业的诞生和成长是经济体制改革的产物，是由以间接融资方式为主向间接融资和直接融资方式并行转化的结果。现行《证券法》颁布于1998年，分别于2004年、2005年、2013年和2014年进行了四次修改。修改后的《证券法》对证券发行、证券上市和交易、证券登记结算等制度作了调整和补充，从而为我国资本市场的发展和直接融资体系的壮大提供了坚实的法律依据。

---

[1] 席月民：《修订〈证券投资基金法〉结构和规则待优化》，载《中国社会科学报》2012年8月15日第A07版。

[2] 张淳：《关于在我国信托法中增设"社会保障基金投资信托"一章的建议——对存在于这一章中的重要规定及其内容的构想》，载《南京农业大学学报》（社会科学版）2008年第4期。

[3] 陈甦主编：《证券法专题研究》，高等教育出版社2006年版，第18页。

信托业法和证券法的差异性主要体现在其适用范围的不同。其中,证券法适用于证券市场,其适用范围是在我国境内的股票、公司债券和国务院依法认定的其他证券的发行和交易,以及政府债券、证券投资基金份额的上市交易。① 前文已述,信托业法适用于信托市场,其适用范围是我国境内信托机构所从事的信托业务活动。对我国境外的信托业务而言,如果信托当事人约定适用,则也同样可以适用。显然,二者的差别主要表现在金融业务的不同性质上,即证券法规范金融机构的证券业务,主要表现为股票、公司债券和国务院依法认定的其他证券的发行和交易,以及政府债券、证券投资基金份额的上市交易;信托业法规范金融机构的信托业务,即信托机构以营业和收取报酬为目的,以受托人身份承诺信托和处理信托事务的经营行为,换言之,该法适用于信托产品的发行和交易。证券法上的证券和信托业法上的信托产品作为两类不同性质的规制对象,前者是有价证券,记载着特定的民事权利,其不仅可以证明特定民事权利的归属事实,而且可以代表该民事权利;后者则表现为书面合同,记载的是信托当事人的权利义务,合同只能证明权利事实并不代表相应的权利。由于信托市场的投资门槛较高,因此证券在标准性、批量性、程序性以及公开性等方面均比信托合同表现得更为充分,监管要求也更为严格一些。从部门法属性看,证券法是商法的重要组成部分,信托业法则属于经济法部门。

信托业法与证券法在监管理念、监管方法、监管措施等方面,存在着一些相同之处。从内容看,证券法和信托业法均带有强烈的监管色彩。证券法调整证券市场的参与者与证券监督管理者在证券的募集、发行、交易、监督管理过程中所发生的经济关系,信托业法调整信托市场的参与者与信托业监管机构在信托财产的募集、信托产品的发行、交易、监督管理过程中所发生的经济关系。因此,监管是二者共同的主题,对市场的有效监管是二者的核心内容,正因为如此,二者也就具备了很多共同的特征。(1) 行为法与监管法的结合。证券法调整的证券行为,主要分为证券发行和证券交易行为,同时也有证券监管行为。信托业法调整的信托行为,同样包括信托经营行为和信托监管行为。(2) 强行法与任意法的结合,但以强行法为主。如证券法规定,强制发行人公开披露信息,禁止从事内

---

① 参见现行《中华人民共和国证券法》第 2 条。证券衍生品种发行、交易的管理办法,由国务院依照该法的原则规定。

幕交易、操纵市场、欺诈客户、虚假陈述等欺诈行为，此外证券法的强制性还体现在严格的法律责任上。违反证券法的法律责任，不仅有民事责任，还有行政责任、刑事责任。信托业法也体现出相同的特点，其法律规范中同样既有强制性规范也有任意性规范，但总体说来以强制性规范为主，信托机构和信托业监管机构均要承担大量的法定义务。（3）实体法与程序法的结合。在证券法中，有关证券发行人、证券公司、投资者及其他主体的权利义务、法律责任等规范属于证券法的实体法规范，而证券的发行、上市、交易、收购等程序均属于程序法规范。信托业法中也存在着实体法规范和程序法规范，两者的结合共同建构了信托业监管体制和监管机制。（4）公法与私法的结合。证券法既调整证券发行人、证券承销商、证券交易所、投资者之间的平等主体关系，又调整国家证券监督管理机构与证券市场参与者之间隶属性质的监督管理关系。这种纵横统一关系中，既有公法内容，也有私法内容，既注重对国家利益、社会公共利益的保护，也注重对市场主体私人利益的保护。信托业法所的调整的信托经营和信托监管关系，本质上也是一种纵横统一的关系，表现为公法和私法的内容统一在一部法律中。（5）具有一定的国际性。金融国际化促进了国际证券业的相互合作，证券法的诸多基本概念和基本模式世界各国大体相同，各国的证券法亦开始兼顾国际上的通行做法。我国的证券立法也在不断与国际惯例接轨，所以证券法呈现出一定的国际性，如各国证券法规定的证券交易规则趋向一致，公开原则为大多数国家的证券立法采纳等。信托业法在对跨国信托的调整中也表现出其国际性的一面。（6）包含有一些习惯法内容。如各国证券法普遍认可的自律管理和自律规范，即属于习惯法范畴。信托业法中也规定行业自律问题，其中的行业自律管理和自律规范中也包含有习惯法的内容。当然，证券法也有其他一些突出特点，譬如证券法比信托业法具有更强的技术性。证券的发行和交易必须遵守一定的规则，才能保证证券发行和交易的公平、安全、快捷、有效，因此证券法中包含了大量的技术性操作规则，如证券交易集合竞价规则，持股信息披露规则，上市公司要约收购规则等，均具有较强的技术性。[①]

（二）从创新性到交叉性

金融创新是金融自由化的必然结果，是金融业适应市场变化和发展的

[①] 此处有关证券法的特征，参见叶林《证券法》，中国人民大学出版社2000年版，第31—33页。

一种积极反映，人类的金融史其实就是一部不断创新的历史。在现代市场经济条件下，为突破管制、转嫁风险或预防风险，快速适应市场供需变化，金融业在金融工具、金融方式、金融技术、金融机构、金融市场等方面不断谋求、探索并实现一些创造性的变革。当然，如前所述，金融创新是一个庞大的体系，它与金融自由化、金融风险、金融监管之间有着密切关系，并广泛涉及金融产品与金融服务创新、金融体系与金融组织机构创新、金融市场与金融工具创新以及金融制度与金融监管创新等诸多领域。[1] 信托制度为创新提供了广袤空间，无论是信托结构的封闭性和稳定性还是信托的调适功能和弹性空间都为金融创新提供了深厚土壤，信托监管的市场化取向为金融创新营造了宽松环境。[2]《信托业法》的制定和《证券法》的修改在一定意义上都是针对市场上的金融创新所做出的必然反应。这是因为，金融创新是推动金融业和金融市场的根本动力，也是金融业和金融市场演变以及发展的关键因素，其对金融法的规范和约束提出了新的挑战，对金融法的保护提出了新的要求。从世界范围看，无论是信托业法还是证券法，其监管制度都必须紧跟金融业发展，与时俱进，不断革新，防微杜渐。作为金融法的一部分，信托业法和证券法也不例外，二者均通过金融创新的推动进而实现制度更新和升级。可以说，坚持创新性是信托业法与证券法共同信守的法治理念。

信托业法与证券法在规制对象上的不同，并不妨碍二者因为金融创新所表现出来的交叉性一面。以资产证券化为例，目前市场上存在着两种业务及其监管模式。一是中国银监会主导的模式。依照2005年中国人民银行和中国银监会的《信贷资产证券化试点管理办法》[3]的规定，资产支持证券由特定目的信托受托机构发行，代表特定目的信托的信托受益权份额；依照2005年中国银监会的《金融机构信贷资产证券化试点监督管理

---

[1] 席月民主编：《金融法学的新发展》，中国社会科学出版社2013年版，第21—22页。

[2] 参见陈赤《中国信托创新研究——基于信托功能视角的分析》，西南财经大学出版社2008年版，第101—103页。

[3] 该办法是为了规范信贷资产证券化试点工作，保护投资人及相关当事人的合法权益，提高信贷资产流动性，丰富证券品种，由中国人民银行和中国银行业监督管理委员会根据《中华人民共和国中国人民银行法》《中华人民共和国银行业监督管理法》《中华人民共和国信托法》等法律及相关法规而制定的，2005年4月20日由中国人民银行和中国银监会共同发布，同日起实施。

办法》① 规定，我国境内银行业金融机构作为发起机构，将信贷资产信托给受托机构，由受托机构以资产支持证券的形式向投资机构发行受益证券，以该财产所产生的现金支付资产支持证券收益的结构性融资活动适用该办法。其中，受托机构由依法设立的信托公司或者中国银监会批准的其他机构担任。② 在中国银监会主导的信贷资产证券化中，信托公司可作为受托人和发行人参与，但需先申请特定目的信托受托人资格。二是中国证监会主导的模式。2013年中国证监会《证券公司资产证券化业务管理规定》的出台，标志着资产证券化业务由证券公司试点业务开始转为常规业务，成为证券公司和信托公司展开竞争的主要领域。2014年该规定被《证券公司及基金管理公司子公司资产证券化业务管理规定》③ 废止。按照现行规定，资产证券化中的基础资产是指符合法律法规规定，权属明确，可以产生独立、可预测的现金流且可特定化的财产权利或者财产。基础资产可以是单项财产权利或者财产，也可以是多项财产权利或者财产构成的资产组合。这里的财产权利或者财产，其交易基础应当真实，交易对价应当公允，现金流应当持续、稳定。基础资产可以是企业应收款、租赁债权、信贷资产、信托受益权等财产权利，基础设施、商业物业等不动产财产或不动产收益权，以及中国证监会认可的其他财产或财产权利。④ 需要强调的是，在中国证监会主导的资产证券化中，并未明确禁止信托公司的参与。与前一种模式相比，在后一种模式中，信托公司可以作为受托人、计划管理人和发行人，不论是产品结构设计，还是中介机构的选择，信托公司都具有很大的自主权。事实上，信托公司过去的收益权信托业务，本质上是类资产证券化业务，如果引入信用评级、登记结算和公开交易市场，就是标准的资产证券化业务。⑤ 可见，信托业法和证券法在资产证券化业务中存在着交叉性特征，这种交叉不仅仅是资产证券化业务的交

---

① 该办法于2005年9月29日由中国银行业监督管理委员会第38次主席会议通过，2005年11月7日公布，自2005年12月1日起施行。
② 参见《金融机构信贷资产证券化试点监督管理办法》第8条。
③ 2014年11月19日，中国证券监督管理委员会公告〔2014〕49号公布《证券公司及基金管理公司子公司资产证券化业务管理规定》。该《规定》分总则，原始权益人、管理人及托管人职责，专项计划的设立及备案，资产支持证券的挂牌、转让，资产支持证券信息披露，监督管理，附则，共7章51条，自公布之日起施行。
④ 参见《证券公司及基金管理公司子公司资产证券化业务管理规定》第3条。
⑤ 参见李志国《资产证券化：信托大有可为》，载《当代金融家》2015年第2期。

叉，也包括有资格作为资产证券化发起机构、受托机构等主体身份方面的交叉，由此所导致的实践中的监管竞争已经成为二者需要共同面对的问题。要解决这一类问题，制定《信托业法》并强化功能监管应该是唯一选择。另外。信托公司利用自有资金进入股市以及利用集合资金信托投资证券也会使信托业法和证券法在调整范围上体现出交叉性，越来越多的信托创新产品开始横跨信托市场和证券市场。对信托业法和证券法来说，不但需要正视彼此之间存在的交叉性，而且还要对证券投资信托等信托产品创新给予一视同仁的监管态度。

五、信托业法与保险法

（一）监管比较

保险是指投保人根据合同约定，向保险人支付保险费，保险人对于合同约定的可能发生的事故因其发生所造成的财产损失承担赔偿保险金责任，或者当被保险人死亡、伤残、疾病或者达到合同约定的年龄、期限等条件时承担给付保险金责任的商业保险行为。[1] 从这一定义可以看出，保险法中的保险不包括社会保险，它是以实现一定经济利益为目的的经济保险，包括财产保险和人身保险。其中，财产保险以财产及其相关利益为保险标的；人身保险则以人的寿命和身体为保险标的。保险法以保险关系和保险监管关系为调整对象，旨在规范经济社会中的商业保险，其不但有利于发挥分散的社会资源有效集中运作的优势，而且有利于保护现代社会互助合作的精神与价值。在我国，保险法不是一个独立的法律部门，而是从属于民法范畴的特殊法律规范，传统法学理论将它归入商法体系中。[2] 由于保险法具有很强的行业性特征，在经济意义上，它又属于金融法的构成部分。[3] 这与信托业法形成重要区别，信托业法也是金融法的有机组成部分，但却属于经济法部门。

我国《保险法》于1995年6月30日由八届全国人大常委会第十四次会议审议通过，截至目前，分别在2002年、2009年、2014年和2015年进行了4次修订，共有8章185条。我国保险法采取了与证券法相同的综

---

[1] 参见现行《中华人民共和国保险法》第2条。
[2] 李玉泉：《保险法》，法律出版社1997年版，第21页。
[3] 强力：《金融法》，法律出版社2004年版，第570页。

合立法模式，其结构体系中包含了保险合同法与保险业法两个部分。其中，保险合同法是保险法的核心内容，直接规定保险关系中双方当事人的权利义务；保险业法是对保险业进行监督管理的法律规范系统，内容涉及保险公司的市场准入与退出、保险条款、保险费率、保险代理人、保险经纪人、保险公估人及其业务的经营管理、保险资金运用等。这与信托法和信托业法表现出了明显的不同。信托法和信托业法属于分别立法模式，前者主要调整信托关系，后者则调整信托监管关系。

现行《保险法》同样明确了我国分业经营分业监管的金融体制，即保险业和银行业、证券业、信托业实行分业经营、分业管理，保险公司与银行、证券、信托业务机构分别设立；国家另有规定的除外。[1] 信托业法和保险法分别适用于信托业和保险业，二者的社会功能是完全不同的。保险业重在分散危险，消化损失，其实质不是保证危险不发生，不遭受损失，而是保证危险发生遭受损失后受到补偿，通过防灾防损、损失填补支持社会生产，安定社会公众生活；信托业重在受人之托，代人理财，并具有社会投资和融资、发展公益事业等功能。相比较而言，保险法的社会性较之于经济性更为突出些，而信托业法的经济性较之于社会性更为突出些。对保险业而言，必须有危险存在，必须有多数人参加，必须在合理分摊的基础上建立保险基金，这样才能根据风险程度，用概率论和大数法则的原理计算出保险费率的高低。可以说，保险业是经营风险的特殊行业，对社会经济的稳定和人民生活的安定具有重大影响。

信托业法和保险法的立法宗旨不完全相同。保险法的目的在于规范保险活动，保护保险活动当事人的合法权益，加强对保险业的监督管理，维护社会经济秩序和社会公共利益，促进保险事业的健康发展。而信托业法的目的则在于加强对信托业的监督管理，规范监督管理行为，防范和化解信托业风险，保护商业信托中委托人、受托人和受益人的合法权益，促进信托业健康发展。由此可见，保险法用来规范保险市场，信托业法用来规范信托市场。保险市场是一个极具特色从而具有很大独立性的系统，该系统之所以往往被列入金融体系，是由于经办保险业务的大量保费收入按照世界各国的通例，是用于各项金融投资，而运用保险资金进行金融投资的

---

[1] 《中华人民共和国保险法》第8条。

收益又可积累更为雄厚的保险基金，促进保险事业的发展。[①] 对保险法而言，偿付能力监管是保险监管的核心，保险公司作为机构投资者，其保险资金的运用是保险法和信托业法在发挥监管作用时的重要连接点。

信托业法和保险法的特征不完全相同。一方面，保险法具有较强的技术性。[②] 保险业应收保险费总额与应付保险金总额不是保险公司人为的主观决策，而是根据大数法则对进行保险的危险进行概率测算，并最终实现收支总体平衡的科学决策。保险制度就是以此数理计算为基础构筑起来的一种技术结构。如保险法中的补偿原则、保险费不可分原则等，均体现了其不可被忽视的技术性。另一方面，保险法还具有突出的社会性。保险是集合多数社会成员，共同分担少数成员因遭遇危险所受经济损失，最终保障社会成员生活安定和社会经济生活的稳定的一种社会制度。以全社会的力量来消除少数成员遭遇的危险，是保险的基本宗旨。因此，保险法特别关注对保险参加人的利益的保护，以定型条款限制保险合同，防止保险人凭借强大的经济实力损害处于弱者地位相对方的利益，同时也会严格限制保险人的主体资格及破产，并确立保险利益，确保保险业的健康发展。当然，保险法的社会性还可以通过保险业所承担的社会责任体现出来。[③]

在法律特征上，信托业法和保险法也具有一定的共性。这主要体现在，二者都是行为法与监管法的结合，是强行法与任意法的结合，是公法与私法的结合，也是实体法与程序法的结合。保险法中有关保险合同的规定，包含了行为法、任意法、私法和实体法的内容；保险法中有关保险监管的规定，则包含了监管法、强行法、公法和程序法的内容。以保险法的强制性特征为例，保险法对于保险合同及合同条款的效力问题规定了一些

[①] 强力：《金融法》，法律出版社2004年版，第15页。

[②] 这里以第二代偿付能力监管制度体系为例，其在我国保险业风险分层模型基础上，构建了审慎监管的三支柱技术框架。第一支柱定量监管要求，主要防范能够用资本量化的保险风险、市场风险、信用风险三大类可量化风险，要求保险公司具备与以上风险暴露相适应的资本。第二支柱定性监管要求，防范操作风险、战略风险、声誉风险和流动性风险四大类难以量化为资本要求的风险，并对保险公司风险管理能力进行评估。第三支柱市场约束机制，通过公开信息披露、提高透明度等手段，发挥市场的监督约束作用，防范依靠常规监管工具难以防范的风险。

[③] 2014年7月8日，中国保监会向社会发布首份《中国保险业社会责任白皮书》。白皮书系统梳理了保险业在服务国家经济转型、助力社会保障体系建设、构建灾害救助体系和参与社会管理创新等方面所发挥的作用，展示了保险业近年来在农业保险、巨灾保险、责任保险和大病保险等方面的发展情况和主要成绩，充分展现了行业积极践行社会责任所做的工作。

强制性的规定,如人身保险中投保人对被保险人不具有保险利益的,保险合同无效[①];对保险合同中免除保险人责任的条款,保险人在订立合同时应当在投保单、保险单或者其他保险凭证上做出足以引起投保人注意的提示,并对该条款的内容以书面或者口头形式向投保人作出明确说明;未作提示或者明确说明的,该条款不产生效力。[②] 保险法对保证金、未到期责任准备金的提取、保险资金的运用、保险公司的接管等也确立有一些强制性规范。此外,为实现特定的社会政策,保险法之外的其他法律、行政法规还突破了保险自愿的原则,强制要求特定的行业、特种财产必须加入保险。总之,同样以监管为重要内容的保险法,其监管规则集中体现在其保险业法之中,在法律规则上保险法紧紧围绕机构监管、业务监管、财务监管、资金运用监管以及偿付能力监管而展开,从而营造有序竞争的市场环境。

保险经营的特点在于其负债性、保障性和广泛性。[③] 商业保险既是一种市场化的风险转移机制,也是一种市场化的社会互助机制,同时还是一种市场化的社会管理机制。有效发挥商业保险的作用,是现代金融业实现可持续发展的重要目标之一。为此,保险业法确立了保险业专营原则,这是保险监管的一项重要原则。在我国,保险公司的业务范围包括:(1)人身保险业务,包括人寿保险、健康保险、意外伤害保险等保险业务;(2)财产保险业务,包括财产损失保险、责任保险、信用保险、保证保险等保险业务;(3)国务院保险监督管理机构批准的与保险有关的其他业务。需要强调的是,保险人不得兼营人身保险业务和财产保险业务。但是,经营财产保险业务的保险公司经国务院保险监督管理机构批准,可以经营短期健康保险业务和意外伤害保险业务。保险公司应当在国务院保险监督管理机构依法批准的业务范围内从事保险经营活动。[④] 在这一点上,

---

① 《中华人民共和国保险法》第31条第3款。

② 《中华人民共和国保险法》第17条第2款。

③ 所谓负债性,是指保险公司通过承保收取保险费而建立的保险基金,是全体被保险人的财富,而并非保险人的盈利。保险公司一旦经营不善出现亏损或倒闭,不仅损害保险公司的自身利益,更主要的是损害广大投保人和被保险人的利益。所谓保障性,就是保险基金的基本职能是赔偿损失和给付保险金,通过补偿和给付来保障社会生产的不断进行和人民生活的安定。所谓广泛性,就是保险公司的承保对象涉及社会各部门、各阶层,有些保险公司的业务活动成为世界性的经济活动。参见徐孟洲等《金融监管法研究》,中国法制出版社2008年版,第409—410页。

④ 《中华人民共和国保险法》第95条。

保险法表现出了与信托业法的重大不同，信托业法并不禁止兼营信托的存在。此外，二者的区别还表现为机构设立条件、业务规则与监管规则等的差异化安排。

(二) 监管竞争

保险是现代经济的重要产业和风险管理的基本手段，是社会文明水平、经济发达程度、社会治理能力的重要标志，在现代市场经济社会中发挥着社会"稳定器"和经济"助推器"的作用。基于保险业的特殊性及其在国民经济中的重要地位，世界各国都对保险业的监管给予了普遍重视。在我国，1998年以前的保险业监管机关是中国人民银行。1998年11月18日，我国成立了中国保监会，由其作为保险监督管理机构对全国商业保险业务实施统一监管。凡关系社会公众利益的保险险种、依法实行强制保险的险种和新开发的人寿保险险种等的保险条款和保险费率，应当报中国保监会审批。

信托业法与保险法均包含监管内容，但是二者的监管机构不同，在金融理财市场中的监管竞争弊端丛生。金融理财市场是信托市场的重要组成部分。信托业法与保险法在信托迈入混业经营时代后，所面对的监管竞争是客观存在的，监管机构之间虽然也建立了协调机制，相互沟通监管信息，但效果并不理想。以投资连接保险为例，该保险是传统人寿保险与投资基金相结合的产物，在产品结构上不同于传统寿险产品，相应地在投资连结保险中也存在着不同于一般保险产品的特殊法律关系，把握这种特殊的法律关系是对投资连结保险投保人投资利益进行法律保护的前提和基础。当然，该保险是包含保险保障功能并至少在一个投资账户拥有一定资产价值的人身保险产品，它通常把投保人所缴付的保费按照事先约定的比例分入两个账户，即保险保障账户和个人投资账户。其中，分入保险保障账户的保费归属于保险公司，由保险公司享有所有权，是保单持有人取得保险保障的对价，体现了投连险的保险保障功能；而分入个人投资账户的保费依财产公示制度由保险公司享有所有权，但保险公司须按照投连险保险合同的约定而非自己的自由意志管理处分，投资风险由投保人而非保险公司承担，投资收益归属于保单持有人而非保险公司，保险公司对分入个人投资账户的保费享有的所有权不同于对分入保险保障账户的保费享有的所有权。具体说来，投资连接保险投保人缴纳之保费中进入投资账户的部分，并未用来成立保险基金，而是按照投保人选定的投资组合进入资本市场，其投资收益直接体现为投资账户的资产价值增加，保险人从中每年收取一定比例的管理费用，这种运作方式其实质就是由投保人出资，保险人负责管理的投资理财计划。由于投保人财产的投资风险完全由投保人承担，并未发生风险的分散与转移，而且进入投资账户的保费与普通账户保费的运作的法律限制和运用渠道不同，不可能再严格地遵循安全、稳健的原则，而是要求保险人尽到善良管理人义务，最大限度地保护投保人财产的投资利益，因此，这种运作模式不是保险法律关系而更像是信托法律关系，投资账户的运作规律和模式具有明显的信托属性。可以说，投资连结保险产品既具有保险性，也具有信托性，还具有证券性。[1] 现行《保险法》第8条规定保险业与信托业分业经营、分业监管，但保险业当下经营的投资连接保险业务的投资账户资产管理关系属于信托范畴，客观上存在着对信托的兼营，因此中国保险业实际上同样面临着兼业与分业的艰难选择。正是投资账户的管理不同于自有资产的管理，两者存在利益冲突。为防范利益冲突，信托公司、证券公司、基金管理公司实行独立性原则与防火墙原则，自营业务与信托业务之间建立严格的"防火墙"，自营、信托资产的管理与研究咨询等相关部门在物理上和制度上适当隔离，以有效保障受益人利益。[2]

又如在企业年金管理市场，保险业这些年来可谓成绩斐然。从方案咨询与设计到客户服务、稳健投资等，保险业为企业年金计划的发起、运营、给付提供了全程服务，承担了受托管理人、账户管理人和投资管理人等多种角色。截至2014年末，保险业在企业年金市场共计为4.3万家企业提供受托管理服务，覆盖877万人，累计受托管理资产3 174.2亿元，受托资产规模占法人受托业务的68.8%；投资管理资产余额3753.7亿元，占企业年金基金实际投资运作金额的50.7%。[3] 目前，我国几乎所有类型的金融机构都参与企业年金治理，而这些金融机构风险管理能力却良莠不齐。实践中，我国企业年金经营是由保险、证券、信托、银行等多家

---

[1] 管人庆：《投资连结保险中投资者利益保护问题研究》，吉林大学民商法学博士学位论文，2010年。

[2] 刘正峰：《兼业与分业：新保险法第8条面临的挑战——以投资连接保险信托性质的实证分析为例》，载《财贸研究》2010年第3期。

[3] 赵萍、王丹丹：《王治超：积极争取出台"加快商业养老保险发展"政策》，载《21世纪经济报道》2015年5月22日第10版。

金融机构运营的，存在多条委托代理链和复杂基金数据流。由于信息不对称和金融衍生产品创新，在委托代理链条上容易引发道德风险，只要链条某点出现问题，则会出现多米诺骨牌效应。[①] 因此，分业体制下的监管竞争和监管协调成为企业年金市场无法回避的难题和重点，由于不同部门的监管原则与目标的差别会导致彼此之间政策冲突和监管漏洞，为避免企业年金监管可能陷入复杂性机能障碍，笔者认为，制定《信托业法》，比制定《企业年金法》，应该更容易解决信托市场混业经营中的监管难题。

[①] 钱振伟、江萍、张艳：《创新我国企业年金监管制度——基于对全球金融危机的反思》，载《保险研究》2009年第11期。

结　语

我国的信托法制建设融政治性、理论性以及实践性为一体，日益关注中国经济社会发展的本土化需要，注重回应和解决现实法律问题，从过去注重英美信托法理论与经验的介绍，转变到注重比较研究，并以中国国情和实际为本，合理学习借鉴外国法治经验；从过去强调抽象的法律书本知识和逻辑认知，转变到强调信托法理论与中国生动鲜活的信托法治实践紧密结合，从而形成了丰富多彩的学术创新，建立了包容、开放的信托法学体系。

法律的生命不在逻辑而在实践，这对在英美法系长期司法实践过程中产生的信托制度而言尤其如此。大陆法系国家为推动其经济、社会之发展，对其原有法律制度和理论进行一定修正以引入信托制度，这从另一侧面昭示了信托制度的实践价值取向。信托法学的实践价值取向与理论研究是相辅相成的，一方面，法理之研究对立法具有重大影响；另一方面，法律具有不完备性[1]，因而在法律模糊地带的执法、司法活动均依赖于一般法理的运用。在此意义上，一国或某一领域之法理研究水平影响并反映着该国及该领域之法治实践状况。所以，加强实践取向的信托法理论研究，就是要在理论研究方面以实践为导向，在理论上不固守成规、故步自封，而应敢于突破和创新。

本书是金融监管法律制度研究的有机组成部分，主要针对我国信托业发展现状和远景，详细论证信托业监管的基本理念、价值、原则和特征，深入研究和探讨信托业监管中的基本法律问题，包括监管目标的科学定

---

[1] 参见卡塔琳娜·皮斯托、许成钢《不完备法律（上）：一种概念性分析框架及其在金融市场监管发展中的应用》，载《比较》（第三辑），吴敬琏主编，中信出版社2002年版；卡塔琳娜·皮斯托、许成钢《不完备法律（下）：一种概念性分析框架及其在金融市场监管发展中的应用》，载吴敬琏主编：《比较》（第四辑），中信出版社2003年版。

位，监管主体的合理确定，监管方式的有机匹配，监管程序的严谨安排，法律救济的有效供给，监管机构的协调处理，以及监管责任的具体落实等，以此促进信托业的持续、稳定、健康发展。

科学发展观是我国经济社会发展的重要指导方针，是发展中国特色社会主义必须坚持和贯彻的重大战略思想。[①] 2015 年是全面完成"十二五"规划的收官之年，是全面深化改革的关键之年，也是全面推进依法治国的开局之年。今年我国进入"十三五"发展的新时期，信托业发展面临着新的机遇和挑战，如何选择未来的发展道路，如何有效规范信托市场的发展，是摆在我们面前的重要课题。信托业的健康发展事关国家金融安全，正确定位信托业的功能是实现信托业有效监管的前提。我们既要对大陆法之法制理论有透彻理解，还须对英美法制实践和理论有较深认识。国外的信托立法实践表明，促进信托事业的健康发展，防范信托商品化、多样化带来的风险，必须通过信托业立法的精心制度设计予以保障。我国入世后，包含银行业、证券业和保险业在内的金融业开放步骤有先有后，遵循了银行业 5 年、证券业和保险业 3 年"过渡期"的承诺。我国金融业的发展继续延续了改革开放以来的市场化、法治化发展之路。总的看来，中国金融业的对外开放和金融法制建设坚持以下四个原则：一是必须符合国内经济不断发展的需要；二是着力提高金融业的整体竞争力；三是认真履行入世承诺，为中外金融机构创造公平竞争环境；四是坚持依法监管，维护金融体系安全和稳定。[②]

在未来的政策取向中，信托业将作为一个理财市场的大概念被逐渐清晰化和明确化。目前的"一法两规"只是搭建了信托基础法、信托主体法和信托主业法的框架，尚有许多内容需要补充和完善，特别是对于信托业务立法在国外乃立法之重点。现有的《信托公司管理办法》立法级次偏低，对信托业的进一步发展壮大作用有限。因此，我国亟待制定一部《信托业法》。该法的设计要与国家的金融监管体制相适应，以提高信托业监管效率为重心，合理利用金融监管资源，贯彻政府监管与行业自律相结合，加强治理与鼓励创新相结合的原则，避免对信托市场的竞争产生不

[①] 温家宝：《关于深入贯彻落实科学发展观的若干重大问题》，载《求是》2008 年第 21 期。

[②] 参见陈甦、席月民、管育鹰、刘敬东《入世十年中国的市场经济法治》，载李林主编《中国法治发展报告 No. 10（2012）》，社会科学文献出版社 2012 年版，第 38 页。

必要的扭曲和破坏。在政府监管的基础上，强调并培育市场参与者及自律组织的自控力和创造力，最终形成政府、自律组织、市场参与者等各个监管层面上的有机协调。在建立和完善监管主体制度的同时，监管重心应从目前的合规性监管逐渐向功能性监管转变，向信托风险的防范和化解上转化。

跨业经营是金融创新和发展的重要内容，金融危机并非否定金融混业的发展方向，而是警醒我们应充分地关注金融混业产生的新风险，金融体制改革与金融立法应当在互动中发挥兴利除弊的功能。金融分业向混业的回归成为新世纪全球金融业发展的必然趋势，这不仅是因为金融混业可以实现规模经济，有利于风险分散，更重要的是，金融混业能为客户提供更全面的金融服务，满足不同客户的风险偏好和心理预期，在减少交易成本、提供服务便利化过程中为金融创新提供宽松的监管环境。[1] 我国长期以来形成的金融分业经营分业监管体制是非市场化的选择结果，为求"安全"，人为地牺牲了"效率"，各种金融资源被行政权力切分到不同金融领域，形成了相对稳定的利益格局与监管规则，在降低资金使用效率的同时新风险随之产生，无论是银行业、证券业、保险业还是信托业，都具有突破金融分业束缚的内在动力，在金融竞争国际化大背景下，金融需求变化、信息技术应用、产权制度改革以及监管资源积累等，都为金融混业经营创造了良好条件。对信托业而言，只有正视专营和兼营信托业务的混业经营现实，通过制定《信托业法》消除监管壁垒，才能改变分业体制下监管权责不清、监管标准不一、监管措施不当和监管协调不力的局面，依法拓宽金融机构经营范围和融资渠道，提高资金使用效率，全面发挥信托服务经济的制度功能。

随着经济的发展，社会财富积累已经越来越多，财富的种类也由单一的货币资金，转向了多元化的实物资产。房产、股票、艺术品等财富形式所占的比例越来越大，资产管理市场发展的空间巨大，如何针对客户的独特需求，设计出个性化的信托产品，必将成为信托业今后工作的重心。从我国情况看，充分运用信托机制，优化社会资源配置，满足日益强劲的充满个性化特色的金融需求，必须积极开展信托品种创新，不能仅局限于金

---

[1] 参见杨松等《银行法律制度改革与完善研究》，北京大学出版社2011年版，第176—177页。

钱信托，而应开发家族信托、土地信托、房产信托、物业信托、老年人安养信托、专利权信托、著作权信托、境外信托、宣言信托等新品种，增强信托产品的流动性，并通过专门立法对其进行有效规范。因此，我们应该在制定《信托业法》的基础上，有步骤、有计划地制定信托业务系列创新法案，着力强化各类创新业务中受托人的义务与责任，积极推动社会诚信体系建设，依法保障信托业健康、稳定发展。

参考书目

一、著作类

1. 史尚宽：《信托法论》，上海商务印书馆1947年版。
2. 卢峻主编：《国际私法公约集》，上海社会科学院出版社1986年版。
3. 朱景文：《比较法导论》，中国检察出版社1992年版。
4. 张文显：《法学基本范畴研究》，中国政法大学出版社1993年版。
5. 张淳：《信托法原论》，南京大学出版社1994年版。
6. 江平主编：《法人制度论》，中国政法大学出版社1994年版。
7. 《邓小平文选》（第2卷），人民出版社1994年版。
8. 陈春山：《信托及信托业法专论》，财团法人金融人员研究训练中心1995年版。
9. 刘廷焕、徐孟洲：《中国金融法律制度》，中信出版社1996年版。
10. 苏立：《法治及其本土资源》，中国政法大学出版社1996年版。
11. 周小明：《信托制度比较法研究》，法律出版社1996年版。
12. 王保树主编：《中国商事法》，人民法院出版社1996年版。
13. 王利明、崔建远：《合同法新论·总则》，中国政法大学出版社1996年版。
14. 李玉泉：《保险法》，法律出版社1997年版。
15. 沈达明编著：《衡平法初论》，对外经济贸易大学出版社1997年版。
16. 梁慧星、陈华彬编著：《物权法》，法律出版社1997年版。
17. 张广兴：《债法总论》，法律出版社1997年版。
18. 童适平：《日本金融监管的演化》，上海财经大学出版社1998

年版。

19. 何清涟：《现代化的陷阱——当代中国的经济社会问题》，今日中国出版社1998年版。

20. 李昌麒主编：《经济法学》，中国政法大学出版社1999年版。

21. 刘作翔：《迈向民主与法治的国度》，山东人民出版社1999年版。

22. 孙国华、朱景文主编：《法理学》，中国人民大学出版社1999年版。

23. 肖永平：《冲突法专论》，武汉大学出版社1999年版。

24. 张文显主编：《法理学》，高等教育出版社、北京大学出版社1999年版。

25. 周树立：《中国信托业的选择》，中国金融出版社1999年版。

26. 韩德培主编：《国际私法》，高等教育出版社、北京大学出版社2000年版。

27. 刘仁文：《严格责任论》，中国政法大学出版社2000年版。

28. 刘瑞复：《经济法学原理》，北京大学出版社2000年版。

29. 尚明主编：《新中国金融50年》，中国财政经济出版社2000年版。

30. 王振山：《金融效率论》，经济管理出版社2000年版。

31. 陈开崎主编：《信托业的理论与实践及其法律保障》，四川大学出版社2001年版。

32. 陈泽宪：《经济刑法新论》，群众出版社2001年版。

33. 何宝玉：《英国信托法原理与判例》，法律出版社2001年版。

34. 王清、郭策：《中华人民共和国信托法条文诠释》，中国法制出版社2001年版。

35. 周玉华主编：《信托法学》，中国政法大学出版社2001年版。

36. 中国人民银行培训中心编写组：《WTO与中国金融发展》，中国金融出版社2001年版。

37. 范健主编：《商法》，高等教育出版社、北京大学出版社2002年版。

38. 赖源河、王志诚：《现代信托法论》，五南图书出版公司2002年版。

39. 马卫华：《WTO与中国金融监管法律制度研究》，中国人民大学出版社2002年版。

40. 沈涓：《冲突法及其价值导向》（修订本），中国政法大学出版社2002年版。

41. 史际春：《探究经济和法互动的真谛》，法律出版社2002年版。

42. 吴敬琏主编：《比较》（第3辑），中信出版社2002年版。

43. 杨希天等编著：《中国金融通史（第6卷）：中华人民共和国时期》，中国金融出版社2002年版。

44. 霍津义、任葆燕主编：《中国信托业理论与实务研究》，天津人民出版社2003年版。

45. 霍玉芬：《信托法要论》，中国政法大学出版社2003年版。

46. 柳志伟主编：《基金业立法和发展：比较与借鉴》，中国政法大学出版社2003年版。

47. 王文宇：《新金融法》，中国政法大学出版社2003年版。

48. 吴弘、贾希凌、程胜：《信托法论——中国信托市场发育发展的法律调整》，立信会计出版社2003年版。

49. 谢平、蔡浩仪等：《金融经营模式及监管体制研究》，中国金融出版社2003年版。

50. 方嘉林：《信托法之理论与实务》，中国政法大学出版社2004年版。

51. 盖永光编著：《信托业比较研究》，山东人民出版社2004年版。

52. 强力：《金融法》，法律出版社2004年版。

53. 徐孟洲主编：《信托法学》，中国金融出版社2004年版。

54. 杨勇：《金融集团法律问题研究》，北京大学出版社2004年版。

55. 张天民：《失去衡平法的信托——信托观念的扩张与中国〈信托法〉的机遇和挑战》，中信出版社2004年版。

56. 中野正俊、张军建：《信托法》，中国方正出版社2004年版。

57. 莫纪宏主编：《宪法学》，社会科学文献出版社2004年版。

58. 何宝玉：《信托法原理研究》，中国政法大学出版社2005年版。

59. 李林：《立法理论与制度》，中国法制出版社2005年版。

60. 潘静成、刘文华主编：《经济法》，中国人民大学出版社2005年版。

61. 孙飞主笔：《信托治理优化论》，中国经济出版社2005年版。

62. 唐义虎：《信托财产权利研究》，中国政法大学出版社2005年版。

63. 吴弘、许淑红、张斌：《不动产信托与证券化法律研究》，上海交通大学出版社2005年版。

64. 曾筱清：《金融全球化与金融监管立法研究》，北京大学出版社2005年版。

65. 朱崇实主编：《金融法教程》，法律出版社2005年版。

66. 陈甦主编：《证券法专题研究》，高等教育出版社2006年版。

67. 韩龙：《金融服务贸易规制与监管研究——基于入世过渡期后银行业局势的探讨》，北京大学出版社2006年版。

68. 李永军：《民法总论》，法律出版社2006年版。

69. 徐孟洲主编：《信托法》，法律出版社2006年版。

70. 赵旭东主编：《公司法学》，高等教育出版社2006年版。

71. 陈甦：《法意探微》，法律出版社2007年版。

72. 何旭艳：《上海信托业研究（1921—1949年）》，上海人民出版社2007年版。

73. 邢建东：《衡平法的推定信托研究：另一类的物权性救济》，法律出版社2007年版。

74. 余辉：《英国信托法：起源、发展及其影响》，清华大学出版社2007年版。

75. 余卫明：《信托受托人研究》，法律出版社2007年版。

76. 张晓君等：《国家经济安全法律保障制度研究》，重庆出版集团、重庆出版社2007年版。

77. 周汉华：《政府监管与行政法》，北京大学出版社2007年版。

78. 周明：《中国信托市场运行机制：基于合约视角的分析》，中国经济出版社2007年版。

79. 朱大旗：《金融法》，中国人民大学出版社2007年版。

80. 朱小川：《营业信托法律制度比较研究：以受托人信用为中心》，法律出版社2007年版。

81. 中诚信托投资有限责任公司：《中国信托业发展与产品创新》，中国金融出版社2007年版。

82. 陈雪萍、豆景俊：《信托关系中受托人权利与衡平机制研究》，法律出版社2008年版。

83. 康锐：《我国信托法律制度移植研究》，上海财经大学出版社2008

84. 李明德：《知识产权法》，法律出版社 2008 年版。

85. 李勇：《信托业监管法律问题研究》，中国财政经济出版社 2008 年版。

86. 栗玉仕：《信托公司主营业务塑造及其风险控制》，经济管理出版社 2008 年版。

87. 刘俊：《各国问题金融机构处理的比较法研究》，上海世纪出版集团 2008 年版。

88. 倪受彬：《国有商业银行资本信托运营法律问题研究》，法律出版社 2008 年版。

89. 庞继英等：《金融机构市场退出问题研究》，中国金融出版社 2008 年版。

90. 彭插三：《信托受托人法律地位比较研究——商业信托的发展及其在大陆法系的应用》，北京大学出版社 2008 年版。

91. 王卫国主编：《商法》，中国广播电视大学出版社 2008 年版。

92. 王晓晔、邱本主编：《经济法学的新发展》，中国社会科学出版社 2008 年版。

93. 席月民：《国有资产信托法研究》，中国法制出版社 2008 年版。

94. 徐孟洲等：《金融监管法研究》，中国法制出版社 2008 年版。

95. 岳彩申等：《金融经营体制改革与金融控股公司法律制度的构建：企业与市场结构变革下的金融法律制度创新》，法律出版社 2008 年版。

96. 翟立宏等：《信托产品的开发创新》，中国财政经济出版社 2008 年版。

97. 赵磊：《公益信托法律制度研究》，法律出版社 2008 年版。

98. 戴庆康：《国际信托的法律冲突与法律适用》，东南大学出版社 2009 年版。

99. 黄毅：《银行监管法律研究》，法律出版社 2009 年版。

100. 冀祥德主编：《司法制度新论》，社会科学文献出版社 2009 年版。

101. 刘金凤等：《海外信托发展史》，中国财政经济出版社 2009 年版。

102. 刘敬东：《WTO 法律制度中的善意原则》，社会科学文献出版社

2009年版。

103. 刘正峰：《美国商业信托法研究》，中国政法大学出版社2009年版。

104. 孙宪忠：《中国物权法总论》，法律出版社2009年版。

105. 孙毅：《近代中国经济体制变迁中的信托业》，经济科学出版社2009年版。

106. 王志诚：《信托法》，台湾五南图书出版公司2009年版。

107. 张军建：《信托法基础理论研究》，中国财政经济出版社2009年版。

108. 张世明：《经济法学理论演变研究》，中国民主法制出版社2009年版。

109. 陈甦主编：《全球化背景下的中国法治建设》，经济管理出版社2010年版。

110. 贾林青主编：《中国信托市场运行规制研究》，中国人民公安大学出版社2010年版。

111. 高凌云：《被误读的信托：信托法原论》，复旦大学出版社2010年版。

112. 康锐：《信托业发展困境的法律对策研究》，厦门大学出版社2010年版。

113. 李林主编：《依法治国与法律体系形成》，中国法制出版社2010年版。

114. 王晓晔主编：《经济法学》，社会科学文献出版社2010年版。

115. 文杰：《信托公司法研究》，华中科技大学出版社2010年版。

116. 吴世亮、黄冬萍编著：《中国信托业与信托市场》，首都经济贸易大学出版社2010年版。

117. 吴志攀主编：《经济法学家》（2009），北京大学出版社2010年版。

118. 孙宪忠主编：《民法总论》，社会科学文献出版社2010年版。

119. 徐孟洲：《耦合经济法论》，中国人民大学出版社2010年版。

120. 余永定、路爱国、高海红主编：《全球化与中国：理论与发展趋势》，经济管理出版社2010年版。

121. 袁晓东：《专利信托研究》，知识产权出版社2010年版。

122. 陈洁：《证券法的变革与走向》，法律出版社 2011 年版。

123. 董慧凝：《信托财产法律问题研究》，法律出版社 2011 年版。

124. 雷宏：《信托监察人制度研究》，知识产权出版社 2011 年版。

125. 汪其昌：《信托财产权的形成与特质》，中国财政经济出版社 2011 年版。

126. 王金玉：《涉外信托关系法律适用新论》，法律出版社 2011 年版。

127. 解锟：《英国慈善信托制度研究》，法律出版社 2011 年版。

128. 徐卫：《信托受益人利益保障机制研究》，上海交通大学出版社 2011 年版。

129. 杨松等：《银行法律制度改革与完善研究》，北京大学出版社 2011 年版。

130. 张敏：《信托受托人的谨慎投资义务研究》，中国法制出版社 2011 年版。

131. 中国人民大学经济法学研究中心编：《经济社会发展与经济法》，法律出版社 2011 年版。

132. 葛伟军编译：《英国信托法：成文法汇编》，法律出版社 2012 年版。

133. 李林主编：《中国法治发展报告 No. 10（2012）》，社会科学文献出版社 2012 年版。

134. 李扬、王国刚主编：《金融蓝皮书：中国金融发展报告（2012）》，社会科学文献出版社 2012 年版。

135. 刘继虎：《法律视角下的信托所得税制——以民事信托所得课税为中心》，北京大学出版社 2012 年版。

136. 廖凡：《国际货币金融体制改革的法律问题》，社会科学文献出版社 2012 年版。

137. 刘韶华：《信托原理在民商事法律实务中的应用》，法律出版社 2012 年版。

138. 孟台：《信托登记制度研究》，中国人民大学出版社 2012 年版。

139. 沈吉利：《信托公司治理法律问题研究》，上海社会科学院出版社 2012 年版。

140. 西南财经大学信托与理财研究所、普益财富编著：《中国理财市场发展报告（2011—2012）》，中国财政经济出版社 2012 年版。

141. 徐卫：《慈善宣言信托制度构建研究》，法律出版社 2012 年版。

142. 中国人民大学信托与基金研究所：《中国信托业发展报告（2012）》，中国经济出版社 2012 年版。

143. 中国信托业协会编著：《信托公司经营实务》，中国金融出版社 2012 年版。

144. 中国信托业协会编著：《信托监管与自律》，中国金融出版社 2012 年版。

145. 管育鹰：《知识产权法学的新发展》，中国社会科学出版社 2013 年版。

146. 王敏远：《一个谬误、两句废话、三种学说——对案件事实及证据的哲学、历史学分析》，中国政法大学出版社 2013 年版。

147. 吴世亮、黄冬萍：《中国信托业与信托市场》，首都经济贸易大学出版社 2013 年版。

148. 席月民主编：《金融法学的新发展》，中国社会科学出版社 2013 年版。

149. 周其仁：《改革的逻辑》，中信出版社 2013 年版。

150. 李洪雷：《行政法释义学》，中国人民大学出版社 2014 年版。

151. 刘作翔主编：《法治与改革》，方志出版社 2014 年版。

152. 马丽娟、王汀汀编：《大资管时代的中国信托：理论与实践》，首都经济贸易大学出版社 2014 年版。

153. 肖京：《社会保障资金运行的法律调整——以经济与社会的平衡为中心》，中国社会科学出版社 2014 年版。

154. 谢鸿飞：《合同法学的新发展》，中国社会科学出版社 2014 年版。

155. 邹海林、陈洁主编：《公司资本制度的现代化》，社会科学文献出版社 2014 年版。

156. 韩良主编：《家族信托法理与案例精析》，中国法制出版社 2015 年版。

157. 孙宪忠等：《国家所有权的行使与保护研究：从制度科学性入手》，中国社会科学出版社 2015 年版。

158. 中国信托业协会编：《中国信托业发展报告（2014—2015）》，中国金融出版社 2015 年版。

二、译著类

1. [法] 孟德斯鸠：《论法的精神》，张雁深译，商务印书馆 1963 年版。

2. [法] 勒内·达维德：《当代主要法律体系》，漆竹生译，上海译文出版社 1984 年版。

3. [美] 昂格尔：《现代社会中的法律》，吴玉章、周汉华译，中国政法大学出版社 1994 年版。

4. [美] 道格拉斯·C. 诺斯：《制度、制度变迁与经济绩效》，刘守英译，上海三联书店 1994 年版。

5. [英] 弗里德利希·冯·哈耶克，《自由秩序原理》（上、下），邓正来译，生活·读书·新知三联书店 1997 年版。

6. [德] 马克斯·韦伯：《论经济与社会中的法律》，张乃根译，中国大百科全书出版社 1998 年版。

7. [美] 斯蒂文·L. 西瓦兹：《结构金融——资产证券化原理指南》，李传全等译，清华大学出版社 2003 年版。

8. [英] 吉米·边沁：《立法理论》，李贵方等译，中国人民公安大学出版社 2004 年版。

9. [美] 马丁·夏皮罗：《法院：比较法上和政治学上的分析》，张生、李彤译，中国政法大学出版社 2005 年版。

10. [英] 霍华德·戴维斯、大卫·格林：《全球金融监管》，中国银行业监督管理委员会国际部译，中国金融出版社 2009 年版。

11. [奥] 曼弗雷德·诺瓦克：《国际人权制度导论》，柳华文译，孙世彦校，北京大学出版社 2010 年版。

12. [日] 能见善久：《现代信托法》，赵廉慧译，中国法制出版社 2011 年版。

三、论文类

1. 沈宗灵：《对霍菲尔德法律概念学说的比较研究》，载《中国社会科学》1990 年第 1 期。

2. 贺海仁、杨保军：《法律价值：效力与功效》，载《法律科学》

1991 年第 2 期。

3. 蔡立东:《论企业法人经营范围与民事能力》,载《法律科学》1993 年第 5 期。

4. 中国社会科学院法学研究所社会主义市场经济法律体系课题组:《建立社会主义市场经济法律体系的理论思考和对策建议》,载《法学研究》1993 年第 6 期。

5. 周小明:《信托业的法律控制——中国信托业发展的现状、问题与对策》,载《经济导刊》1994 年第 6 期。

6. 齐树洁、彭晋平:《契约型投资信托若干法律问题研究》,载《政法论坛》1995 年第 2 期。

7. 徐学鹿:《论市场经济的立法原则》,载《中国法学》1996 年第 1 期。

8. 徐孟洲:《论市场机制与宏观调控的经济法耦合》,载《法学家》1996 年第 2 期。

9. 张忠军:《优化监管:金融监管法基本原则》,载《法学》1998 年第 1 期。

10. 沈宗灵:《权利、义务、权力》,载《法学研究》1998 年第 3 期。

11. 崔勤之:《对我国公司治理结构的法理分析》,载《法制与社会发展》1999 年第 2 期。

12. 王文宇:《信托法原理与商业信托法制》,载《法学论丛》(台湾大学) 2000 年第 2 期。

13. 段忠桥:《马克思和恩格斯的公平观》,载《哲学研究》2000 年第 8 期。

14. 漆多俊:《论权力》,载《法学研究》2001 年第 1 期。

15. 江平:《市场经济法律制度体系》,载《国家行政学院学报》2001 年第 5 期。

16. 李文泓:《国际金融监管理念与监管方式的转变及对我国的启示》,载《国际金融研究》2001 年第 6 期。

17. 钟向春、周小明:《信托活动中的主要法律问题与对策》,载《中国金融》2001 年第 11 期。

18. 张维迎:《法律制度的信誉基础》,载《经济研究》2002 年第 1 期。

19. 张淳：《〈中华人民共和国信托法〉中的创造性规定及其评析》，载《法律科学》2002 年第 2 期。

20. 刘定华、邹双卫：《我国信托监管体制建构刍议》，载《湖南社会科学》2002 年第 3 期。

21. 温树英：《构建我国金融机构市场退出的监管法律体系》，载《政治与法律》2002 年第 3 期。

22. 高西庆：《论证券监管权——中国证券监管权的依法行使及其机制性制约》，载《中国法学》2002 年第 5 期。

23. 刘定华、郑远民：《金融监管立法的原则与模式》，载《法学研究》2002 年第 5 期。

24. 秦立生：《国外信托品种经验与我国信托业务创新》，载《济南金融》2003 年第 3 期。

25. 寇俊生：《关于金融监管法原则的思考》，载《金融研究》2003 年第 4 期。

26. 张守文：《经济法责任理论之拓补》，载《中国法学》2003 年第 4 期。

27. 周旺生：《论法律的秩序价值》，载《法学家》2003 年第 5 期。

28. 时建中：《外资银行监管法律问题研究》，载《法学评论》2003 年第 6 期。

29. 万毅：《程序法与实体法关系考辩——兼论程序优先理论》，载《政法论坛》2003 年第 6 期。

30. 吴志攀：《〈证券法〉适用范围的反思与展望》，载《法商研究》2003 年第 6 期。

31. 徐孟洲、席月民：《论我国信托税制构建的原则和设计》，载《税务研究》2003 年第 11 期。

32. 黄人杰：《对受托人信托投资义务的若干思考》，载《对外经济贸易大学学报》2004 年第 1 期。

33. 史际春：《新发展观与经济法治新发展》，载《法学家》2004 年第 1 期。

34. 徐孟洲、郑人玮：《论我国银行危机救助法律制度的改革与完善》，载《法学杂志》2004 年第 2 期。

35. 季红、于泳：《中国信托业的新生》，载《经济导刊》2004 年第

2 期。

36. 刘正峰:《信托制度基础之比较与受托人义务立法》,载《比较法研究》2004 年第 3 期。

37. 杨德勇:《稳定与效率:中国金融业市场退出研究》,载《当代经济科学》2004 年第 3 期。

38. 张淳:《信托合同论——来自信托法适用角度的审视》,载《中国法学》2004 年第 3 期。

39. 常健:《外汇储备注资国有商业银行的法律分析——兼谈政府参与经济活动之法观念》,载《法律科学》2004 年第 4 期。

40. 王元龙:《关于金融安全的若干理论问题》,载《国际金融研究》2004 年第 5 期。

41. 沈军:《金融发展观、效率观及对中国实践的启示》,载《经济论坛》2004 年第 10 期。

42. 梁上上:《论表决权信托》,载《法律科学(西北政法学院学报)》2005 年第 1 期。

43. 王连洲:《中国信托制度发展的困境与出路》,载《法学》2005 年第 1 期。

44. 夏斌:《发展中国统一信托市场的两大问题》,载《法学》2005 年第 1 期。

45. 朱大旗、邱潮斌:《经济法理念下的科学发展观》,载《河南省政法管理干部学院学报》2005 年第 1 期。

46. 盛学军:《冲击与回应:全球化中的金融监管法律制度》,载《法学评论》2005 年第 3 期。

47. 李勇:《论经济法理念在信托业监管中的引入》,载《中南大学学报》(社会科学版) 2005 年第 4 期。

48. 葛敏、郑人玮:《金融衍生品市场统一监管法律制度的构建》,载《环球法律评论》2005 年第 6 期。

49. 彭冰:《委托理财中受托人的责任》,载《金融法苑》2005 年第 10 期。

50. 盛学军:《监管失灵与市场监管权的重构》,载《现代法学》2006 年第 1 期。

51. 何正荣:《现代商事信托的组织法基础》,载《政法论坛》2006

年第 2 期。

52. 陈雪萍：《论我国商事信托之制度创新》，载《法商研究》2006 年第 3 期。

53. 楼建波、刘燕：《论信托型资产证券化的基本法律逻辑》，载《北京大学学报》（哲学社会科学版）2006 年第 4 期。

54. 郭雳：《金融机构保底理财的合法性迷局与困境》，载《北京大学学报》（哲学社会科学版）2006 年第 5 期。

55. 中野正俊、张军建、姜雪莲：《中国信托法具体修改建议》，载《河南省政法管理干部学院学报》2006 年第 6 期。

56. 肖浦嵘：《对金融业监管协调机制的一点看法》，载《法学》2006 年第 9 期。

57. 刘响东、蔡俊、顾安：《信托公司金融业务分类框架设计构想》，载《上海金融》2006 年第 10 期。

58. 胡再勇：《我国商业银行跨业兼营模式选择及实施路径》，载《银行家》2006 年第 10 期。

59. 袁江天：《对中国信托业的反思》，载《金融教学与研究》2007 年第 1 期。

60. 席月民：《金融机构的分类及其社会责任探析》，载《成人高教学刊》2007 年第 2 期。

61. 翟立宏：《对中国信托业市场定位的理论反思》，载《经济问题》2007 年第 2 期。

62. 夏斌：《发展我国统一信托市场的两大问题》，载《中南大学学报》（社会科学版）2007 年第 2 期。

63. 潘耀明、康锐：《信托之困境抑或信托业之困境——论我国〈信托法〉下的资产管理市场》，载《上海财经大学学报》2007 年第 2 期。

64. 李曙光：《新〈企业破产法〉与金融机构破产的制度设计》，载《中国金融》2007 年第 3 期。

65. 谢永江：《论商事信托的法律主体地位》，载《江西社会科学》2007 年第 4 期。

66. 杨惠：《机构监管与功能监管的交错：美国 GLB 法案的经验》，载《财经科学》2007 年第 5 期。

67. 陈雪萍：《我国商业信托投资者利益保护机制之重构——以金新

乳品信托计划案为视角》，载《法学》2007年第8期。

68. 杜剑青：《论法人超越经营范围经营的法律效力》，载《中山大学学报论丛》2007年第9期。

69. 施天涛、周勤：《商事信托：制度特性、功能实现与立法调整》，载《清华法学》2008年第2期。

70. 廖凡：《竞争、冲突与协调——金融混业监管模式的选择》，载《北京大学学报》（哲学社会科学版）2008年第3期。

71. 李智仁：《日本信托法之修法重点——传统与现代思维之激荡》，载《月旦财经法杂志》2008年第12期。

72. 叶林：《证券投资者保护基金制度的完善》，载《广东社会科学》2009年第1期。

73. 廖强：《制度错位与重建：对我国信托业问题的思考》，载《金融研究》2009年第2期。

74. 盛学军：《金融监管法制的源与流》，载《社会科学研究》2009年第2期。

75. 雷凌：《论受托人营业化与商事信托》，载《中国社会科学院研究生院学报》2009年第2期。

76. 李勇：《论我国信托业监管体制的变迁与创新》，载《公民与法》（法学版）2009年第3期。

77. 罗培新：《美国金融监管的法律与政策困局之反思——兼及对我国金融监管之启示》，载《中国法学》2009年第3期。

78. 潘修平、王卫国：《商业银行理财产品若干法律问题探讨》，载《现代法学》2009年第4期。

79. 吴弘、徐振：《投资基金的法理基础辨析》，载《政治与法律》2009年第7期。

80. 甘培忠、雷驰：《对金融创新的信义义务法律规制》，载《法学》2009年第10期。

81. 钱振伟、江萍、张艳：《创新我国企业年金监管制度——基于对全球金融危机的反思》，载《保险研究》2009年第11期。

82. 席月民：《我国金融法治化的历史进程——纪念中华人民共和国建国六十周年》，载《法学杂志》2009年第12期。

83. 李廷芳、吕楠：《后危机时代的信托业监管体制演进趋势》，载

《国家行政学院学报》2010年第2期。

84. 刘正峰：《兼业与分业：新保险法第8条面临的挑战——以投资连接保险信托性质的实证分析为例》，载《财贸研究》2010年第3期。

85. 倪受彬、江翔宇：《从安信信托案看银信合作理财中信托合同效力问题》，载《法学》2010年第4期。

86. 徐孟洲、杨晖：《金融功能异化的金融法矫治》，载《法学家》2010年第5期。

87. 沈凯：《私募股权基金的组织形式选择》，载《成人高教学刊》2010年第6期。

88. 方新军：《为权利的意志说正名——一个类型化的视角》，载《法制与社会发展》2010年第6期。

89. 陈岩：《中国信托业的发展趋势》，载《大连海事大学学报》（社会科学版）2010年第6期。

90. 陈学明：《马克思的公平观与社会主义市场经济》，载《马克思主义研究》2011年第1期。

91. 刘凯湘、夏小雄：《论违反强制性规范的合同效力——历史考察与原因分析》，载《中国法学》2011年第1期。

92. 刘少军：《信托业经营的法律定位与公平竞争》，载《河南省政法管理干部学院学报》2011年第1期。

93. 席月民：《我国信托业监管改革的重要问题》，载《上海财经大学学报》2011年第1期。

94. 文杰：《信托受托人的谨慎投资义务标准研究》，载《财贸研究》2011年第2期。

95. 朱景文：《中国特色社会主义法律体系：结构、特色和趋势》，载《中国社会科学》2011年第3期。

96. 陈甦：《体系前研究到体系后研究的范式转型》，载《法学研究》2011年第5期。

97. 陈洁：《投资者到金融消费者的角色嬗变》，载《法学研究》2011年第5期。

98. 于海涌：《中国信托业陷入低迷的法律分析——写在〈信托法〉实施以后》，载《政法论丛》2011年第5期。

99. 于朝印：《论商业信托法律主体地位的确定》，载《现代法学》

2011 年第 5 期。

100. 陈雪萍：《信托受益人权利的性质：对人权抑或对物权》，载《法商研究》2011 年第 6 期。

101. 王宝钢等：《问题金融机构市场退出的法律制度研究》，载《金融理论与实践》2011 年第 6 期。

102. 詹晶：《我国银、证、保理财业务法理明确和统一的制度缺失与应对》，载《上海金融》2011 年第 7 期。

103. 赵廉慧：《目的信托制度比较研究——以日本〈信托法〉为参考》，载《法学杂志》2011 年第 8 期。

104. 洪艳蓉：《重启资产证券化与我国的发展路径》，载《证券市场导刊》2011 年第 9 期。

105. 刘涛：《全球信托业的演进趋势与创新业务》，载《中国金融》2011 年第 16 期。

106. 刑成：《我国信托公司业务模式的二次转型》，载《中国金融》2011 年第 16 期。

107. 胡建淼：《"行政强制措施"与"行政强制执行"的分界》，载《中国法学》2012 年第 2 期。

108. 陈甦：《法律修改时条文序号整理模式分析》，载《法学杂志》2012 年第 4 期。

109. 张军建：《受托人的忠实义务与善管义务》，载《河南财经政法大学学报》2012 年第 4 期。

110. 赵培显：《银行业监管中相关调查权运用探析》，载《金融发展研究》2012 年第 4 期。

111. 席月民：《我国〈信托业法〉的制定》，载《广东社会科学》2012 年第 5 期。

112. 邹海林：《法院强制批准重整计划的不确定性》，载《法律适用》2012 年第 11 期。

113. 黎四奇：《对后危机时代金融监管体制创新的检讨与反思：分立与统一的视角》，载《现代法学》2013 年第 5 期。

114. 邹海林：《私法规范文本解释之价值判断》，载《环球法律评论》2013 年第 5 期。

115. 周小明：《信托业基本业务模式的转型》，载《中国金融》2013

年第 21 期。

116. 巫文勇：《金融监管机构的监管权力与监管责任对称性研究》，载《社会科学家》2014 年第 2 期。

117. 顾功耘：《经济法治的战略思维》，载《法制与社会发展》2014 年第 5 期。

118. 张守文：《政府与市场关系的法律调整》，载《中国法学》2014 年第 5 期。

119. 邢成：《信托业发展困局》，载《中国金融》2014 年第 16 期。

120. 陈赤：《谨防信托业风险外溢》，载《中国金融》2015 年第 1 期。

121. 陈甦：《资本信用与资产信用的学说分析及规范分野》，载《环球法律评论》2015 年第 1 期。

122. 汤淑梅：《试析通道类信托之受托人责任的承担》，载《北京航空航天大学学报》（社会科学类）2015 年第 1 期。

123. 巫文勇：《问题金融机构国家救助法律边界界定》，载《法学论坛》2015 年第 1 期。

124. 李志国：《资产证券化：信托大有可为》，载《当代金融家》2015 年第 2 期。

125. 周仲飞：《金融机构强制性自救债的法律问题》，载《现代法学》2015 年第 2 期。

126. 黎四奇：《问题金融机构界定法律问题透视》，载《湖南大学学报》（社会科学版）2015 年第 4 期。

四、外文类

1. H. L. A. Hart, *The Concept of Law*, Oxford University Press, 1961.

2. Hayek, *Law, Legislation and Liberty: Rules and Order（Ⅰ）*, The University of Chicago Press, 1973.

3. George G. Bogert and George T. Bogert, *Handbook of the law of Trusts*, West Publishing Co. (U.S.A.), 1973.

4. L. A. Sheridan and George W. Keeton, *The Law of Trusts*, Barry Rose Publishers Ltd., 1983.

5. J. G. Riddall, *The Law of Trust*, London Butterworths, 1987.

6. Elmer Doonan, *Equity and Trusts Textbook*, HLT Publications, 1992.

7. Graham Moffat with Gerard Bean and John Dewar, *Trusts Law Text & Materials*, Butterworths, London Dublin Edinburgh, 1994.

8. A. Oakley, *Trends in Contemporary Trust Law*, Oxford, Clarendon Press, 1996.

9. A. J. Oakley, *Constructive Trusts*, London, Sweet & Maxwell, 1997.

10. A. Oakley, Parker and Mellows, *The Modern Law of Trusts*, London, Sweet & Maxwell, 1998.

11. D. Hayton, *Modern International Developments in Trust Law*, The Hague, Kluwer, 1999.

12. D. Hayton, *Principles of European Trust Law*, The Hague, Kluwer, 1999.

13. A. Kaplan, *Trusts in Prime Jurisdictions*, The Hague, Kluwer, 2000.

14. Maurizio Lupoi, *Trusts: A Comparative Study*, Camberidge University Press, 2000.

15. Paul Todd, Sarah Lowrie, *Textbook on Trusts*, Blackstone Press Limited, 2000.

16. P. Birks and F. Rose, *Restitution and Equity, Volume 1: Resulting Trusts and Equitable Compensation*, London, Mansfield Press, 2000.

17. Hayton and Marshall, *Commentary and Cases on the Law of Trusts and Equitable Remedies*, London, Sweet and Maxwell, 2001.

18. Patrick Soares, *Non-Resident Trusts*, Sweet & Maxwell, 2001.

19. Philip H. Pettit Ma, *Equity and the Law of Trusts*, Butterworths, Reed Elsevier (UK) Ltd., 2001.

20. Rasian Gengatharen, *Derivatives Law and Regulation*, Kluwer Law International, 2001.

21. James P. Chalmers, *Trusts: Cases and Materials*, W. Green and Son Ltd., 2002.

22. Jeffrey S. lena, Esq. and Ugo Mattei, *Introduction to Italian Law*, Kluwer Law International, 2002.

23. J. E. J. Prins, P. M. A. Ribbers, H. C. A. van Tilborg, A. F. L. Veth and J. G. L. van der Wees, *Trust in Electronic Commerce*, Kluwer Law International, 2002.

24. J. E. Penner, *The law of Trusts*, Butterworths LexisNexis™, 2002.

25. Jonathan Harris, *The Hague Trusts Convention: Scope, Application and Preliminary Issues*, Oxford-Portland Oregon, 2002.

26. Richard Edwards & Nigel Stockwell, *Trusts and Equity*, London: Pearson Education Limited, 2002.

27. Roger W. Andersen & Ira M. Bloom, *Fundamentals of Trusts and Estates*, Matthew Bender, 2002.

28. David J. Hayton, *Underhill and Hayton: Law Relating to Trusts and Trustees*, Butterworths LexisNexis™, 2003.

29. Roger W. Andersen, *Understanding Trusts and Estates*, LexisNexis™, 2003.

30. Peter Cartwright, *Banks, Consumers and Regulation*, Hart Publishing, 2004.

31. Olaf Dilling, Martin Herberg and Gerd Winter, *Responsible Business: Self-Governance and Law in Transnational Economic Transactions*, Hart Publishing, 2008.

32. Iain MacNeil and Justin O'Brien, *The Future of Financial Regulation*, Hart Publishing, 2010.

33. Poul Kjaer, Gunther Teubner and Alberto Febbrajo, *The Financial Crisis in Constitutional Perspective: The Dark Side of Functional Differentiation*, Hart Publishing, 2011.

34. Justin O'Brien and George Gilligan, *Integrity, Risk and Accountability in Capital Markets, Regulating Culture*, Hart Publishing, 2013.

35. Edward Ten Broeck Perine, *The Story of the Trust Companies*, Economic Science Press, 2014.

36. John H. Langbein, *The Secret Life of the Trust: The Trust as an Instrument of Commerce*, The Yale Law Journal, Vol. 107, No. 1 (Oct., 1997), pp. 165–189.

37. Fernando Flores and Robert C. Solomon, *Creating Trust*, Business Ethics Quarterly, Vol. 8, No. 2, Trust, Business and Business Ethics (Apr., 1998), pp. 205–232.

38. Edward C. Halbach, *Uniform Acts, Restatements, and Trends in Amer-*

ican Trust Law at Century's End, California Law Review, Vol. 88, No. 6, Symposium of the Law in the Twentieth Century (Dec., 2000), pp. 1881 – 1921.

39. Steven L. Schwarcz, *Commercial Trusts as Business Organizations: Unraveling the Mystery*, The Business Lawyer, Vol. 58, No. 2 (February 2003), pp. 559 – 585.

40. Rebecca Lee, *Conceptualizing the Chinese Trust*, The International and Comparative Law Quarterly, Vol. 58, No. 3 (Jul., 2009), pp. 655 – 669.

后　记

"知之非艰，行之惟艰"。

2008年以来，我国金融业在世界金融危机面前经受住了严峻考验，面对极为复杂的经济金融形势，我国金融监管部门严守分业底线，使金融在服务实体经济过程中保持了总体稳定，使我国经济在政策刺激下成为全球经济增长最快的重要经济体之一，并赶超日本成为世界第二大经济体。放眼国内金融市场，营业信托观念正在普及，信托融资与信托理财业务不断获得拓展，在金钱信托的带动下新型信托不断涌现，信托公司的信托资产规模在突破10万亿元后多年来仍然保持增长态势。与此同时，银行、证券、保险、基金等行业纷纷加入金融理财市场，在各自争夺市场份额中已共同把金融理财的"蛋糕"越做越大，尤其是近年来随着民间借贷愈演愈烈，大量资金从实业回流金融，使金融陷入了高烧不退的资金自我循环怪圈。我们不得不反思，率先跨入混业经营的信托业究竟能走多远？金融是工具，金融是市场，金融更是精密的制度安排，金融理财市场的非理性繁荣难掩当前分业监管体制所陷的尴尬，监管竞争背后法律风险正与日俱增。尤其是十八大以来在实施全面深化改革、全面推进依法治国方略中，信托业监管改革不但需要打破分业监管壁垒，而且需要专门立法提供法律支持和法治护航。面对金融业发展中的病症，试图对症下药的金融修法和金融立法活动近年来渐次活跃起来。信托业监管改革应向何处去，如何制定一部符合我国国情的《信托业法》，使改革与法治形成良性互动，一直是我多年来持续关注、悉心钻研并反复呼吁的重大理论问题。

本书是在我主持完成的中国社会科学院重点研究项目成果的基础上最终形成的。写作过程中，我更加深切地感受到了所谓的"知易行难"，感受到了法学所众多学术大家和浓烈学术氛围的弥足珍贵。入所已经十年有余，身处国家学术圣殿无时无刻不心存敬畏，"正直精邃"的所训所赋予法学所每个科研工作者的法学理性，使我不敢有丝毫懈怠。法学所小院里从来不乏学术大家和科研榜样，他们的精神和故事时时刻刻激励着我在学术道路上脚踏实地、砥砺前行，向他们取经、学习，虽然也有过自我怀疑甚或彷徨不定，但更多时候是奋力追赶和默默坚持。我们经济法室如今都是年轻人，他们个个勤奋刻苦、朝气蓬勃、思想敏锐，正是和他们的日常交流和思想碰撞使我更加清醒地认识到自己肩负的责任和担当，更加深刻地认识到经济法学科发展的系统性、时代性、自洽性和规律性。今天，这本书终于成稿并付梓出版，欣喜之余仍忐忑不安，鉴于学术视野和研究能力所限，论证疏漏或错误之处恐怕在所难免，恳请学界和业界朋友批评指正！这里，我要特别地感谢法学所、国际法所的前辈、领导、老师和同仁，感谢导师徐孟洲教授的长期指导和无私帮助，感谢王家福老师、李步云老师、刘海年老师、韩延龙老师、马骧聪老师、崔勤之老师、王晓晔老师等德高望重的老前辈在学术道路上的莫大鼓励和支持，感谢陈甦书记、李林所长给予的多重压力测试和悉心指点，感谢多年来始终支持经济法学科发展、支持法学系和法硕办工作的所有领导、导师、家长和同学，也感谢我的家人和朋友，正是因为你们的关爱和力量才使我在学术道路上继续成长和进步。最后，还要感谢中国社会科学出版社政法编辑部的任明主任及其同事的大力支持！

时光易逝，岁月荏苒，风雨无悔。一路同行，心存感恩，且行且珍惜。祝愿所有的领导、老师、同学和朋友身体健康、平安幸福！

席月民
2016年9月30日